高等学校数学类专业系列教材

近世代数基础

第三版

刘绍学 彭联刚

An Introduction to Modern Algebra

U0771647

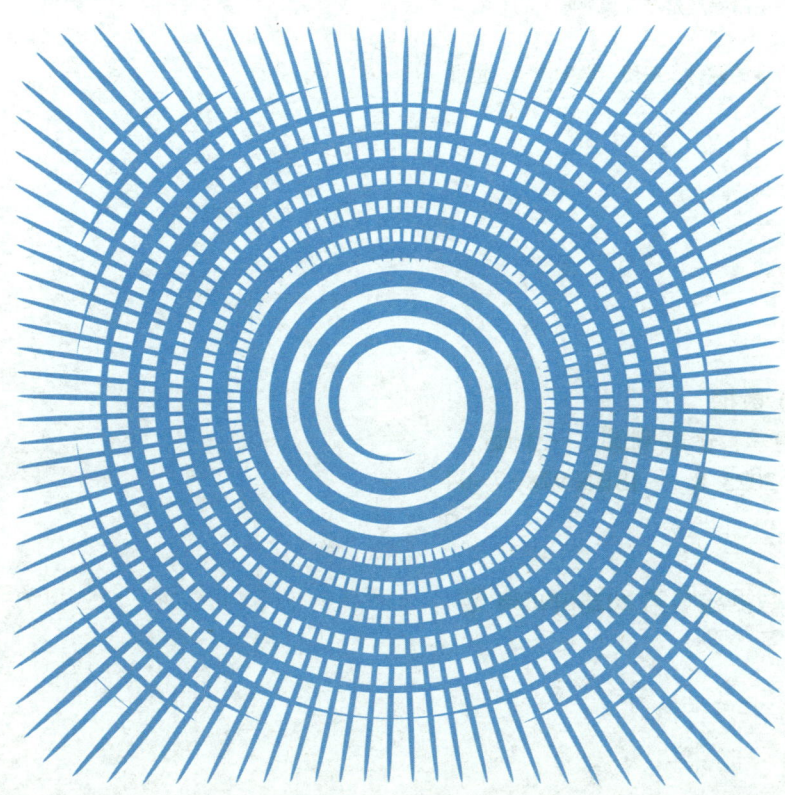

中国教育出版传媒集团

高等教育出版社·北京

内容简介

本书是为数学类专业本科生学习代数学的基础编写的一部教材。除了介绍代数学中群、环、域、模等的基本概念和基本内容之外，还为学生进一步了解或学习代数学的一些深入内容及应用开了很多窗口，如群表示和群代数、代数闭包的存在性、自由群与群表现、复数域是代数闭域（即代数基本定理）的代数证明、代数的表示、箭图的路代数及其表示、主理想整环上有限生成模的结构、有限维单代数的结构、多元多项式的 Hilbert 基定理和 Gröbner 基以及 Hilbert 零点定理、初等几何的机器证明、编码、有限除环是域、实数域上的有限维可除代数的结构等。

本书可作为高等学校数学类专业的教材，还便于学生自学，也可供相关师生和有关科研人员参考。

图书在版编目（CIP）数据

近世代数基础 / 刘绍学，彭联刚编 . -- 3 版 .
北京：高等教育出版社，2025.8. -- ISBN 978-7-04
-065349-6

Ⅰ. O153

中国国家版本馆 CIP 数据核字第 2025EJ9838 号

Jinshi Daishu Jichu

策划编辑	李 蕊	责任编辑	李 蕊	封面设计	李树龙	版式设计	杨 树
责任绘图	裴一丹	责任校对	张 然	责任印制	高 峰		

出版发行	高等教育出版社	网 址	http://www.hep.edu.cn
社 址	北京市西城区德外大街 4 号		http://www.hep.com.cn
邮政编码	100120	网上订购	http://www.hepmall.com.cn
印 刷	廊坊十环印刷有限公司		http://www.hepmall.com
开 本	787mm×1092mm 1/16		http://www.hepmall.cn
印 张	16.75	版 次	1999 年 10 月第 1 版
字 数	300 千字		2025 年 8 月第 3 版
购书热线	010-58581118	印 次	2025 年 8 月第 1 次印刷
咨询电话	400-810-0598	定 价	35.50元

本书如有缺页、倒页、脱页等质量问题，请到所购图书销售部门联系调换
版权所有　侵权必究
物 料 号　65349-00

    这本教材的第一版在 1999 年出版,是由北京师范大学刘绍学教授编写的。刘先生是国内代数界的老前辈,德高望重,对国内代数学的发展厥功至伟,在教学方面也堪称楷模。刘先生编写本教材的主要初衷有二。其一是希望学生知道在抽象的代数系统的背后有普遍存在于现实世界中的对称性的背景,所以开篇第一章就讲“对称与群”;其二是在本课程传统内容的基础上,增加一些难度和深度适中的与其他学科方向关联的内容,如与计算代数几何相关的 Gröbner 基等。本教材主要是为一个学期的课程编写的,所以增加的内容可能面临教学时间不足的困难,但正如刘先生在第一版序言中所述,“为了保留这一点探索意图,并把希望寄托于未来 ……”。

    本教材第二版完全保持初衷,但内容顺序调整为基础篇与选学篇,其中基础篇为课程内容主体,选学篇的内容有所增加,如增加了具有较强实际应用背景的布尔代数等。这里的选学篇使得教材内容的编写更加灵活,内容讲授和学生自学的选取更为自由了。

    本次修订尽量保持上两版的风格,但还是有些较大的调整,主要是在编排顺序上又有了变动,并对内容做了删减和增加。

    在内容的增加方面,一是补全了过去提到的一些结论的证明,这些结论或者没有证明或者只在一些特殊情形下给出了证明,如 Sylow 定理、交错群 A_n 当 $n \geqslant 5$ 时的单性、射影特殊线性群的单性、n 元对称群 S_n 的表现、可解群、一元多项式的根式解、Hilbert 零点定理、有限除环是域、实数域上的有限维除环等;二是补充了一些新的内容,如任意一个域的代数闭包的存在性、代数基本定理的证明、箭图的路代数及其表示、正多边形的尺规作图等;三是把有限交换群的结构定理改成了更一般的主理想整环上有限生成模的结构定理,把有限单环的结构定理改成了更一般的域上有限维单代数的结构定理等;四是利用 Gröbner 基给出了 Hilbert 弱零点定理的一个新的证明等。

　　限于增加的内容较多而教学的课时有限，我们把布尔代数的全部内容都给删掉了。基于同样的理由，对域的可分扩张这个传统的内容我们只是提到但没有做进一步的讨论。

　　刘先生一直对本教材的使用和修订非常关心。但先生已 95 岁高龄，所以将本次第三版的修订任务托付于我。作为刘先生的学生，我倍感责任重大，也深感荣幸。但愿不负先生所托，使得本修订版能够被更多的高校选为教材或被更多的学生选作参考书和自学教材。

　　本次修订得到四川大学、西南交通大学、华侨大学等代数科研教学团队的大力支持和协助，特此致谢！之前的版本也有许多高校(如北京师范大学、厦门大学、山东大学等)的老师提供了素材，正如刘先生在第一版序言中所说，"这本书实际上是一个集体作品"。

　　书中不当之处，请读者指正。

彭联刚

2024 年 10 月于四川大学

2009 年，在和彭联刚教授一次聚会时，他谈起关于近世代数的一个教学想法：“先讲群、环、域的基本概念、基本知识，在学生有了一定的代数训练后，再选择有关群、环、域的一些进一步课题讲，效果会好一些，选题也可更自由一些。也许可以有一本书，分成基础篇、选学篇两部分。”我觉得他的想法很好，也是作一次尝试，这次修订《近世代数基础》一书时，就完全照此处理。把原书中基础部分，略经去叶削枝 (如删去原书第一章的 §2，但也为有限域新添了一个例子) 以突出基础后，组成基础篇，其余部分略有补充后放进选学篇。由于这样安排下的选学篇留给编者一定的自由空间，所以我新写了两节。

基础篇是本课程的主体。这里最重要也是较难掌握的概念是同态。同态在近世代数课程中的地位有点像数学分析课程中的极限概念。数学分析以极限为灵魂，极限以及由它定义的微商、积分贯穿和控制了整个课程。近世代数以同态为核心概念，同态以及由它导出的商群 (商环)、正规子群 (理想) 贯穿和控制了整个课程。例如，就说本课程中域论的主要对象 —— 分裂域，其实体就是 (一元多项式环关于一个不可约多项式生成的理想的) 商环，而研究它的工具 Galois 群就是此商环的一些自同构组成的群。极限和同态是两种不同类型的概念，都是许多重要概念的出发点或基石。在基础篇中把同态 (以及商群、商环、正规子群、理想) 学好是必须的 (否则就寸步难行)，也是值得称道的收获。

在基础篇中群、环、域这三颗简单纯净的种子一步一步地生长，虽未花叶满枝，但已现亭亭玉立的身影。研究着它们的成长过程，除了获得新鲜的知识外，很多人还有类似的体会：对和公理体系打交道习惯了，对每步推理都要有根据习惯了，对于推理的对错敏感了，在似是强加于人的处理中有时能领悟到它是自然的，是水到渠成的，终于感受到什么叫做“彻底清楚，完全明白”的境界，等等。我们相信，这些都应该是可以从基础篇中学到和感受到的。这也应该是学理工的同学应学习近世代数课程的理由。

　　如果学完基础篇之后，有时间再从选学篇中学习一两个课题，经历一下对难点的克服，也享受一下红花绿叶的美好，那就更有益了。

　　有了选学篇，我几乎立即就酝酿如何写好有限单环这一节，而在这之前我始终没敢有把它放在环论章末的尝试。有限交换群和有限单环都有完美的结构定理。对前者的讨论中主要摆弄元素而使用整数的运算 (整除理论)，而对有限单环的刻画中随时要和同态打交道并充分使用同态的运算，这就考验着你对同态掌握的灵活程度，这一点也是我写它的原因：有机会多学一点同态及其运算是有益的。另一新节——布尔代数，则因为它是"实际问题—数学理论—问题解决"的精巧而漂亮的例子而被写入。布尔代数只涉及元素和元素的运算，是初等的和容易掌握的。它与 Zorn 引理一节更像是阅读材料，提供给读者在学习基础篇而翻看选学篇时自己去选读。选学篇的第八章，或把选学篇的前三章的前两节放在一起都可作为近世代数课程之后的选课。有了选学篇提供的自由空间，把一些非传统的合适的内容写进近世代数教科书中是有益的尝试。

　　从我的老师傅种孙先生的讲课和言论中可以看出，傅先生认为学习一个定理的境界有三：最低境界，明白定理内容，读懂证明推理；较高境界，掌握证明的思路；最佳境界，体会到这个证明思路是如何想 (产生) 出来的。最佳境界是很难达到的，但在学习中我们要以这样的目标共勉，并先在"小定理"上去努力实现。达到较高境界的试金石是能"照猫画虎"。例如，在学完"群的同态、商群、正规子群"后，若能独立地完成"环的同态、商环、理想"的讨论，则能说明你对前者的"证明思路"已掌握了。本书中提到的一些"照猫画虎"的建议，都是帮助你检验是否掌握了"猫"的证明思路。学习定理，一定要达到这个较高境界。

　　读名家的名著常能帮助我们领会定理的证明思路。学习本书时，能多参考 M. Artin 著的 *Algebra* 是非常有益的。此书已由湘潭大学郭晋云教授译成中文 (见参考文献)，在国内是容易找到的。

　　感谢四川大学彭联刚教授，他的一番话使本书换了新颜，也因此增添了两节新内容。感谢山东大学黄华林教授，他先是把原书中在印刷和叙述上的错误列表寄给我，后又应我请求把他在用此书教学时所补充的习题整理好寄给我。错误在第二版中已一一改正，而寄来的习题分别补充在相应的章末习题中的最后位置。这次没能继续和高等教育出版社张小萍同志合作，与胡颖、张晓丽同志的合作是和谐的、愉快的。

　　这次修订工作得到北京师范大学数学科学学院的资助，特此致谢。

　　当我完成对本书第二版的修订工作后，重温常回忆起的人生一幕，百感交集：1946 年，家庭生活无着落，若没有父亲当时对我说的一句话"你去念书吧！家中的生活你不要管"，我该是连近世代数为何物也不知道的。怀念父母，谨以此书纪念母亲逝世 50 周年、父亲逝世 40 周年。

　　书中有不当之处, 请读者指正。

刘绍学

2012 年 6 月于北京师范大学

代数学是以数、多项式、矩阵、变换和它们的运算，以及群、环、域和模等为研究对象的学科。简单地说，代数学是研究代数系统 (带有一些运算的集合) 的。我们知道，数、多项式和矩阵的出现是由于刻画现实世界中几何量和物理量的需要。同样，群等也是由于直接或间接刻画新的几何量和物理量的需要而出现的。这样，研究这些对象就有两种途径：第一种是紧密结合它们出现的背景去研究，例如用群论方法去研究晶体的分类等；第二种是把数、多项式、矩阵、群等作为数学对象去研究，这时常和它们出现的背景相去甚远，或者几乎完全脱离这些背景。然而这两种研究应该是相辅相成浑然一体的。

在编写本书时，我们有以下一些考虑。

一、在本课程中我们试图进行一些探索，在内容上除了第二、三、四章给出本课程的传统内容外，我们安排了第一章的"对称与群"和附录的"多元多项式环"。"对称与群"强调抽象代数系统的出现是由于刻画物理量和几何量的需要。"多元多项式环"中主要介绍 Gröbner 基、Buchberger 算法，它们是计算代数几何的基石，同时又是"初等"的，其难度和深度适中，是能够放在基础课中的。这使我们有一个恰当的方式来介绍多元多项式环这个重要的具体环，并能突出算法这个有用的数学概念以及代数与计算机的联系。虽然讲此内容可能有时间上的困难，但为了保留这一点探索意图，并把希望寄托于未来，因此把它作为附录放在原来第五章的位置。

二、讲抽象群、环、域理论的同时，较深入地介绍一些具体群、具体环和具体域。在本教程中我们选择了变换群 (包括运动群、置换群)，这里没有足够的篇幅谈论矩阵群是一个遗憾。对域论，我们选择了多项式的分裂域 —— Galois 理论；对环论，选择了复数域上多元多项式环 —— Gröbner 基理论。这些具体的群、环、域不但有助于我们学习抽象理论，同时也使我们看到代数的一些应用：平面有限对称图形的分类、尺规作图不能问题、根式解五次方程不能问题、编码问题、初等几何的机器证明等。

三、关于群、环、域、模都有彼此类似的基本概念: 子系统 (子群、子环、子域、子模), 商系统 (商群、商环、商模), 同态和同构, 等等, 以及作为它们支柱的一些具体例子, 这些是代数的基础。当然还要对群、环、域、模中的每一个至少选择一个较深入的结构定理, 否则内容将是散漫的而无重心和方向。对环论, 我们选择了整除理论和 Gröbner 基理论。对域论, 是分裂域理论 —— Galois 理论。对群论, 是 Sylow 定理和有限交换群的结构定理, 而且强调了后者, 这不仅因为它是一个典型结构定理 (分解定理), 而且也顺便为模论提供了一个好的结果。

四、一个好的数学思想是一定会在不同场合下重复出现的, 让初学者看到这些重复是有益的。在本教材中分解型结构思想重复出现在有限交换群的结构定理和代数簇的分解定理中, 当然它们又都是与整数和一元多项式的唯一分解一脉相承的。Galois 对应思想重复出现在 Galois 理论中与代数簇和理想的对应中。

五、本教材中我们对基本内容努力写得细致一些, 这使得读者甚至可以自学。同时在某些适当的地方简要 (略去证明) 介绍一些进一步的情况, 好像在爬山到达一定高度时, 停下来欣赏一下周围的景色, 这对提高游兴是有益的。然而, 用这种方式去介绍五次方程不能用根式解问题是一种不得已! 它太重要了, 不能略去; 另一方面无法 (没有学时) 把它作为基本内容放在本基础课中。

六、本教材的基本内容也就是我们认为近世代数基础课应该提供给数学类专业学生的必需内容。也许有的材料 (如自由群或 Gröbner 基等) 没有时间去讲, 然而在教材中提供方便, 使得读者有机会知道这些内容是应该的。但无论如何, 内容和学时之间是有矛盾的。也许可由任课教师选讲其中部分章节, 也可采用傅种孙教授提倡的讲法: 讲重点, 讲难点, 讲思路, 讲体会, 利用本教材写得较细致的方便而把基本推导留给学生自学, 这样 "精讲" 加 "自学" 的方式能完成主要内容的学习。

七、习题是重要的。我们认识到, 学一门课的同时做一个有代表性的较系统的大习题 (学年作业) 是非常有益的。在有限交换群的结构定理之后, 我们布置了矩阵的 Jordan 标准形的模论证法以及主理想整环上有限生成周期模的结构定理的证明这样的大习题。我们相信, 相对独立地完成这个大习题的读者定会对本基础课有较亲切的理解而受益匪浅。

我于 1996 年冬至 1997 年夏完成初稿, 1997 年秋至 1998 年夏在山东大学等几所大学试用。1998 年秋, 四川大学、厦门大学和北京师范大学参加试用的教师们在北京作了逐章逐节的讨论和修改, 最后由彭联刚 (四川大学) 和林亚南 (厦门大学) 执笔完成并编写了习题。书中有关用计算机计算的例子都是罗运伦同志提供的。这样, 这本书实际上是一个集体作品。

在本书中, 作者常在一些地方和读者交流体会和理解, 有时提到一些补充资料。这些不属于正文的"旁白"都用楷体字排出。

特别感谢北京师范大学数学科学学院两届系领导黄惟明、余玄冰以及张英伯、何青等同志, 没有他们的推动和鼓励, 这本书是不可能出现的。感谢审稿人石生明教授, 他仔细地审阅全书, 指出若干疏漏和需改进的地方, 提出了建议, 为本书增色许多。继过去在代数数论教材编审小组的长期共事, 这次与责任编辑张小萍同志的再度合作, 使我感到特别愉快。感谢石生明同志和张小萍同志, 是在他俩的建议下, 我在交稿前最后时刻写出了编码这一节。在近世代数教科书中介绍一点编码 —— 代数学的一个最直接而重要的应用, 是自然的和必要的, 读者会喜欢它的。

本书荣幸地得到北京师范大学、四川大学、厦门大学三校教务处, 天元基金委, 教育部"面向 21 世纪教学内容和课程体系改革"项目以及普通高等教育"九五"国家重点教材项目的资助, 作者在此表示衷心的感谢。

限于作者水平, 书中定有许多不妥的地方, 敬请读者指正。

刘绍学

1998 年 12 月于北京师范大学

目录

第一部分　基 础 篇

第二部分 选 学 篇

第一部分

基础篇

第一章

对称与群

对称是现实世界和科学世界最基本的一种现象, 群则是描述对称现象最基本的数学语言. 对称无处不在, 所以群无处不在.

§1.1 平面图形的对称与群

我们来探讨平面上有限图形的对称问题. 人们会说圆比正方形更对称些, 正六边形比正三角形显得更对称一些. 如果问正三角形和正方形谁更对称一些, 该怎么回答呢? 看来需要把图形的对称这个直观概念说得更确切一些, 也就是要给它一个定义, 一个反映客观实际, 能为大家接受的定义.

有某种对称的图形, 就是经过某些运动后仍能回到自身的图形. 例如, 圆经过绕圆心的旋转以及绕经过圆心的直线的翻折 (即绕该直线翻转 $180°$, 也即是关于该直线的反射) 都能回到自身, 而正方形只能绕其中心旋转 $\frac{\pi}{2}, \pi, \frac{3\pi}{2}$ 或绕其对角线或对边中点连线所做的翻折才能回到自身, 也许这就是圆比正方形更对称的一些解释. 用使图形回到自身的所有运动来刻画这一图形的对称应该是自然的, 也符合人们的直观感觉.

1.1.1 运动群

我们首先回忆一下平面及其运动的概念. 用朴素平面几何的说法, 可把平面想象为能往各个方向无限延伸的黑板面, 平面上有点及两点之间的距离的概念. 用解析几何的说法, 记 $\mathbb{R}$ 为实数域, 平面就是集合

$$\mathbb{R}^2 = \{(x, y) \mid x, y \in \mathbb{R}\},$$

其上点 $A = (a_1, a_2), B = (b_1, b_2)$ 之间的距离

$$|AB| = \sqrt{(a_1 - b_1)^2 + (a_2 - b_2)^2}.$$

用线性代数的语言, 平面也就是二维 Euclid 空间. 今后我们把关于平面的几何直观的刻画和代数语言的刻画等同起来.

定义 1.1.1　设 M 是任意一个非空集合. M 的变换是指 M 到自身的一个对应 (即映射). M 的一一变换是指 M 到自身上的一一对应 (即双射).

定义 1.1.2　平面 P 的一个运动是指平面 P 的一个保距变换. 亦即平面 P(点集) 的一个变换 ϕ, 使得它保持 P 上任意两个点 A 和 B 的距离, 即 $|\phi(A)\phi(B)| = |AB|$.

可以证明平面运动是一一变换. 实际上, 由定义显然是单射, 但满射的证明有些复杂 (读者可以试试利用平面几何方法给出证明, 注意由定义可知一个平面运动总是把一个三角形映成它的全等三角形).

用平面几何方法不难证明下面的定理.

定理 1.1.3　设 ϕ 是平面 P 的一个运动, 点 A 是 ϕ 的一个不动点, 即 $\phi(A) = A$. 那么 ϕ 或是绕 A 点的旋转, 或是关于过 A 点直线的翻折.

(证明提示: 在平面 P 上任选点 B 和点 C, 使 A, B, C 不共线. 若 $\triangle ABC$ 与 $\triangle \phi(A)\phi(B)\phi(C)$ 转向相同, 则 ϕ 必是旋转; 若它们转向相反, 则 ϕ 必是翻折.)

对我们来说非常重要的是变换可以相乘: 如果 ϕ 和 ψ 是非空集合 M 的两个变换, 记 $\rho = \phi \circ \psi$ 为它们的合成, 即对任意 $x \in M$,

$$\rho(x) = \phi(\psi(x)),$$

那么 ρ 也是 M 的变换. 特别地, 若 ϕ, ψ 为一一变换, 则 ρ 也是一一变换. 把 M 的一一变换全体记作 $T(M)$, 那么上述合成定义了如下映射:

$$\circ : T(M) \times T(M) \to T(M)$$

$$(\phi, \psi) \mapsto \phi \circ \psi,$$

称为 $T(M)$ 的一个乘法.

我们知道, 变换的乘法 (即合成) 满足结合律, 即

$$(\phi \circ \psi) \circ \theta = \phi \circ (\psi \circ \theta).$$

此外, 恒等变换 I (即把 M 的每一个元素 x 对应到 x 本身的变换) 是 M 的一一变换, M 的一一变换 ϕ 的逆变换 ϕ^{-1} 是 M 的一一变换, 以及

$$\phi \circ \phi^{-1} = \phi^{-1} \circ \phi = I.$$

定义 1.1.4 设 $T(M)$ 是非空集合 M 的一一变换的全体. 我们把 $T(M)$ 和变换的乘法 $\circ$ 放在一起来考察, 记作 $(T(M),\circ)$, 称为 M 的变换群.

这里再强调一下, 我们并不是把集合 $T(M)$ 叫做变换群, 而是把带有乘法运算的 $(T(M),\circ)$ 叫做变换群. 代数学的特点是研究带有运算的集合. 对于一个集合, 只有在其中引入运算后, 才是代数学研究的对象.

把上面提到的已知事实总结一下便有下面的命题.

命题 1.1.5 变换群 $(T(M),\circ)$ 具有下列性质:

(G1) 对任意 $\phi,\psi \in T(M)$, 有 $\phi \circ \psi \in T(M)$;

(G2) 对任意 $\phi,\psi,\theta \in T(M)$, 有 $(\phi \circ \psi) \circ \theta = \phi \circ (\psi \circ \theta)$;

(G3) 存在 $I \in T(M)$, 使得对任意 $\phi \in T(M)$, 有 $I \circ \phi = \phi \circ I = \phi$;

(G4) 对任意 $\phi \in T(M)$, 存在 $\phi^{-1} \in T(M)$, 使得 $\phi \circ \phi^{-1} = \phi^{-1} \circ \phi = I$.

现在我们从一般集合 M 及其一一变换回到平面 $\mathbb{R}^2$ 及其运动上来. 用 $M(\mathbb{R}^2)$ 表示平面 $\mathbb{R}^2$ 的所有运动, 运动只不过是特殊 (保距) 的一一变换, 即有 $M(\mathbb{R}^2) \subseteq T(\mathbb{R}^2)$, 后者是 $\mathbb{R}^2$ 的所有一一变换的全体. 很容易证明: 平面的两个运动 (保距变换) 的乘积仍是一个运动, 一个运动 ϕ 的逆变换 ϕ^{-1} 仍是一个运动. 当然恒等变换是一个保距变换. 这样我们就得到

命题 1.1.6 $M(\mathbb{R}^2)$ 对于变换的乘法具有下列性质:

(G1) 对任意 $\phi,\psi \in M(\mathbb{R}^2)$, 有 $\phi \circ \psi \in M(\mathbb{R}^2)$;

(G2) 此时当然对任意 $\phi,\psi,\theta \in M(\mathbb{R}^2)$, 有 $(\phi \circ \psi) \circ \theta = \phi \circ (\psi \circ \theta)$;

(G3) 恒等变换 $I \in M(\mathbb{R}^2)$, 此时当然对任意 $\phi \in T(M)$, 有 $I \circ \phi = \phi \circ I = \phi$;

(G4) 对任意 $\phi \in M(\mathbb{R}^2)$, 也有 $\phi^{-1} \in M(\mathbb{R}^2)$, 此时当然也有 $\phi \circ \phi^{-1} = \phi^{-1} \circ \phi = I$.

很自然地, 我们有下面的定义.

定义 1.1.7 称 $(M(\mathbb{R}^2),\circ)$ 为平面 $\mathbb{R}^2$ 的运动群, 这里 $\circ$ 表示运动的乘法 (也就是变换的合成).

1.1.2 "对称即群"

现在来考察使平面图形 K 仍回到自身的平面运动的全体, 把它记作 $S(K)$. 我们知道, 平面图形 K 也就是平面 $\mathbb{R}^2$ 上一些点的集合, 即 $K \subseteq \mathbb{R}^2$, 且 K 中任意两点间有距离; 而使 K 保持不变的运动也就是使 $\phi(K) = K$ 的运动 ϕ, 其中

$$\phi(K) = \{\phi(x) \mid x \in K\}.$$

定义 1.1.8 我们把 $S(K)$ 称作平面图形 K 的对称.

这样, 我们就把图形 K 的直观对称的概念用精确的数学语言——集合 $S(K)$ 来刻画: K 的对称就是集合 $S(K)$. 我们当然无法 "证明" 这个 $S(K)$ 就是你心目中的对称, $S(K)$ 只是我们心目中直观对称概念的一个数学模型. 然而从实践上来看, 这个数学模型是可接受的, 是好的.

读者容易证明下面的

命题 1.1.9　$(S(K), \circ)$ 满足命题 1.1.6 中的 (G1)—(G4) 这四个条件.

定义 1.1.10　我们称 $(S(K), \circ)$ 为平面图形 K 的对称群.

这就是我们所说的 "对称即群" 的一种含义.

例 1.1.1　正方形的对称群是由下列平面运动组成: 恒等运动, 绕其中心转 $90°, 180°, 270°$ 的旋转, 以及关于它的两条对角线、两条对边中点连线所作的翻折. 一共 8 个运动.

很容易验证这 8 个运动, 使正方形仍回到自身上去. 另一方面利用定理 1.1.3 可得其他的平面运动都不使该正方形回到自身, 故得上述结果.

由于图形的对称性可由对称群这一代数对象来刻画, 下一步我们就可用代数方法去研究图形的对称, 这有点儿像 Descartes (笛卡儿) 坐标系把几何图形和方程式联系起来后, 我们在解析几何中可用代数方法研究几何一样. 不同的是在解析几何中我们用的是多项式, 而这一次是用 "群" 了.

关于图形, 以至于晶体的对称群的研究请看相应的参考书.

练习

1. 设 ϕ 是平面 $\mathbb{R}^2$ 的一个运动, 其代数形式为

$$\phi: \quad \mathbb{R}^2 \to \mathbb{R}^2$$
$$(x, y) \mapsto (x', y'),$$

满足 $\begin{pmatrix} x' \\ y' \end{pmatrix} = O \begin{pmatrix} x \\ y \end{pmatrix}$, 其中 O 是 $\mathbb{R}$ 上一个 2 阶正交矩阵. 证明: 如果 $\det O = -1$, 那么存在一条直线 l, 使得运动 ϕ 是关于直线 l 的对称变换, 即对任意 $A = (x, y) \in \mathbb{R}^2$, 有 $\phi(A) = (x', y') \in \mathbb{R}^2$ 是 A 的关于直线 l 的对称点, 从而 ϕ 是绕 l 的翻折.

2. 设 M 是一个非空集合. 证明: 变换群 $(T(M), \circ)$ 满足结合律, 即命题 1.1.5 中的 (G2).

3. 设 K 是正六边形. 写出 K 的对称群 $S(K)$.

§1.2 多项式的对称与群

我们都熟悉 n 个变元 $x_1, x_2, \cdots, x_n$ 的 n 元多项式. 今把以数域 F 中的数作系数的 n 元多项式的全体记作 $F[x_1, x_2, \cdots, x_n]$(或简记作 $F[X]$), 每一个 n 元多项式可以唯一地表示为不同类单项式的有限线性和:

$$f(x_1, x_2, \cdots, x_n) = \sum_{\alpha} a_{\alpha} x_1^{\alpha_1} x_2^{\alpha_2} \cdots x_n^{\alpha_n},$$

其中 $\alpha = (\alpha_1, \alpha_2, \cdots, \alpha_n), \alpha_i \in \mathbb{Z}_{\geqslant 0}$ (非负整数的集合), 而 $a_{\alpha} \in F$.

令 $M = \{x_1, x_2, \cdots, x_n\}$. 用 S_n 表示集合 M 的变换群 (见定义 1.1.4). S_n 常称作 n 元对称群. S_n 中的元素就是 $\{x_1, x_2, \cdots, x_n\}$ 的一个置换, 略去字母 x 而只记下标, 这时的置换可记作

$$\Sigma = \begin{pmatrix} 1 & 2 & \cdots & n \\ i_1 & i_2 & \cdots & i_n \end{pmatrix},$$

其中 $(i_1, i_2, \cdots, i_n)$ 是 $1, 2, \cdots, n$ 的一个排列, 而 $\Sigma(j) = i_j$.

现在我们利用变换群 S_n 中的元素 Σ 去定义集合 $F[X]$ 到 $F[X]$ 的一个映射

$$\phi_{\Sigma}: \quad F[X] \to F[X]$$
$$f(x_1, x_2, \cdots, x_n) \mapsto f(x_{i_1}, x_{i_2}, \cdots, x_{i_n}),$$

其中 $f(x_{i_1}, x_{i_2}, \cdots, x_{i_n})$ 是在原多项式 $f(x_1, x_2, \cdots, x_n)$ 中将 x_j 换成 $x_{i_j}(j = 1, 2, \cdots, n)$ 后所得到的多项式.

不难证明这是集合 $F[X]$ 的一个一一变换. 这实际上就是把其子集 $X = \{x_1, x_2, \cdots, x_n\}$ 的一个一一变换 Σ 用一种 "自然方式" 扩大成为整个集合 $F[X]$ 的一个一一变换 ϕ_{Σ}.

令 $T_n = \{\phi_{\Sigma} \mid \Sigma \in S_n\}$. T_n 是 $F[X]$ 的一些 ($n!$ 个) 变换组成的集合. 注意到 (请读者证明一下)

$$\phi_{\Sigma} \circ \phi_{\theta} = \phi_{\Sigma \circ \theta}, \quad (\phi_{\Sigma})^{-1} = \phi_{\Sigma^{-1}}.$$

我们有

命题 1.2.1 $(T_n, \circ)$ 满足命题 1.1.5 中的 (G1)—(G4), 称之为 $F[X]$ 的置换群.

如果把 n 元多项式和平面图形类比, 把 $F[X]$ 和平面类比, 那么 $F[X]$ 的置换群相当于平面的运动群.

对一个 n 元多项式 $f(x_1, x_2, \cdots, x_n)$, 记

$$S_f = \{\phi_\Sigma \in T_n \mid \phi_\Sigma(f) = f\}.$$

命题 1.2.2　$(S_f, \circ)$ 满足命题 1.1.5 中的 (G1)—(G4), 称之为 n 元多项式 f 的对称群.

例 1.2.1　$F[x_1, x_2, x_3, x_4]$ 中的多项式 $f = x_1 x_2 + x_3 x_4$ 的对称群为

$$S_f = \left\{ \phi_\Sigma \mid \Sigma = \begin{pmatrix} 1 & 2 & 3 & 4 \\ 1 & 2 & 3 & 4 \end{pmatrix}, \begin{pmatrix} 1 & 2 & 3 & 4 \\ 2 & 1 & 3 & 4 \end{pmatrix}, \begin{pmatrix} 1 & 2 & 3 & 4 \\ 1 & 2 & 4 & 3 \end{pmatrix}, \right.$$

$$\begin{pmatrix} 1 & 2 & 3 & 4 \\ 2 & 1 & 4 & 3 \end{pmatrix}, \begin{pmatrix} 1 & 2 & 3 & 4 \\ 3 & 4 & 1 & 2 \end{pmatrix}, \begin{pmatrix} 1 & 2 & 3 & 4 \\ 4 & 3 & 1 & 2 \end{pmatrix},$$

$$\left. \begin{pmatrix} 1 & 2 & 3 & 4 \\ 3 & 4 & 2 & 1 \end{pmatrix}, \begin{pmatrix} 1 & 2 & 3 & 4 \\ 4 & 3 & 2 & 1 \end{pmatrix} \right\}.$$

定义 1.2.3　$F[x_1, x_2, \cdots, x_n]$ 中的一个 n 元多项式 f 叫做对称多项式, 如果 $S_f = T_n$, 即其对称群是整个置换群 T_n.

这就是我们熟悉的对称多项式的定义.

通过本章的学习, 希望读者已对 "对称即群" 有了一个初步但明确的理解. 我们把所谈的对称再粗略地概括一下: 当我们考虑的对象 A 是一个带有若干关系的集合 M (数学中的对象大致都具有这种形式) 时, 我们就把集合 M 的所有保持这些关系不变的——变换的全体构成的群称为对象 A 的对称. 这就是我们所用的非数学术语 "对称即群" 的内容与含义.

练习

1. 求 $\mathbb{Q}[x_1, x_2, x_3]$ 中多项式 $f = x_1^2 + x_1 x_2 + x_2 x_3 + x_3^2$ 的对称群 S_f.

2. 设 F 是数域. 在 $F[x_1, x_2, x_3]$ 中的所有含有项 $x_1^3 x_2$ 的对称多项式中, 写出项数最少的那个对称多项式.

3. 设 $f(x, y)$ 是 $\mathbb{R}[x, y]$ 中对称多项式. 证明: 在平面 $\mathbb{R}^2$ 中, 由方程 $f(x, y) = 0$ 确定的图形 K 关于直线 $l: x - y = 0$ 是对称的.

第二章

群

本章介绍群这个代数学中最重要的基本概念并作一些基本的讨论. 特别提醒读者注意接受和习惯这里的集合论语言和公理化的方法, 逐步学会在一个用一组公理定义的对象上推导和思考一些问题, 学会把这些抽象对象和具体例子区分开, 同时又会把有关抽象对象的结果应用到具体例子上以洞察后者的脉络, 还会从具体例子中得到启示或抓住它们的共同点以定义抽象对象并研究它们.

§2.1 群

2.1.1 群的定义

前面的变换群、运动群、图形的对称群都是具有一个运算的集合, 而其中的运算满足我们熟悉的 (G1)—(G4) 诸性质, 因而用集合的语言把它们归纳和概括成一个抽象群的定义, 就不是困难的事了. 历史上也正是这样: 先是 É.Galois 于 1829 年引入置换群, C.Jordan 于 1867 年引入运动群, 之后 A.Cayley 于 1854 年及 1878 年, 以及 W.von Dyck 于 1882 年给出抽象群的概念.

定义 2.1.1 非空集合 M 的一个二元运算是指映射

$$\phi : M \times M \to M$$

$$(x, y) \mapsto x\phi y.$$

常记 ϕ 为 "$\cdot$", 这样 $x\phi y$ 就变成 $x \cdot y$, 常称之为 x 和 y 的乘积, 这样就和我们通常习惯的符号一致起来了.

类似地, 可以定义三元运算以及 n 元运算. 也可以定义集合 M 和集合 N 到集合 P 的运算 ϕ, 那就是 $M \times N$ 到 P 的一个映射.

例如: 变换的合成 (乘法) 是集合 $T(M)$ 的一个二元运算; 在我们熟悉的数域 F 上线性空间 V 的定义中, 数乘运算或标量乘法 $a \cdot x$ $(a \in F, x \in V)$ 是集合 F 和集合 V 到集合 V 的一个运算.

定义 2.1.2　设 $\cdot$ 是非空集合 G 的一个二元运算 (常称为乘法). 称 $(G, \cdot)$ 为一个群, 如果满足

(G1) (运算封闭性) 对任意 $a, b \in G$, 有 $a \cdot b \in G$;

(G2) (运算的结合律) 对任意 $a, b, c \in G$, 有 $(a \cdot b) \cdot c = a \cdot (b \cdot c)$;

(G3) (有单位元) 存在 $e \in G$, 使得对任意 $a \in G$, 有 $e \cdot a = a = a \cdot e$;

(G4) (有逆元) 对任意 $a \in G$, 存在 $b \in G$, 使得 $a \cdot b = e = b \cdot a$.

如果 $(G, \cdot)$ 仅满足上述 (G1)—(G2), 那么称它是半群. 此时, 如果进一步还满足 (G3), 那么称它为带单位元的半群或简称为带幺半群.

称群 $(G, \cdot)$ 是交换群或 Abel 群, 如果它是一个群并且还满足运算的 (乘法) 交换律, 即对任意 $a, b \in G$, 有 $a \cdot b = b \cdot a$.

有时为了简便, 群中的乘法运算记号是可以省略的, 即可写 $a \cdot b = ab$.

现在来研究一下群的几条规则. (G1) 是多余的, 因为既已知 $\cdot$ 是集合 G 的一个运算, 当然任二元素的运算结果仍在 G 中. 放在这里只是再强调一下 G 关于 $\cdot$ 是封闭的. 虽是多余, 但实用上验证某个具体集合关于某个具体运算是否作成一个群, (G1) 是必要的. (G2) 是运算的结合律. 用数学归纳法可证明, 任意 n 个元素连乘时无论怎样加括号, 其运算结果总是相同的, 从而这些括号是可以不写出来的, 如 $(ab)(cd)$ 可写成 $abcd$ 等. 关于 (G3) 和 (G4), 我们有下列两个唯一性结果.

命题 2.1.3　群 $(G, \cdot)$ 中存在唯一的元素 e, 有性质: 对任意 $a \in G$, 有 $ea = ae = a$.

证明　依 (G3), G 中至少有一个这样的元素. 如果有两个元素 e, e' 都有这样的性质, 那么 $e = ee' = e'$, 即它们相等.　　　　□

我们称这个唯一的元素 e 为群 G 的单位元.

同样, 我们有

命题 2.1.4　群 $(G, \cdot)$ 中对任意给定的 $a \in G$, 存在唯一的元素 b, 使得 $ab = ba = e$.

证明　存在性由 (G4) 保证. 若有两个元素 b, b', 使得

$$ab = ba = e, \quad ab' = b'a = e,$$

则

$$bab' = (ba)b' = eb' = b',$$

$$bab' = b(ab') = be = b,$$

故有 $b = b'$. 　　　　　　　　　　　　　　　　　　　　　　　　□

我们把这个唯一元素 b 称为 a 的逆元, 并记作 a^{-1}(这只是一个符号, 其意义是 $aa^{-1} = a^{-1}a = e$). 我们有 $(ab)^{-1} = b^{-1}a^{-1}$, 这是因为 $(ab)(b^{-1}a^{-1}) = e = (b^{-1}a^{-1})(ab)$.

群 G 中每一元素 a 都有逆元 a^{-1}, 这很重要. 例如, 利用它我们可有消去律: 在群 G 中, 若有 $ab = ac$ (或 $ba = ca$), 则必有 $b = c$. 证此, 只需用 a^{-1} 左乘 (或右乘) 两侧即可.

对于交换群, 也可将运算记为加法 "$+$" 并相应地称群为加群. 此时, 结合律为 $(a + b) + c = a + (b + c)$, 从而可写成 $a + b + c$; 单位元记为 0 并称为零元, 故对任意 $a \in G$, 有 $0 + a = a + 0 = a$; 任意 $a \in G$ 的逆元记为 $-a$ 并称为 a 的负元, 并且可记 $a + (-b) = a - b$, 故有 $a - a = -a + a = 0$. 特别强调, 说到加群, 总是约定其加法运算交换: $a + b = b + a$. 所以非交换群的运算不能写成加法!

除了第一章中的变换群、运动群、对称群等都是群外, 我们还可以从数、多项式、矩阵或有限维线性空间的线性变换等这些丰富的数学对象中, 很容易举出许多例子来.

例 2.1.1　全体整数的集合 $\mathbb{Z}$、全体有理数的集合 $\mathbb{Q}$、全体实数的集合 $\mathbb{R}$、全体复数的集合 $\mathbb{C}$、数域上向量空间等, 它们在通常的加法运算下都构成加群.

例 2.1.2　全体正有理数的集合、全体正实数的集合、数域中全体非零数的集合, 它们在数的通常乘法运算之下都构成交换群, 此时的单位元就是数 1. 注意, 全体正整数在通常乘法之下只是带幺 (交换) 半群, 不是群. 尽管这些群或半群都是交换的, 但此时的乘法运算不要写成加法符号, 否则就与这些数的通常加法混淆了!

例 2.1.3　记 $GL_n(F)$ 为数域 F 上 n 阶非退化矩阵的全体, $SL_n(F)$ 为数域 F 上行列式为 1 的 n 阶矩阵的全体. 那么它们在通常矩阵乘法之下都构成群, 这些在 $n > 1$ 时是非交换的群.

定义 2.1.5　如果群 G 只有有限个元素, 那么称它为有限群, 其元素个数称为群 G 的阶, 记为 $|G|$.

例 2.1.4　只由一个元素构成的群称为平凡群. 集合 $\{1, -1\}$ 关于整数的乘法成为一个 2 阶群. 类似地, $\{1, -1, i, -i\}$ 关于复数的乘法构成一个 4 阶群.

2.1.2 群的同构和反同构

群的灵魂是群的运算. 如果说集合是一盘散沙, 则具有性质 (G2), (G3), (G4) 的运算 · 就把集合 G 非常好地组织起来了. 谈论关于群的问题时, 一定要突出这个运算, 都要和这个运算和谐.

在集合论中, 两个等势的集合 M 和 N (即 M 和 N 间有一个一一对应) 可以认为是 "一样" 的. 在群论中, 把两个群 $(G,\cdot)$ 和 $(H,\times)$ 看作 "一样" 的, 如果只知道集合 G 和集合 H 之间有一个一一对应 ϕ, 那是完全不够的, 必须要问这个对应 ϕ 和两个群的运算有什么关系. 说得绝对一点, 和运算没有关系的对应 ϕ 不该是我们群论中讨论的. 下面的定义刻画了什么时候两个群在群论中可以看成 "一样".

定义 2.1.6   设 $(G,\cdot)$ 和 $(H,\times)$ 是两个群, ϕ 是集合 G 到集合 H 上的一个一一对应. 如果 ϕ 保持群的运算, 即对任意 $x,y \in G$ 有

$$\phi(x \cdot y) = \phi(x) \times \phi(y),$$

那么称 ϕ 是群 $(G,\cdot)$ 到 $(H,\times)$ 的一个同构. 此时称群 $(G,\cdot)$ 同构于群 $(H,\times)$, 记作 $(G,\cdot) \cong (H,\times)$.

请读者证明 (作为练习), 如果 ϕ 是群 $(G,\cdot)$ 到群 $(H,\times)$ 的一个同构, 那么逆映射 ϕ^{-1} 必是群 $(H,\times)$ 到群 $(G,\cdot)$ 的一个同构. 因而如果 $(G,\cdot) \cong (H,\times)$, 必也有 $(H,\times) \cong (G,\cdot)$; 另外, 如果 ψ 是群 $(H,\times)$ 到群 $(L,*)$ 的一个同构, 那么映射的合成 $\psi \circ \phi$ 是群 $(G,\cdot)$ 到群 $(L,*)$ 的一个同构, 因而如果还有 $(H,\times) \cong (L,*)$, 必也有 $(G,\cdot) \cong (L,*)$.

例 2.1.5   设 $(\mathbb{R},+)$ 是全体实数关于数的加法作成的群, 而 $(\mathbb{R}^+,\cdot)$ 是全体正实数关于数的乘法作成的群. 令

$$\phi : \mathbb{R}^+ \to \mathbb{R}$$
$$x \mapsto \lg x,$$

可以证明 ϕ 是此两群的一个同构.

利用这个同构可把数的乘法运算化归为数的加法运算.

定义 2.1.7   称群 $(G,\cdot)$ 到自身的同构为群 $(G,\cdot)$ 的自同构. 群 $(G,\cdot)$ 的自同构的全体记作 $\operatorname{Aut} G$.

容易证明 $(\operatorname{Aut} G,$ 变换的合成运算 $\circ)$ 是一个群. 可把这个群看作群 $(G,\cdot)$ 这个代数结构的对称群, 它刻画了群 $(G,\cdot)$ 的对称性, 因而对给定群 G 计算或研究 $(\operatorname{Aut} G, \circ)$ 这个群是群论中重要问题之一.

定义 2.1.8 设 $(G, \cdot)$ 和 $(H, \times)$ 是两个群, ϕ 是集合 G 到集合 H 上的一个一一对应, 如果对任意 $x, y \in G$ 有

$$\phi(x \cdot y) = \phi(y) \times \phi(x),$$

那么称 ϕ 是群 $(G, \cdot)$ 到群 $(H, \times)$ 的一个反同构. 此时称群 $(G, \cdot)$ 反同构于群 $(H, \times)$, 记作 $(G, \cdot) \cong^{op} (H, \times)$.

同样可以证明: 若 $(G, \cdot) \cong^{op} (H, \times)$, 则也有 $(H, \times) \cong^{op} (G, \cdot)$.

彼此反同构的群, 虽不能说它们完全 "一样", 但基本上是一样的. 掌握其中一个群的情况, 则与之反同构的那个群的情况也就清楚了.

这里我们顺便把一个符号问题交代一下. 如果 ϕ 是 M 到自身的一个映射, $x \in M$, 是用 $\phi(x)$ 还是用 $x\phi$ 来表示 x 在 ϕ 下的像? 只涉及一个 ϕ 时, 这当然没有区别, 但当用到 M 到 M 的两个映射 ϕ, ψ 的乘积 $\phi\psi$ 时, 就有区别了:

用 $\phi(x)$ 时, $(\phi\psi)(x) = \phi(\psi(x))$ (即先 ψ 后 ϕ),

而用 $x\phi$ 时, $x(\phi\psi) = (x\phi)\psi$ (即先 ϕ 后 ψ).

例如, 设 $M = \{1, 2, 3\}$. 取 $\phi = \begin{pmatrix} 1 & 2 & 3 \\ 2 & 3 & 1 \end{pmatrix}, \psi = \begin{pmatrix} 1 & 2 & 3 \\ 3 & 2 & 1 \end{pmatrix}$, 则有

$$\phi\psi(1) = \phi(\psi(1)) = \phi(3) = 1,$$
$$1(\phi\psi) = (1\phi)\psi = 2\psi = 2.$$

同一个 $\phi\psi$ 在两种不同表示法下表示不同的映射.

我们再看一个例子.

例 2.1.6 取群 $(GL_n(\mathbb{Q}), \text{矩阵乘法})$ 及群 $(Tr_n(V), \text{线性变换的乘法})$, 其中 V 是 $\mathbb{Q}$ 上 n 维线性空间, $Tr_n(V)$ 是 V 的非退化线性变换的全体. 取定 V 的一个基 $v_1, v_2, \cdots, v_n$, 而令

$$\theta: GL_n(\mathbb{Q}) \to Tr_n(V)$$
$$A \mapsto T_A,$$

其中

$$T_A: \qquad V \to V$$
$$x = (v_1, v_2, \cdots, v_n) \begin{pmatrix} x_1 \\ x_2 \\ \vdots \\ x_n \end{pmatrix} \mapsto (v_1, v_2, \cdots, v_n) A \begin{pmatrix} x_1 \\ x_2 \\ \vdots \\ x_n \end{pmatrix},$$

这里每个 $x_i \in \mathbb{Q}$ 是 $x \in V$ 用上述基线性表出时 v_i 的系数. 由线性代数知 θ 是 $GL_n(\mathbb{Q})$ 到 $Tr_n(V)$ 上的一一对应.

(1) 把 x 在 ϕ 下的像记作 $\phi(x)$, 此时有

$$T_A(x) = T_A \left((v_1, v_2, \cdots, v_n) \begin{pmatrix} x_1 \\ x_2 \\ \vdots \\ x_n \end{pmatrix} \right) = (v_1, v_2, \cdots, v_n) A \begin{pmatrix} x_1 \\ x_2 \\ \vdots \\ x_n \end{pmatrix},$$

这样

$$(T_A T_B)(x) = T_A(T_B(x)) = T_A \left((v_1, v_2, \cdots, v_n) B \begin{pmatrix} x_1 \\ x_2 \\ \vdots \\ x_n \end{pmatrix} \right)$$

$$= (v_1, v_2, \cdots, v_n) AB \begin{pmatrix} x_1 \\ x_2 \\ \vdots \\ x_n \end{pmatrix},$$

而 $T_{AB}(x) = (v_1, v_2, \cdots, v_n) AB \begin{pmatrix} x_1 \\ x_2 \\ \vdots \\ x_n \end{pmatrix}$. 故

$$\theta(AB) = T_{AB} = T_A T_B = \theta(A)\theta(B).$$

这就是说 θ 是群 $GL_n(\mathbb{Q})$ 到群 $Tr_n(V)$ 上的一个同构.

(2) 把 x 在 ϕ 下的像记作 $x\phi$, 此时有

$$xT_A = (v_1, v_2, \cdots, v_n) A \begin{pmatrix} x_1 \\ x_2 \\ \vdots \\ x_n \end{pmatrix},$$

这样

$$x(T_B T_A) = (x T_B) T_A = \left((v_1, v_2 \cdots, v_n) B \begin{pmatrix} x_1 \\ x_2 \\ \vdots \\ x_n \end{pmatrix} \right) T_A$$

$$= (v_1, v_2, \cdots, v_n) AB \begin{pmatrix} x_1 \\ x_2 \\ \vdots \\ x_n \end{pmatrix},$$

而 $x T_{AB} = (v_1, v_2, \cdots, v_n) AB \begin{pmatrix} x_1 \\ x_2 \\ \vdots \\ x_n \end{pmatrix}$. 故此时

$$\theta(AB) = T_{AB} = T_B T_A = \theta(B)\theta(A).$$

这就是说 θ 是群 $GL_n(\mathbb{Q})$ 到群 $Tr_n(V)$ 上的一个反同构.

从上面的例子看到, 对映射的像用不同的表示法对问题的讨论确有影响, 然而影响又确实无关紧要: 只是把同构变成反同构而已. 因而今后为了方便我们可以任选一种 (通常人们选用 $\phi(x)$), 只是注意, 在同一个问题中只能固定采取一种.

练习

1. 设 $(G, \cdot)$ 是群. 证明: $(G, \cdot)$ 满足消去律, 即对任意 $a, b, c \in G$, 若 $a \cdot b = a \cdot c$ 或 $b \cdot a = c \cdot a$, 则 $b = c$.

2. 设 $(S, \cdot)$ 是半群. 对 $a \in S$, 记 $a \cdot S = \{a \cdot s \mid s \in S\}$ 和 $S \cdot a = \{s \cdot a \mid s \in S\}$.

(1) 证明: 如果对任意 $a \in S$, 有 $a \cdot S = S$ 和 $S \cdot a = S$, 那么 $(S, \cdot)$ 是群;

(2) 证明: 如果 $(S, \cdot)$ 是有限半群 (即 S 的元素个数有限) 且满足消去律, 那么对任意 $a \in S$, 有 $a \cdot S = S$ 和 $S \cdot a = S$. 特别地, $(S, \cdot)$ 是群.

3. 设 ϕ 是群 $(G, \cdot)$ 到群 $(H, \times)$ 的一个同构. 证明逆映射 ϕ^{-1} 是群 $(H, \times)$ 到群 $(G, \cdot)$ 的同构.

4. 设 $(\mathbb{Z}, +)$ 是通常的整数加群. 在 $\mathbb{Z}$ 上定义一个新的运算 $\bigoplus$ 如下: 对任意 $a, b \in \mathbb{Z}$, 规定 $a \bigoplus b = a + b - 1$. 证明:

(1) $(\mathbb{Z}, \oplus)$ 是一个交换群;

(2) $$\phi : (\mathbb{Z}, +) \to (\mathbb{Z}, \oplus)$$

$$a \mapsto a + 1$$

是群同构.

5. 判断以下说法是否正确并给出理由: 有理数加法群 $(\mathbb{Q}, +)$ 和非零有理数乘法群 $(\mathbb{Q}^{\times}, \cdot)$ 不同构.

§2.2　子　群

对于群这个新的数学对象, 应该如何入手, 从哪几个方面去研究它, 是读者急于想了解的事. 我们曾经研究过数、多项式、矩阵等, 但这些似乎和群的味道不太一样. 概括地说, 对群的研究可分为互相联系的两大块: 群的结构和群的表示.

事物都有其结构, 但如何研究例如社会的结构或交响乐的结构, 又是很难一下子说清的. 群的结构也是这样. 群和集合比较起来就是多一个运算, 所以群论的初步可以仿照集合论去讨论. 只是要记住, 关于群的一切讨论都要围绕这个运算进行.

2.2.1　一点准备

以下将群 $(G, \cdot)$ 简记为群 G. 其单位元是 e, 运算 $\cdot$ 称作乘法, 常将 $a \cdot b$ 简记为 ab.

先看群 G 中的一个元素 a 和运算的联系. 我们定义 a 的任意整数 n 次幂如下: 如果 n 是正整数, 定义 a^n 为 n 个 a 相乘; 如果 $n = 0$, 定义 $a^0 = e$; 如果 $n = -m$, 其中 m 是正整数, 定义 $a^{-m} = (a^{-1})^m$(其中 a^{-1} 是 a 的逆元). 由定义易知: 对任意 $n, m \in \mathbb{Z}$

$$a^n a^m = a^{n+m}, \quad a^{mn} = (a^m)^n.$$

类似地, 对于加群, 我们将 n 个 a 相加记为 na, 此时相应的式子变成

$$na + ma = (n + m)a, \quad (mn)a = m(na).$$

定义 2.2.1　设 $a \in G$. 我们称元素 a 是有限阶的, 如果存在正整数 n 使得 $a^n = e$; 此时, 若对任意小于 n 的正整数 m 有 $a^m \neq e$, 则称 n 为 a 的阶. 我们称 a 是无限阶的元素, 如果它不是有限阶的, 即对于任意正整数 $n, a^n \neq e$.

依定义, e 的阶是 1.

下面再看群的子集与运算的联系. 对群 G 的任意两个子集 H, K 规定:

$$HK = \{hk \mid h \in H, k \in K\}, \quad H^{-1} = \{h^{-1} \mid h \in H\}.$$

如果说在集合论中对集合的子集都一视同仁, 那么在群论中却不是这样, 我们对那些与运算关系不好的子集不太喜欢, 而由于运算的关系, 对满足关于运算和逆都封闭的子集给予突出的地位.

2.2.2　子群的定义

定义 2.2.2　设 H 是群 G 的非空子集. 我们称 H 为群 G 的子群, 如果满足
(S1) $HH \subseteq H$, 即对任意 $a, b \in H$, 有 $ab \in H$;
(S2) $H^{-1} \subseteq H$, 即对任意 $a \in H$, 有 $a^{-1} \in H$.

上述条件 (S1) 意味着 H 关于 $\cdot$ 封闭, 进而满足结合律; 另外, 由于 H 非空, 可取 $a \in H$, 条件 (S2) 确保 $a^{-1} \in H$, 再一次利用 (S1) 可知单位元 $e = aa^{-1} \in H$. 可见, 子群 H 关于 G 的运算自身也成为群. 这样, 子群就是在群 G 的运算下自身也是群的那些子集. 这也就是称之为子群的缘故.

子群是非常重要的概念, 群论中感兴趣的群的子集都是和子群密切联系的, 或者简直就是由于群导出的那些子集. 了解子群的情况, 是了解群的结构的一个重要方向, 一个具有很多子群的群, 其结构也会复杂一些.

一个群 G 至少有两个子群: G 和 $\{e\}$, 称之为平凡子群. 不同于 G 的子群, 称为 G 的真子群.

子群的交和并还是子群吗?

命题 2.2.3　设 H, K 是群 G 的子群. 如果 $H \cup K$ 也是群 G 的子群, 那么 $H \subseteq K$ 或者 $K \subseteq H$. 特别地, 如果 $G = H \cup K$, 那么 $G = H$ 或者 $G = K$.

证明　假如 $H \not\subseteq K$ 并且 $K \not\subseteq H$. 那么存在 $h \in H \backslash K$, $k \in K \backslash H$. 由 $H \cup K$ 也是群 G 的子群知 $hk \in H \cup K$. 从而 $hk \in H$ 或者 $hk \in K$. 故 $k = h^{-1}(hk) \in H$ 或者 $h = (hk)k^{-1} \in K$, 矛盾. 所以我们有 $H \subseteq K$ 或者 $K \subseteq H$. 特别地, 如果 $G = H \cup K$, 那么由 $H \subseteq K$ 或者 $K \subseteq H$ 立即可知 $G = K$ 或者 $G = H$. □

该命题说明, 子群的并一般不再是子群了. 但下面的命题说任意多个子群的交还是子群.

命题 2.2.4　设 $H_i, i \in I$ (一个有限或无限的指标集) 都是群 G 的子群. 那么 $H = \bigcap_{i \in I} H_i$ 也是群 G 的子群.

证明　因为对任意 $i \in I$, 有 $e \in H_i$, 故 H 不会是空集. 任取 $a, b \in H$, 则对任

意 $i \in I$, 有 $a, b \in H_i$. 因为每个 H_i 是子群, 故 ab, a^{-1} 都在 H_i 中, 即 $ab, a^{-1} \in H$. 故 H 是一个子群. □

任取群 G 中的一个子集 M, 我们问是否有一个包含 M 的最小子群 H, 即有 (1) $M \subseteq H$; (2) 若 $M \subseteq H'$ 而 H' 也是子群, 则有 $H \subseteq H'$. 如果含 M 的最小子群 H 存在, 则它必是唯一的. 这是因为, 若 H_1, H_2 是含 M 的最小子群, 由条件 (2) 知 $H_1 \subseteq H_2, H_2 \subseteq H_1$, 故有 $H_1 = H_2$. 它的存在性可由下面命题得到.

命题 2.2.5 设 M 是群 G 的子集, $H_i (i \in I)$ 是群 G 中含 M 的所有子群. 那么 $H = \bigcap_{i \in I} H_i$ 是含 M 的最小子群.

证明 首先 G 是含 M 的子群, 因而指标集 I 不是空集. 依上一命题 H 是子群. 显然 $M \subseteq H$. 若 $M \subseteq H'$ 且 H' 是子群, 则 H' 是 H_i 中的某一个, 故有 $H = \bigcap_{i \in I} H_i \subseteq H'$. □

此命题只是肯定含 M 的最小子群 H 的存在性, 然而不是构造性的, 即对 H 是由什么样的元素组成没有什么了解. 下面我们独立于命题 2.2.5, 从构造的观点找出含 M 的最小子群 H.

如果 M 是子群, 显然有 $H = M$. 如果 M 是空集, 显然 $\{e\}$ 是含 M 的最小子群. 如果 M 非空但不是子群, 那么存在 $a, b \in M$, 使得 $ab \notin M$ 或 $a^{-1} \notin M$, 这时我们把这些元素都添加到 M 上去, 即令

$$H = \{x_1 x_2 \cdots x_n | \; n \in \mathbb{Z}^+, x_i \in M \cup M^{-1}\}, \tag{2.1}$$

用话来说, 这就是考虑由 M 的元素和 M^{-1} 的元素, 以及由 M 及 M^{-1} 中取出任意 n 个元素作乘积所得到的元素全体. 容易证明 $HH \subseteq H, H^{-1} \subseteq H$, 即 H 是含 M 的子群. 另一方面, 若有子群 $K \supseteq M$, 则 $K \supseteq M^{-1}$, 令 $M' = M \cup M^{-1}$, 即有 $K \supseteq M'$. 这样 K 必包含 $M'M'$, 随之必包含 $(M'M')M', \cdots$, 故知 $K \supseteq H$. 即证得 H 是含 M 的最小子群.

定义 2.2.6 (1) 群 G 中含 M 的最小子群称为 M 在 G 中生成的子群, 记作 $\langle M \rangle$.

(2) 设 H 是群 G 的一个子群. 如果子集 $M \subseteq H$ 且 $\langle M \rangle = H$, 那么称 M 是子群 H 的一个生成元集.

(3) 特别地, 当 $M \subseteq G$ 而 $\langle M \rangle = G$ 时, 称 M 生成群 G, 也称 M 为群 G 的一个生成元集.

例 2.2.1 在群 $G = \{1, \mathrm{i}, -1, -\mathrm{i}\}$ 中, -1 是一个阶为 2 的元素,

$$\langle -1 \rangle = \{1, -1\}.$$

2.2.3 中心、内自同构和正规子群

在本节的最后, 我们再一次回到 "对称" 问题. 如果把群 G 比作平面 (这时该把运算比作距离), 而把子群比作图形 (为什么我们只把子群而不把子集比作图形呢?), 则自然可以谈论子群的对称.

群 G 的运算一般是不可交换的, 即 ab 不一定等于 ba. 因而群中与其他元素可交换的元素占据特殊的地位.

定义 2.2.7 群 G 中元素 z 称为 G 的中心元, 如果它与 G 中每个元素都可交换, 即对任意 $x \in G$, 有

$$zx = xz.$$

记群 G 的中心元全体的集合为 $Z(G)$, 称为群 G 的中心.

容易证明, 群 G 的中心 $Z(G)$ 是 G 的一个子群.

命题 2.2.8 子群 $Z(G)$ 在群 G 的任意自同构 ϕ 下是不变的:

$$\phi Z(G) = Z(G).$$

证明 任取 $z \in Z(G), x \in G$, 有 $zx = xz$. 进而

$$\phi(z)\phi(x) = \phi(zx) = \phi(xz) = \phi(x)\phi(z).$$

由 ϕ 是 G 到 G 上的一一对应, $\phi(x)$ 可为 G 中任意元素, 故 $\phi(z) \in Z(G)$, 即 $\phi Z(G) \subseteq Z(G)$. 注意到 ϕ^{-1} 也是群 G 的自同构, 同上有 $\phi^{-1}(z) \in Z(G)$, 进而可得 $Z(G) \subseteq \phi Z(G)$. 总起来便得 $\phi Z(G) = Z(G)$. $\qquad \square$

这样, 群的中心是一个 "绝对对称" 的子群.

给了群 G, 一般不太容易计算出群 $\text{Aut}\, G$. 但我们可以很容易找到它的一个子群.

任取 $a \in G$, 令

$$T_a : G \to G$$

$$x \mapsto axa^{-1}.$$

由

$$T_a(xy) = a(xy)a^{-1} = (axa^{-1})(aya^{-1}) = T_a(x)T_a(y)$$

知 T_a 保持运算. 并且很容易验证这是一个双射, $T_{a^{-1}}$ 是它的逆. 这样 T_a 是群 G 上的一个自同构, 即 $T_a \in \text{Aut}\, G$. 令

$$\text{Inn}\, G = \{T_a \mid a \in G\}.$$

对任意 $a, b, x \in G$, 有

$$(T_a T_b)(x) = T_a(T_b(x)) = a(bxb^{-1})a^{-1} = (ab)x(ab)^{-1} = T_{ab}(x),$$

即 $T_a T_b = T_{ab}$, 再由 T_a 可逆并且其逆为 $T_{a^{-1}}$ 知 $\mathrm{Inn}\, G$ 是 $\mathrm{Aut}\, G$ 的子群. 我们将其称为群 G 的内自同构群, 其中元素 T_a 称为群 G 的内自同构.

定义 2.2.9   群 G 的子群 H 称为正规子群, 如果 H 在内自同构群 $\mathrm{Inn}\, G$ 的作用下不变, 即对任意 $h \in H, a \in G$,

$$aha^{-1} \in H,$$

也就是

$$aHa^{-1} \subseteq H.$$

这里 $aHa^{-1} = \{aha^{-1} | h \in H\}$.

注 2.2.10   在上述定义中, 由 a 的任意性, 我们用 a^{-1} 替换 a 可得 $a^{-1}Ha \subseteq H$. 在此包含关系的两端分别左乘 a 和右乘 a^{-1}, 可得 $H \subseteq aHa^{-1}$. 换句话说, 如果 H 是 G 的正规子群, 那么 $aHa^{-1} = H$. 反过来, 如果 $aHa^{-1} = H$ 对任意 $a \in G$ 成立, 那么 H 显然是正规子群. 综合上述, 群 G 的子群 H 是正规子群当且仅当对任意 $a \in G$, 有

$$aHa^{-1} = H,$$

这也等价于对任意 $a \in G$, 有

$$aH = Ha.$$

这里 $aH = \{ah | h \in H\}$, $Ha = \{ha | h \in H\}$. 特别请读者注意, 上述集合的相等并不意味着 H 中的元素 h 和 a 相乘时可交换, 而是存在 $h' \in H$ 和 $h'' \in H$, 使得 $ah = h'a$ 和 $ha = ah''$.

例 2.2.2   对任意群 G 来说, 其中心 $Z(G)$ 是正规子群; 对于交换群来说, 当然每一个元素都是中心元, 每一个子群都是正规子群.

正规子群在 §2.6 中起着非常重要的作用.

练习

1. 设群 G 中元素 a 的阶为 $n\, (< \infty)$. 证明: 对任意正整数 m, 若 $a^m = e$, 则 $n | m$.

2. 设 a, b 是群 G 中的两个元素. 证明: ab 与 ba 有相同的阶.

3. 如果 G 中每个元素的阶都小于或等于 2, 证明: G 是交换群.

4. 设 H 和 K 是群 G 的两个子群. 证明:

(1) HK 是 G 的子群当且仅当 $HK = KH$;

(2) 当 H 是 G 的正规子群时, HK 是 G 的子群.

5. 找出对称群 S_3 的所有子群和正规子群.

6. 设 G 是群. 证明: 内自同构群 Inn G 是自同构群 Aut G 的正规子群.

§2.3 一些具体群的生成元集

研究一个对象可粗分为两种方法: 一种方法是研究此对象的内部关系, 另一种是把此对象放在与其他对象的相互联系中去研究. 当我们对一个群 "孤立地" 去研究时, 掌握这个群的一个好的生成元集常是非常有帮助的.

本节主要给出一些具体群的生成元集.

2.3.1 平面运动群

设 G 为平面的所有运动组成的群. 在平面内取定一个 Descartes 坐标系, 这样在此平面上我们有一个特定点——原点. 在平面的运动中选取下列特定运动, 并表以特定符号:

(1) 沿向量 a 的平移, 记为 t_a, 如果用坐标表示, 记

$$x = \begin{pmatrix} x_1 \\ x_2 \end{pmatrix}, a = \begin{pmatrix} a_1 \\ a_2 \end{pmatrix},$$

则有

$$t_a(x) = x + a = \begin{pmatrix} x_1 + a_1 \\ x_2 + a_2 \end{pmatrix};$$

(2) 绕原点 (逆时针方向) 转 θ 角的旋转, 记为 ρ_θ,

$$\rho_\theta(x) = \begin{pmatrix} \cos\theta & -\sin\theta \\ \sin\theta & \cos\theta \end{pmatrix} \begin{pmatrix} x_1 \\ x_2 \end{pmatrix};$$

(3) 关于 x 轴的翻折, 记为 r,

$$r(x) = \begin{pmatrix} x_1 \\ -x_2 \end{pmatrix} = \begin{pmatrix} 1 & 0 \\ 0 & -1 \end{pmatrix} \begin{pmatrix} x_1 \\ x_2 \end{pmatrix}.$$

显然 t_a, ρ_θ, r 只是一部分运动, 还有别的运动例如绕非原点的旋转和关于 y 轴的翻折等. 但由定理 1.1.3易知, 平面上的任一运动 t 可写成

$$t(x) = \begin{pmatrix} a_{11} & a_{12} \\ a_{21} & a_{22} \end{pmatrix} \begin{pmatrix} x_1 \\ x_2 \end{pmatrix} + \begin{pmatrix} a_1 \\ a_2 \end{pmatrix},$$

其中 $A = \begin{pmatrix} a_{11} & a_{12} \\ a_{21} & a_{22} \end{pmatrix}$ 是正交矩阵. 由线性代数可知,

$$A = \begin{cases} \begin{pmatrix} \cos\theta & -\sin\theta \\ \sin\theta & \cos\theta \end{pmatrix}, & \det A = 1; \\[3em] \begin{pmatrix} \cos\theta & \sin\theta \\ \sin\theta & -\cos\theta \end{pmatrix}, & \det A = -1. \end{cases}$$

进而有

(4) 平面上的任一运动 t 都能表示成由某个向量 a 决定的平移 t_a 和由某个角度 θ 决定的绕原点作的逆时针旋转 ρ_θ 及关于 x 轴的翻折 r 的乘积:

$$t = t_a\rho_\theta, \text{ 或 } t = t_a\rho_\theta r. \tag{2.2}$$

换句话说, 它们组成了平面运动群 G 的一个生成元集. 一般而言, 用生成元去表示群中的元素时, 表示法不是唯一的. 但在我们这个情形中, t 在(2.2)式中的表示是唯一的: 若 $t_a\rho_\theta = t_b\rho_\eta$, 则必有 $a = b, \theta = \eta$ 且 $t_a\rho_\theta$ 永远不会写成 $t_b\rho_\eta r$ 的形式.

如果还能知道生成元之间的运算关系, 则我们不仅可以用它们表示群中任一元素, 还能用这些关系去计算群中任意两个元素的乘积. 无论是用平面几何方法或者线性代数方法, 都容易验证 (留给读者) 下列关系:

$$t_a t_b = t_{a+b}, \qquad \rho_\eta \rho_\theta = \rho_{\eta+\theta}, \qquad r^2 = e \text{ (恒等运动)}.$$
$$\rho_\theta t_a = t_{a'}\rho_\theta, \quad \text{其中 } a' = \rho_\theta(a).$$
$$r t_a = t_{a'} r, \qquad \text{其中 } a' = r(a).$$
$$r\rho_\theta = \rho_{-\theta} r.$$

利用这些关系我们可将两个表成标准形式 (2.2) 的元素的乘积写成标准形式 (2.2).

以上是否是生成元间的所有关系, 这是目前我们无法说清的. 无论如何, 在讲自由群时, 我们将给出一个判断标准, 由之可以知道, 这些关系就是所有的或不是所有而有漏掉的.

2.3.2 n 元对称群 S_n 和交错群 A_n

我们在 §1.2 中定义了 n 元对称群 S_n. 它可以看成是集合 $\{1, 2, \cdots, n\}$ 的所有置换构成的群. S_n 中的每个置换可记作

$$\pi = \begin{pmatrix} 1 & 2 & \cdots & n \\ i_1 & i_2 & \cdots & i_n \end{pmatrix},$$

其中 $(i_1, i_2, \cdots, i_n)$ 是 $1, 2, \cdots, n$ 的一个排列, 而 $\pi(j) = i_j$.

称 S_n 中一个置换 π 是 t-轮换 (或长度为 t 的轮换), 如果

(1) $\pi(i_1) = i_2, \pi(i_2) = i_3, \cdots, \pi(i_{t-1}) = i_t, \pi(i_t) = i_1$;

(2) π 保持其他元素不动: $\pi(i) = i$, $i \in \{1, 2, \cdots, n\} \setminus \{i_1, i_2, \cdots, i_t\}$,

其中 $i_1, i_2, \cdots, i_t$ 两两不同. 此时把 π 简记作: $\pi = (i_1 i_2 \cdots i_t)$. 注意到在一个 t-轮换中, 先后相邻位置是主要的, 谁起头是无关紧要的, 故此轮换也可记为 $\pi = (i_2 i_3 \cdots i_t i_1)$. 例如, 在 S_5 中 $(5\,3\,1)$ 和 $(1\,5\,3)$ 以及 $(3\,1\,5)$ 都代表同一个轮换.

置换的乘积是合成 ($\pi\tau$ 意味着先 τ 后 π), 例如

$$\begin{pmatrix} 1 & 2 & 3 & \cdots \\ 2 & 4 & 7 & \cdots \end{pmatrix} \begin{pmatrix} 1 & 2 & \cdots \\ 3 & 5 & \cdots \end{pmatrix} = \begin{pmatrix} 1 & \cdots \\ 7 & \cdots \end{pmatrix}.$$

对于轮换 $(i_1 i_2 \cdots i_t)$, 我们称 $i_1, i_2, \cdots, i_t$ 是该轮换的元素. 如果两个轮换没有公共的元素, 那么称这两个轮换是不相交的. 易见两个不相交的轮换的乘积是可交换的.

接下来, 我们试着找出 S_n 的生成元集. 取任一置换 $\pi \in S_n$, 从 $\{1, 2, \cdots, n\}$ 中任取一个数 i_1, 然后用 π 持续作用: $\pi(i_1) = i_2, \pi(i_2) = i_3, \cdots$. 由于只有 n 个数, 故总会有 $\pi(i_t) = i_1$, 这样得到一个在 π 的作用下的循环小组 $\{i_1, i_2, \cdots, i_t\}$. 如果 $t \neq n$, 那么在剩下的 $n - t$ 个数中任取一数 j_1, 如上去作, 得在 π 作用下的另一循环小组 $\{j_1, j_2, \cdots, j_s\}$. 由于置换 π 是 $\{1, 2, \cdots, n\}$ 上的一个一一对应, 故 $\{i_1, i_2, \cdots, i_t\}$ 和 $\{j_1, j_2, \cdots, j_s\}$ 不相交. 重复此过程, 由于 n 有限, 我们终将 π 表为一些不相交轮换的乘积. 注意由定义知, 每个 1-轮换都是恒等置换 e, 即 $(1) = (2) = \cdots = (n) = e$. 所以, 我们约定在非恒等置换分解为不相交轮换的乘积的表达式中不出现 1-轮换. 如当 $n = 7$ 时, 下列置换的分解为

$$\begin{pmatrix} 1 & 2 & 3 & 4 & 5 & 6 & 7 \\ 2 & 4 & 7 & 1 & 5 & 3 & 6 \end{pmatrix} = (1\,2\,4)(3\,7\,6).$$

将上述讨论总结如下:

命题 2.3.1   我们有

(1) S_n 中任意两个不相交轮换的乘积是可交换的;

(2) S_n 中任意一个非恒等置换可以分解为有限个不相交的长度大于 1 的轮换的乘积, 并且这种分解在可交换乘积顺序的情况下是唯一的;

(3) 所有轮换是 S_n 的一个生成元集.

该命题中的分解 "唯一性" 是容易验证的 (留给读者).

通常, 我们把 2-轮换 $(i\ j)$ 称为对换.

下面列出轮换乘法的一些运算, 它们在 S_n 的研究中是基本且重要的.

命题 2.3.2   我们有

(1) 对任意轮换 $(i_1 i_2 \cdots i_t)$, 有 $(i_1 i_2 \cdots i_t)^{-1} = (i_t \cdots i_2 i_1)$; 特别地, 对任意对换 $(i\ j)$, 有 $(i\ j)^{-1} = (i\ j)$.

(2) 轮换 $(i_1 i_2 \cdots i_t)$ 的阶为 t.

(3) 对任意轮换 $(i_1 i_2 \cdots i_t)$ 和置换 π, 有

$$\pi(i_1 i_2 \cdots i_t)\pi^{-1} = (\pi(i_1)\pi(i_2)\cdots\pi(i_t)).$$

(4) 任意轮换可分解为对换的乘积

$$(i_1 i_2 \cdots i_t) = (i_1 i_t)\cdots(i_1 i_3)(i_1 i_2).$$

(5) 任意对换可分解为相邻对换 $T_i = (i\ i+1)$, $i = 1, 2, \cdots, n-1$ 的乘积: 不妨设该对换为 $(i\ j)$, 其中 $j - i > 1$, 那么

$$(i\ j) = T_i T_{i+1} \cdots T_{j-2} T_{j-1} T_{j-2} \cdots T_{i+1} T_i.$$

例如 $(2\ 4) = (2\ 3)(3\ 4)(2\ 3)$ 和 $(1\ 4) = (1\ 2)(2\ 3)(3\ 4)(2\ 3)(1\ 2)$.

(6) 所有对换是 S_n 的一个生成元集; 更特殊地, 相邻对换 $T_i = (i\ i+1)$, $i = 1, 2, \cdots, n-1$ 也是 S_n 的一个生成元集, 并且有下列关系:

$$T_1^2 = T_2^2 = \cdots = T_{n-1}^2 = e,$$

$$(T_i T_j)^2 = e, \quad |i - j| > 1,$$

$$(T_i T_{i+1})^3 = e, \quad 1 \leqslant i \leqslant n-2.$$

该命题中的各条都是容易验证的, 留给读者.

生成元集简单是我们选择生成元集的一个标准. 因而相邻对换作为生成元集就比较好, 而且它们还满足命题 2.3.2 的 (6) 中比较简单的关系, 这也是我们选择好的生成元集的另一个标准.

我们下面考虑置换的奇偶性. 先给一个引理.

引理 2.3.3 如果 $\tau_1\tau_2\cdots\tau_m = e$, 其中 e 是恒等置换, 所有的 τ_i 都是对换并且 $m > 2$, 那么存在对换 $\tau_1', \tau_2', \cdots, \tau_{m-2}'$ 使得 $\tau_1'\tau_2'\cdots\tau_{m-2}' = e$. 特别地, 上述 m 必须是偶数.

证明 由命题 2.3.2 的 (3) 易知任意两个对换具有 "拟交换性": $(ij)(kl) = (kl)(i'j')$(实际上, 任意两个置换都具有类似的 "拟交换性"). 设 a 是对换 τ_1 中的一个元素. 那么由 "拟交换性" 不妨设 a 是 $\tau_1, \tau_2, \cdots, \tau_s\ (1 \leqslant s \leqslant m)$ 的元素但不是 $\tau_{s+1}, \cdots, \tau_m$ 的元素. 所以 a 在置换 $\tau_1\tau_2\cdots\tau_m$ 之下的像与它在 $\tau_1\tau_2\cdots\tau_s$ 之下的像相等, 都是 a(因为引理中第一个等式的右边是恒等置换). 设 $\tau_k = (a\,a_k)\ (1 \leqslant k \leqslant s)$. 那么 a 在置换 $\tau_1\tau_2\cdots\tau_s$ 之下的像 a 也是 a_s 在置换 $\tau_1\tau_2\cdots\tau_{s-1}$ 之下的像, 即 a_s 在置换 $\tau_1\tau_2\cdots\tau_{s-1}$ 之下的像是 a. 由 $a \neq a_s$ 知对换 $\tau_1, \tau_2, \cdots, \tau_{s-1}$ 中至少有一个对换有元素 a_s, 即某个 $\tau_i = (a\,a_s)(1 \leqslant i \leqslant s-1)$. 故由 "拟交换性" 和 $(a\,a_s)(a\,a_s) = e$ 可得 $\tau_1\tau_2\cdots\tau_s = \tau_1\tau_2\cdots\tau_{i-1}\tau_{i+1}'\tau_{i+2}'\cdots\tau_{s-1}'$, 其中 $\tau_{i+1}', \tau_{i+2}', \cdots, \tau_{s-1}'$ 都是对换. 由此知引理中第一个等式的左边可写成 $m-2$ 个对换的乘积, 即有引理中的第二个等式.

特别地, 假如 m 是奇数, 那么利用上述结果对 m 归纳可知存在对换等于恒等置换, 这不可能. 故 m 必须是偶数. □

我们知道, 任意一个置换可以写成对换的乘积. 尽管这种写法不唯一, 但不同乘积中对换个数的奇偶性是相同的. 这是因为, 如果一个置换写成两种对换的乘积 $\tau_1\tau_2\cdots\tau_s$ 和 $\tau_1'\tau_2'\cdots\tau_t'$, 那么 $\tau_1\tau_2\cdots\tau_s\tau_t'\tau_{t-1}'\cdots\tau_1' = e$. 故由引理 2.3.3 知 $s + t$ 是偶数, 从而 s 与 t 的奇偶性相同. 由此我们有置换的奇偶性定义如下:

定义 2.3.4 一个置换称为偶 (奇) 置换, 如果该置换可以写成偶数个 (奇数个) 对换的乘积.

由定义可知: 对换是奇置换; 恒等置换是偶置换, 因为它可以写成两个相同对换的乘积; 一个长度为 t 的轮换的奇偶性与 $t-1$ 的奇偶性相同, 见命题 2.3.2 的 (4).

另外, 也由定义可知: 置换的奇偶性满足奇偶性条件, 即两个奇偶性相同的置换的乘积是偶置换, 两个奇偶性不同的置换的乘积是奇置换.

注 2.3.5 本章习题 14 实际上给出了置换奇偶性的另一种定义. 在那里主要是利用了置换在一个特殊 n 元多项式的 "作用". 另外, 在线性代数中定义行列式时往往用排列的逆序数的奇偶性, 这也可以用来定义置换的奇偶性, 这是因为置换与排列是一一对应的. 这些置换奇偶性的定义与我们的定义都是等价的. 这些不同的定义的共同关键都是要说明或证明: 置换的奇偶性需满足奇偶性条件并且对换是奇置换.

注意任意两个偶置换的乘积也是偶置换, 而每个偶置换的逆还是偶置换. 所以, S_n 中所有偶置换的全体的集合构成 S_n 的一个子群, 记为 A_n, 称为 n 元交错群. 并且还易知 (请读者验证)A_n 是 S_n 的正规子群.

定理 2.3.6 n 元对称群 S_n 和 n 元交错群 A_n 都是有限群, 它们的阶分别为 $n!$ 和 $\dfrac{n!}{2}$, 即 $|S_n| = n!$ 和 $|A_n| = \dfrac{n!}{2}$.

证明   任意一个置换 π 对应于 $1, 2, \cdots, n$ 的一个排列 $\pi(1), \pi(2), \cdots, \pi(n)$. 易知这给出了集合 S_n 与 $1, 2, \cdots, n$ 的所有排列的集合的一个双射, 而后者集合中元素个数为 $n!$, 故有 $|S_n| = n!$. 又任取一个对换 $(i\ j)$, 由群中有消去律知 $(i\ j)A_n$ 中元素 (都是奇置换) 个数与 A_n 中元素个数一样多. 故所有奇置换的个数大于或等于所有偶置换的个数; 类似可证所有偶置换的个数大于或等于所有奇置换的个数; 所以它们相等. 故有 $|A_n| = \dfrac{n!}{2}$.   □

命题 2.3.7   (1) 所有两个对换乘积的集合是 A_n 的一个生成元集;

(2) 所有 3-轮换的集合是 A_n 的一个生成元集.

证明   (1) 注意任意一个偶置换可分解为偶数个对换的乘积. 所以, 所有两个对换乘积的集合是 A_n 的一个生成元集.

(2) 对任意两个对换 $(i\ j), (k\ l)$, 如果它们相等, 那么它们的乘积为恒等置换, 它是任意一个 3-轮换与该 3-轮换的逆 (也是 3-轮换) 的乘积; 如果它们不相等但相交, 不妨设 $i = k$, 那么 $(i\ j)(k\ l) = (i\ l\ j)$; 如果它们不相交, 那么 $(i\ j)(k\ l) = (i\ j)(i\ k)(k\ i)(k\ l) = (i\ k\ j)(k\ l\ i)$; 所以 $(i\ j)(k\ l)$ 总是一些 3-轮换的乘积, 即所有 3-轮换的集合是 A_n 的一个生成元集.   □

2.3.3   特殊线性群

设 $SL_n(F)$ 是数域 F 上所有行列式为 1 的 n 阶方阵的全体. 易知, $SL_n(F)$ 关于矩阵的乘法构成一个群, 称为数域 F 上的特殊线性群. 现在来找它的一个生成元集.

设 E 是 n 阶单位矩阵, $E_{ij}(a)(i \neq j)$ 是除了第 i 行 j 列元为 a, 其余元皆为 0 的 n 阶方阵. 形如 $E + E_{ij}(a)$ 的矩阵为初等矩阵, 对应的初等变换为把 j 行 (i 列) 乘 a 加到 i 行 (j 列) 上去. 由线性代数可知, 对于任意 $M \in SL_n(F)$, M 可以写为以上初等矩阵的乘积, 亦即

$$E + E_{ij}(a),$$

其中 $a \in F, i \neq j, 1 \leqslant i, j \leqslant n$, 组成特殊线性群 $SL_n(F)$ 的一个生成元集.

特别地，$\left\{ \begin{pmatrix} 1 & a \\ 0 & 1 \end{pmatrix}, \begin{pmatrix} 1 & 0 \\ a & 1 \end{pmatrix} \middle| a \in F \right\}$ 是 2 阶特殊线性群 $SL_2(F)$ 的一个生成元集.

2.3.4 循环群

有了生成元集的概念以后，我们可以划分一些群类.

定义 2.3.8 由一个元素 a 生成的群 G，即 $\langle a \rangle = G$，称为循环群；由有限个元素生成的群 G，即 $\langle a_1, a_2, \cdots, a_n \rangle = G$，称为有限生成群.

命题 2.3.9 如果 G 是一个循环群，那么 G 必为下列形式：

(1) $G = \{\cdots, a^{-2}, a^{-1}, e, a, a^2, \cdots\} = \{a^n \mid n \in \mathbb{Z}\}$，其中 $a^n = a^m$ 当且仅当 $n = m$；

(2) $G = \{e, a, a^2, \cdots, a^{n-1}\}$，其中 $a^n = e$，而 $a^s = a^t$ $(0 \leqslant s, t \leqslant n-1)$ 当且仅当 $s = t$.

证明 由 G 是循环群知存在 $a \in G$，使得 $G = \langle a \rangle$. 如果 a 的阶无限，那么对任意不同的整数 $n \neq m$ 必有 $a^n \neq a^m$. 否则，若 $a^n = a^m$，则有 $a^{n-m} = e$，这与 a 的阶无限矛盾，进而 $G = \{a^n \mid n \in \mathbb{Z}\}$. 下面设 a 的阶有限并设为 n，即 $a^n = e$，并且对于任意小于 n 的正整数 $m, a^m \neq e$. 因此对于 $0 \leqslant s, t \leqslant n-1$，有 $a^s = a^t$ 当且仅当 $s = t$. 对于任意整数 $k \in \mathbb{Z}$，由带余除法有 $k = qn + r$，其中 $0 \leqslant r < n$. 于是 $a^k = a^{qn} a^r = e a^r = a^r$；又易知 a^k 的逆为 a^{n-k}；故有 $\{e, a, a^2, \cdots, a^{n-1}\}$ 关于乘法和逆封闭，亦即 $\{e, a, a^2, \cdots, a^{n-1}\}$ 是 G 的包含 a 的子群. 从而 $G = \langle a \rangle = \{e, a, a^2, \cdots, a^{n-1}\}$. $\square$

易见，循环群总是交换群.

上述命题说，如果存在循环群 G 的话，那么 G 一定是那两种样子. 下面的例子说明这两种形式的循环群确实都存在.

例 2.3.1 $(\mathbb{Z}, +) = \langle 1 \rangle$ 是无限循环群.

例 2.3.2 设 n 是正整数. 考察由绕原点的旋转 $\rho_\theta \left(\theta = \dfrac{2\pi}{n} \right)$ 所生成的群

$$C_n = \langle \rho_\theta \rangle = \{\rho_\theta^i \mid 0 \leqslant i \leqslant n-1\}.$$

这是一个 n 阶循环群.

我们说，在同构意义下循环群只有上述两类. 实际上，任意取一个循环群 G，由命题 2.3.9，

(1) 或有 $G = \{\cdots, a^{-2}, a^{-1}, e, a, a^2, \cdots\}$，这时直接验证知

$$\phi : \mathbb{Z} \to G$$

$$m \mapsto a^m$$

是加群 $\mathbb{Z}$ 到乘法群 G 的一个同构.

(2) 或有 $G = \{e, a, a^2, \cdots, a^{n-1}\}$，这时直接验证知

$$\varphi : C_n \to G$$

$$\rho_\theta^s \mapsto a^s,$$

其中 $s = 0, 1, \cdots, n-1$ 是群 C_n 到群 G 的一个同构.

如果把同构的群看成相同的, 总结一下上面的讨论就有

定理 2.3.10   循环群仅有 $(\mathbb{Z}, +)$ 和 $C_n, n \in \mathbb{Z}^+$.

这样我们就完全刻画了循环群类: 列出所有可能的循环群. 我们当然希望对其他给定的群也能达成这个目标, 但这对几乎所有的群类都是难以达到的 (以后将介绍的有限生成交换群是极少数例外之一), 这是因为群的结构往往非常复杂, 而循环群类只是一个太特殊的类. 原则上阶为 5 000 的群当然是可以列举的, 也许你能写一个程序通过计算机把它列举出来, 然而这绝不是一个简单的工作.

练习

1. 证明: 循环群 $G = \langle a \rangle$ 的任一子群也是循环群.

2. 设 a 是群 G 中阶为 $n (< \infty)$ 的元素. 对任意正整数 s, 证明:

(1) a^s 的阶为 $\dfrac{n}{(s,n)}$, 这里 (s,n) 是 s 与 n 的最大公因数;

(2) a^s 与 $a^{(s,n)}$ 有相同的阶;

(3) $\langle a^s \rangle = \langle a^{(s,n)} \rangle$;

(4) 如果 $b, c \in \langle a \rangle$ 有相同的阶, 那么 $\langle b \rangle = \langle c \rangle$.

3. 设 G 是由两个元素 a 和 b 生成的群. 已知 a 和 b 有关系 $a^2 = e, b^3 = e$ 和 $ab = b^2 a$. 试写出 G 中所有的元素.

4. 在对称群 S_3 中, 记 $x = (1\ 2\ 3)$, $y = (1\ 2)$. 证明:

$$S_3 = \{e, x, x^2, y, xy, x^2 y\}. \tag{2.3}$$

5. 证明:

(1) $\{(1\ 2),(1\ 3),\cdots,(1\ n)\}$ 是 S_n 的一个生成元集;

(2) $\{(1\ 2\ 3),(1\ 2\ 4),\cdots,(1\ 2\ n)\}$ 是 A_n 的一个生成元集.

6. 设 F 是数域. 求 F 上一般线性群 $GL_n(F)$ 和特殊线性群 $SL_n(F)$ 的中心.

§2.4　群的有限子群

2.4.1　平面运动群的有限子群

要找出一个群的所有子群通常是不太现实的问题, 而找出具有一定性质的子群类通常是有趣和有意义的问题. 现在我们提出问题: 平面运动群的所有有限子群是哪些? 这就是问, 平面图形的有限对称群是些什么样的群?

在平面引入坐标后, 我们将平面上的点集 $A=\{a_1,a_2,\cdots,a_n\}$ (其中点可以有重复) 的重心定义为

$$p=\frac{1}{n}(a_1+a_2+\cdots+a_n). \tag{2.4}$$

首先我们证明物理上的一个显然现象: 把一个物体刚体运动到另一个地方去, 重心当然也跟着过去.

引理 2.4.1　设 $A=\{a_1,a_2,\cdots,a_n\}$ 是平面上的 n 个点, p 是它的重心. 如果 t 是平面上的一个运动, 并且 $t(p)=p',t(a_i)=a_i'$, 那么 p' 是点集 $A'=\{a_1',a_2',\cdots,a_n'\}$ 的重心.

证明　注意任意一个平面运动总是平移和正交变换的合成. 所以我们仅需对平移 t_b 和正交变换验证即可.

首先考虑平移, 我们有 $t_b(p)=p+b$, $t_b(a_i)=a_i+b$

$$p'=p+b=\frac{1}{n}((a_1+b)+(a_2+b)+\cdots+(a_n+b))=\frac{1}{n}(a_1'+a_2'+\cdots+a_n').$$

若 t 是正交变换, 则 t 是线性的,

$$p'=t(p)=t\left(\frac{1}{n}(a_1+a_2+\cdots+a_n)\right)$$

$$=\frac{1}{n}(t(a_1)+t(a_2)+\cdots+t(a_n))=\frac{1}{n}(a_1'+a_2'+\cdots+a_n').$$

引理得证.　　　　　　　　　　　　　　　　　　　　　　　　□

进一步我们有

命题 2.4.2 (不动点原理)　设 G 是平面运动群的有限子群. 则平面上必有一点 p, 使得对任意 $g\in G$, 有 $g(p)=p$.

证明　设 $|G| = n$. 在平面上任取一点 s, 记 $G(s) = \{h(s) \mid h \in G\}$. 由 $|G| = n$, 我们可将 $G(s)$ 中的点视为 n 个 (可重复), 并且记 p 是它的重心. 对任意 $g \in G$, 记 $gG(s) = \{gh(s) \mid h \in G\}$, 也可视为 n 个点 (可重复). 由引理 2.4.1 知 $gG(s)$ 的重心为 $g(p)$. 但易知 $gG = G$. 故有 $gG(s) = G(s)$. 所以它们的重心一样, 即有 $g(p) = p$. 　　　　　　□

在此基础上, 我们可以描述平面运动群的所有有限子群.

定理 2.4.3　设 G 是平面运动群的一个有限子群. 那么适当选取坐标系后, G 必是下列两种类型之一:

(1) 由绕原点的旋转 ρ_θ 所生成的 n 阶群

$$G = C_n = \langle \rho_\theta \rangle = \left\{ \rho_\theta^i \,\Big|\, \theta = \frac{2\pi}{n}, 0 \leqslant i \leqslant n-1 \right\}.$$

(2) 由绕原点的旋转 ρ_θ 及沿 x 轴的翻折 r 所生成的阶为 $2n$ 的二面体群

$$G = D_n = \langle \rho_\theta, r \rangle = \left\{ \rho_\theta^i, \rho_\theta^i r \,\Big|\, \theta = \frac{2\pi}{n}, 0 \leqslant i \leqslant n-1 \right\}.$$

证明　由命题 2.4.2 可知, 平面运动群的任一有限子群 G 都有不动点 O. 选取一个坐标系使得 O 为原点, 任取 $g \in G$, 由于 $g(O) = O$, 故 g 或是绕 O 点的旋转, 或是沿过 O 点直线的翻折.

(1) G 中元素全是绕 O 点的旋转: 此时记

$$\Gamma = \{\alpha \mid \rho_\alpha \in G\}.$$

由 G 是有限群, 可取 $\theta \in \Gamma$ 最小. 故对于任意 $\alpha \in \Gamma$, 存在整数 m, 使得

$$\alpha = m\theta + \beta, \quad 0 \leqslant \beta < \theta.$$

此时

$$\rho_\beta = \rho_{\alpha - m\theta} = \rho_\alpha (\rho_\theta^m)^{-1} \in G.$$

由 θ 的取法可知 $\beta = 0$. 进而 $\rho_\alpha = \rho_\theta^m$, 亦即 $G = \langle \rho_\theta \rangle$. 注意到 $\rho_{2\pi} = e \in G$, 进而 $2\pi \in \Gamma$, 因此存在某个正整数 n 使得 $\theta = \frac{2\pi}{n}$, 并且 $G = C_n$.

(2) G 中含沿过 O 点直线的翻折: 适当选择 x 轴, 可认为属于 G 的翻折就是绕 x 轴的标准翻折 r. 记 H 是 G 中所有旋转构成的子集. 由 G 是群易知 H 是子群. 由情形 (1) 的证明可得

$$H = C_n = \langle \rho_\theta \rangle, \quad \theta = \frac{2\pi}{n}.$$

这样 G 包含由以下 $2n$ 个元素构成的子集:

$$G' = \{\rho_\theta^i, \rho_\theta^i r \mid 0 \leqslant i \leqslant n-1\}.$$

任取 G 中一个元素 g. 若 g 是绕 O 点的旋转, 则 $g \in H \subseteq G'$. 若 g 是沿过 O 点直线的翻折, 则 $g = \rho_\alpha r$, 其中 ρ_α 是某个绕 O 点的旋转. 由 $r \in G$ 知 $gr \in G$. 注意到

$$gr = (\rho_\alpha r)r = \rho_\alpha.$$

故 $\rho_\alpha \in H$, 进而 $g \in G'$, 即 $G = G'$. □

这样我们找出了平面运动群的所有有限子群, 就是说, 一个平面图形的对称群, 如果有限的话, 必是 C_n 或 D_n. 不难对每一个 $C_n(D_n)$ 找出一个平面图形, 它的对称群就是 $C_n(D_n)$, 例如正 n 边形的对称群是 D_n. 这些平面图形就代表了具有有限对称群的所有平面图形. 按着这个思路, 如果把空间运动群的所有有限子群找出来, 人们就对正多面体得到完全的分类. 从这里我们可以感受到群论的力量.

注 2.4.4　作为群的生成元集的又一个例子, 这里的二面体群

$$D_n = \langle \rho_\theta, r \rangle = \left\{ \rho_\theta^i, \rho_\theta^i r \,\middle|\, \theta = \frac{2\pi}{n}, 0 \leqslant i \leqslant n-1 \right\}$$

的生成元 $x = \rho_\theta, y = r$ 之间有下列关系:

$$x^n = e, \ y^2 = e, \ yx = x^{-1}y.$$

2.4.2　有限群与 S_n 的子群

在本节的最后, 我们给出下面

定理 2.4.5 (A. Cayley, 1821—1895)　设 G 是阶为 n 的群. 则 G 同构于 n 元对称群 S_n 的一个子群.

证明　任取 $g \in G$, 我们可以定义 G 到 G 的 "左乘" 映射如下:

$$l_g : G \to G$$

$$x \mapsto gx.$$

这是 G 到自身的一个双射 ($l_{g^{-1}}$ 是它的逆), 即 l_g 属于变换群 $T(G)$. 下面令 $H = \{l_g \mid g \in G\}$. 对任意 $l_g, l_{g'} \in H, x \in G$,

$$l_g(l_{g'}(x)) = l_g(g'x) = g(g'x) = (gg')x = l_{gg'}x,$$

由 x 的任意性可知 $l_g l_{g'} = l_{gg'}$, 即 H 关于乘法封闭. 再由 $l_g^{-1} = l_{g^{-1}}$ 可得 H 是 $T(G)$ 的子群.

定义

$$\phi : G \to H$$

$$g \mapsto l_g,$$

显然 ϕ 是满射. 又若 $\phi(g) = \phi(g')$, 即对任意 $x \in G$ 有 $l_g(x) = l_{g'}(x)$, 特别地有 $g = ge = l_g(e) = l_{g'}(e) = g'e = g'$. 故知 ϕ 是单射. 再由

$$\phi(gg') = l_{gg'} = l_g l_{g'} = \phi(g)\phi(g')$$

知 ϕ 是群同构. 换句话说, 任意群 G 同构于变换群 $T(G)$ 的一个子群. 当 G 的阶为 n 时, $T(G) \cong S_n$, 定理得证. $\square$

我们把上面证明中后面提到的一个结论再明确地写成定理如下:

定理 2.4.6 任意群 G 同构于变换群 $T(G)$ 的一个子群.

注 2.4.7 Cayley 定理给出一个抽象群 G 与一个具体群 S_n 的关系. 理论上, 如果我们能把 S_n 中所有不同构的 n 阶子群都找出来, 也就把所有可能存在的 n 阶群都找出来了. 把研究抽象群归结为研究置换群 (S_n 的子群都称为置换群), 当然给人一些良好感觉. 但当 n 较大时, S_n 的子群也是很难具体刻画的.

练 习

1. 设 $G = \langle a \rangle$ 是有限循环群. 如果 a 的阶 n 为偶数, 证明: 存在元素 $e \neq b \in G$, 使得 b 是 G 的所有自同构的不动点, 即对任意 $f \in \operatorname{Aut} G$, 有 $f(b) = b$.

2. 设 $B_4 = \{e, a, b, c\}$ 是四元群, 其群 B_4 的乘法由下列乘法表给出:

	e	a	b	c
e	e	a	b	c
a	a	e	c	b
b	b	c	e	a
c	c	b	a	e

此时称 B_4 为 Klein 四元群. 试将 B_4 用对称群 S_4 中的置换表示出来. 并把这些置换写成不相交的轮换的乘积形式.

§2.5 同 态

现在来研究两个群之间的关系. 对于两个集合来说, 它们之间的关系是指它们之间有些什么样的映射. 对于群来说, 我们只对那些保持群结构的映射感兴趣.

定义 2.5.1 给定群 $(G, \cdot)$ 和群 $(H, *)$. 称映射 $\phi: G \to H$ 是群 G 到群 H 的一个同态, 如果对任意 $g_1, g_2 \in G$ 有

$$\phi(g_1 \cdot g_2) = \phi(g_1) * \phi(g_2).$$

此时, 若 ϕ 是单射, 则称 ϕ 是单态; 若 ϕ 是满射, 则称 ϕ 是满态.

注 2.5.2 之前我们学习了群的同构, 对比一下定义立知同构首先得为同态, 一个同态是同构当且仅当它既是单态又是满态.

例 2.5.1 (1) 考察行列式函数

$$\det: GL_n(\mathbb{R}) \to \mathbb{R}^\times = \mathbb{R} \backslash \{0\}$$

$$A \mapsto \det A.$$

由

$$\det(AB) = \det A \det B$$

知行列式函数是群同态. 另外, 对于任意一个非零实数, 总存在对角矩阵使得它的行列式为该实数, 因而该同态是一个满态.

(2) 记 E 为 n 阶单位矩阵. 定义

$$\phi: \mathbb{R}^\times \to GL_n(\mathbb{R})$$

$$c \mapsto cE.$$

易知 ϕ 是一个单态.

(3) 设 H 是群 G 的子群. 则

$$\phi: H \to G$$

$$h \mapsto h$$

是一个自然的单态, 通常将其称为子群嵌入.

命题 2.5.3　设 G, H 是两个群, $\phi: G \to H$ 是群同态. 那么有

$$\phi(e) = e, \ \phi(a^{-1}) = \phi(a)^{-1},$$

其中我们把群 G 和 H 的单位元都记为 e.

证明　由 ϕ 是群同态知

$$\phi(e)\phi(e) = \phi(ee) = \phi(e) = e\phi(e),$$

两边消去 $\phi(e)$ 可得 $\phi(e) = e$. 另外由

$$\phi(a^{-1})\phi(a) = \phi(a^{-1}a) = \phi(e) = e$$

以及

$$\phi(a)\phi(a^{-1}) = \phi(aa^{-1}) = \phi(e) = e$$

知 $\phi(a^{-1}) = \phi(a)^{-1}$. □

类似于线性映射, 对于任意一个群同态, 存在两个重要的子群与之关联:

(1) 群同态 $\phi: G \to H$ 的像 $\operatorname{Im}\phi$ 定义为

$$\operatorname{Im}\phi = \{\phi(x) \mid x \in G\}.$$

请读者自行验证它是 H 的子群并且同态 ϕ 是满态的充要条件是 $\operatorname{Im}\phi = H$.

(2) 群同态 $\phi: G \to H$ 的核 $\operatorname{Ker}\phi$ 定义为

$$\operatorname{Ker}\phi = \{x \in G \mid \phi(x) = e\}.$$

请读者自行验证它是 G 的子群并且同态 ϕ 是单态的充要条件是 $\operatorname{Ker}\phi = \{e\}$.

例 2.5.2　继续考察行列式函数

$$\det: GL_n(\mathbb{R}) \to \mathbb{R}^{\times}$$

$$A \mapsto \det A.$$

由定义, 它的核

$$\operatorname{Ker}\phi = \{A \in GL_n(\mathbb{R}) \mid \det A = 1\},$$

这是此前已经见过的特殊线性群 $SL_n(\mathbb{R})$.

命题 2.5.4　若 $\phi: G \to H$ 是群同态, 则 $\operatorname{Ker}\phi$ 是 G 的正规子群.

证明　这里仅需证明对任意 $a \in G, x \in \operatorname{Ker}\phi$, 有 $axa^{-1} \in \operatorname{Ker}\phi$. 事实上

$$\phi(axa^{-1}) = \phi(a)\phi(x)\phi(a^{-1}) = \phi(a)e\phi(a)^{-1} = e.$$

命题得证. □

结合上面的例子立知特殊线性群 $SL_n(\mathbb{R})$ 是一般线性群 $GL_n(\mathbb{R})$ 的正规子群.

设 ϕ 是群 G 到群 H 的一个同态. 设 M 和 N 分别是 G 和 H 的非空子集, 记 $\phi(M) = \{\phi(a)|a \in M\}$, 称为 M (在 ϕ 之下) 的像, 记 $\phi^{-1}(N) = \{a \in G | \phi(a) \in N\}$, 称为 N (在 ϕ 之下) 的完全原像. 证明:

(1) 如果 S 是 G 的子群, 那么 S 的像 $\phi(S)$ 是 H 的子群.

(2) 如果 T 是 H 的子群, 那么 T 的完全原像 $\phi^{-1}(T)$ 是 G 的子群. 进一步, 如果 T 是 H 的正规子群, 那么 $\phi^{-1}(T)$ 是 G 的正规子群.

(3) 如果 S 是 G 的子群, 那么 $\phi^{-1}(\phi(S)) = S\operatorname{Ker}\phi$.

§2.6　商　　群

设 G 是一个群, 其上的运算我们记为乘法.

2.6.1　陪集

定义 2.6.1　设 H 是 G 的子群, a 是 G 中元素. G 中子集

$$aH = \{ah \mid h \in H\}$$

称为 H 的一个左陪集. 类似地, 子集

$$Ha = \{ha \mid h \in H\}$$

称为 H 的一个右陪集.

对于左陪集 aH, 由群 G 的单位元 e 也在子群 H 中知 $a \in aH$. 我们称 a 是左陪集 aH 的一个代表元. 更一般地, 如果有 $x \in G$ 使得 $xH = aH$, 那么也称 x 是左陪集 aH 的一个代表元. 类似可定义右陪集的代表元.

左 (右) 陪集的代表元通常不唯一. 但我们显然有

命题 2.6.2   (1) x 是左陪集 aH 的代表元, 即 $xH = aH$, 当且仅当 $a^{-1}x \in H$, 即存在 $h \in H$ 使得 $x = ah$. 作为推论, aH 中任意一个元素都是左陪集 aH 的代表元.

(1′) x 是右陪集 Ha 的代表元, 即 $Hx = Ha$, 当且仅当 $xa^{-1} \in H$, 即存在 $h \in H$ 使得 $x = ha$. 作为推论, Ha 中任意一个元素都是右陪集 Ha 的代表元.

注 2.6.3   (1) 对于一般的群而言, 由于没有交换律, 左、右陪集通常不等.
(2) 注意对任意 $x \in H$, 易知有 $H = xH$. 所以子群 H 本身也是一个陪集.

命题 2.6.4   对群 G 的子群 H, 有 H 的所有左陪集的集合与 H 的所有右陪集的集合是等势的, 即这两个集合之间有一个双射.

证明   分别记 C_l 和 C_r 是 H 的所有左陪集的集合和 H 的所有右陪集的集合. 定义: $\varphi : C_l \to C_r$, $xH \mapsto Hx^{-1}$. 如果 $xH = aH$, 那么 $a^{-1}x \in H$, 从而 $Ha^{-1} = Hx^{-1}$. 所以 φ 有意义. 类似可证 φ 是单射. 它显然也是满射, 从而是双射.   □

子群 H 在群 G 中所有左陪集的集合的基数 (即所有不同左陪集的个数) 称为子群 H 在 G 中的指数, 记为 $[G : H]$, 并简称为 H 的指数. 由命题 2.6.4 知, 该指数也是 H 在群 G 中所有右陪集的集合的基数.

在下文中, 如果没有特别说明, 陪集均指左陪集. 并且记 G/H 为子群 H 的所有左陪集的集合, 即记

$$G/H = \{aH \mid a \in G\}.$$

注意这个新的集合中形式上不同的元素 (即陪集) 可以相等, 即对不同的 $a, b \in G$, 可以有 $aH = bH$, 此时当且仅当 $b \in aH$. 如果 G 为有限群, 那么集合 G/H 中元素的个数就是子群 H 在群 G 中的指数, 即 $|G/H| = [G : H]$.

命题 2.6.5   设 aH 和 bH 是 H 的陪集. 则它们要么相等, 要么相交为空.

证明   如果 aH 和 bH 有公共元素, 我们往证 $aH = bH$. 设 x, y 是 H 中元素, 满足 $ax = by$, 则由 $xH = H = yH$ 可知

$$aH = a(xH) = (ax)H = (by)H = b(yH) = bH.$$

命题得证.   □

记 $a_iH, i \in I$(指标集) 是群 G 中 H 的所有两两不相交的左陪集全体. 对于 G 中任意元素 x, 有 $x = xe \in xH$, 即 x 属于某个左陪集. 故由命题 2.6.5 知集合 G 是左陪集的不交并:

$$G = \bigcup_{i \in I} a_iH, \tag{2.5}$$

用集合的语言来说, 左陪集 $a_iH, i \in I$, 构成集合 G 的一个划分. 有时候我们将(2.5)式称作群 G(关于子群 H) 的左陪集分解. 类似地我们有群 G(关于子群 H) 的右陪集分解.

例 2.6.1 群 G 中指数为 2 的子群 H 是正规子群. 实际上, 对任意 $x \in G \setminus H$, 由指数为 2 知群 G 关于子群 H 有左、右陪集分解 $G = H \cup xH$ 和 $G = H \cup Hx$, 都是不交并. 故 $xH = G \setminus H = Hx$. 又对任意 $y \in H$, 显然有 $yH = H = Hy$. 所以 H 是正规子群.

引理 2.6.6 子群 H 作为集合到任一陪集 aH 有一个自然的双射. 特别地, 如果 H 是群 G 的有限子群, 那么 $|H| = |aH|$.

证明 显然存在一个 (左乘) 映射 $l_a : H \to aH, h \mapsto ah$. 由群 G 中有消去律易知这是一个单射, 又显然是满射, 所以它是双射. 从而作为集合, H 与 aH 的基数相等. 特别地, 如果 H 是有限子群, 那么 $|H| = |aH|$. □

如果 G 是有限群, 结合 G 的陪集分解 (2.5)与引理 2.6.6, 我们有如下的计数公式:

$$\text{群}G\text{的阶} = \text{子群}H\text{的阶} \times \text{子群}H\text{的指数}. \tag{2.6}$$

由此立知

定理 2.6.7 (Lagrange) 设 G 是有限群, H 是 G 的子群. 则

$$|G| = |H|[G : H].$$

特别地, H 的阶整除 G 的阶.

此前我们已经知道群 G 中元素 a 的阶为 a 生成的循环子群的阶, 因而有如下推论.

推论 2.6.8 对有限群, 它的每个元素的阶都整除群的阶. 特别地, 如果设该群的阶为 n, 那么对每个元素 a 有 $a^n = e$.

关于子群的指数, 我们还有如下推论.

推论 2.6.9 设 K, H 是有限群 G 的子群. 如果 $K \subset H$, 那么

$$[G : K] = [G : H][H : K].$$

证明 由计数公式

$$|G| = [G : H]|H| = [G : H][H : K]|K|.$$

另一方面

$$|G| = [G : K]|K|,$$

比较两式, 推论得证. □

2.6.2　商群的定义

我们下面将看到, 如果 H 是 G 的正规子群, 那么在子群 H 的所有左陪集的集合 G/H 上可以自然地定义一个运算使之具有群结构.

回忆一下, H 是 G 的正规子群当且仅当对任意 $x \in G$, 有

$$xH = Hx, \text{也就是 } xHx^{-1} = H.$$

再次提醒读者, 以上条件并不是指对任意 $h \in H$ 均有 $xhx^{-1} = h$, 除非预先说明 G 是交换群. 条件 $xH = Hx$ 仅能保证对于任意 $h \in H$, 存在 $h', h'' \in H$ 使得 $xh = h'x$ 和 $hx = xh''$, 这比交换群的条件要弱很多. 当然, 交换群的所有子群都是正规子群. 当 H 是正规子群时, 左陪集也是右陪集, 反之亦然.

定理 2.6.10　设 H 是群 G 的正规子群. 则陪集的集合 G/H 在乘法运算

$$G/H \times G/H \to G/H$$

$$(aH, bH) \mapsto abH$$

之下构成一个群.

证明　我们首先验证该乘法运算是合理定义的. 如果 $aH = a'H, bH = b'H$, 那么存在 $h_1, h_2 \in H$ 使得 $a' = ah_1, b' = bh_2$. 于是由 H 是正规子群知存在 $h_3 \in H$ 使得

$$a'b' = ah_1bh_2 = a(h_1b)h_2 = a(bh_3)h_2 = ab(h_3h_2) \in abH.$$

故 $a'b'H = abH$. 故乘法运算有意义.

注意陪集乘法运算是由陪集的代表元在群 G 中的乘法确定的, 所以陪集乘法运算的结合律由 G 中乘法的结合律自然导出. 另外, 直接验证可知, 有单位元 $eH = H$, 任意元素 aH 的逆为 $a^{-1}H$. □

我们将定理 2.6.10 中的群 G/H 称为群 G(模去正规子群 H) 的商群. 注意, 商群 G/H 的阶为 H 在 G 中的指数 (可以无限).

注 2.6.11　如果我们把上面定理中陪集的乘法运算记为 $\circ$, 那么对任意两个陪集, 它们的乘法定义为 $aH \circ bH = abH$. 另一方面, 作为群的子集的乘法定义以及 H 为正规子群知 $aHbH = abHH = abH$. 可见, 商群中两个陪集的乘法定义与

这两个陪集作为群的子集的乘法一致. 所以这两种乘法可以不加区别, 并且在群 G 乘法运算记号省略的情况下, 商群中陪集的乘法运算记号 $\circ$ 也可省略.

定理 2.6.12 设 H 是群 G 的正规子群. 那么群 G 到商群 G/H 有自然的满态

$$\pi : G \to G/H$$

$$a \mapsto aH$$

并且 $\operatorname{Ker} \pi = H$. 通常称上述满态为群 G 到其商群的自然满态.

证明 显然映射 π 是满射. 又由

$$\pi(ab) = abH = aH\,bH = \pi(a)\pi(b)$$

知 π 是同态. 从而 π 是满态. 另外, 注意到 H 作为陪集是商群 G/H 的单位元并且 $aH = H$ 当且仅当 $a \in H$ 知 $\operatorname{Ker} \pi = H$. □

注 2.6.13 设群 G/H 是群 G 模去正规子群 H 的商群. 通常我们也可记陪集 $\overline{a} = aH$ 并且记 $G/H = \overline{G} = \{\overline{a} \mid a \in G\}$. 此时商群 $\overline{G}$ 中元素的乘法为 $\overline{a}\,\overline{b} = \overline{ab}$, 并且上面群 G 到商群 $\overline{G}$ 的自然满态为 $\pi(a) = \overline{a}$. 注意有 $\overline{a} = \overline{b}$ 当且仅当 $ab^{-1} \in H$. 特别地, $\overline{a} = \overline{e}$ (商群 $\overline{G}$ 中单位元) 当且仅当 $a \in H$.

下面我们来看看为什么要用模去正规子群的方式来定义商群.

首先, 商群希望是商集概念的推广 (顾名思义!).

回忆一下, 一个集合 M 的一个划分是一些两两不相交的子集 $M_i, i \in I$ (指标集) 的集合 Ω, 使得

$$M = \bigcup_{i \in I} M_i.$$

此时也称这个新的集合 Ω 称为集合 M 的商集. 注意上面是一个不交并, 从而 M 中的任意一个元素属于且仅属于某一个 M_i. 商集有个重要的特点是原集合 M 到商集 Ω 有一个自然的满射 π, 它把 M 的任意一个元素 x 映到某个 M_i, 其中 $x \in M_i$, 即 $\pi(x) = M_i$ (对某个 $i \in I$ 使得 $x \in M_i$).

现在进一步考虑一个群 G 的商群. 其一, 商群应该是集合 G 的一个划分确定的商集, 譬如记为上面的 $\Omega = \{M_i \mid i \in I\}$. 其二, Ω 应该成为一个群. 其三, 因为保持群的运算是最基本的要求, 所以集合 G 到商集 Ω 的自然满射应该有一个同态, 即是一个满态, 譬如也记为 π. 对任意 $M_i \in \Omega$, 注意 M_i 也是 M 的子集, 并且由自然满射的定义知 $M_i \subseteq \pi^{-1}(M_i)$ (Ω 中元素 M_i 在 π 之下的完全原像). 另一方面, 如果 $x \in \pi^{-1}(M_i)$, 即 $\pi(x) = M_i$, 那么由自然满射的定义知 $x \in M_i$. 故有 $M_i = \pi^{-1}(M_i)$. 设群 Ω 的单位元是 M_k (对某个 $k \in I$). 那么 $M_k = \pi^{-1}(M_k) =$

$\mathrm{Ker}\,\pi$ 是 G 的正规子群, 记为 H. 故对任意一个 $h \in H$ 有 $\pi(h) = M_k$. 现考虑任意一个 $M_i \in \Omega$ 并且取 $a \in M_i$. 对任意 $h \in H$, 有 $\pi(ah) = \pi(a)\pi(h) = M_i M_k = M_i$ 在 Ω 中成立; 故 $ah \in M_i$; 从而 $aH \subseteq M_i$. 又对任意 $x \in M_i$, 注意到 $\pi(a)$ 与 $\pi(x)$ 在 Ω 中的像一样, 都是 M_i, 故有 $\pi(a^{-1}x) = \pi(a)^{-1}\pi(x)$ 是 Ω 中的单位元. 所以 $a^{-1}x \in \mathrm{Ker}\,\pi = H$, 即有 $x \in aH$. 从而 $M_i = aH$.

以上就说明了商群只能是按模去正规子群的方式来定义!

2.6.3　群的同态基本定理

定理 2.6.14(群的第一同态基本定理)　设 $\phi: G \to H$ 是满态. 则商群 $G/\mathrm{Ker}\,\phi$ 与群 H 同构.

证明　记 $N = \mathrm{Ker}\,\phi$. 定义映射

$$\bar{\phi}: G/N \to H$$

$$aN \mapsto \phi(a).$$

首先验证此映射是合理定义的. 事实上, 如果 $aN = bN$, 那么存在 $x \in N$ 使得 $b = ax$. 此时

$$\bar{\phi}(bN) = \phi(b) = \phi(ax) = \phi(a)\phi(x) = \phi(a)e = \phi(a) = \bar{\phi}(aN).$$

下面往证 $\bar{\phi}$ 是同构. 由

$$\bar{\phi}(aNbN) = \bar{\phi}(abN) = \phi(ab) = \phi(a)\phi(b) = \bar{\phi}(aN)\bar{\phi}(bN)$$

知 $\bar{\phi}$ 是群同态. 其次, 对于任意 $h \in H$, 由 $\phi: G \to H$ 是满态知存在 $g \in G$ 使得 $\phi(g) = h$. 于是由 $\bar{\phi}(gN) = \phi(g) = h$ 知 $\bar{\phi}: G/N \to H$ 是满态. 最后, 任取 $xN \in \mathrm{Ker}\,\bar{\phi}$, 则由 $\phi(x) = \bar{\phi}(xN) = e$ 知 $x \in \mathrm{Ker}\,\phi = N$. 故 $\mathrm{Ker}\,\bar{\phi} = N$ 是 G/N 的单位元, 即 $\bar{\phi}$ 是单态. 综合上述有群同构

$$G/\mathrm{Ker}\,\phi \cong H.$$

定理得证. □

我们知道, 如果 G/N 是群 G 模去正规子群 N 的商群, 那么群 G 到商群 G/N 有自然的满态. 而群的第一同态基本定理则说, 这反过来在同构意义下也是对的, 即若 $\phi: G \to H$ 是满态, 则 H 在同构意义下就是群 G 的一个商群.

例 2.6.2　我们已经知道特殊线性群 $SL_n(\mathbb{R})$ 是一般线性群 $GL_n(\mathbb{R})$ 的正规

子群. 当需要计算商群 $GL_n(\mathbb{R})/SL_n(\mathbb{R})$ 时, 我们仍然考察行列式函数:

$$\det : GL_n(\mathbb{R}) \to \mathbb{R}^\times$$

$$A \mapsto \det A.$$

前面已知它的核恰是特殊线性群 $SL_n(\mathbb{R})$. 由群的第一同态基本定理可知商群 $GL_n(\mathbb{R})/SL_n(\mathbb{R})$ 同构于非零实数关于乘法构成的交换群 $\mathbb{R}^\times$.

下面的定理说明了群与其商群的子群之间的关系.

定理 2.6.15 (群的第二同态基本定理)　设 ϕ 是群 G 到群 $\bar{G}$ 上的一个满态, $H = \operatorname{Ker}\phi$. 记 $L(G, H)$ 为 G 中所有包含 H 的子群组成的集合, $L(\bar{G})$ 是 $\bar{G}$ 的所有子群组成的集合. 则存在如下一一对应:

$$\theta : L(G, H) \to L(\bar{G})$$

$$S \mapsto \phi(S) = \{\phi(s) \mid s \in S\}.$$

进一步在该对应下有

(1) $S \supseteq T$ 当且仅当 $\phi(S) \supseteq \phi(T)$;

(2) S 是 G 的正规子群当且仅当 $\phi(S)$ 是 $\bar{G}$ 的正规子群;

(3) 若 S 是 G 的正规子群, 则

$$G/S \cong \bar{G}/\phi(S).$$

我们把这个定理的证明作为练习留给读者.

证明这个定理所需的方法和技巧都在前面出现过, 能给出它的证明说明读者已经很好地掌握子群、正规子群、商群和同态这些群论中最重要、最基本的概念.

如果说两国之间有政治关系、经济关系等诸多关系, 那么对于两个群而言, 它们之间的关系仅有同态, 并且子群、商群是这种关系仅涉及的两个基本语言. 单态意味着前一个群与后一个群的某个子群一样 (同构), 满态意味着后者与前者的商群一样, 非单非满的同态意味着前者的一个商群和后者的一个子群是一样的.

练习

1. 设 G 是有限群且阶为 p, 其中 p 为素数. 证明: 对任意 $a \in G$, 若 $a \neq e$, 则 $G = \langle a \rangle$.

2. 设 H 是群 G 的真子群, $a \in G \setminus H$. 证明陪集 aH 不是 G 的子群.

3. 设 p 为素数.

(1) 设 $\mathbb{Z}_p = \{[i]|i=0,1,2,\cdots,p-1\}$ 是模 p 的剩余类加群. 在 $\mathbb{Z}_p \backslash \{[0]\}$ 中定义乘法 $[i][j] = [ij]$. 证明: $\mathbb{Z}_p \backslash \{[0]\}$ 在此乘法之下构成一个 $p-1$ 阶群.

(2) (Fermat) 证明: 对任意整数 a, 有 $a^p \equiv a \pmod{p}$.

4. 固定一个正实数 a. 记 $\mathbb{Z}a = \{na|n \in \mathbb{Z}\}$, 是加群 $(\mathbb{R}, +)$ 的子群, 进而是正规子群. 设 $\mathbb{R}/\mathbb{Z}a$ 是相应的商加群, 并且对任意 $x \in \mathbb{R}$, 记 $\overline{x} = x + \mathbb{Z}a$ 是商加群中的元素. 另一方面, 记 $\mathrm{e}^{\mathrm{i}\theta} = \cos\theta + \mathrm{i}\sin\theta$, 其中 θ 为实数, i 为虚数单位, 即 $\mathrm{i}^2 = -1$. 那么 $C = \{\mathrm{e}^{\mathrm{i}\theta}|\theta \in \mathbb{R}\}$ 在通常复数乘法 $\cdot$ 之下形成一个群 (称为单位元群). 证明:

$$\phi: \mathbb{R}/\mathbb{Z}a \to (C, \cdot)$$

$$\overline{x} \mapsto \mathrm{e}^{\mathrm{i}\frac{2\pi x}{a}}$$

是群同构.

5. 证明定理 2.6.15.

6. 设 $\phi: G \to H$ 是群 G 到群 H 的一个同态, S 是 G 的子群. 定义

$$\phi': S \to \phi(S)$$

$$s \mapsto \phi(s).$$

证明:

(1) ϕ' 是满态 (称为由 ϕ 限制在 S 上导出的满态);

(2) $\operatorname{Ker} \phi' = S \cap \operatorname{Ker} \phi$;

(3) 有群同构 $S/(S \cap \operatorname{Ker} \phi) \cong \phi(S)$. 特别地, 如果 $S \supseteq \operatorname{Ker} \phi$, 那么有群同构 $S/\operatorname{Ker} \phi \cong \phi(S)$.

7. 设 G 是群, H 是 G 的正规子群, S 是 G 的子群. 证明:

(1) SH 是 G 的子群, 并且 H 是 SH 的正规子群, 也有 $S \cap H$ 是 S 的正规子群;

(2) 有群同构 $SH/H \cong S/(S \cap H)$.

§2.7　群 的 直 积

从群 G 和它的一个正规子群 H 出发, 我们构造了一个新的群 G/H, 并且它们之间存在一个自然的满态 $\pi: G \to G/H$. 本节介绍另外一种常见的构造新的群的方法, 并且新的群和原有群之间也存在自然的同态.

设 $(G, \cdot)$ 和 $(G', *)$ 是群. 考虑它们的 Descartes 积

$$G \times G' = \{(a, a') \mid a \in G, a' \in G'\}.$$

对于任意 $(a, a'), (b, b') \in G \times G'$, 按分量相乘定义乘法如下:

$$(a, a')(b, b') = (a \cdot a', b * b').$$

容易验证 $G \times G'$ 关于这样定义的乘法构成一个群, 称为 G 和 G' 的直积. 如果 e 是 G 的单位元, e' 是 G' 的单位元, 那么 (e, e') 是 $G \times G'$ 的单位元.

例 2.7.1 平面 $\mathbb{R}^2$ 是加法群 $\mathbb{R}$ 和自身的直积:

$$\mathbb{R}^2 = \mathbb{R} \times \mathbb{R},$$

并且仍然是一个加群, 其加法是按分量相加.

注 2.7.1 类似可以定义群 $G_1, G_2, \cdots, G_n$ 的直积

$$\prod_{i=1}^{n} G_i = G_1 \times G_2 \times \cdots \times G_n = \{(a_1, a_2, \cdots, a_n) \mid a_i \in G_i\},$$

乘法按分量相乘定义, 单位元为 $(e_1, e_2, \cdots, e_n)$, 其中 e_i 是群 G_i 的单位元.

对于 G, G' 和直积 $G \times G'$, 定义

(1) $i : G \to G \times G'$, $a \mapsto (a, e')$;

(2) $i' : G' \to G \times G'$, $a' \mapsto (e, a')$;

(3) $p : G \times G' \to G$, $(a, a') \mapsto a$;

(4) $p' : G \times G' \to G'$, $(a, a') \mapsto a'$.

容易验证 i, i' 是单态, 像分别为 $G \times \{e'\}$ 和 $\{e\} \times G'$, 因此我们也常将它们称作嵌入. 对应的, p 和 p' 是满态, 我们常将它们称作投影. 易知这两个投影的核分别为 $\{e\} \times G'$ 和 $G \times \{e'\}$, 从而是 $G \times G'$ 的正规子群.

命题 2.7.2 设 s 和 t 是互素的正整数. 则循环群 C_{st} 与 $C_s \times C_t$ 同构.

证明 记循环群 $C_s = \langle x \rangle, C_t = \langle y \rangle$, 其中 $x^s = e, y^t = e$. 令

$$z = (x, y) \in C_s \times C_t,$$

则由 s, t 互素易知, 使得 $z^k = (x^k, y^k) = (e, e)$ 的最小正整数 $k = st$. 亦即 z 的阶为 st. 故 $C_s \times C_t$ 的循环子群 $\langle z \rangle$ 阶为 st. 又

$$C_s \times C_t = \{(x^i, y^j) \mid 1 \leqslant i \leqslant s, 1 \leqslant j \leqslant t\}$$

的阶也是 st. 从而 $C_s \times C_t = \langle z \rangle \cong C_{st}$. 命题得证. $\square$

例 2.7.2 循环群 $C_6 \cong C_2 \times C_3$. 但循环群 $C_4 \not\cong C_2 \times C_2$. 这是因为 C_4 中有阶为 4 的元素而 $C_2 \times C_2$ 中每个元素的阶都不超过 2.

一个比较特殊的情形是子群的直积. 之所以特殊是因为此时不光有直积, 还有集合乘积也就是元素的乘积牵扯其中. 对此, 我们有如下刻画.

命题 2.7.3   设 H 和 K 是 G 的子群. 记

$$f : H \times K \to G$$

$$(h, k) \mapsto hk.$$

则 f 是同态当且仅当 $hk = kh$ 对任意 $h \in H, k \in K$ 成立. 进一步, f 是同构当且仅当 H 和 K 是 G 的正规子群并且 $H \cap K = \{e\}, HK = G$.

证明   对于任意 $h_1, h_2 \in H, k_1, k_2 \in K$,

$$f((h_1, k_1)(h_2, k_2)) = f(h_1 h_2, k_1 k_2) = h_1 h_2 k_1 k_2.$$

另一方面,

$$f(h_1, k_1) f(h_2, k_2) = h_1 k_1 h_2 k_2.$$

故 f 是同态当且仅当 $h_2 k_1 = k_1 h_2$ 对任意 $h_2 \in H, k_1 \in K$ 成立.

如果 $f : H \times K \to G$ 是同构, 那么 $H \times K$ 的正规子群 $H \times \{e\}$ 在 f 之下的像 H 也是正规子群. 同理可知 K 是 G 的正规子群. 由 f 是满态知 $\operatorname{Im} f = HK = G$. 如果 $x \in H \cap K$, 则 $x^{-1} \in K$ 并且

$$f(x, x^{-1}) = xx^{-1} = e = f(e, e),$$

由 f 是单态知 $x = e$, 即 $H \cap K = \{e\}$.

反过来, 如果 H 和 K 是 G 的正规子群并且 $H \cap K = \{e\}, HK = G$, 我们往证 f 是同构. 对于任意 $h \in H, k \in K$,

$$(hkh^{-1})k^{-1} = h(kh^{-1}k^{-1}).$$

由 K 是 G 的正规子群知 $hkh^{-1} \in K$, 故上式左端属于 K. 同理由 H 是 G 的正规子群知上式右端属于 H, 再由 $H \cap K = \{e\}$ 知

$$hkh^{-1}k^{-1} = e, \ \text{即} \ hk = kh,$$

继而知 f 是同态. 由 $\operatorname{Im} f = HK = G$ 知 f 是满态. 又设 $(h, k) \in \operatorname{Ker} f$, 即 $f(h, k) = hk = e$, 故 $h = k^{-1}$. 注意到左端属于 H, 右端属于 K, 再一次由 $H \cap K = \{e\}$ 知 $h = k = e$. 故 f 是单态. 命题得证. $\square$

一个群 G 称为子群 H 和 K 的直积, 如果 H 和 K 是 G 的正规子群并且 $H \cap K = \{e\}, HK = G$. 此时由上面的命题知, 一定有 $hk = kh$ 对任意 $h \in H, k \in K$ 成立.

上面的命题说明, 如果群 G 是子群 H 和 K 的直积, 那么 G 同构于群 H 与群 K 的直积. 此时我们也称群 G 分解为了子群 H 和 K 的直积. 读者也可归纳地给出一个群分解为有限多个子群直积的定义.

结合例 2.7.2, 我们能对 4 阶群进行分类.

命题 2.7.4 设 G 是阶为 4 的群. 则 G 要么同构于循环群 C_4 要么同构于 $C_2 \times C_2$.

证明 设 $g \neq e$ 是群 G 中元素. 由推论 2.6.8 知 g 的阶要么为 2 要么为 4. 如果 G 中有 4 阶元素 g, 则 $G = \langle g \rangle = C_4$.

以下假设 G 中没有 4 阶元素, 则 G 中任意非单位元 x 的阶都为 2, 进而 $x^{-1} = x$. 设 x 和 y 是 G 中不同元素. 则 $xy \in G$ 并且 xy 的阶也为 2. 于是由

$$xyx^{-1}y^{-1} = (xy)(xy) = e$$

知 $xy = yx$, 即 G 是交换群, 于是 $H = \langle x \rangle$ 和 $K = \langle y \rangle$ 都是 G 的正规子群. 显然 $H \cap K = \{e\}, HK = G$, 由命题 2.7.3 知 G 同构于 $H \times K$. □

练习

1. 证明: 当 G_1, G_2 都是交换群时, $G_1 \times G_2$ 也是交换群.

2. 记群中元素 a 的阶为 $o(a)$. 证明: 在两个有限群的直积 $G_1 \times G_2$ 中, 任一元素的阶为 $o((a, b)) = [o(a), o(b)]$ ($o(a)$ 和 $o(b)$ 的最小公倍数).

3. 设 H 是群 G 的正规子群. 证明: 如果存在群同态 $\phi : G \to H$ 使得对任意 $h \in H$, 有 $\phi(h) = h$, 那么 G 是子群 H 与子群 $\mathrm{Ker}\,\phi$ 的直积.

§2.8 群在集合上的作用

2.8.1 群作用的定义及基本结论

设 G 是一个群, M 是一个非空集合. 我们也称一个映射 $G \times M \to M$, 此时记 (g, x) 的像为 $gx \in M$, 是 $G \times M$ 到 M 的一个左乘法运算 (简称左乘运算), 并且称 gx 是元素 $g \in G$ 与 $x \in M$ 的一个左乘. 注意这是之前一个集合到自身的运算的概念的推广.

定义 2.8.1   设 G 是一个群, M 是一个非空集合, 并且有一个 $G \times M$ 到 M 的左乘运算. 我们称该左乘运算是群 G 在集合 M 上的一个左作用, 如果满足

(1) (作用的结合律) 对任意 $g, h \in G$ 和 $x \in M$, 有 $(gh)x = g(hx)$, 故可写成 ghx;

(2) (单位元作用的不变性) 对群 G 的单位元 e 和任意 $x \in M$, 有 $ex = x$.

此时也称 M 是一个左 G-集.

设群 G 在集合 M 上有一个左作用. 对任意 $x \in M$, 记

$$Gx = \{gx \mid g \in G\}.$$

称它是元素 x 在群 G (左) 作用下的一个轨道, 也简称为 x 的一个 G-轨道. 有时也记该 G-轨道为 O_x. 另外, 记

$$S_x = \{g \in G \mid gx = x\}.$$

易知这是群 G 的一个子群, 称为 x 的稳定子群. 有时又将 x 的稳定子群记为 Stab_x.

例 2.8.1   群 G 在自身运算之下自然构成左 G-集, 称为正则左 G-集. 此时任意一个元素 $g \in G$ 的 G-轨道就是 G 本身, 这是因为 $Gg = G$. 另外, 稳定子群 S_g 是平凡的单位元群, 即 $S_g = \{e\}$.

例 2.8.2   设 V 是数域 F 上的线性空间. 那么 F 在 V 上的数乘导出乘法群 $F^\times = F \setminus \{0\}$ 在 V 上的左作用. 此时请读者自行考虑零或非零向量的轨道和稳定子群.

例 2.8.3   设 M 是非空集合, $T(M)$ 是 M 的所有一一变换构成的群. 那么群 $T(M)$ 在 M 上有自然的左作用: $\phi x = \phi(x)$, 对任意 $\phi \in T(M), x \in M$.

例 2.8.4   设 F 是一个数域, F^n 是 F 上的 n 维向量空间, 即其中的元素是 n 个分量都是 F 中数的 n 维向量. 我们将这些向量都看成列向量, 那么一般线性群 $GL_n(F)$ (F 上 n 阶可逆矩阵全体在通常矩阵乘法之下构成的群) 和特殊线性群 $SL_n(F)$ (F 上 n 阶行列式为 1 的矩阵全体在通常矩阵乘法之下构成的群) 在矩阵左乘列向量之下都是群在 F^n 上的左作用.

除了上述例子, 实际上, 群在集合上的作用在数学中是普遍存在的现象.

命题 2.8.2   设群 G 在集合 M 上有一个左作用. 则下列结论成立:

(1) 对任意 $x \in M$, 有 $x \in Gx$, 即 M 中每个元素都属于某个 G-轨道.

(2) 任意两个 G-轨道或者相等, 或者不相交.

(3) 对任意 $x \in M$ 和 $g, h \in G$, 有 $gx = hx$ 当且仅当 $g^{-1}h \in S_x$. 特别地, 如果 G 是有限群, 那么有 $|Gx| = [G : S_x]$.

证明 (1) $x = ex \in Gx$.

(2) 对任意 $x, y \in M$, 如果 Gx 与 Gy 相交, 即存在 $g, h \in G$ 使得 $gx = hy$, 那么 $Gx = Ggx = Ghy = Gy$, 这是因为 $Gg = G = Gh$.

(3) 第一个结论由稳定子群 S_x 定义是显然的. 现设 G 是有限群. 显然集合 G 到 Gx 有一个满射 π 使得 $\pi(g) = gx$, 对任意 $g \in G$. 现在对任意 $y \in Gx$, 即存在 $g \in G$ 使得 $y = gx$, 我们有 $h \in \pi^{-1}(y)$, 即 $hx = y = gx$, 当且仅当 $g^{-1}h \in S_x$, 当且仅当 $h \in gS_x$, 即有 $\pi^{-1}(y) = gS_x$. 但由 S_x 是群 G 的子群易知 $|gS_x| = |S_x|$. 故 $|\pi^{-1}(y)| = |S_x|$. 所以由有不交并

$$G = \bigcup_{y \in Gx} \pi^{-1}(y)$$

知

$$|G| = \sum_{y \in Gx} |\pi^{-1}(y)| = \sum_{y \in Gx} |S_x| = |Gx||S_x|,$$

即有 $|Gx| = |G|/|S_x| = [G : S_x]$. □

由该命题我们可直接得到下面的定理.

定理 2.8.3(划分与计数公式)　设群 G 在集合 M 上有一个左作用. 记 $Gx_i, i \in I$ (指标集) 是 M 中所有的两两不相交的轨道. 我们有

(1) $Gx_i, i \in I$ 是 M 的一个划分, 即有不交并

$$M = \bigcup_{i \in I} Gx_i;$$

(2) 当 G 和 M 都有限时, 计数公式

$$|M| = \sum_{i \in I} [G : S_{x_i}]$$

成立.

设 G 是一个群, M 是一个非空集合. 我们也可称映射 $M \times G \to M$ 是 $M \times G$ 到 M 的一个右乘法运算, 此时记 (x, g) 的像为 $xg \in M$. 类似地可以定义群在集合上的右作用并且上述所有结论相应地都成立, 不再赘述.

若非特别说明, 我们以下考虑的群在集合上的作用都是左作用.

2.8.2　群的共轭元与群的类方程

设 G 是一个群, $x \in G$. 对任意 $g \in G$, 我们称 gxg^{-1} 是 x 的一个共轭元. 易知共轭是 G 中元素的一个等价关系, 称为共轭关系. G 中与 x 共轭的元素全体的子

集称为 x 的共轭类, 记为 $C(x)$, 即

$$C(x) = \{gxg^{-1} \mid g \in G\}.$$

另外, 记

$$N(x) = \{g \in G \mid gxg^{-1} = x\},$$

称为 x 的中心化子.

易知定义: $g \times x = gxg^{-1}$ (对任意 $x, g \in G$) 给出了群 G 到自身上的一个作用, 称为共轭作用. 此时 $x \in G$ 的轨道就是 x 的共轭类 $C(x)$, 而 $x \in G$ 的稳定子群就是 x 的中心化子 $N(x)$. 故当 G 是有限群时, 由命题 2.8.2 的 (3) 知, 有

$$|C(x)| = [G : N(x)].$$

例 2.8.5   我们将 3 元对称群 S_3 的元素用轮换写出

$$S_3 = \{(1), (1\,2), (1\,3), (2\,3), (1\,2\,3), (1\,3\,2)\}.$$

由公式 $\pi(i_1 i_2 \cdots i_t)\pi^{-1} = (\pi(i_1)\,\pi(i_2)\,\cdots\,\pi(i_t))$ 易知 $(1\,2)$ 的共轭类为 $\{(1\,2), (1\,3), (2\,3)\}$, 而 $(1\,2\,3)$ 的共轭类为 $\{(1\,2\,3), (1\,3\,2)\}$. 请读者自行计算 S_3 中每个元素的中心化子.

我们有下列关于有限群在计数方面的一个基本且重要的定理.

定理 2.8.4 (群的类方程)   设 G 是一个有限群并且记 $C(x_i), i \in I$(有限指标集) 是所有两两不同的元素个数大于 1 的共轭类全体. 那么有

$$|G| = |Z(G)| + \sum_{i \in I} |C(x_i)| = |Z(G)| + \sum_{i \in I} [G : N(x_i)],$$

其中 $Z(G)$ 是群 G 的中心, $N(x_i)$ 是 x_i 的中心化子.

证明   易知对 $x \in G$, 有 $x \in Z(G)$ 当且仅当共轭轨道 $C(x) = \{x\}$. 故由群作用的划分与计数公式知, 有不交并

$$G = \bigcup_{x \in Z(G)} C(x) \bigcup_{i \in I} C(x_i)$$

和

$$|G| = |Z(G)| + \sum_{i \in I} |C(x_i)| = |Z(G)| + \sum_{i \in I} [G : N(x_i)]. \qquad \square$$

我们之后会看到, 划分与计数公式和群的类方程在有限群的 Sylow 子群的存在性证明中有关键性的应用.

2.8.3 *G*-模与群表示

设 G 是一个群, M 是数域 F 上的线性空间, 也记为 $_FM$.

称 M 是一个左 G-模, 如果群 G 在 M 上有一个左作用, 并且该作用是 F-线性的, 即每个 $g \in G$ 左作用在 M 上是 F-线性的: $g(ax) = a(gx)$, $g(x+y) = gx + gy$, 对任意 $a \in F$ 和 $x, y \in M$. 这等价于

$$g\left(\sum_{i=1}^{n} a_i x_i\right) = \sum_{i=1}^{n} a_i(gx_i),$$

对任意 $n \in \mathbb{Z}^+$, $a_i \in F$ 和 $x_i \in M$, $i = 1, 2, \cdots, n$.

我们记 $\operatorname{Aut}_F M$ 是线性空间 $_FM$ 到自身的可逆线性变换全体, 这自然是一个群, 其乘法为变换的合成. 我们称线性空间 $_FM$ 是群 G 的一个表示, 如果存在一个群同态 $\theta: G \to \operatorname{Aut}_F M$.

注意, 当 $_FM$ 是有限维线性空间时, 如设维数为 n, 那么在任意的一组基之下 F-线性变换全体与 F 上的 n 阶方阵全体一一对应并且保持乘法. 这也给出了可逆线性变换全体与 F 上的 n 阶可逆方阵全体是群同构的. 所以此时, $_FM$ 是群 G 的一个表示当且仅当存在一个群同态 $\theta: G \to GL_n(F)$(一般线性群).

上述模与表示实际上是本质相同的两个概念. 这是因为, 如果线性空间 $_FM$ 是群 G 的一个表示, 即存在一个群同态 $\theta: G \to \operatorname{Aut}_F M$, 那么可以定义 $gx = \theta(g)(x) \in M$. 易知这是一个群的左作用并且是 F-线性的, 即 $_FM$ 是一个左 G-模. 反之, 如果 $_FM$ 是一个左 G-模, 那么定义 $\theta: G \to \operatorname{Aut}_F M$ 使得对任意一个 $g \in G$ 有 $\theta(g): M \to M$, $x \mapsto gx$. 此时可以证明 (留给读者), θ 是一个映射并且是一个群同态.

研究群表示是代数学非常重要的一个研究方向. 正如上面的解释, 这可以用模或表示的两种语言来研究, 各有其优点, 就不展开说了.

对一般的非空集合 M, 我们也可把 G-集用 "表示" 的语言转化为一个群同态 $\theta: G \to T(M)$, 其中 $T(M)$ 是 M 到自身的一一变换全体构成的群, 其乘法为变换的合成. 此时, 对任意 $g \in G$, $\theta(g)$ 的定义为 $\theta(g)(x) = gx$ (对任意 $x \in M$). 易知 θ 是群同态. 反之, 若有群同态 $\theta: G \to T(M)$, 则定义 $gx = \theta(g)(x)$(对任意 $g \in G, x \in M$). 易知这给出了群 G 在集合 M 上的一个作用, 即 M 成为一个 G-集. 注意, 当 M 是一个有限集时, 如设它的元素个数为 n, 有 $T(M) \cong S_n$(n 元对称群). 此时, M 是一个 G-集当且仅当存在一个群同态 $\theta: G \to S_n$.

练习

1. 设 G 是群, M 是 G 的子群全体的集合. 定义 G-集 M: 对任意 $g \in G$ 和 $H \in M$, 规定 $g \times H = gHg^{-1}$.

(1) 说明上述定义了群 G 在集合 M 上的作用;

(2) 证明: $H \in M$ 是 G 的正规子群当且仅当 H 的对称群 $S_H = G$.

2. 设 G 是有限群, m 是正整数且 $m \leqslant |G|$. 又设 M 是集合 G 中元素个数为 m 的子集全体的集合. 对任意 $g \in G$ 和 $A \in M$, 定义 $g \times A = gA$.

(1) 说明上述定义了群 G 在集合 M 上的作用;

(2) 对任意 $A \in M$, 记 S_A 是 A 的对称群, 证明: $|S_A|\,|m$.

§2.9 Sylow 子群
....

本节为读者展示群的类方程在群论研究中发挥的重要作用.

设 p 是一个素数. 我们称一个有限群是 p-群, 如果它的阶大于 1 并且阶是 p 的某个幂次. 关于 p-群, 我们有如下结果.

命题 2.9.1 设 G 是一个 p-群. 则 G 的中心 $Z(G) \neq \{e\}$.

证明 假如 $Z(G) = \{e\}$, 那么 G 的类方程右侧只有一项为 1, 其余的项均为 p 的非零幂次, 即

$$|G| = 1 + \sum(p\text{的非零幂次}).$$

这与 $|G|$ 被 p 整除矛盾. 故 $Z(G) \neq \{e\}$. $\qquad\square$

推论 2.9.2 设 G 是一个 p-群, 并且 $|G| = p^n$. 那么对任意整数 $0 \leqslant m \leqslant n$, 存在子群 $H \subseteq G$ 使得 $|H| = p^m$.

证明 当 $m = 0$ 时取单位元子群即可. 由 G 是 p-群知中心 $Z(G) \neq \{e\}$. 易知 $Z(G)$ 中有阶为 p 的元素 a. 那么循环群 $\langle a \rangle$ 的阶为 p, 并且由它在中心中还知它是正规子群. 故当 $m = 1$ 时取该 (正规) 子群即可. 当 $m > 1$ 时, 对 n 归纳可知商群 $G/\langle a \rangle$ 有 p^{m-1} 阶子群. 该子群在自然满态 $G \to G/\langle a \rangle$ 之下的完全原像即为 G 的 p^m 阶子群. 推论得证. $\qquad\square$

定义 2.9.3 设 G 是一个有限群, p 是整除 G 的阶的一个素数, 并且记 G 的阶

$$|G| = p^m s,$$

其中 p 不整除 s. 对于 G 的一个子群, 如果它是一个 p-群, 则称它是 G 的 p-子群; 如果它的阶为 p^m, 则称它是 G 的 Sylow p-子群.

换句话说, Sylow p-子群是那些指数不能被 p 整除的 p-子群. 下面的 Sylow 第一定理肯定了 Sylow p-子群的存在性. 为此, 我们需要下面的引理.

引理 2.9.4　设 G 是有限交换群, 素数 p 整除 G 的阶. 则 G 中存在阶为 p 的元素.

证明　设 $|G| = pn$ 并对 n 应用数学归纳法. 当 $n = 1$ 时, 结论显然成立. 以下假设 $n > 1$.

任取 $e \neq x \in G$, 记 $H = \langle x \rangle$, 并设阶为 t. 如果 t 能被 p 整除, 不妨设为 $t = pk$, 那么 $y = x^k$ 的阶为 p, 引理得证. 以下设 t 不能被 p 整除. 由 G 是交换群知 H 是正规子群, 进而商群 G/H 是阶为 $[G : H]$ 的交换群, 并且由 H 的阶 t 不能被 p 整除知, p 必然整除 $[G : H]$. 归纳可知存在 $y \in G$ 使得 yH 在商群 G/H 中的阶为 p. 于是 $y \notin H, y^p \in H$. 考察元素 y^t. 首先 $y^t \neq e$, 否则由 t, p 互素知存在整数 m, l 使得

$$mp + lt = 1,$$

进而

$$y = y^{mp} y^{lt} = (y^p)^m e \in H,$$

矛盾. 再由 $y^p \in H$,

$$(y^t)^p = (y^p)^t = e,$$

知 y^t 是 G 中的 p 阶元. □

定理 2.9.5 (Sylow 第一定理)　设 G 是有限群. 如果 G 的阶能被素数 p 整除, 那么 G 有 Sylow p-子群.

证明　设 $|G| = p^m s$, 其中 p 不整除 s. 即要证明, G 中有阶为 p^m 的子群. 下面对群的阶应用数学归纳法.

如果存在 G 的真子群 H 满足 $[G : H]$ 与 p 互素, 那么 H 的阶能被 p 整除. 由归纳可知 H 有 Sylow p-子群 H'. 再由推论 2.6.9

$$[G : H'] = [G : H][H : H']$$

知 p 与 $[G : H']$ 互素, 进而 H' 也是 G 的 Sylow p-子群.

如果 G 的任意真子群在 G 中的指数都能被 p 整除, 那么由 G 的类方程

$$|G| = |Z(G)| + \sum [G : N(x_i)].$$

知 p 整除中心 $Z(G)$ 的阶. 由 $Z(G)$ 是交换群和上面的引理 2.9.4 知 $Z(G)$ 中有 p 阶元 a. 记 $H = \langle a \rangle \subseteq Z(G)$, 则 H 是正规子群并且商群 G/H 的阶为 $p^{m-1}s$. 归纳可知 G/H 有 Sylow p-子群, 记为 K'. 设自然满态

$$\pi : G \to G/H.$$

并且记 $K = \pi^{-1}(K')$ 为 K' 在 G 中的完全原像, 那么 $H \subseteq K$ 并且由群的第二同态基本定理知有同构

$$K/H \cong K'.$$

进而 K 的阶为 $p^{m-1}p = p^m$, 即 K 为 G 的 Sylow p-子群. □

由此可以将引理 2.9.4 推广至任意有限群的情形.

推论 2.9.6　设 G 是有限群, 素数 p 整除 G 的阶, 则 G 中存在阶为 p 的元素.

证明　由 Sylow 第一定理, G 有 Sylow p-子群 H. 任取 $e \neq x \in H$, 那么 x 的阶 t 整除 H 的阶. 不妨设 $t = p^r$. 则元素 $x^{p^{r-1}}$ 的阶为 p. □

对群 G 的子群 K 以及 $x \in G$, 易知 xKx^{-1} 也是 G 的子群, 称为子群 K 的一个共轭子群. 记

$$N(K) = \{ x \in G \mid xKx^{-1} = K \},$$

称为子群 K(在 G 中) 的正规化子, 这是 G 的一个子群并且 $K \subseteq N(K)$.

关于 Sylow p-子群的个数以及它们之间的关系, 有下面很完整的结果.

定理 2.9.7 (Sylow)　设有限群 G 的阶

$$|G| = p^m s,$$

其中 m 是正整数并且 p 不整除 s.

(1) 如果 K 是 G 的 Sylow p-子群, 那么对 G 的任意一个 p-子群 H, 有 H 含于 K 的某个共轭子群之中. 特别地, G 中所有的 Sylow p-子群彼此共轭. 作为一个推论, 我们有 G 中只有一个 Sylow p-子群 K 当且仅当 K 是正规子群.

(2) 设 t 是 G 中所有不同的 Sylow p-子群的个数. 则 t 整除 s 并且 $t \equiv 1 \,(\mathrm{mod}\, p)$.

证明　(1) H 在左陪集 G/K 上有一个自然左作用: $x \times aK = xaK$ (对任意 $x \in H, aK \in G/K$). 由 $|K| = p^m$ 知 $|G/K| = s$. 又由划分与计数公式可得

$$|G/K| = \sum_{i=1}^{r} [H : \mathrm{Stab}_{a_i K}],$$

其中 $a_i K$ 是 K 在 G 中的某些左陪集, $\mathrm{Stab}_{a_i K}$ 是在 H 的左作用下 $a_i K$ 在 H 中的稳定子群. 注意到 H 是 p-子群, 右边每一项都是 H 的阶的因子. 但 p 不整除

$s = |G/K|$, 因此右边有一项为 1, 即存在一个左陪集 a_jK 使得 $H = \text{Stab}_{a_jK}$. 于是对任意 $h \in H$ 有 $ha_jK = a_jK$. 故 $a_j^{-1}ha_j \in K$, 即 $h \in a_jKa_j^{-1}$. 所以 $H \subseteq a_jKa_j^{-1}$, 即 H 含于 K 的某个共轭子群之中.

特别地, 如果 K' 也是 G 的一个 Sylow p-子群, 那么 K' 含于 K 的某个共轭子群 aKa^{-1} 之中. 易知 aKa^{-1} 的阶也为 p^m, 从而有 $K' = aKa^{-1}$. 可见, G 中所有的 Sylow p-子群彼此共轭.

设 G 中只有一个 Sylow p-子群 K. 那么对任意 $g \in G$, 由 gKg^{-1} 的阶为 p^m 知 gKg^{-1} 也是 G 的一个 Sylow p-子群. 故 $gKg^{-1} = K$. 可见 K 是正规子群. 反之, 如果 K 是正规子群, 由 G 中所有的 Sylow p-子群彼此共轭知, G 中只有一个 Sylow p-子群 K.

(2) 记 $\mathcal{S}$ 为 G 的所有 Sylow p-子群构成的集合. 设 t 是 G 中所有不同的 Sylow p-子群的个数, 即 $t = |\mathcal{S}|$.

注意与 Sylow p-子群共轭的子群也是 Sylow p-子群. 定义 $x \times P = xPx^{-1}$ (对任意 $x \in G, P \in \mathcal{S}$), 易知这是 G 在 $\mathcal{S}$ 上的一个群作用, 称为共轭作用, 即以共轭作用 $\mathcal{S}$ 成为一个 G-集. 设 K 是 G 的一个 Sylow p-子群. 由 G 中所有的 Sylow p-子群彼此共轭知, $\mathcal{S}$ 等于 K 的 G-轨道. 并且易知 K 在 G 中的稳定子群是正规化子 $N(K)$. 故由命题 2.8.2 有

$$t = |\mathcal{S}| = [G : N(K)].$$

又由 $K \subseteq N(K)$ 知

$$[G : K] = [G : N(K)][N(K) : K].$$

所以 t 整除 $[G : K] = s$.

最后, 设 K 是 G 的一个 Sylow p-子群. 考虑 K 在 $\mathcal{S}$ 上的共轭作用. 此时任意一个 $P \in \mathcal{S}$ 的 K-轨道记为

$$\Omega_P = \{yPy^{-1} \mid y \in K\}.$$

显然 $\Omega_K = \{K\}$. 另一方面, 如果还有 Sylow p-子群 P 使得 $\Omega_P = \{P\}$, 即对任意 $y \in K$ 有

$$yPy^{-1} = P,$$

那么有

$$K \subseteq N(P).$$

此时 K 和 P 都是 $N(P)$ 中的 Sylow p-子群. 注意到 P 是 $N(P)$ 的正规子群. 所以 $N(P)$ 中 Sylow p-子群只有一个. 故 $K = P$, 即 $\mathcal{S}$ 中有且仅有一个 K-轨道的元素

个数是 1. 另外, 由 K 是 p-群知, 如果 K-轨道 Ω_P 的元素个数大于 1, 那么 Ω_P 的元素个数等于 p 的某个非零幂次. 因此由划分与计数公式和 $t = |\mathcal{S}|$ 知

$$t = 1 + \sum (p\text{ 的非零幂次}) \equiv 1 \pmod{p}.$$

这就完成了定理的证明.   □

上述定理中的 (1) 和 (2) 通常称为 Sylow 第二定理和 Sylow 第三定理.

Sylow 定理堪称群论研究中的利器, 我们通过下面两个例子展示一下.

例 2.9.1   设 G 是阶为 6 的群. Sylow 第一定理告诉我们 G 存在 Sylow 3-子群和 Sylow 2-子群.

先看 Sylow 3-子群: 定理 2.9.7 告诉我们 Sylow 3-子群的个数整除 2 并且模 3 余 1, 因此只有 1 个 Sylow 3-子群, 将它记为 H, 并且 H 是 G 的正规子群.

再看 Sylow 2-子群: 其个数整除 3 并且模 2 余 1, 因此有两种可能.

(1) 只有 1 个 Sylow 2-子群 K, 此时 K 也是正规子群. H 是 3 阶循环群, K 是 2 阶循环群, $H \cap K = \{e\}, HK = G$, 故由命题 2.7.3 知 $G \cong H \times K$, 再由命题 2.7.2 知 G 同构于循环群 C_6.

(2) G 有 3 个 Sylow 2-子群 K_1, K_2, K_3. 记 $\mathcal{S}$ 为 Sylow 2-子群的集合, 则 G 在 $\mathcal{S}$ 上有共轭作用. 用 "表示" 的语言来说, 存在群同态

$$\pi : G \to S_3,$$

其中 S_3 是 3 元对称群, 使得对任意 $g \in G$ 有 $\pi(g)(K_i) = gK_ig^{-1}$. 可见 $g \in \operatorname{Ker} \pi$ 当且仅当 $\pi(g)$ 是 $\mathcal{S}$ 上的恒等变换, 即当且仅当 $gK_ig^{-1} = K_i$, 也即当且仅当 $g \in N(K_i)$, $i = 1, 2, 3$. 故

$$\operatorname{Ker} \pi = \bigcap_{i=1}^{3} N(K_i).$$

定理 2.9.7 告诉我们 Sylow 2-子群彼此共轭, 故 $\mathcal{S}$ 只有一个 G-轨道. 因此 $[G : N(K_i)] = |\mathcal{S}| = 3$. 由 Lagrange 定理知 $|N(K_i)| = 2$, 与 K_i 的阶一致. 但 $K_i \subseteq N(K_i)$, 故 $N(K_i) = K_i$, $i = 1, 2, 3$. 所以有

$$\operatorname{Ker} \pi = \bigcap_{i=1}^{3} K_i = \{e\}.$$

故 π 是单态. 又 G 的阶和 S_3 的阶相同, 故 $G \cong S_3$.

由此我们就给出了 6 阶群的完全分类, 它在同构意义下或者是 6 阶循环群, 或者是 3 元对称群.

例 2.9.2　设 G 是 15 阶群. Sylow 定理告诉我们 Sylow 3-子群的个数整除 5 并且模 3 余 1, 因此 G 有唯一的 Sylow 3-子群 H. 同理 G 有唯一的 Sylow 5-子群 K. 并且 H 和 K 都是 G 的正规子群. 同上面第一种情形一样, 可以证明

$$G \cong H \times K.$$

进而所有的 15 阶群都同构于循环群 C_{15}.

练习

---

1. 证明: 如果 G 的阶为 p^2, 那么 G 是交换群. 进一步, G 要么是循环群, 要么同构于 $C_p \times C_p$.

2. 设 G 是有限交换群, $|G| = pq$ (p, q 为互异素数). 证明 $G \cong C_{pq} \cong C_p \times C_q$.

3. 设 G 是有限群且 $|G| = pm$, 其中 p 是素数且 $m < p$. 证明: G 有非平凡的正规子群.

§2.10　单　　群

交换群的每一个子群都是正规子群. 本节考察这个性质的另一个极端.

定义 2.10.1　如果群 $G \neq \{e\}$ 并且 G 没有非平凡正规子群, 亦即除了 $\{e\}$ 和 G 外, G 没有其他正规子群, 那么群 G 称为单群.

命题 2.10.2　交换群 G 是单群当且仅当 G 是素数阶循环群.

证明　如果 G 是素数阶循环群, 那么 Lagrange 定理告诉我们 G 的任意子群的阶都是素数的因子, 于是 G 没有非平凡子群, 进而 G 是单群.

反过来, 如果 G 是单群, 则 $G \neq \{e\}$. 取 $e \neq x \in G$, 则 $\langle x \rangle$ 是 G 的子群. 又 G 是交换群, 它的每一个子群都是正规子群, 再一次由 G 是单群, 知 $\langle x \rangle = G$. 假如 G 不是有限群, 那么 x 的任意幂次都不相等, 于是 $\langle x^2 \rangle$ 是非平凡的正规子群, 矛盾. 进一步, 假如 x 的阶不是素数, 不妨设为 kl, 其中 $k, l > 1$, 那么 $\langle x^k \rangle$ 是 G 的非平凡真子群, 进而是正规子群, 也矛盾. 于是 $G = \langle x \rangle$ 并且阶为素数.　　□

单群并不意味着简单, 事实上没有阶小于 60 的非交换单群, 另外还存在被称为 "魔群" 的非交换单群, 它的阶约为 10^{54}.

本节的主要目的是证明交错群 $A_n (n \geqslant 5)$ 是一个非交换单群.

引理 2.10.3　交错群 $A_n (n \geqslant 5)$ 中任意两个 3-轮换在 A_n 中是共轭的.

证明 设 $(i_1\,i_2\,i_3), (j_1\,j_2\,j_3)$ 是两个 3-轮换. 易知存在置换 π 使得 $\pi(i_1) = j_1, \pi(i_2) = j_2, \pi(i_3) = j_3$, 故

$$\pi(i_1\,i_2\,i_3)\pi^{-1} = (\pi(i_1)\,\pi(i_2)\,\pi(i_3)) = (j_1\,j_2\,j_3).$$

如果 π 是偶置换, 即它在 A_n 中, 那么上式说明 $(i_1\,i_2\,i_3)$ 与 $(j_1\,j_2\,j_3)$ 在 A_n 中共轭. 如果 π 是奇置换, 由 $n \geqslant 5$ 知存在对换 $(s\,t)$ 与 $(j_1\,j_2\,j_3)$ 不相交, 那么

$$(s\,t)\pi(i_1\,i_2\,i_3)\pi^{-1}(s\,t) = (s\,t)(j_1\,j_2\,j_3)(s\,t) = (j_1\,j_2\,j_3).$$

由该式和 $(s\,t)\pi$ 是偶置换并且 $((s\,t)\pi)^{-1} = \pi^{-1}(s\,t)$ 知也有 $(i_1\,i_2\,i_3)$ 与 $(j_1\,j_2\,j_3)$ 在 A_n 中共轭. □

定理 2.10.4 交错群 $A_n(n \geqslant 5)$ 是单群.

证明 设 K 是 A_n 的正规子群并且 $K \neq \{e\}$. 拟证 $K = A_n$ 即可. 由 K 是 A_n 的正规子群知, K 中元素在 A_n 中的任意共轭元也在 K 中. 注意到所有的 3-轮换是 A_n 的一个生成元集, 故由上面的引理知, 如果 K 中含有一个 3-轮换, 那么 K 包含所有的 3-轮换, 从而 $K = A_n$. 因此, 我们只需证明 K 包含一个 3-轮换即可.

先设 $n = 5$. 取 $(1) \neq \sigma \in K$. 由 σ 是偶置换知 σ 分解为不相交轮换的乘积只有三种形式: 5-轮换、3-轮换和两个不相交对换的乘积. 若 σ 是 3-轮换, 则结论已成立. 下面考虑另外两种情形:

(1) 设 $\sigma = (i_1\,i_2)(i_3\,i_4)$ 是两个不相交对换的乘积. 取偶置换 $\tau = (i_3\,i_4\,i_5)$, 其中 $i_5 \neq i_1, i_2, i_3, i_4$. 由 K 是正规子群知, $(\tau\sigma\tau^{-1})\sigma^{-1} \in K$. 容易计算

$$(\tau\sigma\tau^{-1})\sigma^{-1} = (i_3\,i_5\,i_4),$$

进而 K 包含一个 3-轮换.

(2) 设 $\sigma = (i_1\,i_2\,i_3\,i_4\,i_5)$. 也取偶置换 $\tau = (i_3\,i_4\,i_5)$, 类似有

$$(i_1\,i_3\,i_4) = (\tau\sigma\tau^{-1})\sigma^{-1} \in K.$$

故当 $n = 5$ 时, K 包含一个 3-轮换.

下面设 $n > 5$ 并对 n 归纳. 称 $j \in \{1, 2, \cdots, n\}$ 是某个置换 π 的不动点, 如果 $\pi(j) = j$. 显然有

$$S_{n-1} = \{\pi \in S_n \,|\, \pi(n) = n\}$$

是 S_n 的子群并且 $A_{n-1} = A_n \cap S_{n-1}$.

我们先证明一个断言: K 包含一个非单位元使得它有不动点. 实际上, 取 $(1) \neq \sigma \in K$. 把 σ 分解为不相交轮换的乘积, 按其中是否有长度 $\geqslant 3$ 的轮换因子,

仅有两种情况: $\sigma = (i_1 \, i_2 \, i_3 \, \cdots) \cdots$, 或 $\sigma = (i_1 \, i_2)(i_3 \, i_4) \cdots$. 取偶置换 $\tau = (i_3 \, i_4 \, i_5)$, 其中 $i_1, i_2, i_3, i_4, i_5 \in \{1, 2, \cdots, n\}$ 两两不同, 并且记 $\pi = (\tau \sigma \tau^{-1}) \sigma^{-1}$. 那么 $\pi \in K$. 直接计算可得, 在上述两种情形之下都有 $\pi(i_2) = i_2$, 即 K 中元素 π 有一个不动点. 另外, 对第一种情形, 计算可得 $\pi(i_3) = i_4$; 对第二种情形, 计算可得 $\pi(i_3) = i_5$. 即上述两种情形之下 $\pi \in K$ 都不是单位元. 这就证明了断言.

现在设 $\pi \in K$ 不是单位元并且它有不动点 j. 那么易知存在偶置换 ϕ 使得 $\phi(j) = n$. 故 $\phi \pi \phi^{-1}(n) = n$, 即 n 是 $\phi \pi \phi^{-1} \in K$ 的不动点. 所以有 $\phi \pi \phi^{-1} \in A_{n-1}$ 并且显然它不是单位元, 即 $\{e\} \neq K \cap A_{n-1}$. 但 $K \cap A_{n-1}$ 是 A_{n-1} 的正规子群, 故对 n 归纳可知 $K \cap A_{n-1}$ 中存在一个 3-轮换, 当然该 3-轮换也在 K 中. 这就完成了定理的证明. □

这个结果在一般的一元 n $(\geqslant 5)$ 次方程没有根式解的证明中起着关键的作用.

练习

1. 证明: 当 $n \geqslant 3$ 时, 对称群 S_n 中不存在 2 阶正规子群.

2. 设 $n \neq 4$. 证明: 对称群 S_n 的正规子群只有 S_n, A_n 和 $\{(1)\}$.

本 章 习 题

1. 设 $(G, \times)$ 是一个群. 定义其 "反群" $(G^\circ, \circ)$ 如下: 作为集合, G° 与 G 相同, 但是其乘积的因子顺序恰好是相反的, 即对于任意的 $g, h \in G^\circ$, 其乘积 $g \circ h = h \times g$. 证明: 以上定义的 $(G^\circ, \circ)$ 形成群, 且反同构于 $(G, \times)$.

2. 设 G 是群. $a \in G$, 任取两正整数 s, t. 证明:

(1) $\langle a^s \rangle \cap \langle a^t \rangle = \langle a^{[s,t]} \rangle$;

(2) $\langle a^s \rangle \langle a^t \rangle = \langle a^{(s,t)} \rangle$,

这里 $[s, t]$ 是 s, t 的最小公倍数, (s, t) 是 s, t 的最大公约数.

3. 设 H 是群 G 的子群, 且 H 含于 G 的中心. 如果商群 G/H 是循环群. 证明: G 是交换群.

4. 证明: 阶为 p^2 (p 为素数) 的群为交换群.

5. 设 G 是交换群, 且 $|G| = p_1 p_2 \cdots p_t$, 其中 $p_1, p_2, \cdots, p_t$ 是两两不同的素数. 证明: G 是循环群.

6. 设 C_m 是 m 阶循环群, S^1 是由模为 1 的全体复数构成的乘法群. 求从 C_m 到 S^1 的所有群同态.

7. 设 S 是有限群 G 的真子群. 证明 $G \neq \bigcup\limits_{g \in G} gSg^{-1}$.

8. 设 A, B 是群 G 的两个有限子群. 证明: $|AB| = \dfrac{|A||B|}{|A \cap B|}$.

9. 设 K, H 是群 G 的两个子群, 且 $H \subseteq K$. 如果 $[G : H]$ 有限, 证明: $[G : H] = [G : K][K : H]$.

10. 设 A, B 是群 G 的两个指数有限的子群. 证明 $[G : A \cap B] \leqslant [G : A][G : B]$, 且等号成立当且仅当 $G = AB = BA$.

11. 设 H 是 K 的正规子群, 而 K 是 G 的正规子群. 证明或反驳以下说法: H 是 G 的正规子群.

12. 设 $G = \langle a \rangle$ 是 n 阶循环群, 求 $\operatorname{Aut} G$.

13. 设 G 是群. 证明: 有群同构 $G/Z \cong \operatorname{Inn} G$, 其中 Z 是 G 的中心.

14. 对数域 F 上的一个 n 元多项式 $f(x_1, x_2, \cdots, x_n)$ 和置换 $\pi \in S_n$, 定义

$$\pi f(x_1, x_2, \cdots, x_n) = f(x_{\pi(1)}, x_{\pi(2)}, \cdots, x_{\pi(n)})$$

也是 F 上的一个 n 元多项式. 譬如

$$(1\ 4)(2\ 5)(x_1 + x_1 x_2 x_3) = x_4 + x_4 x_5 x_3 = x_4 + x_3 x_4 x_5.$$

易知对任意 $\pi, \sigma \in S_n$ 有

$$(\pi\sigma)f(x_1, x_2, \cdots, x_n) = \pi(\sigma f(x_1, x_2, \cdots, x_n)).$$

考虑特殊的 n 元多项式 $\Delta = \prod\limits_{1 \leqslant i < j \leqslant n} (x_i - x_j)$, 显然对有任意 $\pi \in S_n$ 有 $\pi\Delta = \pm\Delta$. 证明:

(1) 对任意对换 $(s\ t) \in S_n$, 有 $(s\ t)\Delta = -\Delta$;

(2) $\pi \in S_n$ 是偶置换 (奇置换) 当且仅当 $\pi\Delta = \Delta$ $(\pi\Delta = -\Delta)$.

15. 设 G 是 n 阶有限群, a 是 G 中阶为 s 的元素, r_a 是由 a 确定的集合 G 到集合 G 的右乘变换, 即 $r_a : G \to G, g \mapsto ga$. 证明: 集合 G 上的置换 r_a 是 $\dfrac{n}{s}$ 个不相交的 s-轮换的乘积.

16. 设 G 是有限群. 证明: 如果 G 有阶为偶数的循环子群 C 使得 $[G : C]$ 是奇数, 那么 G 中存在正规子群 K, 使得 $[G : K] = 2$.

17. 设 H 是群 G 的子群, $G/H = \{gH \mid g \in G\}$ 是 H 在 G 中的左陪集全体的集合, $T(G/H)$ 是集合 G/H 上一一变换全体在合成下形成的群. 对任意 $a \in G$, 定义: $\tau_a : G/H \to G/H, gH \mapsto agH$. 证明:

(1) 对任意 $a \in G$, τ_a 是集合 G/H 上的一个一一变换;

(2) 如果定义 $\phi : G \to T(G/H), a \mapsto \tau_a$, 那么 ϕ 是群同态且 $\operatorname{Ker} \phi = \bigcap\limits_{g \in G} gHg^{-1}$.

18. 设 H 是群 G 的子群, 且 $[G:H] = n$, 证明: 存在 G 的正规子群 K, 使得 $K \subseteq H$ 且 $[G:K] \,|\, n!$.

19. 设 G 是有限单群且非交换, 设 p 是 $|G|$ 的最小素因数. 证明: 不存在 G 的子群 H, 使得 $[G:H] = p$.

20. 设 $n > 2$. 证明: 对称群 S_n 的中心 $Z = \{e\}$.

21. 设 S 是有限群 G 的子集. 记 $O(S) = \{gSg^{-1} \mid g \in G\}$, 即 $O(S)$ 是 G 中所有与 S 共轭的子集的集合. 证明: $|O(S)| = [G:N(S)]$. 其中 $N(S) = \{g \in G \mid gSg^{-1} = S\}$.

22. 写出 4 元对称群 S_4 的所有共轭类和正规子群.

23. 求 3 元对称群 S_3 的自同构群.

24. 试写出 4 元交错群 A_4 的所有 Sylow 子群.

25. 设 P 是限群 G 的一个 Sylow 子群. 证明: 对正规化子有

$$N(N(P)) = N(P).$$

26. 设 G 是有限群, $|G| = pq$, 其中 p, q 是互异的素数, 且 $p \nmid (q-1)$, $q \nmid (p-1)$. 则 G 是一个循环群.

27. 凡 200 阶的群都不是单群.

28. 设 $GL_n(F)$ 是数域 F 上的一般线性群 (即 F 上所有 n 阶可逆方阵在矩阵乘积下构成的群). 记 F^n 为数域 F 上的所有列向量构成的 n 维向量空间. 考虑 $GL_n(F)$ 对 F^n 的左乘作用. 求此作用的所有轨道, 以及向量 $\begin{pmatrix} 1 \\ 0 \\ \vdots \\ 0 \end{pmatrix}$ 的稳定子群.

第 三 章

环

本章主要介绍有关环、除环、域和代数的一些基本概念, 以及它们的子系统、商系统、同态等. 介绍环、域的一些具体例子: 数环、多项式环、矩阵环、数域、有限域等, 以及构造环、域的一些基本方法. 作为整数环 $\mathbb{Z}$ 和数域 F 上一元多项式环 $F[x]$ 的整除理论的推广, 本章将讨论交换环的整除理论. 在学习后者时, 请读者特别注意推广的过程, 熟悉和学会从特殊例子到一般情形的推广方法.

§3.1 环 与 域

3.1.1 环与域的定义及其基本性质

我们已经见到过许多具体环和具体域, 诸如数环、数域、多项式环等. 现在我们给出抽象环和抽象域的定义.

定义 3.1.1 设 R 是一个非空集合, 其上有两个二元运算: $+$(加法) 和 $\cdot$(乘法). 如果这些运算满足下面条件:

(R1) $(R,+)$ 是一个加群 (此时, 这个加群的单位元记作 0, 称为零元; 每个元素 a 在这个加群中的逆元记为 $-a$, 称为 a 的负元);

(R2) $(R,\cdot)$ 是一个半群;

(R3) 乘法对加法的分配律成立: 对任意 $a,b,c \in R$, 有

$$a \cdot (b+c) = a \cdot b + a \cdot c,$$
$$(b+c) \cdot a = b \cdot a + c \cdot a,$$

我们就称 $(R,+,\cdot)$ 是一个环.

如果环 R 还满足

(R4) $(R, \cdot)$ 是一个具有单位元 (不为 0) 的半群 (称为幺半群), 其单位元记作 1, 称为环 R 的单位元.

就称 R 是一个有单位元的环, 也称为有 1 的环.

注意由定义, 有 1 的环至少有两个不同的元素 $0, 1$.

如果环 R 满足

(R5) 乘法交换律: 对任意 $a, b \in R$, 有 $a \cdot b = b \cdot a$.

就称 R 为一个交换环.

定义 3.1.2 设 K 是一个有 1 的环. 如果对 K 中任意非零元 a, 关于乘法有逆元, 即存在 $a^{-1} \in K$ 使 $aa^{-1} = a^{-1}a = 1$, 那么称 K 为一个除环. 一个交换的除环称为一个域.

可见, 除环或域也至少有两个不同的元素 $0, 1$.

先看几个例子.

例 3.1.1 所有整数的集合 $\mathbb{Z}$ 在通常数的加法和乘法之下构成一个有 1 的交换环, 称为整数环, 它不是域! 我们在线性代数中主要用到的是数域, 它们都是域. 特别地, 有理数域 $\mathbb{Q}$、实数域 $\mathbb{R}$、复数域 $\mathbb{C}$ 都是域.

例 3.1.2 设 R 是一个环. 记 $M_n(R)$ 是 R 上 n 阶矩阵 (即矩阵中所有的元都在 R 中) 全体的集合. 那么与数域上矩阵一样类似地定义 R 上矩阵的加法和乘法, 可知 $M_n(R)$ 成为一个环, 称为环 R 上的 n 阶全矩阵环. 如果 R 有单位元 1, 那么 $M_n(R)$ 也是有单位元的环, 并且单位元是单位矩阵 E(对角线上的元都是 1 而其他元都是的 0 的矩阵). 注意, 即便 R 是交换环, $M_n(R)$ 也不是交换环.

例 3.1.3 设 $R = \left\{ \dfrac{m}{2^n} \,\middle|\, m, n \in \mathbb{Z} \right\}$. 那么 R 关于数的加法和乘法作成一个有单位元 1 的交换环.

例 3.1.4 复系数一元多项式全体的集合 $\mathbb{C}[x]$ 关于多项式的加法和乘法作成一个有单位元 1 的交换环, 称为 $\mathbb{C}$ 上的一元多项式环.

例 3.1.5 令 $C[0,1]$ 表示定义在区间 $[0,1]$ 上的所有连续实函数的集合. 对 $f, g \in C[0,1]$ 规定

函数的加法: 对任意 $x \in [0,1], (f+g)(x) = f(x) + g(x)$;

函数的乘法: 对任意 $x \in [0,1], (fg)(x) = f(x)g(x)$.

则 $C[0,1]$ 作成一个有单位元 E ($E(x) \equiv 1$) 的交换环, 其零元为 O ($O(x) \equiv 0$).

例 3.1.6 今把上例中函数的定义域和值域推广一下, 取任意集合 M 来代替 $[0,1]$, 并取一个一般的具有单位元 1 的环 R 来代替实数域, 而来考察定义在集

合 M 上并取值于环 R 的所有函数的集合 $R\{M\}$. 仍用函数的加法和函数的乘法运算, 即若 $f, g \in R\{M\}$, 规定

函数的加法: 对任意 $x \in M, (f+g)(x) = f(x) + g(x)$;

函数的乘法: 对任意 $x \in M, (fg)(x) = f(x)g(x)$.

关于这些运算, $R\{M\}$ 作成一个有单位元 E ($E(x) \equiv 1$) 的环. 验证工作和例 3.1.5 是完全一样的. 当 R 是交换环时, $R\{M\}$ 还是交换环. 我们称 $R\{M\}$ 为集合 M 到环 R 的函数环, 简称为函数环.

我们在下一节中将介绍四元数代数, 这是除环而不是域的一个典型例子.

在整数环中我们有诸如 $0 \cdot a = a \cdot 0 = 0$, $(-a)(-b) = ab$, $(-a) \cdot b = -ab$ 等关系. 这在一般环中是否也成立呢?

命题 3.1.3   在环 R 中有

(1) $0 \cdot a = a \cdot 0 = 0$;

(2) $(-a)b = -ab = a(-b)$;

(3) $(-a)(-b) = ab$;

证明的方法和在整数环中的情况一样. 只是这里我们每一步推理, 都是严格地根据环的定义去作, 每一个符号准确地按照环的定义去理解, 而不能加入任何环的定义以外的"杂念". 例如元素 0, 它就是 $\forall a \in R$ 有等式 $a + 0 = 0 + a = a$ 的那个元素 0, 而 $-ab$ 就是和元素 ab 有等式关系 $ab + (-ab) = (-ab) + ab = 0$ 的那个元素 $-ab$. 看看定义中是怎么说的, 我们就不会出错, 而许多基本事实是很容易证的.

命题 3.1.3 的证明   (1) $0 + 0 \cdot a = 0 \cdot a = (0+0) \cdot a = 0 \cdot a + 0 \cdot a$. 因加群 $(R, +)$ 中有消去律, 消去等式两边的 $0 \cdot a$, 便得 $0 \cdot a = 0$. 同理可证 $a \cdot 0 = 0$.

(2) 欲证 $(-a)b = -ab$, 只需证明 $(-a)b + ab = 0$, 因为这将意味着 $(-a)b$ 和 $-ab$ 都是同一元素 ab 的负元, 它们当然就相等了. 由

$$(-a)b + ab = ((-a) + a)b = 0 \cdot b = 0,$$

故得.

(3) 和 (2) 类似, 只需证明 $(-a)(-b) + (-ab) = 0$ 即可. 由

$$(-a)(-b) + (-ab) = (-a)(-b) + (-a)b = (-a)((-b) + b)$$

$$= (-a) \cdot 0 = 0, \qquad \qquad \square$$

故得.

3.1.2 子环

这里你可用两种办法与我们熟悉的事物对比. 一种是和集合类比, 而把环看作具有两个运算的概念, 当我们讨论群时, 曾作过这样的类比. 另一种是和群类比, 把环看作具有一个乘法运算的交换加群, 即设想加群是基础而乘法是环的"灵魂".

定义 3.1.4 R 是一个环, A 是环 R 的一个非空子集. 如果 A 满足下列条件:

(1) A 是 $(R, +)$ 的子群;

(2) A 关于乘法封闭,

就称 A 是环 R 的一个子环.

子环 A 本身是一个环, 因为 $(A, +)$ 是加群, $(A, \cdot)$ 是乘法半群, 在 A 中也有乘法对加法的分配律, 这是因为分配律在环 R 中成立, 因而对属于 A 的元素当然也成立.

易见 $A = \{0\}$ 是子环. 这个由一个元素组成的环称为零环. 只有在零环中加群的零元 0 和关于乘法的单位元 1 是重合的.

R 本身当然也是环 R 的一个子环, 不同于 $\{0\}$ 和 R 的子环称为环 R 的非平凡子环. 和一些子群之交仍是子群一样, 容易证明

命题 3.1.5 设 R 是环, Σ 是环 R 的一些子环组成的非空集合. 那么 $\bigcap\limits_{A \in \Sigma} A$ 是一个子环.

和群论类似, 我们可以如下定义由环 R 的子集 S 生成的子环.

定义 3.1.6 设 R 是环, S 是 R 的子集. 称环 R 中含 S 的最小子环为 S 在环 R 中生成的子环, 记作 $\langle S \rangle$, 并称 S 为 $\langle S \rangle$ 的生成元集.

令 Σ 是由环 R 中一切含 S 的子环组成的集合. 因为 $R \in \Sigma$, 故 Σ 不空. 显然 $\bigcap\limits_{A \in \Sigma} A$ 为环 R 中含 S 最小的子环. 即 $\langle S \rangle = \bigcap\limits_{A \in \Sigma} A$.

例 3.1.7 令 $A = A[0, 1]$ 表示定义在 $[0, 1]$ 上的所有无限次可微分的实 n 元 $(x_1, x_2, \cdots, x_n)$ 函数的集合. 定义 $\mathbb{R}$ 到 A 的数乘运算 αf 为 $(\alpha f)(x_1, x_2, \cdots, x_n) = \alpha(f(x_1, x_2, \cdots, x_n))$, 这里 $\alpha \in \mathbb{R}, f \in A$. 则 A 关于函数的加法以及 $\mathbb{R}$ 到 A 的数乘运算作成一个实数域 $\mathbb{R}$ 上的无限维线性空间.

令 T 表示 $\mathbb{R}$-线性空间 A 的所有线性变换的全体, 两个线性变换 t, s 的加法、乘法定义为

$$(t + s)(g) = t(g) + s(g),$$

$$(ts)(g) = t(s(g)),$$

则 $(T, +, \cdot)$ 作成一个有 1 的环. 请读者注意一下变换的加法和函数的加法是一样的, 但线性变换的乘法和函数的乘法是完全不一样的. 取 S 为 n 个偏微分算子 $\dfrac{\partial}{\partial x_i}(i = 1, 2, \cdots, n)$ 的集合, 依定义 $\dfrac{\partial}{\partial x_i}(f) = \dfrac{\partial f}{\partial x_i}$, 直接验证知 $\dfrac{\partial}{\partial x_i}$ 是 $\mathbb{R}$-线性空间 A 的线性变换, 因而 $S \subseteq T$, 称 $R = \langle \mathbb{R} \cup S \rangle$ 为 $\mathbb{R}$-线性空间 A 上的微分算子环; 它是一个有 1 的变换环; 如果把偏微分算子 $\dfrac{\partial}{\partial x_i}$ 的乘积

$$\underbrace{\frac{\partial}{\partial x_i} \cdot \frac{\partial}{\partial x_j} \cdots \cdots \frac{\partial}{\partial x_k}}_{m \text{个}}$$

简记作

$$\frac{\partial^m}{\partial x_i \partial x_j \cdots \partial x_k},$$

那么 R 中元素都可写成 (有限和)

$$\sum \alpha_{i,j,\cdots,k} \frac{\partial^m}{\partial x_i \partial x_j \cdots \partial x_k}, \qquad \alpha_{i,j,\cdots,k} \in \mathbb{R}, 0 < m \leqslant n$$

的形状.

3.1.3 同态、理想、商环

现在来讨论两个环之间的关系.

我们已经知道两个集合之间的关系就是指它们之间的那些映射, 而两个群的关系就是指它们的同态映射. 这里读者该也会想到应如何去定义环 R 到环 R' 的同态对应.

定义 3.1.7   设 R, R' 是两个环, ϕ 是集合 R 到集合 R' 的一个映射. 如果

(1) ϕ 是加群 $(R, +)$ 到加群 $(R', +)$ 的同态, 即对任意 $x, y \in R$, 有 $\phi(x + y) = \phi(x) + \phi(y)$;

(2) ϕ 保持乘法, 即 $\forall x, y \in R$, 有 $\phi(xy) = \phi(x)\phi(y)$,

那么称 ϕ 为环 R 到环 R' 的同态. 此时称 $\operatorname{Im} \phi = \{\phi(x) \,|\, x \in R\}$ 是同态 ϕ 的像, 称 $\operatorname{Ker} \phi = \{x \in R \,|\, \phi(x) = 0\}$ 是同态 ϕ 的核.

与群的同态类似, 可定义环同态的单态、满态、同构等概念, 分别为环同态的映射是单射、满射、双射.

例 3.1.8   设 $\mathbb{Z}$ 是整数环, R 是有 1 的环. 规定映射

$$\phi: \mathbb{Z} \to R$$

$$n \mapsto n1 \in \langle 1 \rangle.$$

易知这是环的一个同态. 而 ϕ 也是整数环 $\mathbb{Z}$ 到 R 的子环 $\langle 1 \rangle$ (R 的由 1 生成的子环) 上的一个满态, 但一般不是同构.

例 3.1.9 设 $C[0,1]$ 是 $[0,1]$ 上的连续实函数环. 取点 $p \in [0,1]$ 而规定

$$\phi : C[0,1] \to \mathbb{R}$$

$$f(x) \mapsto f(p).$$

直接验证知 ϕ 是环 $C[0,1]$ 到 $\mathbb{R}$ 的一个同态, 易知 ϕ 还是一个满态, 即 $\operatorname{Im} \phi = \mathbb{R}$. 另外显然有 $\operatorname{Ker} \phi = \{f(x) \in C[0,1] \,|\, f(p) = 0\}$. 还易见, $f(x), g(x)$ 在 ϕ 下有相同的像当且仅当 $f(p) = g(p)$. 读者若画出 $f(x)$ 的图像, 就可更具体地看到这个同态 ϕ 的内容.

设 ϕ 是环 R 到环 R' 的一个同态, 而令 $I = \operatorname{Ker} \phi = \{x \in R \,|\, \phi(x) = 0\} \subseteq R$. 易见 R 的子集 I 是子环, 这是因为, 若 $a, b \in I$, 则有 $\phi(a) = \phi(b) = 0$, 由

$$\phi(a+b) = \phi(a) + \phi(b) = 0 + 0,$$

$$\phi(ab) = \phi(a)\phi(b) = 0 \cdot 0 = 0$$

知 $a+b, ab \in I$. 从最后一个式子还可看出, 当 a, b 中只有一个属于 I 时, 那么 ab 就在 I 中. 就是说, 若 $a \in I, r \in R$, 则有

$$\phi(ra) = \phi(r)\phi(a) = \phi(r) \cdot 0 = 0,$$

$$\phi(ar) = \phi(a)\phi(r) = 0 \cdot \phi(r) = 0,$$

因而 $ar, ra \in I$. 这表明 $I = \operatorname{Ker} \phi$ 这个子集比子环的性质还要更好一些.

定义 3.1.8 若环 R 的非空子集 I 满足下面条件:

(1) I 是一个子加群;

(2) 对任意 $a \in I, r \in R$, 元素 ar, ra 都在 I 中,

则称 I 是环 R 的一个理想.

和在群论中一样, 在环 R 的子集 A, B 间也引入加法和乘法如下: 规定

$$A + B = \{a + b \,|\, a \in A, b \in B\},$$

$$AB = \left\{ \sum_{i=1}^{n} a_i b_i \,\middle|\, n \in \mathbb{Z}^+, a_i \in A, b_i \in B, 1 \leqslant i \leqslant n \right\},$$

由于加法交换故有 $A + B = B + A$.

命题 3.1.9 环 R 的任意两个理想的乘积还是一个理想. 特别地, 如果 I 是环 R 的理想, 那么对任意正整数 n, 有 $I^n = I^{n-1}I$ 也是 R 的理想.

证明   设 A, B 是环 R 的两个理想. 由乘积 AB 的定义显然它对加法封闭. 对任意 $r \in R$ 以及 AB 中的任意一个元素 $\sum_{i=1}^{n} a_i b_i$ $(n \in \mathbb{Z}^+, a_i \in A, b_i \in B, 1 \leqslant i \leqslant n)$, 有

$$-\sum_{i=1}^{n} a_i b_i = \sum_{i=1}^{n} (-a_i) b_i \in AB$$

以及

$$r \sum_{i=1}^{n} a_i b_i = \sum_{i=1}^{n} (r a_i) b_i \in AB$$

和

$$\left(\sum_{i=1}^{n} a_i b_i \right) r = \sum_{i=1}^{n} a_i (b_i r) \in AB,$$

这是因为 $-a_i, r a_i \in A$ 和 $b_i r \in B$. 所以 AB 是环 R 的一个子加群并且是理想. 特别地, 如果 I 是环 R 的理想, 那么对 n 归纳可知 I^n 也是环 R 的理想.   □

设 I 是环 R 的理想. 由于 $(R, +)$ 是交换加群, 故 $(I, +)$ 是 $(R, +)$ 的正规子群. 作商加群 $R/I = \{a + I \mid a \in R\}$. 今在此加群 R/I 上再引进一个乘法而规定

$$\forall a, b \in R, \quad (a + I)(b + I) = ab + I. \tag{3.1}$$

首先要解决的是这个规定是合理的, 即要解决: 若 $a + I = a' + I, b + I = b' + I$, 则也有 $ab + I = a'b' + I$. 我们知道: $x + I = y + I$ 当且仅当 $x - y \in I$, 或当且仅当 $x = y + i, i \in I$. 这样我们只需证 $a'b' - ab \in I$. 注意到 $a' = a + i, b' = b + j, i, j \in I$, 故有

$$a'b' - ab = (a + i)(b + j) - ab = aj + ib + ij \in I,$$

这样 (3.1) 式给出 R/I 的一个乘法.

今证 $(R/I, +, \cdot)$ 作成一个环. 为此只需验证一下乘法对加法的分配律成立, 这由

$$\begin{aligned}
(a + I)((b + I) + (c + I)) &= (a + I)((b + c) + I) = a(b + c) + I \\
&= (ab + ac) + I = (ab + I) + (ac + I) \\
&= (a + I)(b + I) + (a + I)(c + I),
\end{aligned}$$

以及类似地对从右侧去乘的计算, 便得.

定义 3.1.10   我们称环 $(R/I, +, \cdot)$ 为环 R 关于理想 I 的商环, 其中 $R/I = \{a + I \mid a \in R\}$, 加法和乘法分别为

$$(a + I) + (b + I) = (a + b) + I, \qquad (a + I)(b + I) = ab + I.$$

注 3.1.11 在没有混淆的时候, 我们常简记商环 R/I 为 $\overline{R}$ 并记 $a \in R$ 在加群中的陪集 $a+I$ 为 $\overline{a}$. 此时商环中的加法和乘法为

$$\overline{a} + \overline{b} = \overline{a+b}, \quad \overline{a}\overline{b} = \overline{ab}.$$

定理 3.1.12 设 R 是环, R/I 是 R 关于理想 I 的商环. 令

$$\phi: R \to R/I$$
$$a \mapsto a+I.$$

则 ϕ 是环 R 到 R/I 上的同态并且是满态, 称为环 R 到其商环 R/I 上的自然满态.

证明 为了方便, 我们用上述注中的简略记号. 此时 $\phi(a) = \overline{a}$. 故对任意 $a, b \in R$, 有

$$\phi(a+b) = \overline{a+b} = \overline{a} + \overline{b} = \phi(a) + \phi(b),$$
$$\phi(ab) = \overline{ab} = \overline{a}\overline{b} = \phi(a)\phi(b).$$

从而 ϕ 是环的同态. 显然它也是满射, 故为满态. □

同环 R 的子集 S 生成子环 $\langle S \rangle$ 一样, 我们可以定义 S 在环 R 中生成的理想就是环 R 中包含 S 的最小理想, 把它记成 (S). 并称 (S) 为由 S 生成的理想, S 为 (S) 的生成元集. 注意 (S) 总是存在的, 因为任意多个理想之交仍是理想 (证明!), 故环 R 中含 S 的所有理想 (R 就是其中一个) 之交就是 (S). 另一方面从 S 出发我们可把 (S) 的元素具体写出来, 这就是当环 R 有 1 时,

$$(S) = \sum_{s \in S} sR + \sum_{s \in S} Rs + \sum_{s \in R} RsR \quad \text{(有限和)}; \tag{3.2}$$

而当 R 是有 1 的交换环时,

$$(S) = \sum_s Rs \quad \text{(有限和)}. \tag{3.3}$$

等式 (3.2) 之所以成立, 是因为 (3.2) 之右侧元素都应在 (S) 中, 而 (3.2) 的右侧已经是一个包含 S 的理想 (证明!), 因而包含 (S), 合在一起便得 (3.2). 当乘法交换时, (3.2) 就变成 (3.3). 当 $S = \{s_1, s_2, \cdots, s_m\}$ 是有限集时, 记 $(S) = (s_1, s_2, \cdots, s_m)$, 称为有限生成理想. 特别地, 如果 $S = \{s\}$ 只有一个元素, 那么称 (s) 是主理想.

下面给出几个商环的例子, 特别是前两个是以后常用到的.

例 3.1.10 对 $\mathbb{Z}$ 是整数环和任意整数 n, 由 n 生成的主理想为 $(n) = \mathbb{Z}n$. 商环 $\mathbb{Z}/(n)$ 是一个有单位元的交换环. 令 $[t] = t + (n)$. 则 $[t] = [s]$ 当且仅当 $t - s \in (n)$,

当且仅当 $n \mid (t-s)$, 当且仅当 t,s 被 n 除时有相同的余数. 因而 $\mathbb{Z}/(n)$ 只有 n 个元素, 这就是 $[0], [1], \cdots, [n-1]$. 并且易知这 n 个元素两两不同. 这是我们看到的第一个有限环, 即元素个数为有限的环.

当 p 是素数时, $\mathbb{Z}/(p)$ 还是一个有限域, 即元素为有限的域. 注意到 $[t]=[0]$ 当且仅当 $p \mid t$, 当 $[t] \neq [0]$, 即 $p \nmid t$, 随之 p,t 互素. 由整数论可知存在整数 m,n, 使得 $np+tm=1$, 随之在 $\mathbb{Z}/(p)$ 中有

$$[1] = [np+tm] = [tm] = [t][m],$$

即得 $[m]$ 是 $[t]$ 的乘法逆元, 这就证明了 $\mathbb{Z}/(p)$ 是一个域. 与数域总是无限域不同, 这里我们也首次看到了有限域.

当 $p=2$ 时, $\mathbb{Z}/(2)$ 有下面的运算表 (表中把 $[0], [1]$ 简记作 $0,1$):

+	0	1		·	0	1
0	0	1		0	0	0
1	1	0		1	0	1

当 $p=3$ 时, $\mathbb{Z}/(3)$ 有下面的运算表 (表中把 $[0], [1], [2]$ 记作 $0,1,2$):

+	0	1	2		·	0	1	2
0	0	1	2		0	0	0	0
1	1	2	0		1	0	1	2
2	2	0	1		2	0	2	1

通常把环 $\mathbb{Z}/(n)$ 简记作 $\mathbb{Z}_n$. 在群论中我们见到过它, 那时它只是一个加群. 而当 p 是素数时, $\mathbb{Z}_p$ 还是域. 这些有限域 $\mathbb{Z}_p$ 是很有用处的, 例如在编码、有限几何、试验设计等课题中, 应该把它们和有理数域同样看待.

例 3.1.11 设 $F[x]$ 是数域 F 上一元多项式环. 任取定一 n 次多项式 $f(x)$, 考察商环 $R = F[x]/(f(x))$, 这里 $f(x)$ 生成的主理想 $(f(x)) = F[x]f(x)$. 令 $[g(x)] = g(x) + (f(x))$.

设 $g(x)$ 被 $f(x)$ 除时的余式为 $r(x)$, 则有 $[g(x)] = [r(x)]$. 这时 R 中的任何元素都可写成 $[g(x)]$, 其中 $g(x)=0$ 或 $g(x)$ 的次数 $<n$, 且在此约定下 $[g(x)] = [0]$ 当且仅当 $g(x)=0$.

和 $\mathbb{Z}/(p)$ 的情况完全一样, 当 $f(x)=p(x)$ 是不可约多项式时, $F[x]/(p(x))$ 也是一个域. 为此只需证明它的非零元 $[g(x)] \neq [0]$ 有逆元. 由 $[g(x)] \neq [0]$ 知 $p(x) \nmid g(x)$, 但 $p(x)$ 是不可约的, 故 $p(x)$ 和 $g(x)$ 互素, 这时知必有多项式 $s(x)$ 和 $t(x)$ 使

得 $s(x)p(x) + t(x)g(x) = 1$, 随之在 $F[x]/(p(x))$ 中有

$$[1] = [s(x)p(x) + t(x)g(x)] = [t(x)g(x)] = [t(x)][g(x)],$$

即 $[g(x)]$ 有逆元 $[t(x)]$.

命题 3.1.13　设 ϕ 是环 R 到环 R' 的一个同态. 那么 $\mathrm{Ker}\,\phi$ 是环 R 的一个理想, $\mathrm{Im}\,\phi$ 是环 R' 的一个子环.

证明　注意 ϕ 首先是加群的同态并且 $\mathrm{Ker}\,\phi$ 是加群同态 ϕ 的核. 所以 $\mathrm{Ker}\,\phi$ 是环 R 的子加群. 又对任意 $a \in \mathrm{Ker}\,\phi$ 和 $r \in R$, 由 $\phi(ra) = \phi(r)\phi(a) = \phi(r)0 = 0$ 知 $ra \in \mathrm{Ker}\,\phi$. 类似地有 $ar \in \mathrm{Ker}\,\phi$. 故 $\mathrm{Ker}\,\phi$ 是环 R 的一个理想. 另外, 请读者补证 $\mathrm{Im}\,\phi$ 是环 R' 的一个子环. □

命题 3.1.14　设 K 是一个除环. 那么 K 的任意一个理想 I 都平凡, 即 $I = 0$ 或者 $I = K$.

证明　如果 $I \neq 0$, 那么存在 $0 \neq a \in I$. 故有 $1 = aa^{-1} \in I$. 从而对任意 $r \in K$, 有 $r = r1 \in I$. 所以 $I = K$. □

和群论中的第一同态基本定理一样, 这里也有

定理 3.1.15 (环的第一同态定理)　设 ϕ 是环 R 到环 R' 的一个满态. 则有商环的同构 $R/\mathrm{Ker}\,\phi \cong R'$.

证明　作映射

$$\psi: R/\mathrm{Ker}\,\phi \to R'$$

$$a + \mathrm{Ker}\,\phi \mapsto \phi(a). \tag{3.4}$$

首先要说明 ψ 的定义是合理的, 即需证 $a + \mathrm{Ker}\,\phi$ 的像 $\phi(a)$ 与代表元 a 的选择无关, 也就是要证: 若 $a + \mathrm{Ker}\,\phi = b + \mathrm{Ker}\,\phi$, 则必有 $\phi(a) = \phi(b)$. 由 $a + \mathrm{Ker}\,\phi = b + \mathrm{Ker}\,\phi$ 得 $a = b + i, i \in \mathrm{Ker}\,\phi$, 于是有

$$\phi(a) = \phi(b + i) = \phi(b) + \phi(i) = \phi(b) + 0 = \phi(b).$$

在证明了上面的规定 (3.4) 确定了一个映射 ψ 之后, 验证 ψ 保持运算就是很容易的事了. 我们把它留给读者. □

这个定理说明环 R 的商环穷尽了 R 的满态像: 商环是满态像, 满态像就是商环. 这样一个环 R 和其他环的关系在一定意义下归结为环 R 与其商环的关系, 即环 R 与外部世界的关系归结为环 R 自身的内部结构.

下面把环的第二同态基本定理写出, 仍略去证明.

定理 3.1.16 (环的第二同态定理)　设 ϕ 是环 R 到环 $\overline{R}$ 上的一个满态, $I =$ Ker ϕ. 令

$$L(R, I) = \{R \text{ 中所有包含 } I \text{ 的子环}\},$$

$$L(\overline{R}) = \{\overline{R} \text{ 中所有子环}\}.$$

则

$$\theta: L(R, I) \to L(\overline{R})$$

$$S \mapsto \phi(S) = \{\phi(s) \mid s \in S\}$$

是集合 $L(R, I)$ 到集合 $L(\overline{R})$ 上的一个一一对应, 且有

(1) $S \supseteq T$ 当且仅当 $\phi(S) \supseteq \phi(T)$;

(2) S 是 R 的理想当且仅当 $\phi(S)$ 是 $\overline{R}$ 的理想;

(3) 当 S 是 R 的理想时, 有 $R/S \cong \overline{R}/\phi(S)$.

练 习

1. 设 R 是一个环. 证明:

(1) $Z(R) = \{c \in R \mid \text{ 对任意的 } x \in R \text{ 有 } cx = xc\}$ 是 R 的子环, 称为 R 的中心;

(2) 若 R 是除环, 则 $Z(R)$ 是域.

2. 设 I 是环 R 的一个理想, 证明: $A = \{r \in R \mid \text{ 对任意的 } x \in R, \text{ 有 } xr \in I\}$ 是 R 的理想, 并包含 I.

3. 设 R 是环, I 是 R 的理想, H 是 R 的子环. 证明:

(1) $H + I$ 是 R 的子环, I 是 $H + I$ 的理想, $H \cap I$ 是 H 的理想;

(2) $(H + I)/I \cong H/(H \cap I)$.

4. 设 I, J 是环 R 的理想, 且 $I \subseteq J$, 证明: J/I 是商环 R/I 的理想并且有环同构

$$(R/I)/(J/I) \cong R/J.$$

5. 设 $\phi: R \to R'$ 为环同态. 证明:

(1) 若 R 是域, 则 Ker $\phi = 0$ 或 Ker $\phi = R$;

(2) 若 R 是域, 且 ϕ 是环同构, 则 R' 也是域.

6. 设 m, r 是正整数, 且 $r \mid m$. 令 $\phi: \mathbb{Z}_m \to \mathbb{Z}_r, a + (m) \mapsto a + (r)$, 证明: ϕ 是 $\mathbb{Z}_m$ 到 $\mathbb{Z}_r$ 的环同态, 并求 Ker ϕ 和 $\mathbb{Z}_m/\text{Ker } \phi$.

§3.2 环 的 构 造

在上一节的例子中我们已经知道了许多具体的环. 这些具体环是一般环论的支柱, 没有它们也就没有环论了. 另一方面, 我们常需要知道更多的环, 从已知环构造新环, 或者就是硬构造出新环来. 上面已经看到利用子环和商环的概念可从已知环构造新环, 特别地, 如 $\mathbb{Z}_n = \mathbb{Z}/(n)$, $F[x]/(f(x))$ 等.

有时为了某种方便或需要, 我们希望将已知的环扩展成新的环. 数的扩展是一个最好的样板, 它提供了丰富的内容和启发. 从运算的角度来看, 当人们只知道自然数时, 加法是可通行的, 但减法不行, 于是人们希望扩大数的概念使减法也能够施行, 这就有了 $\mathbb{Z}$. 在 $\mathbb{Z}$ 中乘法没问题, 但除法不行, 于是要构造 $\mathbb{Q}$. 而 $\mathbb{Q}$ 中求极限不完美, 于是构造实数域 $\mathbb{R}$. 甚至 $x^2 + 1$ 在 $\mathbb{R}$ 中也无解, 于是希望扩大数的概念使得每一多项式在其中都能有根. 这当然不是历史上数的逐步扩大的过程和原因, 例如历史上是由自然数先扩到正有理数, 然后才是负数, 而承认虚数的存在和引入它, 首先由于求实三次方程的实根的计算公式中出现了虚数而又无法避免. 然而今日如上述那样看数的扩张也还是自然的, 特别是启发我们作出下面的构造.

3.2.1 模仿由 $\mathbb{Z}$ 到 $\mathbb{Q}$——分式域与分式化或局部化

先引入一类与整数环 $\mathbb{Z}$ 类似的交换环类.

定义 3.2.1 (1) 设 R 是一个环. 对 $a, b \in R$, 若 $ab = 0$, 则称 a 为左零因子, b 为右零因子, 常简称为零因子. (注意 0 当然是左、右零因子.)

(2) 设 R 是一个环, 对 $a, b, c \in R$, 若由 $ab = ac$ 及 $a \neq 0$ 可得 $b = c$, 则称 R 中有左消去律.

定义 3.2.2 称一个有 1 的交换环 R 为整环, 如果环 R 中没有非零的零因子, 即对环 R 中任意两个非零元 a, b, 有 $ab \neq 0$.

命题 3.2.3 有 1 的交换环 R 是整环当且仅当在环 R 中消去律成立.

证明 这就是要证: 在交换环 R 中没有非零的零因子和有消去律是等价的. 先设环 R 中没有非零的零因子, 此时由 $ab = ac$, 可得 $a(b - c) = 0$. 若又知 $a \neq 0$, 则由假设知 $b - c = 0$, 即 $b = c$. 再设环 R 中有消去律, 若 $ab = 0$, 而 $a \neq 0$, 则由 $ab = a \cdot 0$ 及消去律得 $b = 0$, 即环 R 中没有非零的零因子. □

易见任意域的有 1 的子环都是整环. 今证任意整环必可看作某个域的子环, 也就是模仿从 $\mathbb{Z}$ 作 $\mathbb{Q}$ 的方法, 把一个非零元不一定有逆的整环扩大成一个域.

设 R 是一个整环. 令 $F = \{(a, b) \mid a, b \in R, b \neq 0\}$.

　　这里把 (a, b) 看成一个符号, 而我们心中把它想成是 "a 除以 b". 其实也可以写成 a/b, 但 "/" 容易与除法的记号相混淆而引起麻烦, 因而我们干脆选用符号 (a, b).

　　由于我们的目的, 下面在集 F 中引进的等价关系 $\sim$ 则是自然的也是必需的. 规定: $(a, b) \sim (c, d)$ 当且仅当 $ad = bc$. 我们只来验证它满足等价关系的第三个条件——传递律. 设 $(a, b) \sim (c, d), (c, d) \sim (e, f)$, 则有

$$ad = bc, \qquad cf = de,$$

因而有

$$adf = bcf = bde.$$

注意到 $d \neq 0$ 而交换环 R 是整环, 故消去 d 而有 $af = be$, 即 $(a, b) \sim (e, f)$. 把在关系 $\sim$ 下 (a, b) 所在的等价类 $[(a, b)]$ 简记作 $[a, b]$. 而令 $\overline{F} = \{[a, b] \,|\, (a, b) \in F\}$.

　　还是根据我们的目的, 下面在集合 $\overline{F}$ 中引进的运算是自然的. 规定:

$$[a, b] + [c, d] = [ad + bc, bd]; \tag{3.5}$$

$$[a, b] \cdot [c, d] = [ac, bd]. \tag{3.6}$$

这里必须证明上面运算的规定与所用代表元的选择无关, 即是要证若 $(a, b) \sim (a', b')$ 和 $(c, d) \sim (c', d')$ (即 $[a, b] = [a', b']$ 和 $[c, d] = [c', d']$), 则必有

$$(ad + bc, bd) \sim (a'd' + b'c', b'd'), \tag{3.7}$$

$$(ac, bd) \sim (a'c', b'd'). \tag{3.8}$$

　　我们来验证 (3.8) 式, 而把 (3.7) 式留给读者. 由假设知

$$ab' = a'b, \qquad cd' = c'd,$$

因而两式相乘即得

$$ab'cd' = a'bc'd.$$

而此式意味着 (3.6) 式是与代表元的选择无关. 这就证明 (3.5), (3.6) 两式的确定义了 $\overline{F}$ 的两个运算.

　　今证 $(\overline{F}, +, \cdot)$ 是一个有单位元的交换环. 由 (3.5),(3.6) 式可看出, $\overline{F}$ 中元素 $[a, b], [c, d]$ 之间的运算完全归结为环 R 中元素 a, b, c, d 之间的运算. 利用整环 R 中运算的性质可推得 $\overline{F}$ 中运算的性质. 例如, 从 (3.6) 式就看出, $\overline{F}$ 中乘法是适合结合律、交换律的, 以及 $\overline{F}$ 是没有非零的零因子的. 由

$$[1, 1] \cdot [a, b] = [a, b] \cdot [1, 1] = [a, b],$$

$$[0,1] + [a,b] = [a,b] + [0,1] = [a,b]$$

知 $[1,1]$ 是 $\overline{F}$ 的单位元, 而 $[0,1]$ 是 $\overline{F}$ 的零元. 我们在这里再验证一下 $\overline{F}$ 中的分配律, 而把其余的验证工作留给读者. 我们计算

$$[a,b]([c,d] + [e,f]) = [a,b][cf + de, df]$$
$$= [a(cf + de), bdf] = [acf, bdf] + [ade, bdf].$$

但

$$[acf, bdf] = [ac, bd] = [a,b] \cdot [c,d],$$
$$[ade, bdf] = [ae, bf] = [a,b] \cdot [e,f],$$

故得分配律成立.

现已得 $(\overline{F}, +, \cdot)$ 是一个有单位元 $[1,1]$ 的交换环. $\overline{F}$ 还是一个域, 因为若 $[a,b] \neq [0,1]$, 即 $a \neq 0$, 则易见 $[a,b] \cdot [b,a] = [ab, ab] = [1,1]$, 即 $[a,b]$ 有逆元 $[b,a]$. 作映射

$$\phi: R \to \overline{F}$$
$$a \mapsto [a,1].$$

易见 ϕ 是环 R 到域 $\overline{F}$ 内的单态. 如果用 $\overline{a}$ 来代替 $[a,1]$, 则 $\phi(R) = \{\overline{a} \mid a \in R\} = \overline{R}$ 是域 $\overline{F}$ 的一个子环. 再由

$$[a,b] = [a,1] \cdot [1,b] = [a,1] \cdot [b,1]^{-1},$$

便可把 $\overline{F}$ 中的元素 $[a,b]$ 写成 $\overline{a}\overline{b}^{-1}$, 即 $[a,b] = \overline{a}\overline{b}^{-1}$.

总结一下, 就是给定的环 R 同构于 $\overline{R} = \{\overline{a} = [a,1] \mid a \in R\} \subseteq \overline{F}$, 且域 $\overline{F} = \{\overline{a}\overline{b}^{-1} \mid \overline{a}, \overline{b} \in \overline{R}, \overline{b} \neq \overline{0}\}$. 如果我们再进一步, 把彼此一一对应着的 $\overline{a}$ 和 a 再等同起来, 便得 $\overline{F} = \{ab^{-1} \mid a, b \in R, b \neq 0\}$. 这也正是我们最初想作的那个域.

定义 3.2.4   称如上作出的域 $\overline{F} = \{ab^{-1} \mid a, b \in R, b \neq 0\}$ 为整环 R 的分式域 (或商域).

易见整数环 $\mathbb{Z}$ 的分式域为 $\mathbb{Q}$. 数环 $R = \left\{ \dfrac{n}{2^m} \mid n, m \in \mathbb{Z} \right\}$ 的分式域也是 $\mathbb{Q}$, 而 $\mathbb{Q}$ 的分式域则仍是 $\mathbb{Q}$.

这样, 任意整环都可扩大成一个除法可行的域. 整环不是孤立存在的而永远可以把它看成一个域的子环, 这在某些时候是有好处的, 方便的.

这个构造分式域的方式还可以推广到一般的交换环上. 设 R 是交换环 (可以没有单位元), S 是环 R 的一个非空子集. 如果 S 关于环 R 中的乘法封闭, 即

对任意 $s_1, s_2 \in S$, 有 $s_1 s_2 \in S$, 则称 S 是乘法子集. 此时, 如果 S 中的元素都不是环 R 的零因子, 那么我们可以把上面做分式域的过程推广如下: 把上面的 F 定义为 $F = \{(a, b) \mid a \in R, b \in S\}$. 类似于上面在 F 中定义等价关系并且记 $\overline{F} = \{[a, b] \mid (a, b) \in F\}$ 是 F 中元素的等价类的集合. 也类似地定义 $\overline{F}$ 中元素的加法和乘法, 这样 $\overline{F}$ 就成了一个交换环, 并且有单位元 $[s, s]$, $s \in S$. 又此时零元是 $[0, s]$, $s \in S$. 类似地可证 $a \mapsto [as, s]$ (对任意固定的 $s \in S$) 给出了环 R 到环 $\overline{F}$ 的一个环同态并且是单态. 所以我们可类似地把 $\overline{F}$ 中的元素记为 $as^{-1}, a \in R, s \in S$. 最后记 $R[S^{-1}] = \overline{F}$, 即

$$R[S^{-1}] = \{as^{-1} \mid a \in R, s \in S\}.$$

我们称 $R[S^{-1}]$ 是环 R 关于乘法子集 S 的分式环. 注意分式环不一定是域了! 这种构造的过程也称为分式化或局部化. (请读者用分式环中元素的形式 as^{-1} 把加法和乘法再写一遍!)

可见, 整环 R 的分式域就是关于乘法子集 $R^{\times} = R \setminus \{0\}$ 的分式化; 数环 $\left\{\frac{n}{2^m} \mid n, m \in \mathbb{Z}\right\}$ 是整数环 $\mathbb{Z}$ 关于乘法子集 $\{2^m \mid m \in \mathbb{Z}\}$ 的分式化; 另外, 如果 p 是一个素数, 那么 $\mathbb{Z}p$ 是整数环 $\mathbb{Z}$ 的一个理想, 并且易知 $\mathbb{Z} \setminus \mathbb{Z}p$ 是一个乘法子集. 整数环 $\mathbb{Z}$ 关于这个乘法子集的分式化在数论和交换代数的研究中有重要的应用.

上述分式化或局部化还可推广到非交换环, 此时对乘法子集需有更多的要求, 如 Ore 条件等; 甚至还可推广到范畴, 如现代数学中常用的导出范畴就是利用所有拟同构这个 "乘法子集" 作局部化来得到的.

3.2.2 模仿由 $\mathbb{Q}$ 到 $\mathbb{R}$——完备化

下面我们模仿利用 Cauchy 序列从有理数构造实数的方法来从一个给定的环 R 构造新的环.

先用对我们方便的形式回忆一下数学分析中 Cauchy 序列的定义. 称一个有理数的序列 $\{a_n\}$ 是 Cauchy 序列, 如果任给 $\varepsilon > 0$, 存在 N 使得对任意 $m > n > N$ 都有 $|a_m - a_n| < \varepsilon$. 这等价于说: 取定一组包含 0 的开区间套, 例如 $I_n = \left(-\frac{1}{2^n}, \frac{1}{2^n}\right), n \in \mathbb{Z}^+$, 对任意指定开区间 I_t, 必存在 N 使得当 $m > N, n > N$ 时有 $a_m - a_n \in I_t$.

对任意 (交换或不交换) 环 R, 设 I 是环 R 的理想且有性质 $\bigcap\limits_{n=1}^{\infty} I^n = \{0\}$. 今把 I^n 类比于开区间 I_n, 而把 $I \supseteq I^2 \supseteq \cdots \supseteq I^n \supseteq \cdots$ 看作环 R 的包含 0 的一个 "区间套", 这样就可如下把 Cauchy 序列的概念搬到环 R 中来: 设 $\{a_n\}(a_n \in R)$ 是环 R 中的一个序列, 如果对任意指定的 I^t, 必存在 N 使得当 $m > N, n > N$ 时有 $a_m - a_n \in I^t$, 我们就称它为环 R 的一个 (I-进) Cauchy 序列. 有了 Cauchy 序

列概念之后, 就像过去通过关于极限的完备化从有理数域构造实数一样, 下一步该把 Cauchy 序列当作元素 (该 Cauchy 序列应有的那个极限) 看, 自然地引入 Cauchy 序列的相等概念, Cauchy 序列间的加法、乘法等概念.

令 $C = \{$ 环 R 中所有的 Cauchy 序列 $\}$. 规定集 C 的一个等价关系 $\sim$: $\{a_n\} \sim \{b_n\}$ 当且仅当对任意指定的 I^t, 必存在 N, 当 $m > N$ 时有 $a_m - b_m \in I^t$. 容易验证, $\sim$ 确是一个等价关系, 而把 $\{a_n\}$ 所在的等价类记作 $[\{a_n\}]$.

令 $\overline{C} = \{[\{a_n\}] \mid \{a_n\} \in C\}$. 规定集 $\overline{C}$ 的加法和乘法如下:

$$[\{a_n\}] + [\{b_n\}] = [\{a_n + b_n\}], \tag{3.9}$$

$$[\{a_n\}] \cdot [\{b_n\}] = [\{a_n b_n\}]. \tag{3.10}$$

现在来证明 (3.9), (3.10) 式的确给出集 $\overline{C}$ 的两个运算. 为此, 首先要证明: 若 $\{a_n\}$, $\{b_n\}$ 是 Cauchy 序列, 则 $\{a_n + b_n\}, \{a_n b_n\}$ 也是 Cauchy 序列. 易知对任意指定的 I^t, 必存在 N 使当 $m > N, n > N$ 时有 $a_m - a_n \in I^t$, $b_m - b_n \in I^t$, 这时, 注意到 I^t 是理想, 也有

$$(a_m + b_m) - (a_n + b_n) = (a_m - a_n) + (b_m - b_n) \in I^t,$$

$$a_m b_m - a_n b_n = (a_m - a_n)b_m + a_n(b_m - b_n) \in I^t.$$

这就证明了 $\{a_n + b_n\}, \{a_n b_n\}$ 也是 Cauchy 序列. 其次要证明 (3.9), (3.10) 式的规定与代表元的选择无关, 例如来证 (3.10) 与代表元的选择无关, 即要证若 $\{a_n\} \sim \{a'_n\}, \{b_n\} \sim \{b'_n\}$, 则必有 $\{a_n b_n\} \sim \{a'_n b'_n\}$. 由假设知, 对任意指定的 I^t, 必存在 N 使当 $m > N$ 时有 $a_m - a'_m \in I^t, b_m - b'_m \in I^t$, 这时便也有

$$a_m b_m - a'_m b'_m = (a_m - a'_m)b_m + a'_m(b_m - b'_m) \in I^t,$$

即 $\{a_n b_n\} \sim \{a'_n b'_n\}$. 总起来便证明了 (3.9), (3.10) 式的确给出 $\overline{C}$ 的运算.

直接验证可知 $(\overline{C}, +, \cdot)$ 是一个环, 它的单位元是 $[\{1\}]$, 而零元是 $[\{0\}]$, 其中 $\{a\}$ 表示序列 $a, a, \cdots, a, \cdots$, 它显然是一个 Cauchy 序列. 当 R 是交换环时, $\overline{C}$ 也是交换环.

设 $\overline{R} = \{[\{a\}] \mid a \in R\}$. 易见 $\overline{R}$ 是环 $\overline{C}$ 的子环, 且映射

$$\phi: R \to \overline{R}$$

$$a \mapsto [\{a\}]$$

是 R 到 $\overline{R}$ 上的环同构, 也可以说是环 R 到环 $\overline{C}$ 的嵌入.

定义 3.2.5　设 I 是环 R 的理想且有性质 $\bigcap\limits_{n=1}^{\infty} I^n = \{0\}$. 称如上作出的环 $\overline{C} = \{[\{a_n\}] \mid \{a_n\}$ 是环 R 的 I-进 Cauchy 序列 $\}$ 为环 R 在 I-进拓扑下的完备化, 或简称 $\overline{C}$ 为环 R 的 I-进完备环.

从上面我们可以看到, 一旦把 Cauchy 序列的概念搬到环中而引入 I-进 Cauchy 序列后, 剩下来该定义什么, 该如何去证, 就完全是重复数学分析中我们熟悉的从有理数域到实数域的构造方法. 如果愿意的话, 你可以继续模仿下去, 去证 $\overline{C}$ 在 $\overline{I}$-进拓扑下的完备化就是 $\overline{C}$ 本身. 我们不在这里讨论了. (这里 $\overline{I}$ 是 I, 把它看作 $\overline{C}$ 的子集在 $\overline{C}$ 中生成的理想.)

上面介绍的方法虽是从有理数构造实数得到的启示, 但却不能返回去用到有理数域的情形 (无论如何 $\mathbb{Q}$ 是除 0 和本身外没有真理想的). 这并不使人遗憾: 我们乐于看到从旧方法中得到另一种格调的方法.

例 3.2.1　在整数环 $\mathbb{Z}$ 中取定理想 $I = (p)$, p 是一个素数. 显然 I 符合我们上面的要求. $\mathbb{Z}$ 的 (p)-进完备环 $\mathbb{Z}_{(p)}$ 称为 p-进整数环. 如果取定整数 $\alpha_n, 0 \leqslant \alpha_n < p, n = 0, 1, 2, \cdots$ 而作序列 $\{a_n\}$, 其中正整数

$$a_n = \alpha_0 + \alpha_1 p + \alpha_2 p^2 + \cdots + \alpha_n p^n,$$

易见 $\{a_n\}$ 是一个 (p)-进 Cauchy 序列. 如果把序列 $\{a_n\}$ 写成级数形式, 这就是

$$x = \alpha_0 + \alpha_1 p + \alpha_2 p^2 + \cdots + \alpha_n p^n + \cdots \qquad 0 \leqslant \alpha_n < p. \tag{3.11}$$

我们还知 (略去讨论) p-进整数环 $\mathbb{Z}_{(p)}$ 中的元素或本身可表成 (3.11) 式或其负元可表示成 (3.11) 式. 而两个 p-进整数环中的元素 (3.11) 和

$$y = \beta_0 + \beta_1 p + \beta_2 p^2 + \cdots + \beta_n p^n + \cdots \qquad 0 \leqslant \beta_n < p \tag{3.12}$$

的运算则按 "p-进位规则" 进行, 即

$$
\begin{aligned}
x + y &= (\alpha_0 + \beta_0) + (\alpha_1 + \beta_1)p + (\alpha_2 + \beta_2)p^2 + \cdots \\
&= \gamma_0 + \gamma_1 p + \gamma_2 p^2 + \cdots, \qquad 0 \leqslant \gamma_n < p, \\
x \cdot y &= \alpha_0 \beta_0 + (\alpha_0 \beta_1 + \alpha_1 \beta_0)p + \cdots + \left(\sum_{i=0}^{n} \alpha_i \beta_{n-i} \right) p^n + \cdots \\
&= \delta_0 + \delta_1 p + \delta_2 p^2 + \cdots, \qquad 0 \leqslant \delta_n < p.
\end{aligned}
\tag{3.13}
$$
$$\tag{3.14}$$

(3.13) 式中第二个等号的意思是 "逢 p 进位", 即若 $\alpha_0 + \beta_0 > p$, 则 $\alpha_0 + \beta_0 = 1 \cdot p + \gamma_0$, 这时 $x + y = \gamma_0 + (\alpha_1 + \beta_1 + 1)p + \cdots$, 然后再考虑 $\alpha_1 + \beta_1 + 1$ 是否大于 p, 这样继续进行下去. (3.14) 式中第二个等号的意思类似.

3.2.3 模仿由 $\mathbb{R}$ 到 $\mathbb{C}$——四元数代数

现在来看看从实数域到复数域的构造对我们有什么启发. 开始出现虚数, 人们长期不敢承认. 后来 C.F.Gauss (1777—1855) 对复数给了一个几何上的解释——向量表示, 于是大家逐渐接受了. 有趣的也是自然的是: 一旦接受了, 很快就有人想到, 既然能得到复数域, 为什么不能再把数系扩大一些, 找出更多更好的数系呢? 就这样, 探索工作开始, 直到 W.R.Hamilton (1805—1865) 成功迈出第一步. 然而也是这一步, 一方面结束了再扩大数系的探索, 另一方面也开辟了代数研究中的一个方向——超复数系 (现在的名词是 "有限维代数").

可以这样来看复数域 $\mathbb{C}$: $\mathbb{C}$ 是实数域 $\mathbb{R}$ 上的二维向量空间, 以 1 和 i 为基元, 1 和 i 的乘法表是: $1 \cdot 1 = 1, 1 \cdot i = i \cdot 1 = i, i \cdot i = -1$, 而任意两个元素 $x = a \cdot 1 + b \cdot i$, $y = c \cdot 1 + d \cdot i (a,b,c,d \in \mathbb{R})$ 的乘法规则就是把基元的乘法 "线性扩展" 一下, 即

$$x \cdot y = (a \cdot 1 + b \cdot i)(c \cdot 1 + d \cdot i)$$
$$= ac \cdot (1 \cdot 1) + ad \cdot (1 \cdot i) + bc \cdot (1 \cdot i) + bd \cdot (i \cdot i).$$

同样地, 我们取任意域 F 上一个 n 维线性空间 A(其定义与数域上的 n 维线性空间的定义完全一样, 只是把数域换成一般的域 F 即可), 它以 $x_1, x_2, \cdots, x_n$ 为基. 如果基元 $x_1, x_2, \cdots, x_n$ 之间有一个乘法运算:

$$x_i \cdot x_j = \alpha_{i,j,1} x_1 + \alpha_{i,j,2} x_2 + \cdots + \alpha_{i,j,n} x_n, \qquad \alpha_{i,j,k} \in F, \qquad (3.15)$$

那么我们可以把基元的乘法 (3.15) 线性扩展为整个 F-线性空间 A 的运算, 即规定

$$x \cdot y = \left(\sum_i \beta_i x_i \right) \cdot \left(\sum_j \gamma_j x_j \right) = \sum_{i,j} (\beta_i \gamma_j)(x_i \cdot x_j),$$

这样 F-线性空间 A 就有了一个乘法. 如果基元 x_i 之间的乘法满足结合律, 即有 $\forall i,j,k, (x_i x_j) x_k = x_i (x_j x_k)$, 那么不难证明这个 F-线性空间 A 的乘法也满足结合律, 如果基元的乘法是交换的, 那么 F-线性空间 A 的乘法也是交换的. 直接验证可得 $(A, +, \cdot)$ 是一个环, 这里的 $+$ 当然是指 F-线性空间 A 中的加法.

例 3.2.2 四元数代数 (Hamilton) 设 $\mathbb{H}$ 是实数域 $\mathbb{R}$ 上的四维线性空间, 取其一个含 1 的基, 记作 $1, i, j, k$. 规定基元的乘法表如下:

$\cdot$	1	i	j	k
1	1	i	j	k
i	i	−1	k	−j
j	j	−k	−1	i
k	k	j	−i	−1

从表中可读出, 例如 $i \cdot j = k, j \cdot i = -k$ 等, 从表上还可看出 $i^2 = j^2 = k^2 = -1$. 今把基元的乘法和上面一样线性扩展为 $\mathbb{H}$ 的乘法. 直接验证可知, 基元之间的乘法满足结合律, 例如 $(i \cdot j) \cdot k = k \cdot k = -1, i \cdot (j \cdot k) = i \cdot i = -1; (i \cdot j) \cdot i = k \cdot i = j, i \cdot (j \cdot i) = i \cdot (-k) = -(i \cdot k) = -(-j) = j$. 这样就得到 $(\mathbb{H}, +, \cdot)$ 是一个环, 且是一个非交换环, 其单位元是 1. 称 $\mathbb{H}$ 为四元数代数.

容易看到 $\mathbb{H}$ 的子环 $\{\alpha \cdot 1 + \beta \cdot i \mid \alpha, \beta \in \mathbb{R}\}, \{\alpha \cdot 1 + \beta \cdot j \mid \alpha, \beta \in \mathbb{R}\}, \{\alpha \cdot 1 + \beta \cdot k \mid \alpha, \beta \in \mathbb{R}\}$ 都和复数域是同构的.

今证 $\mathbb{H}$ 的非零元都有逆元. 为此和复数类似, 我们引入四元数的共轭数和模数的概念. 设四元数 $x = \alpha + \beta i + \gamma j + \delta k$, 称 $\overline{x} = \alpha - \beta i - \gamma j - \delta k$ 为 x 的共轭四元数, 易见

$$\overline{x \cdot y} = \overline{y} \cdot \overline{x}, \qquad \overline{x + y} = \overline{x} + \overline{y},$$

$$x \cdot \overline{x} = \overline{x} \cdot x = \alpha^2 + \beta^2 + \gamma^2 + \delta^2.$$

称非负实数 $n(x) = x \cdot \overline{x} = \overline{x} \cdot x$ 为四元数 x 的模数. 显然 $x \neq 0$, 则 $n(x) > 0$, 因而有

$$x \cdot \left(\frac{1}{n(x)} \overline{x} \right) = \left(\frac{1}{n(x)} \overline{x} \right) \cdot x = 1,$$

即任意非零四元数有逆元.

可见, 四元数代数是一个除环, 这也是历史上第一个除环的例子.

称 $\mathbb{H}$ 为四元数代数是有下面的原因. 对于通常环 $(R, +, \cdot)$ 而言, $(R, +)$ 只是一个加群, 而四元数代数 $(\mathbb{H}, +, \cdot)$ 中, $(\mathbb{H}, +)$ 还是 $\mathbb{R}$-线性空间, 即还有一个 "数乘". 由于 $\mathbb{R}$-线性空间, 或者任意域 F 上的线性空间都有基, 任一元素都可表成基元的 F-线性组合, 这说明线性空间的结构比交换群的结构简单很多. 对这种其加群是线性空间的环值得给一个特殊的名字.

定义 3.2.6 设 F 是一个域, $(A, +, \cdot)$ 是一个环. 如果

(A1) $(A, +)$ 是域 F 上的线性空间;

(A2) $\forall \alpha \in F, x, y \in A, \alpha(xy) = (\alpha x)y = x(\alpha y)$,

那么称 A 为域 F 上的一个代数. 当 $(A, +)$ 是域 F 上有限维线性空间时, 则称 A 为域 F 上有限维代数. 当 $(A, +, \cdot)$ 是除环时, 称 A 为 F 上可除代数.

可见, 四元数代数 $\mathbb{H}$ 是实数域 $\mathbb{R}$ 上的四维可除代数. 复数域是 $\mathbb{R}$ 上二维代数, 而实数域是 $\mathbb{R}$ 上的一维代数.

F.G.Frobenius 证明了 (证明见选学篇的最后一章), 实数域 $\mathbb{R}$ 上有限维可除代数有且只有下列三个: 实数域 $\mathbb{R}$、复数域 $\mathbb{C}$ 和四元数代数 $\mathbb{H}$.

人们希望我们的"数"在作除法时是可行的而在作乘法时是可交换的. 否则操作起来太不方便, "数"也就不成其为数了. Frobenius 的上述结果说明满足这样要求的数就该到复数域而止了.

但不是说四元数 (以及后来的八元数 (Cayley 数), 后者的乘法已不满足结合律了) 是没有用的, 它们在几何上是有用的. 而四元数代数引出了 20 世纪初发展起来的环论的一个分支——有限维代数理论.

3.2.4　由群作代数——群代数

在本节最后我们给出作为环论支柱的一类例子——群代数. 这也是群表示论研究中最基本的对象.

例 3.2.3　设 G 是阶为 n 的群, 其元素为 $e = g_1, g_2, \cdots, g_n$. 任取域 F 上的一个 n 维线性空间 A, 并取它的一个基. 显然此基由 n 个元素组成. 我们当然可以用任意符号来表示这些基元, 这次就用群 G 的元素 $g_1, g_2, \cdots, g_n$ 表示这些基元. 并利用群 G 的乘法来规定线性空间 A 的这组基元间的乘法, 然后再把它线性扩展到整个空间 A 上去. 这时易见由于群的乘法有结合律, 故基元之间的乘法满足结合律, 因而 $(A, +, \cdot)$ 成为一个环. 由于 $(A, +)$ 还是域 F 上的线性空间, 故 $(A, +, \cdot)$ 是域 F 上 n 维代数, 称为群 G 在域 F 上的群代数, 记作 $A = F[G]$.

例如, 取 $F = \mathbb{Q}$, G 是 5 阶循环群 $\langle a \rangle$. 此时 $\mathbb{Q}[G]$ 中的元素为 $\alpha_0 e + \alpha_1 a + \alpha_2 a^2 + \alpha_3 a^3 + \alpha_4 a^4$. $F[G]$ 中的乘法, 例如

$$
(3e + 4a - 5a^2)(a^2 - a^4)
$$
$$
= (3a^2 - 3a^4) + (4a^3 - 4a^5) + (-5a^4 + 5a^6)
$$
$$
= (3a^2 - 3a^4) + (4a^3 - 4e) + (-5a^4 + 5a)
$$
$$
= -4e + 5a + 3a^2 + 4a^3 - 8a^4.
$$

又例如, 取 $F = \mathbb{Q}$, G 为 Klein 四元群, 即 G 由下列 $\{1, 2, 3, 4\}$ 的置换组成:

$$
e = 1, \quad a = (1\ 2), \quad b = (3\ 4), \quad c = (1\ 2)(3\ 4).
$$

此时 $F[G]$ 中的元素可写成 $\alpha_0 + \alpha_1(1\ 2) + \alpha_2(3\ 4) + \alpha_3(1\ 2)(3\ 4)$, 而其中乘法, 例如有

$$
(3 \cdot (1\ 2) - 2 \cdot (3\ 4))(-1 + (1\ 2)(3\ 4))
$$
$$
= (-3 \cdot (1\ 2) + 3 \cdot (1\ 2)(1\ 2)(3\ 4)) +
$$
$$
(2 \cdot (3\ 4) - 2 \cdot (3\ 4)(1\ 2)(3\ 4))
$$
$$
= (-3 \cdot (1\ 2) + 3 \cdot (3\ 4)) + (2 \cdot (3\ 4) - 2 \cdot (1\ 2))
$$

$$= -5 \cdot (1\ 2) + 5 \cdot (3\ 4).$$

练 习

1. 设 R 是环. 证明: 如果 R 有非零的左零因子, 则存在 R 中非零元 x, 使得 x 既是左零因子, 又是右零因子.

2. 验证 $\mathbb{Z}[\sqrt{-5}] = \{a + b\sqrt{-5} \mid a, b \in \mathbb{Z}\}$ 对于数的加法与乘法构成整环.

3. 证明: 连续实函数环 $C[0,1]$ 不是整环. 当 n 为合数时, $\mathbb{Z}_n$ 不是整环.

4. 求 $\mathbb{Z}[\mathrm{i}] = \{a + b\mathrm{i} \mid a, b \in \mathbb{Z}\}$ 的分式域, 其中 i 是虚数单位, 即 $\mathrm{i}^2 = -1$.

5. 设 F 是数域. 证明: F 上 n 阶矩阵环 $M_n(F)$ 对于矩阵的加法、乘法、数乘构成 F 上有限维代数.

§3.3 多项式环

这里我们继续由已知环来构造新环的工作. 上一节是利用数系扩张的经验来构造新环或域. 在环的例子中我们已利用环构造了它上的全矩阵环. 本节来构造环上多项式环. 矩阵、多项式以及现在我们讨论的群、环、域等代数系统都是数的延伸, 都是由于刻画几何量和物理量的需要而诞生和发展的. 由于要刻画的对象——几何量和物理量愈来愈复杂, 普通的数已不够用了. 例如群的出现是应刻画对称性而出现的. 因而把这些行之有效的基本对象, 诸如数环或域以及其上的矩阵、多项式环作推广是自然而必要的.

3.3.1 环 R 上的一元多项式环

我们来构造环 R 上一元多项式形式环, 其中 R 是已知的有 1 的环.

用 P 表示下列符号——用括号括起来的无穷序列的全体

$$(a_0, a_1, a_2, \cdots), \quad a_i \in R, \tag{3.16}$$

其中 $a_i (i = 0, 1, 2, \cdots)$ 中最多只有有限个元素非零. 我们规定 P 中两个元素 (3.16) 和

$$(b_0, b_1, b_2, \cdots), \quad b_i \in R \tag{3.17}$$

相等当且仅当对任意 i, 有 $a_i = b_i$. 在集合 P 中规定加法、乘法如下:

$$(a_0, a_1, \cdots) + (b_0, b_1, \cdots) = (a_0 + b_0, a_1 + b_1, \cdots), \tag{3.18}$$

$$(a_0, a_1, \cdots) \cdot (b_0, b_1, \cdots) = \left(a_0 b_0, a_0 b_1 + a_1 b_0, \cdots, \sum_{i=0}^{n} a_i b_{n-i}, \cdots \right). \tag{3.19}$$

直接验证 (请读者至少证明一下乘法的结合律) 可知 $(P, +, \cdot)$ 是一个环, 其零元是 $(0, 0, \cdots, 0, \cdots)$ 而单位元是 $(1, 0, \cdots, 0, \cdots)$.

我们想说这就是环 R 上的一元多项式形式环. 那么这其中的元如何写成类似于数域上你熟悉的一元多项式的形式呢? 或者说不定元 x 是什么?

我们再引入符号 x, 而规定

$$x = (0, 1, 0, \cdots),$$

$$a = (a, 0, \cdots).$$

这时在环 $(P, +, \cdot)$ 中有

$$x^2 = (0, 0, 1, 0, \cdots),$$

$$x^n = (\underbrace{0, \cdots, 0}_{n\uparrow}, 1, 0, \cdots),$$

$$a \cdot b \, (\text{环} P \text{中的乘法}) = ab \, (\text{环} R \text{中的乘法}),$$

$$ax^n = (\underbrace{0, \cdots, 0}_{n\uparrow}, a, 0, \cdots).$$

一般地, 有

$$a_0 + a_1 x + \cdots + a_n x^n = (a_0, a_1, \cdots, a_n, 0, \cdots). \tag{3.20}$$

这样 $P = \{ a_0 + a_1 x + \cdots + a_n x^n \mid n \in \mathbb{Z}_{\geqslant 0}, a_i \in R \}$, 其中的元素就称为 R 上的一元多项式. 根据 P 中元素表达形式的转换式 (3.20), 两个多项式的相等就变成

$$a_0 + a_1 x + \cdots + a_n x^n = b_0 + b_1 x + \cdots + b_m x^m$$

$$\Longleftrightarrow (\text{不妨设} \, n \geqslant m) \, a_{m+1} = \cdots = a_n = 0, a_i = b_i, 1 \leqslant i \leqslant m. \tag{3.21}$$

特别地, 多项式 $a_0 + a_1 x + \cdots + a_n x^n = 0 \Longleftrightarrow$ 所有的系数 $a_i = 0$. 同样地, 两个多项式的加法 (3.18) 和乘法 (3.19) 就变成

$$(a_0 + a_1 x + \cdots + a_n x^n) + (b_0 + b_1 x + \cdots + b_m x^m)$$

$$= (a_0 + b_0) + (a_1 + b_1) x + \cdots + (a_k + b_k) x^k, \tag{3.22}$$

其中 $k = \max\{n, m\}$, 而认定 $a_i = 0, i > n, b_j = 0, j > m$,

$$(a_0 + a_1 x + \cdots + a_n x^n) \cdot (b_0 + b_1 x + \cdots + b_m x^m)$$

$$= a_0 b_0 + (a_0 b_1 + a_1 b_0)x + \cdots + \left(\sum_{i=0}^{n} a_i b_{k-i}\right)x^k + \cdots + a_n b_m x^{n+m}. \quad (3.23)$$

也就是我们熟悉的多项式的相等和运算规则.

定义 3.3.1　设 R 是有 1 的环. 将把如上定义的环 P 称为环 R 上一元多项式形式环, 常简称为 R 上一元多项式环, 记作 $R[x]$, 并称 x 为环 R 上不定元.

今后我们谈论一元多项式环 $R[x]$ 都是在形式观点下, 即都是指一元多项式形式环.

3.3.2　环 R 上的一元多项式函数环

设 R 是有 1 的环. 考虑 R 上的一元多项式

$$f(x) = a_0 + a_1 x + a_2 x^2 + \cdots + a_n x^n, \qquad a_i \in R. \quad (3.24)$$

那么可以把 $f(x)$ 理解为以 R 为定义域, 以 R 为值域的一元多项式函数, 亦即

$$f:\ R \to R$$
$$r \mapsto f(r) = a_0 + a_1 r + \cdots + a_n r^n.$$

这时令 $R[x]^*$ 表示这些 R 上多项式函数的全体, 容易知道 $R[x]^*$ 关于函数的加法 $((f+g)(r) = f(r) + g(r))$ 和乘法 $((fg)(r) = f(r)g(r))$ 作成一个环. 特别要注意的是, 函数是映射. 所以在函数环 $R[x]^*$ 中的两个元素, 例如 (3.24) 和

$$g(x) = b_0 + b_1 x + b_2 x^2 + \cdots + b_m x^m, \qquad b_i \in R, \quad (3.25)$$

它们作为函数相等的定义是当且仅当 $f(r) = g(r)$, $\forall r \in R$. 这并不意味着多项式 $f(x)$ 和 $g(x)$ 的同次项的系数必须相等. 譬如当 $R = \mathbb{Z}_5 = \{0, 1, 2, 3, 4\}$ 时, 在多项式函数环 $\mathbb{Z}_5[x]^*$ 中, 我们有

$$x(x-1)(x-2)(x-3)(x-4) = 0,$$

等式的左边作为多项式的首项 x^5 的系数是 1 而不是 0. 这说明, R 上的一个非零多项式作为 R 上的函数可能是零函数! 这种现象在数域的情形下是不可能的. 实际上, 我们有下面的命题

命题 3.3.2　设 R 是无限整环. 那么 R 上一元多项式函数环 $R[x]^*$ 和 R 上一元多项式 (形式) 环 $R[x]$ 是同构的.

证明　设

$$\phi:\quad R[x] \to R[x]^*$$

$$f(x) \mapsto f.$$

由于在多项式形式环 $R[x]$ 中元素的表示法是唯一的 (即两个多项式相等当且仅当它们的同次项的系数必须相等), 故 ϕ 是一个映射. 易知 ϕ 是保持运算的. 即 ϕ 是环 $R[x]$ 到环 $R[x]^*$ 的同态, 显然是满态.

下面我们先证明一个断言: 整环 R 上任意非零 n 次多项式 $f(x)$ 在环 R 中至多有 n 个不同的根 (称 $r \in R$ 是环 R 上多项式 $f(x)$ 的根, 如果 $f(r) = 0$). 我们对 n 归纳来证明断言. 易知当 $n = 1$ 时成立. 设 $n > 1$ 并且记 $f(x) = a_0 + a_1 x + \cdots + a_n x^n$ 且不妨设 $a_n \neq 0$. 对 $r \in R$, 显然存在 $b_i \in R, i = 0, 1, \cdots, n - 1$, 使得 $b_{n-1} = a_n, b_i = r b_{i+1} + a_{i+1}, i = 0, 1, \cdots, n - 2$. 令 $g(x) = b_0 + b_1 x + \cdots + b_{n-1} x^{n-1}$. 由 $b_{n-1} = a_n \neq 0$ 知 $g(x) \neq 0$. 如果 r 是 $f(x)$ 的一个根, 那么由环 R 交换易知, 有 $f(x) = (x - r)g(x)$. 归纳可知 $g(x)$ 在 R 中至多有 $n - 1$ 个不同的根. 从而由环 R 交换和没有非零的零因子易知, $f(x)$ 在环 R 中至多有 n 个不同的根. 这就证明了断言.

对任意 $f(x) \in \mathrm{Ker}\, \phi$, 有 $f(r) = 0, \forall r \in R$. 由 R 是无限整环知 $f(x)$ 在环 R 中有无穷多个根. 故由上面的断言知 $f(x) = 0$, 即 ϕ 是单态, 从而是环同构.   □

该命题说明, 在无限整环特别是数域的情形下, 其上的一元多项式把它看作多项式或者函数, 这两种观点是一致的. 但在有限域上不一致. 尽管如此, 有限域上的一元多项式 (环) 仍然很重要, 然而通常我们不再把它看作函数了!

3.3.3 环 R 上的多元多项式环

有了 R 上一元多项式环 $R[x]$, 考虑 $R[x]$ 上的一元 (y) 多项式环 $R[x][y]$, 把它记作 $R[x, y]$, 即 $R[x, y] = R[x][y]$, 称为 R 上二元多项式环, 而称 x, y 为 R 上两个无关的不定元. 易见 $R[x, y] = R[x][y]$ 中的元素形状为

$$p_0(x) + p_1(x)y + \cdots + p_n(x)y^n, \qquad p_i(x) \in R[x].$$

若再把 $p_i(x)$ 写成 x 的多项式, 并依分配律展开便得

$$\sum a_{ij} x^i y^j, \qquad a_{ij} \in R.$$

这就是 x, y 的多项式. 称 $x^i y^j$ 为单项式, 而 a_{ij} 为其系数. 两个 x, y 的多项式 $f(x, y), g(x, y)$ 相等当且仅当它们有相同的形式: 具有非零系数的单项式完全一样且相应的系数相等.

应用数学归纳法, 可定义 R 上 $n + 1$ 元多项式环

$$R[x_1, x_2, \cdots, x_n, x_{n+1}] = R[x_1, x_2, \cdots, x_n][x_{n+1}],$$

而称 $x_1, x_2, \cdots, x_{n+1}$ 为 R 上 $n+1$ 个无关的不定元. m 元多项式的表达式、单项式、两个 m 元多项式的相等等完全和二元情形类似. 域 F 上多元多项式环是特别重要的一类环. 我们将在选学篇第九章中去介绍它.

结束一般环构造的介绍. 我们简单回顾一下这里介绍的方法.

由已给环的子环和商环我们可以获得许多新的环. 再和作分式域或分式化、作 I-进完备环、作群代数、作矩阵环、作多项式环等构造方法结合起来, 就会得更多的环, 从而丰富我们对环的认识, 也扩大环的表现力及应用.

练 习

1. 在 $\mathbb{Z}_7[x]$ 中计算

$$(3x^2 + 5x + 4)(4x^2 + 2x + 3).$$

2. 设 $\mathbb{H}$ 是四元数代数. 证明:
(1) 作为 $\mathbb{H}$ 上多项式有 $x^2 + 1 = (x + \mathrm{i})(x - \mathrm{i})$;
(2) 作为 $\mathbb{H}$ 上的函数, 有 $x^2 + 1 \neq (x + \mathrm{i})(x - \mathrm{i})$.

3. 设 R 是整环. 证明 $R[x]$ 也是整环.

4. 在 $M_2(\mathbb{Z})$ 中, 定义

$$T = \left\{ \begin{pmatrix} a & b \\ 0 & c \end{pmatrix} \middle| a, b, c \in \mathbb{Z} \right\}, \qquad I = \left(\begin{pmatrix} 0 & 2d \\ 0 & 0 \end{pmatrix} \middle| d \in \mathbb{Z} \right).$$

(1) 证明: T 是 $M_2(\mathbb{Z})$ 的子环;
(2) 证明: I 是 T 的理想;
(3) T/I 是由哪些元素组成的?

5. 设 R 是有单位元的交换环, $D(R)$ 是 $M_n(R)$ 中所有对角矩阵的集合, $C(D(R))$ 是 $M_n(R)$ 中与 $D(R)$ 中元素都可交换的矩阵全体的集合. 求证:
(1) $D(R)$ 是 $M_n(R)$ 的子环;
(2) $C(D(R)) = D(R)$.

§3.4 交 换 环

群论可粗分为四大块: 有限群论、交换群论、无限群论以及具有各种几何结构 (拓扑结构、解析结构、代数几何结构) 的群 (拓扑群、Lie 群、代数群等). 结

合环论则可粗分为三大块: 交换环、非交换环以及带有各种结构 (序结构、几何结构) 的环. 在这个介绍群、环、域、模的基本概念的课程中, 我们将着重讲交换环. 在谈论交换环时, 要常想着整数环、二次数环 (见 §3.5)、多项式环以及函数环这些基本例子, 我们将把研究的对象限制在整环上, 上面提到的例子除函数环外都属于整环的范围.

3.4.1　整环的特征

首先研究一下整环 R 的加群.

可以把环 A 想作是由一个加群 A 再引入一个乘法而得到的. 对任意给的加群 A, 引入零乘, 即规定: $\forall x, y \in A, xy = 0$. 这显然得到一个环. 然而本质上和加群没有什么不同: 它的乘法不给我们了解 A 带来任何新的信息. 下面将看到, 并非对于任意的加群, 都可以定义乘法而使它成为整环.

对整环 R 有下面情形: 一是对任意 $n \in \mathbb{Z}^+$, n 个 1 相加都不是零, 即 1 在加群中的阶是 ∞. 这时对 $0 \neq a \in R$, 有任意 n 个 a 相加也不是 0, 因为若 $0 = na = (1+1+\cdots+1)a = n1 \cdot a$, 由于 $a \neq 0$ 及乘法消去律成立, 则 $n1 = 0$, 矛盾. 因而在这种情形下, 加群 $(R, +)$ 的每一非零元的阶都是 ∞.

另一种情形是存在 $n \in \mathbb{Z}^+$, 在加群 $(R, +)$ 中 $n1 = 0$, 即 1 在加群中的阶是有限的, 设其阶为 $n > 1$. 若 n 非素数, 则 $0 = n1 = n_1 1 \cdot n_2 1$, 在整环 R 中有乘法消去律, 故 $n_1 1 = 0$ 或 $n_2 1 = 0$, 但 n_1, n_2 小于 n. 这和 1 的阶为 n 是矛盾的. 故在这种情形下, 1 在加群中的阶为素数 p, 随之, 与上类似地可得加群 $(R, +)$ 中任意非零元 a 的阶都等于素数 p.

总结一下就是下面

命题 3.4.1　R 是整环. 则

(1) 加群 $(R, +)$ 中所有非零元有相同的阶, 或者是 ∞, 或者是素数 p;

(2) R 或含整数环 $\mathbb{Z}$ 为其子环, 或含有限域 $\mathbb{Z}_p$ 为其子环.

证明　(2) 成立是因为, 当单位元 1 的阶为 ∞ 时, 1 生成的子环 $\langle 1 \rangle \cong \mathbb{Z}$, 而当单位元 1 的阶为素数 p 时, $\langle 1 \rangle \cong \mathbb{Z}_p$.　　□

定义 3.4.2　对整环 R, 称它的特征是 0, 如果加群 $(R, +)$ 的非零元的公共阶为 ∞; 称它的特征是素数 p, 如果加群 $(R, +)$ 的非零元的公共阶为 p.

由上知, 整环 R 的特征或为 0 或为某个素数 p. 注意域都是整环. 故一个域的特征或为 0 或为某个素数 p, 并且易知数域的特征是 0, 而有限域 $\mathbb{Z}_p$ (p 为素数) 的特征为 p.

上面的讨论说明, 由于整环 R 的乘法有交换律和消去律, 因此对 R 的加法有一些限制.

命题 3.4.3　(1) 特征为 0 的域含有理数域 $\mathbb{Q}$ 为其子域. 更精确地说, 有理数域 $\mathbb{Q}$ 到任意特征为 0 的域有一个环的单态 (即嵌入);

(2) 特征为素数 p 的域含有限域 $\mathbb{Z}_p$ 为其子域. 更精确地说, 有限域 $\mathbb{Z}_p$ 到任意特征为 p 的域有一个环的单态 (即嵌入).

证明　设 F 是一个域. 如果 F 的特征是 0, 那么定义 $\phi: \mathbb{Q} \to F$, $\dfrac{n}{m} \mapsto n1 \cdot (m1)^{-1}$. 易知 ϕ 是映射且是环同态. 显然 $\phi \neq 0$. 由 $\mathrm{Ker}\,\phi$ 是 $\mathbb{Q}$ 的理想且域没有非平凡理想知 $\mathrm{Ker}\,\phi = 0$, 即 ϕ 是环的单态. 如果 F 的特征是某个素数 p, 那么定义 $\phi: \mathbb{Z}_p \to F$, $n \mapsto n1$. 类似地可证 ϕ 是映射且是环的单态. □

由于我们有上命题, 故有下面的

定义 3.4.4　称 $\mathbb{Q}$ 及 $\mathbb{Z}_p(p$ 是素数$)$ 为素域. 这样特征为 0 的素域就是有理数域 $\mathbb{Q}$, 而对任意素数 p, 特征为 p 的素域就是 $\mathbb{Z}_p$.

3.4.2　整环的商环

整环 R 的带 1 的子环 A 当然还是整环, 因为乘法的交换律和消去律对整个环 R 成立, 当然对环 R 的一部分 A 也是成立的.

但环 R 的商环 R/I 就不一定是整环了, 而问题是出在可能有非零的零因子上.

这里再来概括一下环 R 和商环 $\overline{R} = R/I$ 的异同: R 的元素是 x, $\overline{R}$ 的元素是 $\overline{x} = x + I$; 运算的规则是 "一样" 的, $\overline{x} \cdot \overline{y} = \overline{xy}$, $\overline{x} + \overline{y} = \overline{x+y}$. 但相等的关系不一样, $x = y$ 当然 $\overline{x} = \overline{y}$, 但 $x \neq y$, 也可能有 $\overline{x} = \overline{y}$. 而 $\overline{x} = \overline{y}$ 当且仅当 $x - y \in I$. 特别地, $\overline{x} = \overline{0}$ 当且仅当 $x \in I$.

例如, 对一个有 1 的交换环 R 以及任意 $r \in R$, 元素 r 生成的主理想 $(r) = Rr = \{sr \mid s \in R\}$. 如果 R 是整环, 那么对任意两个非零元 $a, b \in R$, 若 ab 在环 R 中不可逆, 则有 $a, b \notin Rab$. 此时在商环 $\overline{R} = R/Rab$ 中有 $\overline{a}, \overline{b}$ 都非零, 但 $\overline{a} \cdot \overline{b} = \overline{ab} = \overline{0}$, 即 $\overline{a}, \overline{b}$ 都是零因子.

3.4.3　素理想和极大理想

保证 R/I 是整环的理想 I 是什么样子? 这从上面关于商环的说明以及例子可以想到, 理想 I 应有性质: 若 $x \notin I$ $(\overline{x} \neq 0)$, $y \notin I$ $(\overline{y} \neq 0)$, 则 $xy \notin I(\overline{xy} \neq 0)$, 或等价地, 若 $xy \in I$, 则 x, y 中至少有一个属于 I.

定义 3.4.5　称交换环 R 的理想 I 为素理想, 如果 $I \neq R$ 且 $xy \in I$, 必有 x 或 y 属于 I. 或等价地, $x \notin I, y \notin I$ 则 $xy \notin I$.

请读者把交换环的素理想和整数环 $\mathbb{Z}$ 的素数或多项式环 $F[x]$ 中的不可约多项式比较一下, 你会对素理想多一点感性认识.

定理 3.4.6   设 R 是有 1 的交换环, I 是 R 的理想. 则 R/I 是整环当且仅当 I 是素理想.

证明   设 $\overline{R} = R/I$ 是整环. 在 R 中任取元素 $x \notin I, y \notin I$, 则在 $\overline{R}$ 中 $\overline{x} \neq \overline{0}, \overline{y} \neq \overline{0}$. 由于 $\overline{R}$ 是整环, 故 $\overline{0} \neq \overline{x} \cdot \overline{y} = \overline{xy}$, 此式说明 $xy \notin I$, 即证得 I 是素理想.

反之, 设 I 是素理想, 在 $\overline{R}$ 中任取元素 $\overline{x} \neq \overline{0}, \overline{y} \neq \overline{0}$, 往证 $\overline{x} \cdot \overline{y} \neq \overline{0}$. 注意 $\overline{x} \neq \overline{0}, \overline{y} \neq \overline{0}$ 意味着 $x \notin I, y \notin I$. 但 I 是素理想, 由之可得 $xy \notin I$. 这就是 $\overline{xy} \neq \overline{0}$. 即证得 $\overline{R}$ 是整环. □

现在我们进而问: 保证 R/I 是域的理想 I 是什么样子?

为此先作一点准备. 易知域 F 的理想只有 (0) 和 F 本身. 反过来, 我们有

命题 3.4.7   设 R 是有 1 的交换环. 若环 R 除了 (0) 和 R 外没有其他理想, 则 R 必是域.

证明   这就是要证环 R 的非零元 a 必有逆元. 由 R 是有 1 的交换环知, $aR = Ra$ 是由元素 a 生成的环 R 的一个理想, 故 $aR \neq (0)$. 依假设有 $aR = R$. 再由于 $1 \in R$, 故存在 $b \in R$ 使得 $ab = 1$, 即 a 有逆元 b. □

上面命题中假设环 R 有单位元是本质的, 就是说, 去掉这个假设命题就不成立了. 这只要想一下素数 p 阶循环加群 R 上的零乘环就可明白了.

希望 R/I 是一个域, 就是要求在 I 和 R 之间不再有 R 的理想. 这就是下面定义的内容.

定义 3.4.8   一个环 R 的真理想 I 称作是 R 的极大理想, 如果不存在 R 的理想 J 使得 $I \subsetneq J \subsetneq R$.

"最大"和"极大"是两个不同的概念, "最大"是比谁都大, 而"极大"是没有谁比它大. "最大"的最多只能有一个, 而"极大"的却可以有很多. 例如在整数环 $\mathbb{Z}$ 中, 素数 p 生成的理想 (p) 都是极大理想. 这是因为, 如果 $(p) \subsetneq J$, 那么 J 中必有整数 n, 它不是 p 的倍数, 即 p, n 互素, 因此有 s, t 使得 $1 = sp + tn \in J$, 随之 $J = \mathbb{Z}$. 这就证得 (p) 是 $\mathbb{Z}$ 的极大理想, 它们的个数是无限多. 当然它们中谁也不是"最大"的.

定理 3.4.9   设 R 是有 1 的交换环, I 是环 R 的理想. 则 R/I 是域当且仅当 I 是环 R 的一个极大理想.

证明   由上面命题 3.4.7, 我们为此要证明的就是: $\overline{R} = R/I$ 没有非零真理想

当且仅当 I 是环 R 的一个极大理想. 由前面的关于环的第二同态定理, 我们知道, 在介于 I 和 R 之间的环 R 的理想集 $\Sigma = \{R$ 的理想 $J \mid I \subsetneqq J \subsetneqq R\}$ 和 $\overline{R}$ 的真理想集 $\overline{\Sigma} = \{\overline{R}$ 的真理想 $\overline{J} \mid \overline{0} \subsetneqq \overline{J} \subsetneqq \overline{R}\}$ 之间有一个一一对应

$$\theta : \Sigma \to \overline{\Sigma}$$
$$J \mapsto \overline{J} = \{\overline{x} = x + I \mid x \in J\}.$$

请读者再重新证明一下这个事实. 根据这个事实, 当 Σ 和 $\overline{\Sigma}$ 中有一个是空集时, 另外一个也必定是空集, 而这正是我们要证的.   □

域当然是有 1 的交换环, 故由上面两个定理便得

命题 3.4.10   设 R 是有 1 的交换环. 环 R 的极大理想必是环 R 的素理想.

下面看几个例子.

例 3.4.1   整数环 $\mathbb{Z}$. 下一节中我们将证明: $\mathbb{Z}$ 的每一个理想都是主理想, 即是由某个整数 n 生成的理想 (n).

这样, 若 n 不是素数, 譬如 $n = 6 = 2 \cdot 3$, 此时 $2 \notin (6), 3 \notin (6)$ 但 $2 \cdot 3 \in (6)$, 这说明 (6) 不是素理想, 同理, 当 n 不是素数时, (n) 也不是素理想. 若 p 是素数, 上面已经看到, (p) 是极大理想, 当然更是素理想. 这样在 $\mathbb{Z}$ 中极大理想和非零素理想是等价的概念, 它们就是 $(p), p$ 是素数.

例 3.4.2   域 F 上一元多项式环 $F[x]$. 和 $\mathbb{Z}$ 一样, 将证 $F[x]$ 也是一个主理想整环, 即每个理想都是主理想整环.

若 $p(x)$ 是不可约多项式, 则 $(p(x))$ 是一个极大理想 (请读者自证), 因而也是 $F[x]$ 的素理想. 若 $f(x)$ 不是不可约多项式, 则和 $\mathbb{Z}$ 情况一样, 可知 $(f(x))$ 不是素理想. 这样, 在 $F[x]$ 中极大理想和非零素理想是等价的概念, 它们就是 $(p(x))$, $p(x)$ 是不可约多项式.

例 3.4.3   容易看到 $\mathbb{Z}[x]$ 中的理想 (x) 是一个素理想. 今考察由 2 和 x 生成的理想 $(2, x)$, 此理想中的元素为 $2 \cdot g(x) + x \cdot h(x)$, $g(x), h(x) \in \mathbb{Z}[x]$, 即是常数项为偶数 (包括 0) 的整系数多项式. 若有理想 I 较之真大, 则 I 中必有一常数项为奇数的整系数多项式, 随之 $1 \in I$, 因而 $I = \mathbb{Z}[x]$. 这就说明 $(2, x)$ 是一个极大理想. 这样由 $(x) \subsetneqq (2, x)$ 我们看到在 $\mathbb{Z}[x]$ 中有的素理想不是极大理想.

练习

1. 设整环 R 的特征为素数 p. 证明:

(1) 对任意 $a, b \in R$, 有 $(a+b)^{p^n} = a^{p^n} + b^{p^n}$;

(2) $\phi: R \to R, a \mapsto a^p$ 是环同态, 称为 Frobenius 同态;

2. 设 $\mathbb{Z}[\mathrm{i}] = \{a + b\mathrm{i} \mid a, b \in \mathbb{Z}\}$, 其中 i 是虚数单位 ($\mathrm{i}^2 = -1$). 证明: $\mathbb{Z}[\mathrm{i}]/(1+\mathrm{i})$ 是域.

3. 证明: 偶数环 R 的理想 (4) 是极大理想, 但 $R/(4)$ 不是域.

4. 在 $\mathbb{Z}[\mathrm{i}]$ 中的理想 (5) 和 (11) 是不是素理想?

5. 设 $P_1 \supseteq P_2 \supseteq \cdots$ 是交换环 R 的一个素理想降链. 证明: $P = \bigcap_{i=1}^{\infty} P_i$ 是环 R 的素理想.

§3.5 整环的整除理论

本节我们继续讨论以 $\mathbb{Z}$、二次数环、多项式为其特例的整环 R. 主题是把 $\mathbb{Z}$、$F[x]$ 中的整除理论推广到一般的整环上去, 而在这一推广过程中引入 Euclid 整环、主理想整环以及唯一分解整环.

分析出并抓住一些重要特例的本质性质, 并把它们推广到更一般的情形, 从而使在具体情形行之有效的工具也能在更一般场合发挥作用, 这是数学中常用的手法. 有的推广很难, 有的推广则是有点照猫画虎. 本节中的推广是后者, 因而也是初学者学习推广工作的一个好机会.

3.5.1 出发点

首先回忆一下 $\mathbb{Z}$ 和 $F[x]$ 的整除理论.

在整数环 $\mathbb{Z}$ 中给两个整数 (可以为 0) a, b, 说 a 整除 b, 记作 $a|b$, 当且仅当 $b = ac, c \in \mathbb{Z}$. 当 $a|b$ 时, 称 a 为 b 的因数, b 为 a 的倍数. 整除理论的中心问题就是给定 a, b 后, 去判断是否有 $a|b$.

在 $\mathbb{Z}$ 中单位元 1 的因数只有 ± 1, 它们是任何整数的因数, 因而在整除理论中心问题中它们是丝毫不起作用的. 但常引出一些叙述上的麻烦.

在 $\mathbb{Z}$ 中, 若 $a|b$ 且 $b|a$, 则称 a, b 为相伴数. 整数 a, b 是相伴数当且仅当 $a = \pm b$. 整数 a 永远有 $\pm 1, \pm a$ 为它的因数, 称它们为 a 的平凡因数. 如果 $a \neq 0, \pm 1$ 且 a 没有非平凡因数, 则称 a 为素数.

另外我们还熟知 a, b 的公倍数、最小公倍数、公因数、最大公因数的概念以及 a, b 互素的概念.

我们有整数的绝对值 $|a|$ 的概念, $|a| \in \mathbb{Z}_{\geqslant 0}$. 与绝对值相联系的在 $\mathbb{Z}$ 中有 Euclid 带余除法 (也称 Euclid 算法): 任给整数 $a, b \neq 0$, 则有唯一存在的整数 q 和 r

满足

$$a = bq + r, \qquad 0 \leqslant r < |b|.$$

熟知地, 由 Euclid 算法我们可证得:

(Z1) 整数 a, b 的最大公因数 $(a, b) = as + bt, s, t \in \mathbb{Z}$.

(Z2) 若 p 是素数且 $p \mid ab$, 则必有 $p \mid a$ 或 $p \mid b$.

(Z3) 算术基本定理

(1) 任一非零非 ± 1 的整数 $a = p_1 p_2 \cdots p_n$, 所有 p_i 都是素数 (分解的存在性);

(2) 若 $a = p_1 p_2 \cdots p_n = q_1 q_2 \cdots q_m$, 所有 p_i, q_i 都是素数, 则必有 $n = m$, 且适当排列后可得对任意 i, 有 $p_i = \pm q_i$ (分解的唯一性).

如果再回忆一下证明的细节, 我们会发现, 由整数绝对值的性质 (即 a 是 b 的真因数, 则 $|a| < |b|$) 便有整数分解的存在性, 而 Euclid 算法 $\Rightarrow$ (Z1)$\Rightarrow$ (Z2) $\Rightarrow$ 整数分解的唯一性.

对于域 F 上的一元多项式环 $F[x]$, 我们类似地也有整除、相伴多项式、因式、真因式、不可约多项式、最大公因式、最小公倍式等概念, 就不在这里重提它们的定义了. 要注意的是, $F[x]$ 中的单位元 1 的因子是域 F 中所有非零的数, 因而两个多项式 $f(x), g(x)$ 是相伴的当且仅当 $f(x) = a \cdot g(x), 0 \neq a \in F$. 这就是说, 在整除理论中 $\mathbb{Z}$ 中的 ± 1 和 $F[x]$ 中的非零常数是处在彼此相应的位置上.

我们有非零多项式 $f(x)$ 的次数 $\deg f$ 的概念, $\deg f \in \mathbb{Z}_{\geqslant 0}$. 与 $\deg f$ 相联系的在 $F[x]$ 中也有 Euclid 带余除法: 任给 $F[x]$ 中多项式, $f(x), g(x) \neq 0$, 则有唯一存在的多项式 $q(x)$ 和 $r(x)$ 满足

$$f(x) = g(x)q(x) + r(x), \quad \deg r < \deg g \text{ 或 } r = 0.$$

熟知地, 和整数环 $\mathbb{Z}$ 中的证明完全平行地, 由 $F[x]$ 中的 Euclid 算法我们可证得:

(F1) 多项式 $f(x), g(x)$ 的最大公因式 $(f(x), g(x)) = f(x)s(x) + g(x)t(x), s(x), t(x) \in F[x]$.

(F2) 若 $p(x)$ 是不可约多项式, 且 $p(x) \mid f(x)g(x)$, 则必有 $p(x) \mid f(x)$ 或 $p(x) \mid g(x)$.

(F3) 唯一分解定理

(1) 任一非常数一元多项式 $f(x) = p_1(x)p_2(x) \cdots p_n(x)$, 所有 $p_i(x)$ 都是不可约多项式 (分解的存在性);

(2) 若 $f(x) = p_1(x)p_2(x) \cdots p_n(x) = q_1(x)q_2(x) \cdots q_m(x)$, 所有 $p_i(x), q_j(x)$ 都是不可约多项式, 则必有 $n = m$, 且适当排列后可得对任意 i, 存在 $a_i \in F$, 使得 $p_i = a_i q_i$ (分解的唯一性).

同样地回想一下相应的证明, 你会发现, 由一元多项式 $f(x)$ 的次数 $\deg f(x)$ 的性质 (即 $f(x)$ 是 $g(x)$ 的真因式, 则 $\deg f(x) < \deg g(x)$) 便得 $f(x)$ 的分解的存

在性, 而 Euclid 算法 $\Rightarrow$ (F1) $\Rightarrow$ (F2) $\Rightarrow$ $f(x)$ 分解的唯一性.

关于 $\mathbb{Z}, F[x]$ 我们有下面

命题 3.5.1 (1) 整数环 $\mathbb{Z}$ 中任意理想都是主理想;

(2) 域 F 上一元多项式环 $F[x]$ 中任意理想都是主理想.

证明 (1) 设 I 是 $\mathbb{Z}$ 的非零理想. 那么 I 中存在绝对值最小的非零整数 a (可以不唯一, 任取这样的一个即可). 下面只需证 $I = (a)$. 任取 $b \in I$, 由 Euclid 算法得 $b = qa + r$, 其中 $r = 0$ 或 $0 < r < |a|$. 由于 $r = b - qa \in I$, 故后一种情形由于 a 的选择不可能发生, 即必 $r = 0$, 亦即 $b = qa \in (a)$. 这就证得 $I = (a)$.

(2) 设 I 是 $F[x]$ 的非零理想. 那么 I 中存在次数最小的非零一元多项式 $f(x)$ (可以不唯一, 任取这样的一个即可). 类似地利用 $F[x]$ 的 Euclid 算法容易证明: $I = (f(x))$, 即 I 是一个主理想. □

我们详细地复习了 $\mathbb{Z}$ 和 $F[x]$ 的整除理论之后, 把它推广到一般环上去该不是很困难的事了, 至少是有路可循了. 对非交换环, 或者有非零零因子的环, 对它们讨论整除理论, 因为太泛而不会有好的结果的. 自然地要限制在整环而非域的范围内, 因为对于域而言, 每个非零元是任意元的因子, 因而无整除理论好谈.

3.5.2 整除理论的基本概念

设 R 是整环. 我们首先把 R 的整除理论的基本概念介绍一下.

对 $a, b \in R$, a 整除 b, 记作 $a|b$, 当且仅当 $b = ac$, $c \in R$. 当 $a|b$ 时, 称 a 是 b 的因子, b 是 a 的倍元. 称单位元 1 的因子为环 R 的单位. 注意一个元素是单位当且仅当它是整环中的可逆元, 如 $\mathbb{Z}$ 中的单位是 ± 1, 而 $\mathbb{Q}$ 中的单位是所有的非零有理数等. 如果 $a = \alpha b$, α 是单位, 则称 a, b 为相伴元. 非零元 a 永远有单位及其相伴元为其因子, 这些称为 a 的平凡因子. 没有非平凡因子的非零非单位的元素称为环 R 的既约元.

我们有理想特别是主理想的概念, 主理想 $(a) = \{ra \mid r \in R\} = Ra$ 刚好就是 a 的一切倍元的集合. 因而用主理想的语言去表达上述基本概念是很方便的:

a 整除 b $\Longleftrightarrow$ $b \in Ra$ $\Longleftrightarrow$ $Rb \subseteq Ra$;

α 是环 R 的单位 $\Longleftrightarrow$ $R\alpha = R$;

a, b 相伴 $\Longleftrightarrow$ $Ra = Rb$;

a 是 b 的非平凡因子 $\Longleftrightarrow$ $Rb \subsetneqq Ra \subsetneqq R$;

a 是既约元 $\Longleftrightarrow$ Ra 是极大主理想 (一般不是极大理想, 而是关于主理想是极大的).

在前面的回顾中, 我们特别注意到性质 (Z2) 和 (F2) 对分解的唯一性是至关重要的.

定义 3.5.2   整环 R 中非零非单位的元素 p 称作素元, 如果对任意 $a,b \in R$, 若有 $p \mid ab$ 则必有 $p \mid a$ 或 $p \mid b$.

命题 3.5.3   在整环 R 中, p 是素元当且仅当 (p) 是素理想.

证明 (p) 是素理想 $\iff ab \in (p)$ 则必 $a \in (p)$ 或 $b \in (p)$. 把一个元素属于一个主理想的事实用整除的语言去叙述, 后者就是: 若 $p \mid ab$ 则必 $p \mid a$ 或 $p \mid b$. □

命题 3.5.4   (1) 在整环 R 中, 素元必是既约元;

(2) 在整环 R 中, 若每一既约元都是素元, 则在 R 中元素分解的唯一性成立, 即若 $a = p_1 p_2 \cdots p_s = q_1 q_2 \cdots q_t$, p_i 和 q_j 是既约元, 则必有 $s = t$, 而适当交换顺序后有 p_i 和 q_i 是相伴元.

证明   (1) 由素元和既约元的定义可得.

(2) 和 $\mathbb{Z}$ 中整数分解的唯一性证明是一样的.   □

3.5.3 唯一分解整环、Euclid 整环、主理想整环

我们知道, 在 $\mathbb{Z}$ 和 $F[x]$ 中有了唯一分解定理, 关于整除的一些基本问题, 诸如判断一个元素是否整除另一个元素, 求两个元素的最大公因数、最小公倍式都可以从这些元素的唯一分解式直接读出来. 因而找出一些充分条件以保证一个整环是下面定义的唯一分解整环是我们感兴趣的一个问题.

定义 3.5.5   一个整环 R 称作是唯一分解整环, 如果

(D1) 既约分解的存在性: 任一非零非单位的元素 $a = p_1 p_2 \cdots p_n$, 所有 p_i 都是既约元;

(D2) 既约分解的唯一性: 若 $a = p_1 p_2 \cdots p_n = q_1 q_2 \cdots q_m$, 所有 p_i, q_i 都是既约元, 则必有 $n = m$, 且适当排列后可得对任意 i, 有 p_i 与 q_i 是相伴元.

我们先考察一下既约分解的存在性. 任取 $0 \neq a \in R$, a 不是单位, 问 a 是否为既约元. 若是, 则已得 a 的分解. 若否, 则 $a = a_1 b_1$, 这里 a_1, b_1 是 a 的非平凡因子. 再对 a_1, b_1 问同样的问题, 如此继续下去. 什么时候 a 没有分解式呢? 那就是 a 有非平凡因子 c_1, c_1 有非平凡因子 $c_2, \cdots, c_n$ 有非平凡因子 $c_{n+1}, \cdots$, 这样无限地分解下去. 这种情况, 用理想的语言来表述, 就是存在无限严格递升主理想链

$$(a) \subsetneqq (c_1) \subsetneqq (c_2) \subsetneqq \cdots \subsetneqq (c_n) \subsetneqq \cdots \tag{3.26}$$

排除这种情况的办法就是要求下面条件成立.

定义 3.5.6   称一个环 R 关于主理想满足极大条件 (或升链条件), 如果 R 中

任一无限递升主理想链

$$(c_1) \subseteq (c_2) \subseteq \cdots \subseteq (c_n) \subseteq \cdots \tag{3.27}$$

在有限步必停下来, 即存在 N, 使得 $(c_N) = (c_{N+i})$, $i \in \mathbb{Z}^+$.

由上面的分析我们立即得到

命题 3.5.7　　如果整环 R 关于主理想满足极大条件, 那么 R 有既约分解 (即任一非零非单位的元素可分解为有限多个既约元的乘积).

我们再看既约分解的唯一性. 实际上, 我们有

命题 3.5.8　　如果整环 R 有既约分解, 那么 R 是唯一分解整环当且仅当每个既约元都是素元.

证明　　设 R 是唯一分解整环且 $p \in R$ 是既约元. 如果 $p \mid ab$, 即存在 $c \in R$ 使得 $ab = pc$. 将 a, b, c 分别写成既约因子的乘积即得上面等式两边的既约分解. 由分解的唯一性知 p 与 a 或 b 的某个既约因子相伴. 故 $p \mid a$ 或 $p \mid b$, 即 p 是素元. 反之, 设整环 R 的每个既约元都是素元. 那么对同一个元素的两个既约分解 $p_1 p_2 \cdots p_n = q_1 q_2 \cdots q_m$, 由 p_1 既约从而知它整除某个 q_j, 不妨设为 q_1. 由 q_1 也既约知只能有 p_1 与 q_1 相伴, 即存在单位 u 使得 $p_1 = uq_1$. 故由消去律知 $p_2 p_3 \cdots p_n = (u^{-1} q_2) q_3 \cdots q_m$. 对既约分解中因子个数 n 归纳可得唯一分解性. □

我们在这小节开始时提到, 找出一些充分条件以保证一个整环是唯一分解整环是我们感兴趣的问题. 一个摆在我们面前的这样的充分条件就是 Euclid 算法. 为此需要把 $\mathbb{Z}$ 和 $F[x]$ 都有的 Euclid 算法统一起来, 用一般整环的语言表述出来就行了.

定义 3.5.9　　(1) 称一个整环 R 有 Euclid 除式, 如果

(a) 有一映射

$$\phi: \{R \text{ 的非零元全体}\} \to \mathbb{Z}^+;$$

(b) 任给 R 中元素 $a, b \neq 0$, 则有 $q, r \in R$ 满足

$$a = bq + r, \quad \text{其中 } r = 0 \text{ 或 } r \neq 0 \text{ 但 } \phi(r) < \phi(b). \tag{3.28}$$

(2) 称有 Euclid 除式的整环 R 为 Euclid 整环, 用中文简写为欧氏整环.

当然在 Euclid 整环中, 给了 $a, b \neq 0$, 并没有一个算法可算出满足 (3.28) 式的 q, r, 这和在 $\mathbb{Z}$ 和 $F[x]$ 中有一个 Euclid 算法是不一样的. 在 Euclid 整环中

我们并没有要求满足 (3.28) 式的 q, r 的唯一性, 原因是 (3.28) 式的存在性足以保证 Euclid 整环是一个唯一分解整环. 这就是

定理 3.5.10   Euclid 整环是唯一分解整环.

运用 $\mathbb{Z}$ 和 $F[x]$ 中唯一分解定理的证明思路, 严格用整环中的语言把它们表述出来, 我们就很容易证明上面这个定理. 我们把这工作留给读者. 当然从下面的讨论中, 作为推论也将得到这个定理.

定义 3.5.11   若一个整环的每个理想都是主理想 (即由一个元素生成的理想), 就称之为主理想整环.

命题 3.5.12   Euclid 整环是主理想整环.

证明方法与整数环相应结果的证明类似, 留给读者.

下面证明主理想整环 R 必是唯一分解整环. 先看既约分解性.

命题 3.5.13   主理想整环 R 关于主理想满足极大条件. 特别地, 在主理想整环 R 中每一非零非单位的元素都可表成一些既约元的乘积.

证明   在 R 中任取一无限递升主理想链 (3.27). 令 $I = \bigcup\limits_i (c_i)$. 易知 I 是一个理想. 但依定义, 在主理想环 R 中, 每一理想都是主理想, 故由 R 是主理想整环知 $I = (b), b \in R$. 由 $b \in I$ 而 I 是 (c_i) 的并集, 故必存在一 N 使 $b \in (c_N)$. 这样 $(b) \subseteq (c_N) \subseteq I = (b)$, 从而 $(c_N) = (c_{N+i}), i \in \mathbb{Z}^+$, 即整环 R 对主理想满足极大条件. 由命题 3.5.7 知 R 中每一非零非单位的元素都可表成一些既约元的乘积. □

其次来考察主理想整环的既约分解的唯一性. 过去关于 $\mathbb{Z}$ 和 $F[x]$ 的讨论中, 我们都熟悉: 命题 (Z1)((F1))$\Rightarrow$ 命题 (Z2)((F2))$\Rightarrow$ 分解的唯一性的推导过程. 就是说, 如果对一个整环我们能有类似 (Z1) 和 (F1) 的命题, 那就驾轻就熟地可以由之得到类似 (Z2) 和 (F2) 的命题, 以及分解的唯一性. 下面就来做这件事.

在一个整环 R 中, 称元素 d 是 a, b 的公因子, 如果 $d \mid a, d \mid b$. 称 a, b 的一个公因子 d 为极大公因子, 如果对 a, b 的任意公因子 c 都有 $c \mid d$. 易见 a, b 的极大公因子不是唯一的, 但它们必是相伴的. 在这种意义下, 我们用 (a, b) 表示 a, b 的极大公因子. 若 $(a, b) = 1$ (或单位), 则称 a, b 互素.

根据理想的定义, 可直接验证下面

引理 3.5.14   在一个环中, 两个理想 I, J 之和 $I + J = \{x + y \mid x \in I, y \in J\}$ 仍是 R 的理想. 特别地, 当 R 是有 1 的交换环时, 有主理想之和 $(a) + (b) = \{xa + yb \mid x, y \in R\}$ 仍是理想, 但一般不一定是主理想.

命题 3.5.15 在主理想整环 R 中, 极大公因子 (a,b) 可表成 a,b 的 R-线性和, 即存在 $s,t \in R$ 使得 $(a,b) = sa + tb$.

证明 主理想 $(a),(b)$ 之和 $(a)+(b)$ 是 R 的一个理想, 但 R 是主理想整环, 故有 $d \in R$ 使得 $(a)+(b) = (d)$, 因而存在 $s,t \in R$, 使得 $d = sa+tb$. 由于 $a \in (d), b \in (d)$, 故 $d \mid a, d \mid b$, 即 d 是 a,b 的一个公因子. 但另一方面, $d = sa+tb$, 由之显然有 a,b 的公因子 c 必是 d 的因子, 即得 d 就是 a,b 的一个极大公因子. □

由这个命题读者可以容易地得下面两命题.

命题 3.5.16 在主理想整环 R 中, 既约元都是素元.

命题 3.5.17 在主理想整环 R 中, 元素分解的唯一性成立.

命题 3.5.13 和上命题合在一起便是

定理 3.5.18 主理想整环是唯一分解整环.

这样我们有 Euclid 整环类 $\subseteq$ 主理想整环类 $\subseteq$ 唯一分解整环类. 下一小节中将会看到, 整系数多项式环 $\mathbb{Z}[x]$ 是唯一分解整环, 但请读者证明它中由 2 和 x 生成的理想 $(2,x)$ 不是主理想, 即 $\mathbb{Z}[x]$ 不是主理想整环. 可见上述第二个包含关系是真包含关系. 实际上, 上述第一个包含关系也是真包含关系, 但要找出例子不太容易.

在完成 $\mathbb{Z}$ 和 $F[x]$ 的整除理论之后, 接着很自然地是对下列诸具体整环讨论整除问题: 与整数环 $\mathbb{Z}$ 最接近的二次实数环 $\mathbb{Z}[\sqrt{d}] = \{a + b\sqrt{d} \mid a,b \in \mathbb{Z}\}$ 和二次复数环 $\mathbb{Z}[\sqrt{-d}] = \{a + b\sqrt{-d} \mid a,b \in \mathbb{Z}\}$, 这里 d 为无平方因数的正整数; 域 F 上的多元多项式环 $F[x_1, x_2, \cdots, x_n]$, 以及 $\mathbb{Z}$ 上一元多项式环 $\mathbb{Z}[x]$. 现在就来逐一讨论.

设 d 是无平方因数的正整数, 下面讨论二次复数环 $\mathbb{Z}[\sqrt{-d}]$ 的整除理论.

易知 $\mathbb{Z}[\sqrt{-d}]$ 的分式域是二次复数域 $\mathbb{Q}[\sqrt{-d}] = \{a + b\sqrt{-d} \mid a,b \in \mathbb{Q}\}$. 对 $x \in \mathbb{Q}[\sqrt{-d}]$ 用 $\overline{x}$ 表复数 x 的共轭复数, 规定 $x = a + b\sqrt{-d}$ 的范数

$$N(x) = x\overline{x} = a^2 - b^2\sqrt{-d}^2 = a^2 + b^2 d.$$

显然 $N(x) \geqslant 0$ 并且 $N(x) = 0 \iff x = 0$. 另外易知

$$N(xy) = N(x)N(y), \quad \forall x,y \in \mathbb{Q}[\sqrt{-d}].$$

而当 $0 \neq x \in \mathbb{Z}[\sqrt{-d}]$ 时, $N(x)$ 是正整数. 容易证明下面

命题 3.5.19 设 d 是无平方因数的正整数, 在二次复数环 $\mathbb{Z}[\sqrt{-d}]$ 中有

(1) 对任意正整数 n, $N(x) = n$ 的 x 只有有限多个;

(2) x 是单位当且仅当 $N(x) = 1$, 随之只有有限个单位;

(3) 与 x 相伴的元素只有有限多个;

(4) 任取 $0 \neq x \in \mathbb{Z}[\sqrt{-d}]$, 则 x 的因子只有有限多个;

(5) $\mathbb{Z}[\sqrt{-d}]$ 中任意非零非单位的元素都可分解成既约元的乘积.

Gauss 第一个深入地研究了 $\mathbb{Z}[i]$ (即上面的 $d = 1$ 的情形). 这就开始了现在称之为代数数论的研究, 后人称 $\mathbb{Z}[i]$ 为 Gauss 整数环.

定理 3.5.20   Gauss 整数环 $\mathbb{Z}[i]$ 是 Euclid 整环, 因而是唯一分解整环.

证明   我们的范数 $N(x)$ 给出 $\mathbb{Z}[i] \setminus \{0\}$ 到 $\mathbb{Z}^+$ 的一个映射. 今证 $\mathbb{Z}[i]$ 有 Euclid 除式. 任取 $\alpha, 0 \neq \beta \in \mathbb{Z}[i]$, 要证必有 $\delta, \gamma \in \mathbb{Z}[i]$ 使得 $\alpha = \beta\delta + \gamma$ 且 $N(\gamma) < N(\beta)$ 或 $\gamma = 0$ (即 $N(\gamma) = 0$). 在 $\mathbb{Z}[i]$ 的分式域 $\mathbb{Q}[i] = \{a + bi \,|\, a, b \in \mathbb{Q}\}$ 中, 设 $\dfrac{\alpha}{\beta} = a + bi \in \mathbb{Q}[i]$. 那么存在整数 s, t 使得 $|a - s| \leqslant \dfrac{1}{2}, |b - t| \leqslant \dfrac{1}{2}$. 令 $\delta = s + ti \in \mathbb{Z}[i]$. 那么有

$$N\left(\frac{\alpha}{\beta} - \delta\right) = N((a - s) + (b - t)i)$$

$$= (a - s)^2 + (b - t)^2 \leqslant \frac{1}{2} < 1.$$

取 $\gamma = \alpha - \beta\delta \in \mathbb{Z}[i]$. 故 $N\left(\dfrac{\gamma}{\beta}\right) = N\left(\dfrac{\alpha}{\beta} - \delta\right) < 1$, 即 $N(\gamma) < N(\beta)$. 这就证明了 $\mathbb{Z}[i]$ 是 Euclid 整环. $\qquad\square$

下面例子说明, 有许多二次复数环 $\mathbb{Z}[\sqrt{-d}]$ 不是唯一分解整环.

例 3.5.1   在 $\mathbb{Z}[\sqrt{-5}]$ 中, 数 6 有两个分解

$$6 = 1 - (-5) = (1 + \sqrt{-5})(1 - \sqrt{-5}), \qquad 6 = 2 \cdot 3.$$

利用范数, 不难得到 $\mathbb{Z}[\sqrt{-5}]$ 中的单位 $\alpha = a + b\sqrt{-5}$ 满足

$$N(\alpha) = N(a + b\sqrt{-5}) = a^2 + b^2 5 = 1,$$

故只有两个单位 ± 1. 而 $N(2) = 4, N(3) = 9, N(1 + \sqrt{-5}) = 6 = N(1 - \sqrt{-5})$. 且 $\mathbb{Z}[\sqrt{-5}]$ 中不存在数 α, 使 $N(\alpha) = 2$ 或 $N(\alpha) = 3$, 故知 $2, 3, 1 + \sqrt{-5}, 1 - \sqrt{-5}$ 都是既约元, 且这四个数间并没有相伴关系. 这就说明 $\mathbb{Z}[\sqrt{-5}]$ 中 6 的既约元分解不唯一.

类似地, 在 $\mathbb{Z}[\sqrt{-13}]$ 中我们有

$$14 = 1 + 13 = (1 + \sqrt{-13})(1 - \sqrt{-13}) = 2 \cdot 7,$$

即 14 有两种本质上不同的既约元的分解.

作为练习当 $d = 4n + 1, n > 0$ 时, 考虑 $1 + d$ 的分解, 可以证明 $\mathbb{Z}[\sqrt{-d}]$ 不是唯一分解整环.

3.5.4 多项式环的整除理论

现在来讨论多项式环, 特别是 $\mathbb{Z}[x]$ 以及域 F 上多项式环 $F[x_1, x_2, \cdots, x_n]$ 的唯一分解问题. 由于 $F[x_1, x_2] = F[x_1][x_2]$, 故可归结为: 假设 R 是唯一分解整环, 问 $R[x]$ 是否仍为唯一分解整环. 当然也可以问: 若 R 是 Euclid 整环或主理想整环, $R[x]$ 是否也是. 但从 $\mathbb{Z}[x]$ 不是主理想环, 可知后面问题不会有肯定结果.

下面证明: $\mathbb{Z}[x]$ 是唯一分解整环.

取 $\mathbb{Z}$ 的分式域 $\mathbb{Q}$, $\mathbb{Z}[x]$ 当然是 $\mathbb{Q}[x]$ 的一个子环. $\mathbb{Q}[x]$ 是唯一分解整环. 因而证明的关键在于: $\mathbb{Z}[x]$ 中非常数的既约多项式是否仍是 $\mathbb{Q}[x]$ 的既约多项式.

任取 $f(x) \in \mathbb{Z}[x]$. 把 $f(x)$ 的所有系数的最大公因数提出来便得 $f(x) = ag(x)$, 其中 $g(x) \in \mathbb{Z}[x]$, 而其所有系数的最大公因数为 1, 这个概念很有用, 写成

定义 3.5.21   对 $g(x) \in \mathbb{Z}[x]$, 若 $g(x)$ 的所有系数的最大公因数为 1, 就称 $g(x)$ 为本原多项式.

$\mathbb{Z}[x]$ 中的既约元可分两类: 常数既约元, 这就是 $\mathbb{Z}$ 中的正、负素数, 还有就是次数 $\geqslant 1$ 的既约多项式 $g(x)$, 显然这时 $g(x)$ 必是一个本原多项式.

先讨论分解的存在性. 任取非零非单位的多项式 $f(x) \in \mathbb{Z}[x]$. 由上知 $f(x) = ag(x)$, $a \in \mathbb{Z}$, 而 $g(x)$ 是本原多项式. 显然 a 可表为 $\mathbb{Z}[x]$ 中常数既约元的乘积. 另一方面, 本原多项式 $g(x)$ 没有常数既约元作为其因子, 其因子只能是次数 $\geqslant 1$ 的整系数多项式, 利用多项式的次数可知 $g(x)$ 最多可分解 $\deg g(x)$ 个因子的乘积而不会无限制的分解下去. 合起来便得 $f(x)$ 可分解成既约元的乘积.

再讨论分解的唯一性. 这本质上就是要证: $\mathbb{Z}[x]$ 的非常数的本原多项式 $g(x)$, 若在 $\mathbb{Z}[x]$ 中是既约元, 则在 $\mathbb{Q}[x]$ 中 $g(x)$ 也是既约元. 用反证法, 设 $g(x)$ 在 $\mathbb{Q}[x]$ 中可约, 即有 $g(x) = s(x)t(x)$, $s(x), t(x) \in \mathbb{Q}[x]$, 它们的次数 $\geqslant 1$. 对 $s(x), t(x)$ 处理一下, 就可得 $s(x) = qs_0(x)$, $t(x) = rt_0(x)$, 其中 $q, r \in \mathbb{Q}$, 而 $s_0(x), t_0(x)$ 是 $\mathbb{Z}[x]$ 中的本原多项式. 这样

$$ag(x) = bs_0(x)t_0(x), \qquad a, b \in \mathbb{Z}, a, b \text{ 互素}.$$

由之得 b 整除 $ag(x)$ 的每一个系数, 但 b, a 互素, 故 b 整除 $g(x)$ 的每一系数. 但 $g(x)$ 是本原多项式, 这样必有 $b = \pm 1$, 如果我们能证: 两个本原多项式 $s_0(x), t_0(x)$ 的乘积仍是本原多项式, 则重复刚作的讨论可得 $a = \pm 1$. 这样也就得 $g(x)$ 在 $\mathbb{Z}[x]$ 中

是可分解的, 这与 $g(x)$ 是 $\mathbb{Z}[x]$ 的既约多项式相矛盾. 这也就完成了 $g(x)$ 在 $\mathbb{Q}[x]$ 中也是既约元的证明.

Gauss 引理   设 $s(x), t(x) \in \mathbb{Z}[x]$. 则 $s(x), t(x)$ 是本原多项式当且仅当 $s(x)t(x)$ 是本原多项式.

证明   只需证 $s(x), t(x)$ 是本原多项式, 则 $s(x)t(x)$ 也是. 介绍两个证法.

证法 1   设 $s(x) = a_0 + a_1 x + \cdots + a_n x^n$, $t(x) = b_0 + b_1 x + \cdots + b_m x^m$. 而

$$s(x)t(x) = c_0 + c_1 x + \cdots + c_{n+m} x^{n+m}.$$

只需证明对任一素数 p, 必有一系数 c_k, $p \nmid c_k$. 由于 $s(x), t(x)$ 是本原多项式, 它们必有系数不能被 p 整除. 设第一个不被 p 整除的系数分别为 a_i 和 b_j, 即 $p \mid a_l, l < i$ 和 $p \mid b_k, k < j$, 且 $p \nmid a_i$ 和 $p \nmid b_j$, 此时令 $k = i + j$, 考察

$$c_k = a_i b_j + a_{i+1} b_{j-1} + \cdots +$$
$$a_k b_0 + a_{i-1} b_{j+1} + a_{i-2} b_{j+2} + \cdots + a_0 b_k.$$

上式右侧中除 $a_i b_j$ 外其余各项均被 p 整除, 但 $p \nmid a_i b_j$, 因而 $p \nmid c_k$.

证法 2   对任一素数 p, 考虑有限域 $\mathbb{Z}_p = \mathbb{Z}/(p) = \{\overline{n} = n + (p) \mid n \in \mathbb{Z}\}$. 提醒一下: $\overline{n} = \overline{0}$ 当且仅当 $p \mid n$. 我们知道有同态对应

$$\phi : \mathbb{Z} \to \mathbb{Z}_p = \mathbb{Z}/(p)$$
$$n \mapsto \overline{n}.$$

利用 ϕ 可得如下 $\mathbb{Z}[x]$ 到 $\mathbb{Z}_p[x]$ 上的一个映射, 仍记作

$$\phi : \qquad \mathbb{Z}[x] \to \mathbb{Z}_p[x]$$
$$a_0 + a_1 x + \cdots + a_m x^m \mapsto \overline{a_0} + \overline{a_1} x + \cdots + \overline{a_m} x^m.$$

直接验证可知 ϕ 是环 $\mathbb{Z}[x]$ 到环 $\mathbb{Z}_p[x]$ 上的同态. 任取 $f(x) \in \mathbb{Z}[x]$, 易知 $\phi(f(x)) = 0$ 当且仅当 p 整除 $f(x)$ 的每一个系数.

设 $s(x), t(x)$ 是 $\mathbb{Z}[x]$ 中两个本原多项式. 此时 $\phi(s(x)) \neq 0$, $\phi(t(x)) \neq 0$. 由于 $\mathbb{Z}_p[x]$ 是一个整环, 因而没有零因子, 所以

$$\phi(s(x)t(x)) = \phi(s(x)) \cdot \phi(t(x)) \neq 0,$$

即多项式 $s(x)t(x)$ 的系数 c_i 有不被 p 整除的. 但这里 p 可以是任意素数, 即证得所有系数 c_i 的最大公因数为 1, 即 $s(x)t(x)$ 是本原多项式.   □

比较一下两个证法是有趣的. 第一个证法突出一个具体技巧, 而第二个证法则借用数论中的一个一般技巧: 把整数的问题转移到 $\mathbb{Z}_p$ 上去看一看.

有了 Gauss 引理, 以及它前面的一些讨论便得

命题 3.5.22   设 $g(x)$ 是 $\mathbb{Z}[x]$ 中非常数本原多项式. 则 $g(x)$ 是 $\mathbb{Z}[x]$ 的既约元当且仅当 $g(x)$ 是 $\mathbb{Q}[x]$ 的既约元.

定理 3.5.23 $\mathbb{Z}[x]$ 是唯一分解环.

证明   上面已证既约分解的存在性. 今证既约分解的唯一性. 由命题 3.5.8, 只需证明 $\mathbb{Z}[x]$ 中既约元是素元.

设 $p(x) \in \mathbb{Z}[x]$ 是既约元. 由上面的讨论知 $p(x)$ 是本原多项式, 并且它在 $\mathbb{Q}[x]$ 也是既约元, 从而在 $\mathbb{Q}[x]$ 中是素元. 设 $s(x), t(x) \in \mathbb{Z}[x]$ 并且 $p(x) \mid s(x)t(x)$. 那么该整除关系在 $\mathbb{Q}[x]$ 中自然也成立. 故在 $\mathbb{Q}[x]$ 中, 有 $p(x) \mid s(x)$ 或 $p(x) \mid t(x)$. 如果在 $\mathbb{Q}[x]$ 中有 $p(x) \mid s(x)$, 那么由 $s(x)$ 的系数的极大公因子在 $\mathbb{Q}[x]$ 中是单位, 不妨设 $s(x)$ 是本原多项式. 故存在 $\mathbb{Q}[x]$ 中 $g(x)$ 使得 $s(x) = g(x)p(x)$. 令 $g(x) = \frac{b}{a}h(x)$, 其中 $a, b \in \mathbb{Z}$ 且 $h(x)$ 是整系数的本原多项式. 故在 $\mathbb{Z}[x]$ 中有 $as(x) = bh(x)p(x)$. 注意到 $s(x)$ 是本原多项式, 并且依 Gauss 引理知 $h(x)p(x)$ 也是本原多项式. 从而易知 (类似前面的讨论) 整数 a 和 b 在 $\mathbb{Z}[x]$ 中必相伴. 由此易知 $s(x)$ 与 $h(x)p(x)$ 在 $\mathbb{Z}[x]$ 中也必相伴. 故在 $\mathbb{Z}[x]$ 中有 $p(x) \mid s(x)$. 类似地可证, 如果在 $\mathbb{Q}[x]$ 中有 $p(x) \mid t(x)$, 那么在 $\mathbb{Z}[x]$ 中有 $p(x) \mid t(x)$. 这就证明了 $p(x)$ 是 $\mathbb{Z}[x]$ 中的素元.   □

掌握上面这个 $\mathbb{Z}[x]$ 的定理的证明思路, 就可类似地证明 (留给读者) 下面的

定理 3.5.24   若 R 是唯一分解整环, 则 $R[x]$ 也是唯一分解整环.

推论 3.5.25   域 F 上多项式环 $F[x_1, x_2, \cdots, x_n]$ 是唯一分解整环.

至此我们结束关于整环的整除理论的介绍. 应该提一下的是: 整环的唯一分解定理 (算术基本定理) 对于整环的整除问题的讨论有点类似复数域的代数基本定理对于多项式根的讨论, 只是理论上一个保证, 还有很多事情要做. 例如, 二次代数整数环 (或者 $\mathbb{Z}[x]$, 或者 $F[x_1, x_2, \cdots, x_n]$) 中既约元是什么样子, 给出了一个元素会具体找出既约分解式吗? 这些通常是很难的事情, 很多问题都还没有得到解决.

练习

1. 在 Gauss 整数环 $\mathbb{Z}[i]$ 中. 证明:

(1) $a + bi$ 是单位的充要条件是 $|a + bi| = 1$, 这里 $|a + bi|$ 是 $a + bi$ 的模, 并且

求 $\mathbb{Z}[i]$ 的所有单位;

(2) $1-2i$ 是既约元.

2. 证明: $\mathbb{Z}[\sqrt{2}] = \{a + b\sqrt{2} \,|\, a, b \in \mathbb{Z}\}$ 是 Euclid 整环.

3. 证明: Euclid 整环是主理想整环.

4. 证明: 主理想整环模去一个素理想的商环是主理想整环.

5. 证明: 在唯一分解整环 R 中, 任意两个元素都有极大公因子.

6. 设 R 是唯一分解整环, $0 \neq a \in R$, 则环 R 仅有有限个含 a 的主理想.

本 章 习 题

1. 证明下列环同构:

(1) $\mathbb{Z}[i]/(3+i) \cong \mathbb{Z}_{10}$;

(2) $\mathbb{R}[x]/(1+x^2) \cong \mathbb{C}$.

2. 设环 A 仅有有限多个理想, ϕ 是 A 的满自同态. 证明: ϕ 是自同构.

3. (华罗庚) 设 ϕ 是环 R 到环 R' 的映射, 使得对于任意 $a, b \in R$, 有 $\phi(a+b) = \phi(a) + \phi(b)$ 和 $\phi(ab) = \phi(a)\phi(b)$ 或者 $\phi(ab) = \phi(b)\phi(a)$. 证明: ϕ 是环同态, 或者 ϕ 是环反同态 (即对任意 $a, b \in R$, 有 $\phi(a+b) = \phi(a) + \phi(b), \phi(ab) = \phi(b)\phi(a)$).

4. 设 R 为交换环, N 为环 R 中所有幂零元的集合, 即 $N = \{a \in R \,|\,$ 存在 $n \in \mathbb{Z}^+$, 使得 $a^n = 0\}$. 证明: N 是环 R 的理想, 且 R/N 不含非零的幂零元.

5. 设 $\phi: R \to R'$ 是环的满态, $K = \text{Ker}\,\phi$. 证明:

$$R[x]/K[x] \cong R'[x].$$

6. 设 $\mathbb{H}$ 是四元数代数, $\{1, i, j, k\}$ 是 $\mathbb{H}$ 的一组 $\mathbb{R}$-基 (如例 3.2.2 所述).

(1) 证明: $\mathbb{H}$ 中元素可写为 $\alpha + \beta j$, 其中 $\alpha = a + bi$, $\beta = c + di$, $a, b, c, d \in \mathbb{R}$, 且 $j\alpha = \overline{\alpha} j$;

(2) 令 $D = \left\{ \begin{pmatrix} \alpha & \beta \\ -\overline{\beta} & \overline{\alpha} \end{pmatrix} \,\middle|\, \alpha, \beta \in \mathbb{C} \right\}$, 证明: D 是 $M_2(\mathbb{C})$ 的子环, 且有环同构 $\mathbb{H} \cong D$;

(3) $\mathbb{H}$ 中由 $1, j$ 生成的子环记为 $\langle 1, j \rangle$, 证明: 存在环同构 $\langle 1, j \rangle \cong \mathbb{C}$;

(4) $x^2 + 1$ 在 $\mathbb{H}$ 中有无穷多个根.

7. 设 R 是有 1 的环, I 是环 R 的理想. 证明:

(1) $M_n(I)$ 是 $M_n(R)$ 的一个理想;

(2) $M_n(R)$ 中的每个理想都具有形式 $M_n(I)$, 其中 I 是环 R 的一个理想;

(3) $M_n(R)/M_n(I) \cong M_n(R/I)$.

8. (中国剩余定理) 设 $A_1, A_2, \cdots, A_n$ 是环 R 的理想, 并且对任意 $i(1 \leqslant i \leqslant n)$ 有 $R^2 + A_i = R$ (注意当环 R 有 1 时这项自动成立) 和对任意 $1 \leqslant i \neq j \leqslant n$, 有 $A_i + A_j = R$. 证明:

(1) 对任意 $k, 1 \leqslant k \leqslant n$, 有 $R = A_k + \bigcap\limits_{\substack{i=1 \\ i \neq k}}^{n} A_i$;

(2) 对任意给定的 $b_1, b_2, \cdots, b_n \in R$, 存在 $b \in R$, 使得对任意 $i(1 \leqslant i \leqslant n)$ 有 $b - b_i \in A_i$;

(3) 对 (2) 中 $b_1, b_2, \cdots, b_n \in R$, 若存在 $c \in R, c \neq b$, 且对任意 $i(1 \leqslant i \leqslant n)$ 有 $c - b_i \in A_i$, 则 $b - c \in \bigcap\limits_{i=1}^{n} A_i$.

9. 设 $m_1, m_2, \cdots, m_n$ 是正整数, 且对任意 $1 \leqslant i \neq j \leqslant n$. 有 $(m_i, m_j) = 1$. 证明: 如果 $b_1, b_2, \cdots, b_n \in \mathbb{Z}$, 则同余方程 $x \equiv b_i \,(\mathrm{mod}\, m_i)(1 \leqslant i \leqslant n)$ 有整数解, 并且解是由模 $m = m_1 m_2 \cdots m_n$ 唯一确定.

10. 证明: 不存在只含 6 个元素的没有非零零因子的环.

11. 设 R 是交换环, M 为环 R 的极大理想, R/M 不为域. 证明: $(R/M)^2 = 0$.

12. 设 A, B 是环 R 的理想, P 是 R 的素理想, $A \cap B \subseteq P$. 证明: $A \subseteq P$ 或 $B \subseteq P$.

13. 设 R 是交换环, $P_1, P_2, \cdots, P_r$ 是环 R 的素理想, A 是环 R 的理想. 证明: 如果 $A \subseteq P_1 \cup P_2 \cup \cdots \cup P_r$, 则存在 $i(1 \leqslant i \leqslant r)$ 使得 $A \subseteq P_i$.

14. 设 R 是整环, F 是其分式域. 设 P 是环 R 的一个素理想, 定义 $R_P = \left\{ \dfrac{a}{d} \in F \,\middle|\, a, d \in R, d \notin P \right\}$.

(1) 证明 R_P 是域 F 的子环;

(2) 求 R_P 的所有极大理想.

15. 设 R 是有 1 的环. 证明环 R 有极大理想. (提示: 利用 Zorn 引理.)

16. 在整环 $\mathbb{Z}[\sqrt{-5}] = \{a + b\sqrt{-5} \,|\, a, b \in \mathbb{Z}\}$ 中, $a = 2 + \sqrt{-5}$ 是既约元, 但不是素元.

17. 证明: 在环 $R = \mathbb{Z}[\sqrt{10}] = \{a + b\sqrt{10} \,|\, a, b \in \mathbb{Z}\}$ 中,

(1) 映射 $\phi : R \to \mathbb{Z}, a + b\sqrt{10} \mapsto (a + b\sqrt{10})(a - b\sqrt{10}) = a^2 - 10b^2$, 满足 $\phi(xy) = \phi(x)\phi(y)$, 且 $\phi(x) = 0$ 当且仅当 $x = 0$;

(2) x 是环 R 中可逆元的充要条件是 $\phi(x) = \pm 1$;

(3) $2, 4 + \sqrt{10}$ 是环 R 中既约元;

(4) $2, 4 + \sqrt{10}$ 不是环 R 中素元;

(5) 环 R 中每个非零非单位的元素都可以分解成为既约元的乘积, 但分解未必唯一.

18. 写出环 $\mathbb{Z}/(15)$ 的所有自同态, 并确定出其自同构群.

19. 求 Gauss 整数环的商环 $\mathbb{Z}[i]/(1+3i)$ 的所有理想.

20. 设 R 是整环, 但非域. 记 $R[x]$ 为环 R 上的一元多项式环. 证明 $R[x]$ 不是主理想整环.

21. 设 $\mathbb{R}[x]$ 为实系数一元多项式环, 求证此环的极大理想之集合与上半平面 $\{(a,b) \mid a,b \in \mathbb{R}, b \geqslant 0\}$ 的点集之间存在一个一一对应.

第 四 章

域论基础

本章主要讨论有限次扩域、一元多项式的分裂域、给出有限域的结构定理、Galois 群等. 作为应用将讨论几何中三大尺规作图不能问题.

§4.1　域

我们已有抽象域的概念, 并且已接触过许多具体域, 如数域 $\mathbb{Q}, \mathbb{R}, \mathbb{C}$ 以及有限域 $\mathbb{Z}_p$ 等. 我们还知道两个获得新域的方法 (下面常用到): 一个是已知整环 R 关于其极大理想 I 的商环 R/I 是域, 如有限域 $\mathbb{Z}_p = \mathbb{Z}/(p)$ 就是这样得到的; 另一个是已知整环 R 可得到它的分式域, 如域 F 上多项式环 $F[x]$ 的分式域

$$F(x) = \left\{ \frac{f(x)}{g(x)} \,\middle|\, f(x), g(x) \in F[x], g(x) \neq 0 \right\}$$

和 $F[x_1, x_2, \cdots, x_n]$ 的分式域

$$F(x_1, x_2, \cdots, x_n) = \left\{ \frac{f}{g} \,\middle|\, f, g \in F[x_1, x_2, \cdots, x_n], g \neq 0 \right\}.$$

域是特殊的有 1 的交换环, 因而关于环的一切概念, 诸如子环、理想、同态等都可对域使用. 称域 K 的子环 F 是 K 的子域, 如果 F 本身是一个域且 F 和 K 有相同的单位元 1. 与同态联系紧密的理想概念对环而言是重要的, 然而对于域 F 而言它是平凡的: 域 F 只有平凡理想 0 和 F. 随之, 如果有环同态 $\phi: F \to R$, 而 F 是域, 那么理想 $\mathrm{Ker}\,\phi = 0$ 或 $\mathrm{Ker}\,\phi = F$. 故知 ϕ 或是域 F 到环 R 的一个子环上的同构, 或 ϕ 将整个 F 映到 0. 这样, 两个域 F, K 之间真正有意思的同态只有一个, 就是 F 和 K 的一个子域同构.

4.1.1 扩域

若 $F \subseteq K, F, K$ 是域, 我们称 K 是 F 的扩域, 而称 F 为基本域, 记作 K/F, 也称为域扩张. 若 K 的子域 T 介于域 F 与 K 之间, 即 $F \subseteq T \subseteq K$, 则称 T 为中间域. 在本节中我们将讨论的问题是: 扩域 K 关于基本域 F 的结构问题, 以及满足一定性质的扩域 K 的存在问题.

在群论中常是给定群 G 而研究 G 的子群, 如有限群的 Sylow 子群的存在性等. 在域论中刚好相反, 常是给定基本域 F 而讨论其扩域 K 的某些性质. 如果考虑到任何域都可看成素域 $\mathbb{Q}$ 或 $\mathbb{Z}_p$ 的扩域, 以及我们感兴趣的分裂域 K 是 $f(x)$ 之系数所在域 F 的扩域, 那么, 域论中的主要概念都是相对于一个取定的基本域 F 而引入的. 如果已知 K 是 F 的扩域, 我们只对中间域感兴趣.

设 K 是域 F 的一个扩域, S 是 K 的一个子集, 我们用 $F(S)$ 表示 K 的含 $F \cup S$ 的最小子域, 称为把 S 添加到基本域 F 上而得到的中间域. 下面看一下 $F(S)$ 是由什么样的一些元素组成的.

设 $F[S]$ 表示一切域 F 上以 S 中元素为 "变元" 的多项式

$$\sum f_\alpha s_1^{\alpha_1} s_2^{\alpha_2} \cdots s_m^{\alpha_m} \qquad \forall s_i \in S, \alpha_i \in \mathbb{Z}_{\geqslant 0} \tag{4.1}$$

的全体. 这里 $\alpha = (\alpha_1, \alpha_2, \cdots, \alpha_m)$, $f_\alpha \in F$. 直接验证知 $F[S]$ 是 K 的子环, 显然 $F[S] \subseteq F(S)$. 设

$$T = \{uv^{-1} \mid u, v \in F[S], v \neq 0\}, \tag{4.2}$$

易见 $T \subseteq F(S)$. 另一方面易知 T 是子域, $F \subseteq T, S \subseteq T$, 故由 $F(S)$ 是含 $F \cup S$ 的最小子域知 $F(S) \subseteq T$. 故得 $F(S) = T$. 这样 $F(S)$ 是由形如 (4.2) 式的元素组成的, 即 $F(S)$ 是由域 F 上 S 的 "有理式" 组成的.

命题 4.1.1 设 $F \subseteq K, F, K$ 是域, $S_1 \subseteq K, S_2 \subseteq K$. 则有

$$F(S_1)(S_2) = F(S_1 \cup S_2).$$

这个结论用话来说就是: 先把 S_1 添加到域 F 上, 然后再把 S_2 添加到域 $F(S_1)$ 上去, 就等于把 $S_1 \cup S_2$ 一下子添加到域 F 上去. 想起来, 这当然是对的. 但要证明它, 只能严格按照它们的定义去推导.

证明 显然 F, S_1, S_2 含在域 $F(S_1)(S_2)$ 内, 另一方面, $F(S_1 \cup S_2)$ 是含 $F, S_1 \cup S_2$ 的最小子域, 故有 $F(S_1 \cup S_2) \subseteq F(S_1)(S_2)$. 类似地可证 $F(S_1)(S_2) \subseteq F(S_1 \cup S_2)$. 两个包含关系合起来, 便得要证的结论. □

定义 4.1.2 当 S 是有限集时, 称 $K = F(S)$ 为 F 的有限生成扩域. 当 $S = \{\alpha\}$ 是一个元素时, 称 $F(\alpha)$ 为 F 的单扩域.

由上命题知: $F(\alpha_1, \alpha_2, \cdots, \alpha_n) = F(\alpha_1)(\alpha_2) \cdots (\alpha_n)$, 即有限生成扩域可归结为在一些域上连续作单扩域.

4.1.2 有限次扩域

设 F, K 是域, 当 $F \subseteq K$ 时, 可把 K 自然地解释成为域 F 上的一个线性空间: $(K, +)$ 是一个加群而数乘运算 $a\alpha\,(a \in F, \alpha \in K)$ 就用域 K 中的乘法. 直接验证知 F-线性空间的一切要求都是满足的. 扩域 K 是基本域 F 上的线性空间, 这样我们就可把线性空间的知识、概念拿来自由使用了. 用 $[K : F]$ 表示 F-线性空间 K 的维数.

定义 4.1.3 设 F, K 是域, 当 $[K : F] = n$ 时, 称 K 为域 F 的 n 次扩域; 当 $[K : F] = \infty$ 时称 K 为域 F 的无限次扩域. 称 $[K : F]$ 为扩域 K 的 F-次数 (或简称次数).

关于扩域 K 的次数, 有下面常用到的基本事实.

命题 4.1.4 (扩域的次数公式) 设 $F \subseteq H \subseteq K$, 并且 F, H, K 都是域. 如果 $[K : F]$ 有限, 那么有

$$[K : F] = [K : H][H : F].$$

证明 设 $[K : H] = n$, $[H : F] = m$. 设 $k_1, k_2, \cdots, k_n$ 是 H-线性空间 K 的一组基, $h_1, h_2, \cdots, h_m$ 是 F-线性空间 H 的一组基. 只需证 $\{h_i k_j\}(1 \leqslant i \leqslant m, 1 \leqslant j \leqslant n)$ 是 F-线性空间 K 的一组基. 容易看到它们是 F-线性空间 K 的一个生成元集. 它们还是 F-线性无关的, 这是因为, 若有 $a_{ij} \in F$ 使 $\sum\limits_{i,j} a_{ij} h_i k_j = 0$, 则由

$$\sum_j \left(\sum_i a_{ij} h_i \right) k_j = 0, \qquad \sum_i a_{ij} h_i \in H,$$

以及 $\{k_j\}$ 是 H-线性无关的, 得到对所有 j,

$$\sum_i a_{ij} h_i = 0, \qquad a_{ij} \in F.$$

注意到 $\{h_i\}$ 是 F-线性无关的, 由上式便得对任意 i, j, 有 $a_{ij} = 0$. 这样就证明了 $\{h_i k_j\}$ 是 F-线性空间 K 的一组基. $\qquad\square$

4.1.3 代数扩域

研究扩域 K 的结构, 考虑 K 中元素相对于基本域 F 的性质是重要的. 这里自然的样板是代数数和超越数的概念, 即复数相对于有理数域 $\mathbb{Q}$ 的一种分类.

定义 4.1.5 设 $F \subseteq K$ 并且 F, K 是域.

(1) 称 $\alpha \in K$ 是 F 上的代数元, 如果有非零多项式 $f(x) \in F[x]$, 使 $f(\alpha) = 0$, 这也就是说, 存在自然数 n, 使得

$$1, \alpha, \alpha^2, \cdots, \alpha^n$$

是 F-线性相关的. 并称 α 所满足的 $F[x]$ 中次数最小的多项式 $g(x)$ 为 α 在 F 上的极小多项式. 还称 $g(x)$ 的次数为代数元 α 的 F-次数.

(2) 称 $\alpha \in K$ 为 F 上超越元, 如果 α 不是代数元, 亦即

$$1, \alpha, \alpha^2, \cdots, \alpha^n, \cdots$$

是 F-线性无关的.

我们知道, $F[x]$ 上正次数多项式 $p(x)$ 称为不可约的, 是指它不能分解为两个正次数多项式的乘积. 不可约多项式即为整环 $F[x]$ 中的既约元. 容易证明: 代数元在 F 上的极小多项式是不可约的. 并且, 若 $f(x), g(x)$ 是 α 在 F 上的极小多项式, 则存在 $0 \neq a \in F$, 使得 $f(x) = ag(x)$.

显然, 代数数是 $\mathbb{Q}$ 上的代数元, 而超越数 e, π 是 $\mathbb{Q}$ 上的超越元.

从这个元素分类的角度, 我们有下面对扩域的分类.

定义 4.1.6　设 K/F 是域扩张. 如果 K 中元素都是 F 上代数元, 就称 K 为 F 的代数扩域. 如果 K 中存在 F 上的超越元, 就称 K 为 F 的超越扩域.

命题 4.1.7　有限次扩域是代数扩域.

证明　设 K/F 是有限次域扩张且 $[K:F] = n$. 对任意 $\alpha \in K$, 由扩域次数的定义知 $n+1$ 个元素 $1, \alpha, \cdots, \alpha^n \in K$ 在 F 上是线性相关的, 即存在不全为 0 的 $a_i \in F$, $i = 0, 1, \cdots, n$, 使得 $\sum_{i=0}^{n} a_i \alpha^i = 0$. 记 $f(x) = \sum_{i=0}^{n} a_i x^i \in F[x]$. 那么 $f(x) \neq 0$ 并且 $f(\alpha) = 0$, 即 α 是 F 上的代数元. □

4.1.4　一元多项式及其根的性质

在本节最后我们汇集任意域上一元多项式及其根的性质.

我们熟悉数域上一元多项式及其根的性质. 然而这些性质对有限域以及特征为 p 的域是否成立? 还是应该仔细讨论的.

对于一般的域我们先看下面的命题.

命题 4.1.8　设 F 是域, $f(x) \in F[x]$, $a \in F$. 则 $f(a) = 0$ 当且仅当在 $F[x]$ 中有 $(x-a) \mid f(x)$.

证明　注意 $F[x]$ 中有带余除法 (即为 Euclid 整环), 而 $x - a \in F[x]$ 的次数为 1. 所以在 $F[x]$ 中有带余除法 $f(x) = (x-a)g(x) + r$, 其中 $r \in F$. 如果 $f(a) = 0$, 那

么等式两端取 $x = a$ 得 $r = 0$. 故在 $F[x]$ 中有 $(x-a)\,|\,f(x)$. 反之, 如果在 $F[x]$ 中有 $(x-a)\,|\,f(x)$, 即存在 $g(x) \in F[x]$ 使得 $f(x) = (x-a)g(x)$, 那么显然有 $f(a) = 0$. □

一个域上多项式的根我们往往是在扩域中考虑的, 所以有下面的定义.

定义 4.1.9 设 F 是一个域, $f(x) \in F[x]$. 称 F 的扩域 E 中的元素 α 是 $f(x)$ 的一个根, 如果 $f(\alpha) = 0$, 此时当且仅当在 $E(x)$ 中有 $(x-\alpha)\,|\,f(x)$. 如果对正整数 $m > 1$, 在 $E(x)$ 中还有 $(x-\alpha)^m\,|\,f(x)$ 但 $(x-\alpha)^{m+1}\nmid f(x)$, 那么我们称 $\alpha \in E$ 是 $f(x)$ 的重数为 m 的重根 (或简称为 m 重根).

类似于数域上的一元多项式, 我们也可引入一般域上一元多项式的求导用以判断根的重数.

定义 4.1.10 设 $f(x) = a_n x^n + a_{n-1} x^{n-1} + \cdots + a_1 x + a_0 \in F[x], F$ 是任意域. 规定

$$f'(x) = na_n x^{n-1} + (n-1)a_{n-1} x^{n-2} + \cdots + 2a_2 x + a_1.$$

称 $f'(x)$ 为 $f(x)$ 的导式, 它也是 F 上的一个一元多项式. 归纳地定义 $f(x)$ 的 m 次求导 $f^{(m)}(x) = (f^{(m-1)}(x))'$.

直接验证可知, 这里也有 $(f(x)g(x))' = f'(x)g(x) + f(x)g'(x), (f(x) + g(x))' = f'(x) + g'(x)$.

下面命题列出一般域上一元多项式及其根的性质.

命题 4.1.11 设 F 是任意域.

(1) 一个 n 次多项式 $f(x) \in F[x]$ 在 F 的任意一个扩域中至多有 n 个根 (包括重数).

(2) 设 $f(x), p(x) \in F[x], p(x)$ 是不可约的. 若 $f(x), p(x)$ 在 F 的一个扩域 E 中有公共根, 则在 $F[x]$ 中有 $p(x)\,|\,f(x)$.

(3) 设 $f(x) \in F[x], E$ 是 F 的扩域, $\alpha \in E$. 如果 α 是 $f(x)$ 的根并且重数至少是 m, 那么对 $i = 0, 1, \cdots, m-1$, 有 $f^{(i)}(\alpha) = 0$, 其中记 $f^{(0)}(x) = f(x)$. 另一方面, 如果 F 的特征为 0 并且对 $i = 0, 1, \cdots, m-1$, 有 $f^{(i)}(\alpha) = 0$ 但 $f^{(m)}(\alpha) \neq 0$, 那么 α 是 $f(x)$ 的 m 重根.

(4) 设 $p(x) \in F[x]$ 是不可约多项式. 如果 F 的特征为 0, 那么 $p(x)$ 无重根 (即在扩域中的每个根的重数都是 1).

(5) 设 $f(x), g(x) \in F[x], F$ 的特征为素数 p. 则有

$$(f(x) + g(x))^p = f(x)^p + g(x)^p.$$

证明 (1) 是多项式根与重数定义的一个直接结果.

(2) 在 $F[x]$ 中, 假如 $p(x) \nmid f(x)$. 由 $p(x)$ 不可约知它与 $f(x)$ 互素. 故存在 $s(x), t(x) \in F[x]$ 使得 $s(x)f(x) + t(x)p(x) = 1$. 设 α 是 F 的某个扩域中的元素并且是 $f(x)$ 和 $p(x)$ 的公共根. 将 α 代入上述等式两端得到在 F 中有 $0 = 1$, 这与域的定义矛盾.

(3) 如果 α 是 $f(x)$ 的根并且重数至少是 m, 即在 $E[x]$ 中存在 $g(x)$ 使得 $f(x) = (x - \alpha)^m g(x)$. 当 $m = 1$ 时结论显然成立. 故设 $m > 1$. 于是有

$$f'(x) = m(x - \alpha)^{m-1} g(x) + (x - \alpha)^m g'(x)$$

$$= (x - \alpha)^{m-1}(m\, g(x) + (x - \alpha)g'(x)),$$

即 α 是 $f'(x)$ 的根并且重数至少是 $m - 1$. 对 m 归纳可得 $f^{(i)}(\alpha) = 0$, $i = 0, 1, \cdots, m-1$. 另一方面, 设 F 的特征为 0 并且对 $i = 0, 1, \cdots, m-1$, 有 $f^{(i)}(\alpha) = 0$ 但 $f^{(m)}(\alpha) \neq 0$. 如果 α 是 $f(x)$ 的 s 重根, 那么只需证明 $s = m$ 即可. 由重根的定义知, 在 $E[x]$ 中存在 $h(x)$ 使得 $f(x) = (x - \alpha)^s h(x)$ 但 $(x - \alpha) \nmid h(x)$. 类似上面的证明有 $f'(x) = (x - \alpha)^{s-1}(s\,h(x) + (x - \alpha)h'(x))$. 由 F 的特征为 0 知 $s\,h(x) \neq 0$. 故在 $E[x]$ 中 $(x - \alpha) \nmid (s\,h(x) + (x - \alpha)h'(x))$, 即 $\alpha \in E$ 是 $f'(x)$ 的 $s - 1$ 重根. 对 s 归纳可得 $s - 1 = m - 1$, 即 $s = m$.

(4) 假如 $p(x)$ 在 F 的一个扩域 E 上有重根 α, 由 (3) 知 $p(\alpha) = p'(\alpha) = 0$. 而 $p'(x) \in F[x]$, 再由 (2) 知 $p(x) \mid p'(x)$. 比较两者次数即得 $p'(x) = 0$. 由 F 的特征是 0 知 $p(x)$ 只能是常数多项式. 这与 $p(x)$ 不可约矛盾.

(5) 利用二项式定理展开并注意到在特征为 p 的域中素数 p 的倍数都为零可得结论.   □

注 4.1.12　对于特征为素数 p 的域 F 和一个非零多项式 $f(x) \in F[x]$. 如果 $f(x)$ 的所有非零项只有形如 $a_i x^{p^i}$ 的形式, 那么 $f'(x) = 0$. 可见在特征为 p 的域上我们没有办法用多项式的求导来判别一个一元多项式 (即便是不可约多项式) 是否有重根.

练习

1. 证明: 若域扩张 K/F 的次数 $[K : F]$ 为素数 p, 则 K/F 没有非平凡的中间域.

2. 设 K/F 是有限次扩域, 且 $[K : F]$ 为素数 p. 证明: 若 $\alpha \in K$ 但 $\alpha \notin F$, 则 $K = F(\alpha)$.

3. 考虑域扩张 $\mathbb{Q}(\sqrt{2} + \sqrt{3})/\mathbb{Q}$.

(1) 求扩张次数 $[\mathbb{Q}(\sqrt{2} + \sqrt{3}) : \mathbb{Q}]$;

(2) 写出 $\mathbb{Q}(\sqrt{2}+\sqrt{3})/\mathbb{Q}$ 的所有中间域, 并求这些中间域在 $\mathbb{Q}$ 上的次数;

(3) 证明: $\mathbb{Q}(\sqrt{2}+\sqrt{3}) = \mathbb{Q}(\sqrt{2},\sqrt{3})$.

4. 设 K/F 是代数扩域, $\alpha \in K$. 证明存在 $f(x) \in F[x]$, 使得 $\alpha^{-1} = f(\alpha)$.

§4.2 分 裂 域

4.2.1 单扩域

我们先来讨论最基本的扩域——单扩域.

对域 F 的单扩域 $F(\alpha)$, 如果 α 是 F 上代数元, 那么称 $F(\alpha)$ 为代数单扩域, 或域的代数单扩张; 如果 α 是 F 上超越元, 那么称 $F(\alpha)$ 为超越单扩域, 或域的超越单扩张.

我们先看代数单扩域的结构和存在性问题.

命题 4.2.1 (1) 设 F 是域, $F(\alpha)$ 是代数单扩域, $p(x)$ 是 α 在 F 上的极小多项式. 则 $F(\alpha) \cong F[x]/(p(x))$, 其中 $F[x]$ 是 F 上一元多项式环. 此时, 设 $\deg p(x) = n$. 则

$$F(\alpha) = \left\{ \sum_{i=0}^{n-1} a_i \alpha^i \,\middle|\, a_i \in F \right\},$$

且 $1, \alpha, \alpha^2, \cdots, \alpha^{n-1}$ 是 $F(\alpha)$ 作为 F-线性空间的一组基. 特别地, $[F(\alpha):F] = n$.

(2) 对任意给定域 F 和任意给定的不可约多项式 $p(x)$, 总存在代数单扩域 $K = F(\alpha)$, 使得 $p(x)$ 是 α 在 F 上的极小多项式. 此时称 $F(\alpha)$ 是不可约多项式 $p(x)$ 相应的一个单扩域.

证明 (1) 考虑映射

$$\phi\colon F[x] \to F(\alpha)$$
$$f(x) \mapsto f(\alpha),$$

易知 ϕ 是环 $F[x]$ 到环 $F(\alpha)$ 的环同态. $\mathrm{Ker}\,\phi = (p(x))$, 这是因为 $f(\alpha) = 0$ 当且仅当 $p(x) \mid f(x)$. 这样 ϕ 诱导出同构 (仍记作 ϕ)

$$\phi\colon F[x]/(p(x)) \cong \mathrm{Im}\,\phi \subseteq F(\alpha).$$

由于 $F[x]/(p(x))$ 是域 (见 §3.4), 故与之同构的 $\mathrm{Im}\,\phi$ 也是域. 另一方面 $\alpha = \phi(x) \in \mathrm{Im}\,\phi$, $F = \phi F \subseteq \mathrm{Im}\,\phi$, 即 $\mathrm{Im}\,\phi$ 是包含 $F \cup \alpha$ 的子域. 但 $F(\alpha)$ 是有此性质的最小域, 故 $F(\alpha) \subseteq \mathrm{Im}\,\phi$. 因而有 $\mathrm{Im}\,\phi = F(\alpha)$, 即有同构 $F(\alpha) \cong F[x]/(p(x))$.

又因 $\operatorname{Im}\phi = F(\alpha)$, 故对 $F(\alpha)$ 的任意元素 β, 存在 $f(x) \in F[x]$ 使得 $\beta = f(\alpha)$. 由 $F[x]$ 中有带余除法知 $f(x) = p(x)q(x) + r(x)$, 其中 $r(x) = \sum_{i=0}^{n-1} a_i x^i, a_i \in F$. 因而由 $p(\alpha) = 0$ 知 $\beta = f(\alpha) = r(\alpha) = \sum_{i=0}^{n-1} a_i \alpha^i$. 由此可得

$$F(\alpha) = \left\{ \sum_{i=0}^{n-1} a_i \alpha^i \,\Big|\, a_i \in F \right\}.$$

最后只需证明 $1, \alpha, \alpha^2, \cdots, \alpha^{n-1}$ 是 F-线性无关的. 如果 $\sum_{i=0}^{n-1} b_i \alpha^i = 0$, 其中所有 $b_i \in F$, 记 $g(x) = \sum_{i=0}^{n-1} b_i x^i \in F[x]$, 那么 $g(\alpha) = 0$. 故由 $p(x)$ 是 α 在 F 上的极小多项式且次数为 n 知 $g(x) = 0$. 从而所有 $b_i = 0$, 即 $1, \alpha, \alpha^2, \cdots, \alpha^{n-1}$ 是 F-线性无关的.

(2) 考虑商环 $K = F[x]/(p(x))$. 由 $p(x)$ 是 $F[x]$ 中不可约多项式知 K 是一个域. 设映射

$$\varphi : F \to K = F[x]/(p(x))$$

$$a \mapsto a + (p(x))$$

是环 $F[x]$ 到商环 K 的自然满态在 F 上的限制. 注意到 $a+(p(x))$ 在商环 K 中为零当且仅当 $a \in (p(x))$. 此时, 由 $p(x)$ 是非常数多项式知 $a = 0$, 即知 φ 是环的单态, 从而 $\varphi(F)$ 与 F 同构. 在 K 中把 $\varphi(a)$ 改写成 a, 或者说按同构把 $\varphi(F)$ 和 F 等同起来, 这样就有 $F = \varphi(F) \subseteq K$. 记商环 K 中的元素为 $\overline{f(x)}$, 其中 $f(x) \in F[x]$. 如果设 $f(x) = \sum_{i=0}^{m} a_i x^i, a_i \in F$, 那么在上面的等同之下有 $\overline{f(x)} = \sum_{i=0}^{m} \overline{a_i}\,\overline{x}^i = \sum_{i=0}^{m} a_i \overline{x}^i = f(\overline{x})$. 可见域 K 是包含 F 和 $\overline{x}$ 的最小的域, 即 $K = F(\overline{x})$. 由 $p(x) \in (p(x))$ 知 $0 = \overline{p(x)} = p(\overline{x})$. 故由 $p(x) \in F[x]$ 不可约知 $p(x)$ 是 $\overline{x} \in K$ 的极小多项式. 总起来便得 K 是把 $\alpha = \overline{x}$ 添加到 F 而得的扩域, 其中 $p(x)$ 是 α 的极小多项式.   □

例 4.2.1　设 $f(x) = x^3 - 2 \in \mathbb{Q}[x]$. 易知这是 $\mathbb{Q}[x]$ 中的不可约多项式. 显然 $f(x)$ 在 $\mathbb{R}$ 上有一个根 $\alpha = \sqrt[3]{2}$. 故有 $\mathbb{Q}(\sqrt[3]{2}) \cong \mathbb{Q}[x]/(x^3 - 2)$. 扩域 $\mathbb{Q}(\sqrt[3]{2})$ 中的元素可唯一表为 $a_0 + a_1 \sqrt[3]{2} + a_2 \sqrt[3]{4}$ 的形式, 其中 $a_0, a_1, a_2 \in \mathbb{Q}$. 而 $[\mathbb{Q}(\sqrt[3]{2}) : \mathbb{Q}] = 3$.

用上面证明的思路, 可以证明 (留给读者) 下面超越单扩域的结构和存在性的命题.

命题 4.2.2　(1) 如果 $F(\alpha)$ 是超越单扩域, 那么 $F(\alpha) \cong F(x)$, 其中 $F(x)$ 是 F 上一元多项式环 $F[x]$ 的分式域.

(2) 对任意域 F, 总存在超越单扩域 $K = F(\alpha)$.

我们可将命题 4.2.1 中代数单扩域的次数推广到有限多个代数元生成的扩域中.

命题 4.2.3　设 $K = F(S)$, 其中 $S = \{\alpha_1, \alpha_2, \cdots, \alpha_m\}$ 且 α_i 是 F 上次数为 n_i 的代数元. 则有 $[F(S) : F] \leqslant n_1 n_2 \cdots n_m$.

证明　对 m 归纳. 当 $m = 1$ 时就是代数单扩张中的结论, 那里的次数是取等号. 设 $m > 1$ 并且记 $S_1 = \{\alpha_1, \alpha_2, \cdots, \alpha_{m-1}\}$. 那么归纳可设 $[F(S_1) : F] \leqslant n_1 n_2 \cdots n_{m-1}$. 设 $p(x)$ 是 α_m 在 F 上的极小多项式, 其次数为 n_m. 显然 $p(x)$ 也是 F 的扩域 $F(S_1)$ 上的多项式 (但未必再是不可约的了). 故 α_m 是 $F(S_1)$ 上的代数元并且它在 $F(S_1)$ 上的极小多项式整除 $p(x)$, 即 $[F(S_1)(\alpha_m) : F(S_1)] \leqslant n_m$. 故由 $F(S) = F(S_1)(\alpha_m)$ 知

$$[F(S) : F] = [F(S_1) : F][F(S_1)(\alpha_m) : F(S_1)] \leqslant n_1 n_2 \cdots n_m. \qquad \square$$

推论 4.2.4　设 K/F 是域扩张.

(1) 如果 $\alpha, \beta \in K$ 是 F 上的代数元, 那么 $\alpha \pm \beta, \alpha\beta, \alpha\beta^{-1}(\beta \neq 0)$ 均为 F 上的代数元.

(2) 设 $F \subseteq H \subseteq K$ 是域扩张. 如果 $H/F, K/H$ 都是代数扩张, 那么 K/F 也是代数扩张.

(3) 记

$$\overline{F}_K = \{\alpha \in K \mid \alpha \text{ 是 } F \text{ 上的代数元}\}.$$

那么 $\overline{F}_K$ 是 F 的代数扩域, 并且 $K \setminus \overline{F}_K$ 中元素都是 $\overline{F}_K$ 上的超越元. 此时称 $\overline{F}_K$ 为域 F 在扩域 K 中的代数闭包.

证明　(1) 由命题 4.2.3 知 $[F(\alpha, \beta) : F]$ 有限. 故由命题 4.1.7 知 $F(\alpha, \beta)$ 中元素都是 F 上的代数元. 特别地, $\alpha \pm \beta, \alpha\beta, \alpha\beta^{-1}(\beta \neq 0) \in F(\alpha, \beta)$ 都是 F 上的代数元.

(2) 对任意 $\alpha \in K$, 由 α 是 H 上的代数元知有多项式 $f(x) = \sum\limits_{i=0}^{n} \alpha_i x^i, \alpha_i \in H$, 使得 $f(\alpha) = 0$. 可见 α 是 $F(\alpha_0, \alpha_1, \cdots, \alpha_n)$ 上的代数元. 故 $[F(\alpha_0, \alpha_1, \cdots, \alpha_n)(\alpha) : F(\alpha_0, \alpha_1, \cdots, \alpha_n)]$ 有限. 但 $\alpha_i \in H$ 都是 F 上的代数元, 所以 $[F(\alpha_0, \alpha_1, \cdots, \alpha_n) : F]$ 有限. 从而由扩域的次数公式知 $[F(\alpha_0, \alpha_1, \cdots, \alpha_n)(\alpha) : F]$ 也有限. 又由扩域的次数公式知 $[F(\alpha) : F]$ 也是有限的. 故由命题 4.1.7 知 α 是 F 上的代数元. 从而 K 是 F 的代数扩张.

(3) 由 (1) 知 $\overline{F}_K$ 是 F 的代数扩域. 由 (2) 易知 $K \setminus \overline{F}_K$ 中元素都是 $\overline{F}_K$ 上的超越元. $\qquad \square$

4.2.2 分裂域

设 $f(x) \in F[x]$, 如果在 F 的扩域 E 上 $f(x)$ 可以完全分解, $f(x) = a(x - \alpha_1)(x - \alpha_2) \cdots (x - \alpha_n)$, 把 $\alpha_1, \alpha_2, \cdots, \alpha_n$ 添加到基域 F 上而得扩域 $K = F(\alpha_1, \alpha_2, \cdots, \alpha_n)$, 这样这些根就有了一个活动的空间, 也就更便于研究它们. 把一元多项式 $f(x)$ 和一个域 $F(\alpha_1, \alpha_2, \cdots, \alpha_n)$ 联系是一个非常自然而有益的方法.

当 F 是数域时, 我们有一个复数域 $\mathbb{C}$ 使得 $F \subseteq \mathbb{C}$. 注意到 $\mathbb{C}$ 是代数闭域, 即 $\mathbb{C}$ 上非常数的多项式 $f(x)$ 在 $\mathbb{C}$ 中必有根, 也即在 $\mathbb{C}[x]$ 中有完全分解 $f(x) = a(x - \alpha_1)(x - \alpha_2) \cdots (x - \alpha_n)$. 把 F 的扩域 $\mathbb{C}$ 中元素 $\alpha_1, \alpha_2, \cdots, \alpha_n$ 添加到数域 F 上就得到我们所想有的扩域 $F(\alpha_1, \alpha_2, \cdots, \alpha_n)$.

但若 F 是一般的域, 例如有限域, 到目前我们尚不知 F 的扩域中是否有一个代数闭域, 因而扩域 $F(\alpha_1, \alpha_2, \cdots, \alpha_n)$ 的存在性就是一个问题了.

本节将解决这一问题. 这是对一般域理论以及有限域的结构理论的非常重要的准备.

定义 4.2.5　设 F 是一个域, $f(x) \in F[x]$ 是一个非常数多项式. 如果在 F 的一个扩域 K 中, $f(x)$ 完全分解, 即有 $f(x) = a(x - \alpha_1)(x - \alpha_2) \cdots (x - \alpha_n)$, $\alpha_i \in K, 1 \leqslant i \leqslant n$, 那么称 K 的子域 $F(\alpha_1, \alpha_2, \cdots, \alpha_n)$ 为 F 上多项式 $f(x)$ 的一个分裂域 (或 $f(x)$ 在域 F 上的一个分裂域), 简称 $F(\alpha_1, \alpha_2, \cdots, \alpha_n)$ 是 F 的一个分裂域.

例 4.2.2　设 $f(x) = x^3 - 2 \in \mathbb{Q}[x]$. $f(x)$ 在 $\mathbb{C}$ 上有分解式 $x^3 - 2 = (x - \sqrt[3]{2})(x - \sqrt[3]{2}\,\omega)(x - \sqrt[3]{2}\,\omega^2)$, 这里 $\omega = \dfrac{1}{2}(-1 + \sqrt{-3})$ 是 3 次本原单位根. 故 $f(x)$ 在 $\mathbb{Q}$ 上的分裂域为 $\mathbb{Q}(\sqrt[3]{2}, \sqrt[3]{2}\,\omega, \sqrt[3]{2}\,\omega^2) = \mathbb{Q}(\sqrt[3]{2}, \omega)$.

从上述定义来看, 一般域 F 上 $f(x)$ 的分裂域的存在性是个问题, 且对任意域 (包括数域) 而言, $f(x)$ 的分裂域的唯一性也是个待解决的问题.

4.2.3 分裂域的存在性

定理 4.2.6 (分裂域的存在定理)　域 F 上非常数一元多项式 $f(x)$ 在 F 上的分裂域总是存在的.

证明　设 $f(x)$ 的次数 $n \geqslant 1$. 对 n 归纳. 当 $n = 1$ 时, $f(x) = ax + b$, 其中 $a, b \in F$ 且 $a \neq 0$. 显然 $F = F(a^{-1}b)$ 是 $f(x) = a(x - a^{-1}b)$ 的分裂域.

设 $n > 1$. 注意由 $f(x)$ 生成的 $F[x]$ 的理想 $(f(x))$ 中的所有非零多项式的次数至少是 n, 故 $(f(x))$ 是 $F[x]$ 的真理想.

我们断言: 存在 $F[x]$ 中的极大理想 I 使得 $(f(x)) \subseteq I$. 实际上, 该断言的证明与上一章中的一个习题 "有 1 的环有极大理想" 的证明方法完全类似, 所以我们在这里只给出证明思路: 如果以理想的包含为偏序, 那么所有包含 $(f(x))$ 的真理想的集合构成一个非空的偏序集. 这个集合中任意一个全序理想的子集有上界, 它就是这个子集中所有理想的并. 故由 Zorn 引理知所有包含 $(f(x))$ 的真理想的集合中有极大元, 该极大元就是 $F[x]$ 中包含 $(f(x))$ 的一个极大理想. 这就证明了断言.

由 I 是 $F[x]$ 中的极大理想知商环 $F[x]/I$ 是一个域. 易知 $F[x]$ 到商环 $F[x]/I$ 的自然满态限制在 F 上是一个单态. 故可将 F 与它在该自然满态之下的像等同起来. 此时, 域 $F[x]/I$ 就成了 F 的一个扩域. 并且, 如果将 $F[x]/I$ 中的元素记为 $\overline{g(x)} = g(x) + I$, 其中 $g(x) \in F[x]$, 那么对任意 $a \in F$ 有 $\overline{a} = a$. 特别地, 若 $g(x) = \sum_{i=0}^{m} b_i x^i \in F[x]$, $b_i \in F$, 则有 $\overline{g(x)} = \sum_{i=0}^{m} \overline{b_i} \overline{x}^i = \sum_{i=0}^{m} b_i \overline{x}^i = g(\overline{x})$. 所以, 由 $(f(x)) \subseteq I$ 知 $f(\overline{x}) = \overline{f(x)} = 0$. 即如果记 $K_1 = F[x]/I$ 和 $\alpha = \overline{x} \in K_1$, 那么有 $f(\alpha) = 0$. 可见, $f(x)$ 在域 K_1 的子域 $F(\alpha)$ 中有一个根 α. 故在 $F(\alpha)$ 上有分解 $f(x) = (x - \alpha)g(x)$. 这里 $g(x) \in F(\alpha)[x]$ 且次数为 $n-1$. 归纳可知 $g(x)$ 在 $F(\alpha)$ 上有分裂域 $F(\alpha)(\beta_1, \beta_2, \cdots, \beta_{n-1}) = F(\alpha, \beta_1, \beta_2, \cdots, \beta_{n-1})$, β_i 是 $g(x)$ 的全部根. 可见这也是 $f(x)$ 在 F 上的一个分裂域. □

4.2.4 分裂域的唯一性

我们通常把两个域 K_1, K_2 之间的环同构 ϕ 称为域同构, 这是因为它不仅保持了环的加减法和乘法结构, 还可证明它保持了域的其他特性如单位元和非零元的逆等, 即 $\phi(1) = 1$ 和 $\phi(a^{-1}) = \phi(a)^{-1}$(对 $a \neq 0$) 等.

定义 4.2.7 称域 F 的两个扩域 K_1, K_2 是 F-同构的, 如果有域同构 $\varphi: K_1 \to K_2$, 并且保持 F 中元素不变, 即对任意 $a \in F$, 有 $\varphi(a) = a$. 此时, 称 φ 为一个 F-同构.

我们首先看看一个域上同一个不可约多项式相应的两个单扩域的关系.

定理 4.2.8 设 $p(x)$ 是域 F 上的一个不可约多项式, $F(\alpha)$ 和 $F(\beta)$ 都是 $p(x)$ 相应的 F 上的单扩域. 则存在 F-同构 $\varphi: F(\alpha) \to F(\beta)$ 使得 $\varphi(\alpha) = \beta$.

证明 设 $p(x)$ 的次数是 n. 定义

$$\varphi: F(\alpha) \to F(\beta)$$

$$\sum_{i=0}^{n-1} a_i \alpha^i \mapsto \sum_{i=0}^{n-1} a_i \beta^i.$$

由代数单扩域的结构 (见命题 4.2.1 的 (1)) 知 φ 有意义并且是加群同构. 显然 φ 保持 F 中元素不动. 故只需证明 φ 保持乘法即可. 对任意 $\sum_{i=0}^{n-1} a_i \alpha^i, \sum_{i=0}^{n-1} b_i \alpha^i \in F(\alpha)$, 记 $f(x) = \sum_{i=0}^{n-1} a_i x^i, g(x) = \sum_{i=0}^{n-1} b_i x^i \in F[x]$. 那么存在 $h(x), r(x) \in F[x]$ 使得

$f(x)g(x) = p(x)h(x) + r(x)$ 并且 $r(x) = 0$ 或者 $r(x) \neq 0$ 但次数小于 n. 于是由 $p(\alpha) = p(\beta) = 0$ 知 $\varphi(f(\alpha)g(\alpha)) = \varphi(r(\alpha)) = r(\beta) = f(\beta)g(\beta) = \varphi(f(\alpha))\varphi(g(\alpha))$, 即 φ 保持乘法. □

下面考虑多项式分裂域的唯一性. 一个多项式 $f(x) \in F[x]$ 的分裂域的唯一性是指, $f(x)$ 的任意两个分裂域必是 F-同构的. 为此先把上述定理推广如下.

命题 4.2.9 设 $\phi : F \to \tilde{F}$ 是域同构. 对 F 上的多项式 $f(x) = \sum_{i=0}^{m} a_i x^i$, 记它在 ϕ 之下对应的 $\tilde{F}$ 上的多项式为 $\tilde{f}(x) = \sum_{i=0}^{m} \phi(a_i) x^i$. 如果 $p(x)$ 是 $F[x]$ 中的不可约多项式, 那么 $\tilde{p}(x)$ 也是 $\tilde{F}[x]$ 中的不可约多项式. 此时, 它们分别相应的单扩域之间存在一个域同构 $\varphi : F(\alpha) \to \tilde{F}(\tilde{\alpha})$, 使得 $\varphi(\alpha) = \tilde{\alpha}$, $\varphi|_F = \phi$.

证明 定义 $\psi : F[x] \to \tilde{F}[x]$, $f(x) \mapsto \tilde{f}(x)$. 直接验证知这是一个环同构. 由此易知 $p(x)$ 是 $F[x]$ 中的不可约多项式当且仅当 $\tilde{p}(x)$ 是 $\tilde{F}[x]$ 中的不可约多项式, 并且它们的次数相等, 记为 n. 设 $F(\alpha)$ 和 $\tilde{F}(\tilde{\alpha})$ 分别是 $p(x)$ 和 $\tilde{p}(x)$ 相应的一个单扩域. 由命题 4.2.1 知 $F(\alpha) = \left\{ \sum_{i=0}^{n-1} a_i \alpha^i \,\middle|\, a_i \in F \right\}$ 和 $\tilde{F}(\tilde{\alpha}) = \left\{ \sum_{i=0}^{n-1} a_i' \tilde{\alpha}^i \,\middle|\, a_i' \in \tilde{F} \right\}$, 并且它们分别有一组基 $1, \alpha, \alpha^2, \cdots, \alpha^{n-1}$ 和 $1, \tilde{\alpha}, \tilde{\alpha}^2, \cdots, \tilde{\alpha}^{n-1}$. 所以下列定义的映射:

$$\varphi : F(\alpha) \to \tilde{F}(\tilde{\alpha})$$

$$\sum_{i=0}^{n-1} a_i \alpha^i \mapsto \sum_{i=0}^{n-1} \phi(a_i) \tilde{\alpha}^i$$

有意义, 并且是加群同构. 与上面定理的证明类似可知 φ 还保持乘法. 所以 φ 是域同构. 显然 $\varphi(\alpha) = \tilde{\alpha}$, $\varphi|_F = \phi$. □

定义 4.2.10 对于域扩张 $K/F, \tilde{K}/\tilde{F}$ 和域同构 $\phi : F \to \tilde{F}$, 如果存在域同构 $\psi : K \to \tilde{K}$ 使得 $\psi|_F = \phi$, 那么称域同构 ψ 为域同构 ϕ 的一个延拓, 也说将 ϕ 延拓成 ψ.

所以上一个命题说, 任意一个域同构可以延拓到由不可约多项式确定的单扩域上. 下一个命题进一步说明, 任意一个域同构可以延拓到由一个多项式确定的分裂域上.

命题 4.2.11 设 $\phi : F \to \tilde{F}$ 是域同构, $f(x) \in F[x]$ 是一个非常数多项式. 记 $\tilde{f}(x)$ 是 $f(x)$ 在 ϕ 之下对应的 $\tilde{F}$ 上的多项式 (见命题 4.2.9). 如果 K 和 $\tilde{K}$ 分别是 $f(x)$ 在 F 上的和 $\tilde{f}(x)$ 在 $\tilde{F}$ 上的分裂域, 那么域同构 ϕ 可延拓为 K 到 $\tilde{K}$ 的域同构.

证明 对 $f(x)$ 的次数 n 作归纳. 当 $f(x)$ 的次数 $n=1$ 时, 随之 $\tilde{f}(x)$ 的次数也是 1, 这时它们的分裂域分别就是原来的基本域 F 和 $\tilde{F}$. 所以 ϕ 的延拓就是 ϕ 本身.

当 $n>1$ 时, 设 $f(x)=p(x)g(x)$ 是 $F[x]$ 中的分解, 其中 $p(x)$ 是 $F[x]$ 中的不可约多项式. 那么 $\tilde{f}(x)=\tilde{p}(x)\tilde{g}(x)$ 是 $\tilde{F}[x]$ 中的分解并且 $\tilde{p}(x)$ 是 $\tilde{F}[x]$ 中的不可约多项式. 所以 $p(x)$ 和 $\tilde{p}(x)$ 分别在分裂域 K 和 $\tilde{K}$ 中有一个根, 分别记为 α 和 $\tilde{\alpha}$. 由命题 4.2.9 知, ϕ 可延拓为单扩域 $F(\alpha)\subseteq K$ 到单扩域 $\tilde{F}(\tilde{\alpha})\subseteq\tilde{K}$ 的一个域同构, 记为 ϕ_1. 随之在 $F(\alpha)[x]$ 中有分解 $f(x)=(x-\alpha)h(x)$. 这时 $h(x)\in F(\alpha)[x]$ 且次数为 $n-1$. 对 $F(\alpha)$ 上的任意一个多项式 $s(x)=\sum\limits_{i=0}^{m}a_ix^i$, 记它在 ϕ_1 之下对应的 $\tilde{F}(\tilde{\alpha})$ 上的多项式为 $\bar{s}[x]=\sum\limits_{i=0}^{m}\phi_1(a_i)x^i$. 那么 $\bar{\alpha}=\phi_1(\alpha)=\tilde{\alpha}$. 由此易知 $\bar{f}(x)=(x-\tilde{\alpha})\bar{h}(x)$. 容易看出 K 是 $h(x)$ 在 $F(\alpha)$ 上的分裂域, $\tilde{K}$ 是 $\bar{h}(x)$ 在 $\tilde{F}(\tilde{\alpha})$ 上的分裂域. 归纳可得 ϕ_1 可延拓为 K 到 $\tilde{K}$ 的一个域同构 ψ. 显然 ψ 是 ϕ 在 K 上到 $\tilde{K}$ 的一个延拓. $\square$

在上述命题中, 令 $\tilde{F}=F$ 并取 ϕ 为恒等映射, 那么相应的延拓就是 F-同构. 所以下面的定理是上面结果的直接推论.

定理 4.2.12 任意域 F 上的非常数多项式 $f(x)$ 在 F 上的分裂域存在并且在 F-同构的意义下是唯一的.

4.2.5 代数闭包

一个域上的非常数一元多项式的分裂域本质上是为了研究该多项式的所有根. 如果有一个"很大"扩域并且是"唯一"的, 使得基本域上的任意非常数一元多项式的根都包含在这个扩域中, 那么在这样的扩域中讨论多项式根的问题就很方便, 至少不用每次去讨论具有一些特定性质的扩域的存在唯一性问题了. 这正如一个数域上的多项式的根我们总是在复数域中考虑一样.

定义 4.2.13 一个域称为代数闭域, 如果它上的任意一个非常数一元多项式在该域中有一个根. 域 F 的一个扩域称为 F 的代数闭包, 记为 $\overline{F}$, 如果 $\overline{F}$ 是代数闭域并且是域 F 的代数扩张.

由定义和域上一元多项式根与一次因子的关系可知, 代数闭域上任意一个非常数一元多项式在该代数闭域中有所有的根, 或等价地说, 任意一个非常数一元多项式在该代数闭域上可以完全分解为一次因子的乘积.

命题 4.2.14 设 E/F 是代数扩张. 如果 F 上的任意一个非常数一元多项式在 E 中有所有的根, 那么 E 是 F 的一个代数闭包.

证明   由定义, 只需证明 E 是代数闭域. 任取一个非常数一元多项式 $f(x) \in E(x)$ 并且记 K 是 $f(x)$ 在 E 上的一个分裂域, 那么 K 包含 $f(x)$ 的所有根. 对 $f(x)$ 的任意一个根 $\alpha \in K$, 由 E/F 和 $E(\alpha)/E$ 都是代数扩张以及推论 4.2.4 的 (2) 知 $E(\alpha)/F$ 也是代数扩张. 特别地, α 是 F 上的代数元. 设 α 是非常数多项式 $g(x) \in F[x]$ 的一个根. 那么由命题的条件知 $g(x)$ 在 E 中有所有的根. 所以 $\alpha \in E$, 即 $f(x)$ 在 E 中有一个根. 这就证明了 E 是代数闭域.   □

下面我们讨论一个域的代数闭包的存在唯一性问题.

先作点我们证明时需要的准备.

与之前构造群代数一样, 对一个半群 S, 我们也可以构造一个域 F 上的代数 $F[S]$ 如下: 设 $F[S]$ 是以非空集合 S 中所有元素为一组基的 F-线性空间, 然后利用基元在半群中的运算 (记为乘法) 线性扩展为 $F[S]$ 中元素 (即基元的有限 F-线性组合) 的乘积. 这样 $F[S]$ 成为一个环, 并且还是域 F 上的一个代数, 称为半群 S 在域 F 上的半群代数. 如果半群 S 有单位元 1, 易知 1 也是半群代数 $F[S]$ 的单位元.

设 $X = \{x_i \mid i \in I\}$ 是一个非空集合, 其中 I 是指标集. 以 X 中元素为 "不定元" 可以生成一个有 1 的交换自由半群 S_X 如下: S_X 中所有元素具有形式 1 或 $x_{i_1}^{s_1} x_{i_2}^{s_2} \cdots x_{i_m}^{s_m}$, 其中 m 和 $s_1, s_2, \cdots, s_m$ 都是正整数, $x_{i_1}, x_{i_2}, \cdots, x_{i_m} \in X$; 并且 $x_{i_1}^{s_1} x_{i_2}^{s_2} \cdots x_{i_{m_1}}^{s_{m_1}} = x_{j_1}^{t_1} x_{j_2}^{t_2} \cdots x_{j_{m_2}}^{t_{m_2}}$ 当且仅当 $m_1 = m_2$, 且适当排序后有 $x_{i_1} = x_{j_1}, \cdots, x_{i_{m_1}} = x_{j_{m_2}}$ 和 $s_1 = t_1, \cdots, s_{m_1} = t_{m_2}$. 可见, 当 X 有限时, S_X 中的元素就是我们通常的有限多个可交换不定元的单项式, 而其中的 1 就是 0 次的单项式. 无论 X 是否有限, 我们也可将 S_X 中元素称为以 X 中的元素为交换不定元的一个单项式. 可按通常的办法定义两个单项式的乘积, 如 $x_1 x_3^2 \cdot x_1^2 x_3^4 = x_1^3 x_2^2 x_3^4$ 等, 我们就不再用数学语言详细叙述了. 易知这种乘法有结合律, 从而 S_X 是一个有 1 的半群. 故对任意的域 F, 可定义半群代数 $F[S_X]$, 记为 $F[X]$, 称为 X 生成的 F 上的多项式代数.

上述为了严格化我们把 $F[X]$ 的定义写得较复杂. 实际上就是一句话的事情: $F[X]$ 就是域 F 上的以集合 X 中元素 (可以无限多个) 为不定元的多项式环 (或代数). 当 X 为 n 元有限集时, 它就是我们之前定义的 n 元多项式代数. 只是当 X 无限时我们要注意, 每个单项式中只有有限多个不定元.

我们现在证明任意域的代数闭包的存在唯一性.

定理 4.2.15   设 F 是一个域. 那么 F 的代数闭包存在, 并且 F 的任意两个代数闭包是 F-同构的.

证明   先证域 F 的代数闭包的存在性, 其方法与之前非常数多式式的分裂域存在性的证明方法有些类似. 设 $X = \{x_f \mid f(x) \in F[x]$ 是非常数一元多项式$\}$, $F[X]$ 是 X 生成的 F 上的多项式代数. 假如对所有的非常数一元多项式 $f(x) \in F[x]$, 有 $f(x_f) \in F[X]$ 在 $F[X]$ 中生成的理想等于 $F[X]$. 则在 $F[X]$ 中有

$$g_1 f_1(x_{f_1}) + g_2 f_2(x_{f_2}) + \cdots + g_n f_n(x_{f_n}) = 1,$$

其中 $g_i \in F[X]$ 且 $f_i(x) \in F[x]$ 是非常数的一元多项式. 为简单起见, 对 $i = 1, 2, \cdots, n$, 记 $x_{f_i} = x_i$ 并且记 g_i 中的不定元为 $x_1, x_2, \cdots, x_n, x_{n+1}, \cdots, x_m$. 考虑乘积多项式 $f_1(x) f_2(x) \cdots f_n(x)$ 在 F 上的一个分裂域 K. 那么对 $i = 1, 2, \cdots, n$, $f_i(x)$ 在 K 中有全部根, 记之一为 α_i. 取 $x_i = \alpha_i$, $i = 1, 2, \cdots, n$, 并取 $x_j = 0$, $j = n+1, \cdots, m$ 代入上面的等式, 那么在 K 中有 $0 = 1$, 矛盾. 故对所有的非常数一元多项式 $f(x) \in F[x]$, 有 $f(x_f) \in F[X]$ 在 $F[X]$ 中生成的理想是真理想, 从而它含于 $F[X]$ 的某个极大理想 I 之中. 注意商环 $F[X]/I$ 是域, 记为 K_1, 并且记任意 $h \in F[X]$ 在 $F[X]$ 到 K_1 的自然满态之下的像为 $\overline{h}$. 与前面的证明一样, 易知自然满态限制在 F 上是单态, 从而可将 K_1 自然视为 F 的一个扩域. 并且, 对任意非常数一元多项式 $f(x) \in F[x]$, 由 $f(x_f) \in I$ 知, 在 K_1 中有 $f(\overline{x}_f) = \overline{f(x_f)} = 0$, 即 $x_f \in X$ 在自然满态之下的像 $\overline{x}_f \in K_1$ 是 $f(x) \in F[x]$ 在 K_1 中的一个根. 由非常数一元多项式 $f(x) \in F[x]$ 的任意性, 我们得到 $F[x]$ 中任意一个非常数一元多项式在 K_1 中有一个根. 记 E_1 是 K_1 中 F 上的代数元全体 (即 F 在扩域 K_1 中的代数闭包), 这是 F 的一个代数扩域, 并且 $F[x]$ 中任意一个非常数一元多项式在 E_1 中有一个根.

归纳可知, 存在 F 的扩域升链

$$E_1 \subseteq \cdots \subseteq E_s \subseteq E_{s+1} \subseteq \cdots$$

使得对任意 s 有 E_{s+1}/E_s 是代数扩张并且 E_s 上的任意一个非常数一元多项式在 E_{s+1} 中有一个根. 记 $E = \bigcup_{s=1}^{\infty} E_s$, 易知这是一个域. 现证 E 是 F 的一个代数闭包. 由推论 4.2.4 的 (2) 易知 E/F 是代数扩张. 故下面只需证明 E 是代数闭域. 任取一个非常数一元多项式 $f(x) \in E(x)$, 那么易知存在 E_s 使得 $f(x) \in E_s(x)$. 从而 $f(x)$ 有一个根在 $E_{s+1} \subseteq E$ 中. 故 E 是代数闭域, 即知 E 是 F 的一个代数闭包.

现证 F 的代数闭包的唯一性: 设 E 和 H 是 F 的两个代数闭包. 故由 Zorn 引理易知, 在 E 的所有包含 F 的子域中存在一个极大元, 记为 L, 使得存在域的单态 $\varphi: L \to H$ 并且 $\varphi|_F = \text{id}$ (恒等映射). 假如 $L \neq E$, 即存在 $\alpha \in E \setminus L$, 那么 α 是 F 上从而是 L 上的代数元. 设 α 在 L 上的不可约多项式为 $p(x)$, 它在 φ 之下相应的 $\varphi(L)$ 上的多项式记为 $\overline{p}(x)$. 那么 $\overline{p}(x)$ 在 $\varphi(L)[x]$ 中也是不可约的. 设 $\overline{\alpha}$ 是 $\overline{p}(x)$ 在 H 中的一个根, 那么由命题 4.2.9 知, 域同构 $\varphi: L \to \varphi(L)$ 可延拓为 $L(\alpha)(\subseteq E)$ 到

$\varphi(L)(\overline{\alpha})(\subseteq H)$ 的域同构, 记为 φ', 使得 $\varphi'(\alpha) = \overline{\alpha}$. 但 $\varphi'|_F = \varphi|_F = \mathrm{id}$, 这与 L 的极大性取法矛盾. 所以只能有 $L = E$. 此时, 对任意一个非常数多项式 $g(x) \in F[x]$, 由 E 是 F 的一个代数闭包知 E 包含了 $g(x)$ 的所有根. 这些根在 φ 之下都在 $\varphi(E)$ 中并且也是 $g(x)$ 的所有根, 即 $\varphi(E)$ 包含了 $g(x)$ 的所有根. 故由命题 4.2.14 知 $\varphi(E)$ 是 F 的一个代数闭包. 但 $\varphi(E) \subseteq H$ 并且 H 是 F 的一个代数闭包, 所以 $H = \varphi(E)$, 即 φ 是满态. 所以 $\varphi : E \to H$ 就是我们所希望得到的 F-同构.   □

练 习

1. 证明: 域 $\mathbb{Q}(\sqrt{-1})$ 和域 $\mathbb{Q}(\sqrt{2})$ 不同构.

2. 证明: $\mathbb{Q}$ 上多项式 $x^4 + 1$ 的分裂域是一个单扩域 $\mathbb{Q}(\alpha)$, 其中 α 是 $x^4 + 1$ 的一个根.

3. (1) $\mathbb{Q}(\sqrt[3]{2})$ 是不是 $x^3 - 2$ 在 $\mathbb{Q}$ 上的分裂域?

(2) 设 F 的特征为 p, $F(\mu)$ 是 F 的单扩域, 使得 μ 是 $F[x]$ 中多项式 $x^p - a$ 的一个根. 问 $F(\mu)$ 是不是 $x^p - a$ 的分裂域?

4. 设 $f(x)$ 是域 F 上一个 n 次多项式 $(n > 0)$, 证明: $f(x)$ 的分裂域 K 对于 F 的次数 $[K : F] \leqslant n!$.

5. (1) 求 $\sqrt{3} + \sqrt{5}$ 在 $\mathbb{Q}$ 上的一个极小多项式 $p(x)$;

(2) 求 (1) 中 $p(x)$ 在 $\mathbb{C}$ 中的分裂域.

6. 设 K/F 是代数扩域, L, M 是中间域. 证明:

$$LM = \left\{ \sum_{i=1}^{n} l_i m_i \mid n \in \mathbb{Z}^+, l_i \in L, m_i \in M, 1 \leqslant i \leqslant n \right\}$$

是 K/F 的中间域.

7. 设 K/F 是域扩张并且 F 是代数闭域. 证明 $K \setminus F$ 中元素都是 F 上的超越元.

8. 设 $\psi : F \to L$ 是两个域之间的同构. 证明 ψ 可延拓为它们分别的代数闭包 $\overline{F}$ 和 $\overline{L}$ 之间的同构.

§4.3 有 限 域

有限域是一类重要的代数系统. 有限域在有限几何中起的作用和实数域在解析几何中起的作用类似, 有限域在有限数学、编码理论中有重要应用, 关于后者,我们将在选学篇的第十章中作一初步介绍. 本节中将给出有限域的存在性以及初步的结构.

4.3.1 有限域的存在性

有限域 F 的特征当然是某个素数 p, 因而包含素域 $\mathbb{Z}_p$. 这样 F 是 $\mathbb{Z}_p$ 上有限维线性空间, 设是 n 维, 随之 F 的元素个数 $|F| = p^n$.

命题 4.3.1　(1) 有限域 F 的元素个数是 p^n, p 是它的特征;

(2) 扩域 $F/\mathbb{Z}_p$ 可看成多项式 $x^{p^n} - x$ 在 $\mathbb{Z}_p$ 上的分裂域.

证明　(1) 上面已解释. 下面证 (2). 由 (1) 知以 F 中乘法为运算的交换群 $(F\backslash\{0\}, \cdot)$ 的阶为 $p^n - 1$. 随之, F 中非零元 x 满足方程

$$x^{p^n - 1} = 1,$$

因而 F 中任意元素 x (包括零元) 满足方程

$$x^{p^n} = x.$$

这等于说 F 中任意元素 x 都是 $\mathbb{Z}_p[x]$ 中多项式

$$f(x) = x^{p^n} - x \tag{4.3}$$

的根. 但一个域上的 m 次多项式在其任意扩域上最多有 m 个不同的根, 因而 F 中 p^n 个元素恰好是 $f(x)$ 的全部根, 即在 F 上

$$f(x) = x(x - \alpha_2) \cdots (x - \alpha_{p^n}), \qquad \alpha_i \in F,$$

可见 $F = \mathbb{Z}_p(0, \alpha_2, \cdots, \alpha_{p^n})$ 是 $f(x)$ 在 $\mathbb{Z}_p$ 上的分裂域. □

命题 4.3.1 是说, 如果元素个数为 p^n 的有限域存在的话, 它必是 (4.3) 式中 $f(x)$ 在 $\mathbb{Z}_p$ 上的分裂域. 这提示我们, 构造有限域就该先考虑 (4.3) 式中 $f(x)$ 在 $\mathbb{Z}_p$ 上的分裂域.

命题 4.3.2　多项式 $f(x) = x^{p^n} - x$ 在 $\mathbb{Z}_p$ 上的分裂域 F 的元素个数是 p^n.

证明　$f(x)$ 的导式

$$f'(x) = p^n x^{p^n - 1} - 1 = -1.$$

故 $f'(x)$ 在 F 的任意扩域上没有根, 由命题 4.1.11 之 (5) 知, $f(x)$ 无重根. 设其 p^n 个根为 $\{a_i \mid 1 \leqslant i \leqslant p^n\} = T \subseteq F$. 今证 T 是 F 的一个子域.

设 $\alpha, \beta \in T$. 则有

$$\alpha^{p^n} = \alpha, \qquad \beta^{p^n} = \beta,$$

随之

$$(\alpha \pm \beta)^{p^n} = \alpha^{p^n} \pm \beta^{p^n} = \alpha \pm \beta,$$

$$(\alpha\beta)^{p^n} = \alpha^{p^n} \beta^{p^n} = \alpha\beta,$$

$$(\alpha^{-1})^{p^n} = (\alpha^{p^n})^{-1} = \alpha^{-1}, \qquad \alpha \neq 0.$$

即 $\alpha \pm \beta, \alpha\beta, \alpha^{-1}$ 也都是 $f(x)$ 的根, 因而都在 T 中. 故 T 是子域并且易知是 $f(x)$ 的分裂域.

注意到 F 是 $f(x)$ 的分裂域, 便得 $F = T$, 因而 $|F| = |T| = p^n$.   □

命题 4.3.2 说明: 元素个数为 p^n 的有限域是存在的, 且是 $x^{p^n} - x$ 在 $\mathbb{Z}_p$ 上的分裂域. 再注意到分裂域在 $\mathbb{Z}_p$-同构的意义下是唯一的, 由于 $\mathbb{Z}_p$ 是素域, 因而 "$\mathbb{Z}_p$-同构" 和 "同构" 是一回事, 故有

定理 4.3.3   (1) 有限域 F 的元素个数必为形如 p^n 的整数, 其中 p 是素数并且是 F 的特征, $n = [F : \mathbb{Z}_p]$;

(2) 元素个数为 p^n 的有限域存在且在同构意义下是唯一的.

有限域也常称作 Galois 域, 元素个数为 p^n 的有限域通常记作 $GF(p^n)$ 或 $\mathbb{F}_q, q = p^n$.

4.3.2 有限域的结构

下面进一步讨论有限域 F 的结构. 首先是它的子域结构.

设 T 是有限域 $F = GF(p^n)$ 的子域. 由

$$[F : T][T : \mathbb{Z}_p] = [F : \mathbb{Z}_p] = n$$

知 $[T : \mathbb{Z}_p] = m$ 必整除 n. T 是元素个数为 p^m 的有限域. 这样 T 是 $x^{p^m} - x$ 在 $\mathbb{Z}_p$ 上的分裂域. 注意到 T 是 F 的子域, 故

$$T = \{\alpha \in F \mid \alpha^{p^m} - \alpha = 0\}.$$

这样, F 中元素个数为 p^m 的子域 T 有且仅有一个, 它由多项式 $x^{p^m} - x$ 在 F 中的一切根组成.

这就证明了下面

命题 4.3.4   对任意 $m \mid n$, 有限域 $GF(p^n)$ 的元素个数为 p^m 的子域存在且唯一. 反之, $GF(p^n)$ 的任意一个子域的元素个数一定为 p^m, 其中 $m \mid n$.

其次我们看一下有限域 F 的加群 $(F,+)$ 和乘群 $(F^\times = F\backslash\{0\},\cdot)$ 的结构. 这两个有限交换群是结构紧凑的域的有机组成部分, 可以想象不是任意交换群都能作为域的乘群的.

有限域 $GF(p^n)$ 是域 $\mathbb{Z}_p$ 上 n 维线性空间, 随之它是 n 个一维 $\mathbb{Z}_p$-线性空间的直和. 这样有限域 F 的加群可以说是最简单的有限交换 p-群.

命题 4.3.5　有限域 $F = GF(p^n)$ 的乘群 $(F^\times = F\backslash\{0\},\cdot)$ 是 $p^n - 1$ 阶循环群.

先证一个有限交换群的结果.

引理 4.3.6　设 G 是有限交换群, 且 m 是 G 中元素的阶的最大者. 则对任意 $g \in G$, 有 $g^m = e$. 特别地, 当 G 是一个域中关于乘法构成的有限交换群时, G 是循环群.

证明　设 m 是 G 中某个元素 a 的阶. 假如存在元素 $b \in G$, 使得它的阶 s 不整除 m, 那么存在素数 l 和正整数 r 使得 $l^r \mid s$ 但 $l^r \nmid m$. 故设 $s = l^r s_1$ 和 $m = l^{r'} m_1$, 其中 $0 \leqslant r' < r$, m_1 与 l 互素. 于是 b^{s_1} 的阶和 $a^{l^{r'}}$ 的阶分别为 l^r 和 m_1, 它们互素. 故元素 $b^{s_1} a^{l^{r'}}$ 的阶为 $l^r m_1 > m$, 与 m 作为 G 中元素的阶的最大者矛盾. 所以 G 中任意元素 g 的阶整除 m. 从而有 $g^m = e$. 特别地, 当 G 是一个域中关于乘法构成的有限交换群时, 有 G 中的元素都是该域上多项式 $x^m - 1$ 的根, 至多有 m 个, 即 $|G| \leqslant m$. 而上述元素 $a \in G$ 的阶为 m, 即循环子群 $\langle a \rangle \subseteq G$ 的阶为 m. 故 $G = \langle a \rangle$ 为 (m 阶) 循环群. $\qquad\square$

命题 4.3.5 的证明　由上面的引理知有限交换群 $F^\times$ 是循环群, 它的阶当然是 $|F^\times| = p^n - 1$. $\qquad\square$

作为上命题的直接推论得

定理 4.3.7　有限域 $F = GF(p^n)$ 是域 $\mathbb{Z}_p$ 上的单扩域, 即 $F = \mathbb{Z}_p(a)$.

定理 4.3.7 是说域 $\mathbb{Z}_p$ 上的有限次扩域都是单扩域. 这是一个很好的定理: 把较复杂的有限次扩域归结为单扩域, 这也是域 $\mathbb{Z}_p$ 的一个很好的性质.

注 4.3.8　在讨论有限域时, 有几点需要记住:

(1) 定理 4.3.3 说明, 对任意素数 p 和正整数 n, 元素个数为 p^n 的有限域 $GF(p^n)$ 总是存在且唯一的 (在同构意义下), 并且它在 $\mathbb{Z}_p$ 上的扩张次数为 n.

(2) 定理 4.3.7 说明, 有限域 $GF(p^n)$ 是 $\mathbb{Z}_p$ 上的单扩域 $\mathbb{Z}_p(a)$. 注意 $\mathbb{Z}_p(a)$ 的结构由 a 在 $\mathbb{Z}_p[x]$ 中的极小多项式 (一个 n 次不可约多项式) 唯一确定. 这也说明, 对任意正整数 n, 在 $\mathbb{Z}_p[x]$ 中 n 次不可约多项式总是存在的 (但可以不唯一).

(3) 因为 $\mathbb{Z}_p[x]$ 中任意两个 n 次不可约多项式确定的 $\mathbb{Z}_p$ 上的单扩域都是多项式 $x^{p^n} - x$ 在 $\mathbb{Z}_p$ 上的分裂域, 所以这两个单扩域是 $\mathbb{Z}_p$-同构的. 即是说, 有限域 $\mathbb{Z}_p$

上任意两个扩张次数相同的单扩域是同构的. 这个特殊的现象在无限域上通常是没有的.

(4) 对 $\mathbb{Z}_p[x]$ 中任意一个 n 次不可约多项式 $d(x)$, 若记它确定的单扩域为 $\mathbb{Z}_p(a)$, 即 $d(x)$ 是 a 的极小多项式, 则由 a 也是 $x^{p^n} - x$ 的一个根知在 $\mathbb{Z}_p[x]$ 中有 $d(x) \mid (x^{p^n} - x)$.

(5) 对任意正整数 m, n, 如果 $m \mid n$, 那么 $GF(p^n)$ 有唯一的子域 $GF(p^m)$. 结合上面的 (4), 若记 $P_m(x)$ 是 $\mathbb{Z}_p[x]$ 中所有次数为 m 的首 1 不可约多项式的乘积 (如 $P_1(x) = x(x-1)\cdots(x-(p-1))$), 则在 $\mathbb{Z}_p[x]$ 中有

$$x^{p^n} - x = \prod_{m \mid n} P_m(x).$$

例 4.3.1   我们来作出 $GF(3^3)$.

$\mathbb{Z}_3$ 上共有 $3^3 = 27$ 个 3 次首 1 多项式, 其中在 $\mathbb{Z}_3$ 中无根者必是不可约多项式. 直接验算, 可知下面 8 个是 $\mathbb{Z}_3$ 上所有可能的 3 次首 1 不可约多项式:

$$\begin{aligned}
&x^3 + 2x + 1, x^3 + 2x + 2, x^3 + x^2 + 2, x^3 + 2x^2 + 1, \\
&x^3 + 2x^2 + x + 1, x^3 + x^2 + 2x + 1, x^3 + x^2 + x + 2, \\
&x^3 + 2x^2 + 2x + 2.
\end{aligned} \tag{4.4}$$

我们知道, 无论用这 8 个中哪一个去作 $\mathbb{Z}_3[x]$ 的商环, 在同构意义下都得到元素个数为 3^3 的有限域 $GF(3^3)$.

现取 $g(x) = x^3 + 2x + 2 \in \mathbb{Z}_3[x]$. 设 a 为 $g(x)$ 的一个根, 则有 $GF(3^3) \cong \mathbb{Z}_3[x]/(g(x)) \cong \mathbb{Z}_3(a)$. 它的 27 个元素为

$$s_2 a^2 + s_1 a + s_0, \quad s_i \in \mathbb{Z}_3, \quad i = 1, 2, 3.$$

注意到 $a^3 + 2a + 2 = 0$, 即 $a^3 = a + 1$, 利用它即得乘法规则, 例如

$$(a^2 + a + 2)(2a^2 + 1) = a^2 + 2a + 1.$$

这样我们就得到 $GF(3^3)$ 的一个具体实现.

又取 $h(x) = x^3 + 2x^2 + x + 1$. 设 b 为 $h(x)$ 的一个根, 则有 $GF(3^3) \cong \mathbb{Z}_3[x]/(h(x)) \cong \mathbb{Z}_3(b)$. 它的 27 个元素为 $t_2 b^2 + t_1 b + t_0, t_i \in \mathbb{Z}_3, i = 1, 2, 3$. 这是 $GF(3^3)$ 的另一个实现.

从理论上, 我们知道必有同构 $\phi : \mathbb{Z}_3(b) \cong \mathbb{Z}_3(a)$. 欲具体给出 ϕ, 需要找出 $\phi(b)$, 即在 $\mathbb{Z}_3(a)$ 中找到 $h(x)$ 的一个根. 一般说来这不是一件容易的事情, 但在我们的这个具体例子中可以做到. 试算后, 我们得到 $2a^2$ 是 $h(x)$ 的根, 这样

$$\phi : \mathbb{Z}_3(b) \to \mathbb{Z}_3(a)$$

$$t_2 b^2 + t_1 b + t_0 \mapsto t_2 (2a^2)^2 + t_1 (2a^2) + t_0 = (t_2 + 2t_1)a^2 + t_2 a + t_0.$$

练习

1. 证明: 若域 F 的元素个数为 p^n, 这里 p 为素数, 则 F 中每个元素有唯一 p 次方根. 即对任意 $a \in F$, 方程 $x^p = a$ 在 F 中有唯一解.

2. 证明: 四元域不能同构于八元域的子域.

3. 找出 $\mathbb{Z}_2[x]$ 的一切三次不可约多项式.

4. 求 $\mathbb{Z}_2$ 上不可约多项式 $f(x)$, 使得 $GF(8)$ 是 $f(x)$ 在 $\mathbb{Z}_2$ 上的分裂域.

5. 设 n 是素数, 试证 $\mathbb{Z}_p$ 上 n 次首 1 不可约多项式恰有 $(p^n - p)/n$ 个.

§4.4 正规扩域 (分裂域续)

4.4.1 正规扩域的定义

分裂域 K/F 的定义是构造性的: 它是把一个多项式 $f(x) \in F[x]$ 的所有根添加到 F 上所得的扩域 K. 下面将用一个代数性质去刻画它, 即给分裂域一个结构性的定义.

定义 4.4.1　一个代数扩域 K/F 称作 F 上的正规扩域, 如果对 F 上任一不可约多项式 $p(x)$, 若 $p(x)$ 有一个根在 K 中, 则 $p(x)$ 的所有根都在 K 中 (亦即 $p(x)$ 在 $K[x]$ 中分解成一次因式的乘积).

定义中应特别注意 $p(x)$ 是一个不可约多项式. 对于多项式 $f(x) = g(x)h(x)$, $g(x)$ 的根和 $h(x)$ 的根可以是毫无联系的, 因而不能要求 $f(x)$ 的一个根如何, 其他的根也如何.

定义 4.4.2　代数扩域 K/F 中两个元素 α, β 称为 F-共轭的, 如果它们在 F 上有相同的极小多项式. 或者说 F 上不可约多项式 $p(x)$ 的根是彼此 F-共轭的.

这当然是共轭复数概念的推广: 两复数是共轭的当且仅当它们是同一个二次不可约实多项式的根.

这样, 正规扩域 K/F 是说: 若 $\alpha \in K$, 则与 α 是 F-共轭的元素都在 K 中. 或者说正规扩域 K/F 关于 F-共轭是封闭的 F 的代数扩域.

4.4.2 正规扩域 = 分裂域

定理 4.4.3　扩域 K/F 是有限次正规扩域当且仅当 K/F 是 F 上的分裂域.

证明   设 K/F 是有限次正规扩域. 由 K 是 F 上有限次扩域知 $K = F(\alpha_1, \alpha_2, \cdots, \alpha_t)$, t 是正整数, α_i 是 F 上代数元, 它在 F 上的极小多项式记作 $p_i(x)$. 由 F 上不可约多项式 $p_i(x)$ 有一个根 $\alpha_i \in K$ 和正规扩域的定义知 $p_i(x)$ 的所有根都在 K 中. 故 $K = F(\alpha_1, \alpha_2, \cdots, \alpha_t)$ 是 $f(x) = p_1(x)p_2(x) \cdots p_t(x) \in F[x]$ 在 F 上的分裂域.

反之, 设 K 是一个 n 次多项式 $f(x) \in F[x]$ 在 F 上的分裂域, 即 $K = F(\alpha_1, \alpha_2, \cdots, \alpha_n)$, $\alpha_1, \alpha_2, \cdots, \alpha_n$ 是 $f(x)$ 的全部根. 显然 K 是 F 的有限次扩张, 进而是代数扩张. 又设 F 上不可约多项式 $p(x)$ 有一根 $\beta \in K = F(\alpha_1, \alpha_2, \cdots, \alpha_n)$, 记 E/K 是 $p(x) \in F[x] \subseteq K[x]$ 在 K 上的分裂域, 设 $\gamma \in E$ 是 $p(x)$ 的任意一个根. 由定理 4.2.8 知存在 F-同构 $\varphi : F(\beta) \to F(\gamma)$ 使得 $\varphi(\beta) = \gamma$. 易知 E 是 $f(x)p(x)$ 在 F 上的一个分裂域, 由 $F(\beta), F(\gamma) \subseteq E$ 知 E 也是 $f(x)p(x)$ 分别在 $F(\beta)$ 和 $F(\gamma)$ 上的分裂域. 故 φ 可延拓为域 E 的一个自同构 ψ, 于是有 $\gamma = \varphi(\beta) = \psi(\beta)$. 显然 ψ 也保持 F 中元素不动, 即 ψ 是域 E 的一个 F-自同构. 所以 ψ 把 $f(x)$ 的根映到 $f(x)$ 的根. 由此易知 $\psi(K)$ 也是 $f(x)$ 的一个分裂域. 但 $K, \psi(K)$ 都在域 E 中并且都是 $f(x)$ 的分裂域, 故易知 $\psi(K) = K$. 特别地, 由 $\beta \in K$ 知 $\psi(\beta) \in K$, 所以 $\gamma = \psi(\beta) \in K$. 这就证明了 $p(x)$ 的所有根都在 K 中, 故 K 是 F 上的有限次正规扩域. $\qquad\qquad\square$

4.4.3 分裂域与单扩域

单扩域的结构是比较简单的. 我们下面将看到, 在许多情形之下分裂域是单扩域. 这在今后讨论和计算有限次正规扩域的 Galois 群时很有帮助.

命题 4.4.4   设 $K = F(\beta, \alpha_1, \alpha_2, \cdots, \alpha_n)$ 是 F 上代数扩域. 如果所有 α_i 在 F 上的极小多项式 (在 F 的任意一个扩域中) 的根都是单根, 那么 K 是 F 上的单扩域.

证明   注意到 $F(\beta, \alpha_1, \alpha_2, \cdots, \alpha_n) = F(\beta)(\alpha_1)(\alpha_2) \cdots (\alpha_n)$. 故对 n 归纳, 只需证明 $F(\beta, \gamma) = F(\theta)$ 即可, 其中 $F(\beta, \gamma)$ 是 F 上的代数扩张, 并且 γ 在 F 上的极小多项式 (在 F 的任意一个扩域中) 没有重根.

如果 F 是有限域, 那么代数扩张 $F(\beta, \gamma)$ 也是有限域. 由有限域的非零乘群是有限循环群易知 $F(\beta, \gamma)$ 是 F 上的单扩域. 即此时结论已成立. 故以下设 F 是无限域.

设 $p(x), q(x)$ 分别是代数元 β, γ 在 F 上的极小多项式. 设 $\theta = \beta + c\gamma \in F(\beta, \gamma)$, 其中 $c \in F$ 待定. 记 $r(x) = p(\beta + c\gamma - cx) \in F(\theta)[x]$, 显然 $r(x)$ 和 $q(x)$ 有公共根 γ.

在 $F(\beta, \gamma)$ 上 $p(x)q(x)$ 的某个分裂域 E 中, 设 $p(x)$ 的全部根为 $\beta_1 = \beta, \beta_2, \cdots, \beta_s$, $q(x)$ 的全部根为 $\gamma_1 = \gamma, \gamma_2, \cdots, \gamma_t$. 由 F 是无限域知, 可取到 $c \in F$ 满足条件

$$\beta + c\gamma - c\gamma_i \neq \beta_j, \quad 1 \leqslant i \leqslant t, 2 \leqslant j \leqslant s.$$

取这样的 $c \in F$ 和 $\theta = \beta + c\gamma$ 就保证了 $r(x)$ 和 $q(x)$ 只有一个公共根 γ. 由 $q(x)$ 在 E 中的根是单根知在 $E[x]$ 中有极大公因子 $(r(x), q(x)) = x - \gamma$. 注意 $r(x), q(x) \in F(\theta)[x]$, 而 $F(\theta) \subseteq F(\beta, \gamma) \subseteq E$. 易证 $r(x)$ 与 $q(x)$ 在 $F(\theta)[x]$ 中的极大公因子也是 $x - \gamma$. 所以 $\gamma \in F(\theta)$. 从而也有 $\beta = \theta - c\gamma \in F(\theta)$. 故 $F(\beta, \gamma) \subseteq F(\theta) \subseteq F(\beta, \gamma)$, 即 $F(\beta, \gamma) = F(\theta)$. $\qquad\square$

下面定理说明, 特征为 0 的域和与有限域相关的域上的分裂域都是单扩张.

定理 4.4.5 设 K/F 是有限次域扩张. 如果 F 的特征为 0 或者 F 是有限域的代数扩张, 那么 K 是 F 上的单扩张. 特别地, 在上述条件之下 F 上的任意一个分裂域是 F 上的单扩张.

证明 设 $q(x) \in F[x]$ 是不可约多项式. 易证 $q(x)$ 在 F 的某个扩域上有重根当且仅当它的导式 $q'(x) = 0$. 如果 F 的特征为 0, 那么显然 $q'(x) \neq 0$. 如果 F 是有限域的代数扩张, 那么易知 $q(x)$ 是 F 的某个有限子域 L 上的不可约多项式 (如取 L 是将 $q(x)$ 的非零系数添加到 F 的素子域 $\mathbb{Z}_p$ 所得的子域). 易证 (留给读者, 见本章习题)$q(x)$ 在 L 的任意一个扩域中没有重根. 故由 $L \subseteq F$ 知 $q(x)$ 在 F 的任意一个扩域中没有重根. 所以, 在定理的两种条件之下, 都有 $F[x]$ 中的任意一个不可约多项式 (在 F 的任意一个扩域中) 都没有重根. 由上述命题即知 K 是 F 上的单扩张. $\qquad\square$

4.4.4 分裂域的 Galois 群

对于域扩张 K/F, 容易知道 K 到自身的 F-同构 (即域 K 的 F-自同构) 的全体在合成运算之下构成一个群.

定义 4.4.6 设 K/F 是域扩张. 记 $\mathrm{Gal}(K/F)$ 是 K 的所有 F-自同构在合成运算之下构成的群, 称为域扩张 K/F 的 Galois 群. 如果 K 还是某个多项式 $f(x) \in F[x]$ 的分裂域, 那么也称 $\mathrm{Gal}(K/F)$ 是多项式 $f(x)$ 的 Galois 群.

可见, Galois 群是域扩张 K/F 的保持基本域 F 中元素不动的一种对称.

设 K 是域 F 上的分裂域, 即存在正次数多项式 $f(x) \in F[x]$, 使得在 K 上 $f(x) = a(x - \alpha_1)(x - \alpha_2) \cdots (x - \alpha_n)$ 且 $K = F(\alpha_1, \alpha_2, \cdots, \alpha_n)$. 不妨设 $\{\alpha_1, \alpha_2, \cdots, \alpha_n\}$ 中两两不同根的集合为 $\{\alpha_1, \alpha_2, \cdots, \alpha_m\}$, 则 $K = F(\alpha_1, \alpha_2, \cdots, \alpha_m)$. 我们有

定理 4.4.7 设 K 是 F 上关于正次数多项式 $f(x)$ 的分裂域, $f(x)$ 在 K 中所有不相同的根的集合为 $\{\alpha_1, \alpha_2, \cdots, \alpha_m\}$. 任取 $\phi \in \mathrm{Gal}(K/F)$, α 是 $f(x)$ 的一个根, 则 $\phi(\alpha)$ 也是 $f(x)$ 的一个根. 这样

$$\Sigma_\phi = \begin{pmatrix} \alpha_1 & \alpha_2 & \cdots & \alpha_m \\ \phi(\alpha_1) & \phi(\alpha_2) & \cdots & \phi(\alpha_m) \end{pmatrix}$$

是 $M = \{\alpha_1, \alpha_2, \cdots, \alpha_m\}$ 的一个置换.

证明   若 α 是 $f(x)$ 的根. 因 ϕ 保持 F 中元素不变, 易证 $\phi(\alpha)$ 也是 $f(x)$ 的根. 由于诸 α_i 彼此不同, 而 ϕ 是一一映射, 故诸 $\phi(\alpha_i)$ 也彼此不同, 即 Σ_ϕ 是 M 的一个置换. □

利用上面结论, 我们可以定义群 $\mathrm{Gal}(K/F)$ 到 $\{\alpha_1, \alpha_2, \cdots, \alpha_m\}$ 的所有置换作成的对称群 S_m 的一个映射.

$$\Sigma: \mathrm{Gal}(K/F) \to S_m$$

$$\phi \mapsto \Sigma_\phi = \begin{pmatrix} \alpha_1 & \alpha_2 & \cdots & \alpha_m \\ \phi(\alpha_1) & \phi(\alpha_2) & \cdots & \phi(\alpha_m) \end{pmatrix}.$$

令

$$G_f = \{\, \Sigma_\phi \mid \phi \in \mathrm{Gal}(K/F)\} \subseteq S_m,$$

即 G_f 是 $\mathrm{Gal}(K/F)$ 在 Σ 之下的像. 进一步, 我们有

定理 4.4.8   记号同上. 那么 G_f 是对称群 S_m 的一个子群, 并且 Σ 导出群同构

$$\Sigma: \mathrm{Gal}(K/F) \to G_f.$$

证明   对任意的 $\phi, \psi \in \mathrm{Gal}(K/F)$, 有 $\Sigma_\phi \circ \Sigma_\psi = \Sigma_{\phi \circ \psi}$. 故 G_f 是对称群 S_m 的一个子群, 并且 Σ 是群同态. 又显然 Σ 是满态, 易证它也是单态, 因而 Σ 是群同构. □

定义 4.4.9   设 K 是 F 上正次数多项式 $f(x)$ 的分裂域, $f(x)$ 在域 K 中所有不相同的根的集合为 $\{\alpha_1, \alpha_2, \cdots, \alpha_m\}$. 那么称上述定义的 G_f 为 F 上多项式 $f(x)$ 的根的对称群, 也称为 F 上 $f(x)$ 的 Galois 群.

上述两个定理把一个一元多项式的分裂域的 Galois 群等同于了该多项式的 Galois 群, 后者是该多项式所有不相同的根的一个置换群, 即对称群的一个子群. 这也是 Galois 理论的出发点, 即是利用置换群来考察一元多项式方程的根式解.

一个一元多项式的 Galois 群是有限群. 我们下面在它的分裂域是可分的情形下给出它的 Galois 群的阶. 一个扩域 K/F 称为可分的, 如果 K 中的每个元素 α 都是 F 上的可分元, 即 α 在 F 上的极小多项式没有重根. 譬如对特征为 0 的域和有限域, 它们的任意代数扩域都是可分的, 见定理 4.4.5 及其证明.

定理 4.4.10 当 K 是 F 上的一个可分的分裂域时, 特别地, 当 F 是特征为 0 的域或有限域并且 K 是 F 上的一个分裂域时, 我们有

$$[K : F] = |\mathrm{Gal}(K/F)|.$$

证明 由命题 4.4.4 以及 K 是 F 上的一个可分的分裂域知 $K = F(\theta)$. 设 θ 在 F 上的极小多项式为 $p(x)$, 其次数为 n. 那么 $[K : F] = n$.

由 K 是分裂域从而也是正规扩域知 $p(x)$ 的全部根都在 K 中, 记它们为 $\theta_1 = \theta, \theta_2, \cdots, \theta_n$. 由 K/F 是可分扩域知 θ_i 彼此不相等.

对任意 $1 \leqslant i \leqslant n$, 由 $\theta_i \in K = F(\theta)$ 以及 θ_i 的极小多项式也是 $p(x)$, 易知 $F(\theta) = F(\theta_i)$, 且对应 $\phi_i : \theta \mapsto \theta_i$ 导出映射

$$\phi_i : \ K = F(\theta) \to K = F(\theta_i)$$
$$f(\theta) \mapsto f(\theta_i), \quad f(x) \in F[x]$$

是 K 的 F-自同构. 反之, 若 $\phi \in \mathrm{Gal}(K/F)$, 则 $\phi(\theta)$ 也是 F 上的多项式 $p(x)$ 的一个根, 即 $\phi(\theta)$ 等于某个 θ_i, 随之 $\phi = \phi_i$. 总起来便是 $\mathrm{Gal}(K/F) = \{\phi_i \mid 1 \leqslant i \leqslant n\}$, 因而 $|\mathrm{Gal}(K/F)| = n = [K : F]$. $\qquad\square$

这个重要结果还可以用前一节证明分裂域唯一性的方法去直接证明而不用命题 4.4.4.

我们先看一个计算多项式的 Galois 群的较简单的例子.

例 4.4.1 计算 $f(x) = (x^2 - 2)(x^2 - 3)$ 在 $\mathbb{Q}$ 上的 Galois 群 G_f.

解 首先 $f(x)$ 在 $\mathbb{C}$ 中不同根为 $\alpha_1 = \sqrt{2}, \alpha_2 = -\sqrt{2}, \alpha_3 = \sqrt{3}, \alpha_4 = -\sqrt{3}$. 可见 $E = \mathbb{Q}(\sqrt{2}, \sqrt{3})$ 是 $f(x)$ 的一个分裂域, 并且易知 $[E : \mathbb{Q}] = 4$. 注意到 E 的任意一个 $\mathbb{Q}$-自同构把 $f(x)$ 的不可约因式的根映到该不可约因式的根, 而 E 的 $\mathbb{Q}$-自同构共有 4 个, 可见只能是

$$G_f = \left\{ \begin{pmatrix} \alpha_1 & \alpha_2 & \alpha_3 & \alpha_4 \\ \alpha_1 & \alpha_2 & \alpha_3 & \alpha_4 \end{pmatrix}, \begin{pmatrix} \alpha_1 & \alpha_2 & \alpha_3 & \alpha_4 \\ \alpha_2 & \alpha_1 & \alpha_3 & \alpha_4 \end{pmatrix}, \right.$$
$$\left. \begin{pmatrix} \alpha_1 & \alpha_2 & \alpha_3 & \alpha_4 \\ \alpha_1 & \alpha_2 & \alpha_4 & \alpha_3 \end{pmatrix}, \begin{pmatrix} \alpha_1 & \alpha_2 & \alpha_3 & \alpha_4 \\ \alpha_2 & \alpha_1 & \alpha_4 & \alpha_3 \end{pmatrix} \right\}. \qquad\square$$

这里有趣的是, 我们并没有验证上述 4 个置换一定给出 E 的 $\mathbb{Q}$-自同构, 而是利用了 $[E : \mathbb{Q}] = 4$ 和定理 4.4.10. 另外, 该例子也说明, 并非所有的置换都是 Galois 群中的元素.

计算一个多项式的 Galois 群往往很难, 没有固定的成法, 具体问题需具体分析, 通常是必须对该多项式的根有较好的了解后才有可能. 为了读者对计算一个多项式的 Galois 群有多一点的感觉, 我们下面再做些讨论并给出一些例子. 以下我们只考虑没有重根的一元多项式.

对于域 F 上的一元二次多项式, 如果它在 F 上可分解, 那么它的分裂域就是 F 本身, 可见它的 Galois 群是单位元群; 如果它不可约, 记它的一个根为 α, 那么由根与系数的关系知它的另一个根也在 $F(\alpha)$ 中. 故 $F(\alpha)$ 是该不可约多项式的分裂域且是 F 上的 2 次扩张. 由此易知该多项式的 Galois 群是 2 元对称群 S_2.

对于域 F 上的一元三次多项式 $f(x)$, 如果它在 F 上可分解, 即 $f(x) = (x - a)g(x)$, 其中 $a \in F, g(x) \in F[x]$ 是二次多项式, 那么 $f(x)$ 在 F 上的分裂域也是 $g(x)$ 在 F 上的分裂域. 此时的情形上面已讨论了. 故设 $f(x)$ 在 F 上不可约. 此时记 α 是它的一个根. 那么在 $F(\alpha)$ 上可分解 $f(x) = (x - \alpha)h(x)$, 其中 $h(x) \in F(\alpha)[x]$ 是二次多项式. 若 $h(x)$ 在 $F(\alpha)$ 上可分解, 则它的两个根 (也即 $f(x)$ 的另外两个根) 都在 $F(\alpha)$ 中. 此时 $F(\alpha)$ 是 $f(x)$ 在 F 上的分裂域. 而 $[F(\alpha) : F] = 3$, 故 $f(x)$ 在 F 上的 Galois 群是对称群 S_3 的 3 元子群, 这只能是唯一的 3 元子群——交错群 A_3. 若 $h(x)$ 在 $F(\alpha)$ 上不可约, 则 $f(x)$ 在 F 上的分裂域在 F 上的次数是 6. 可见 $f(x)$ 在 F 上的 Galois 群是对称群 S_3(因为 $|S_3| = 3! = 6$).

例 4.4.2   计算 $f(x) = x^3 - a$ 在 $\mathbb{Q}$ 上的 Galois 群 G_f, 其中 a 是正有理数.

解 存在实数 b 使得 $b^3 = a$. 记 $\omega = \frac{1}{2}(-1 + \sqrt{-3})$ 是 3 次本原单位根. 那么 $f(x) = (x-b)(x-b\omega)(x-b\omega^2)$. 如果 b 是有理数, 那么 $(x-b\omega)(x-b\omega^2) = x^2 + bx + b^2$ 是 $\mathbb{Q}$ 上的不可约多项式并且 $f(x)$ 在 $\mathbb{Q}$ 上分裂域等于 $x^2 + bx + b^2$ 在 $\mathbb{Q}$ 上分裂域, 此时 $G_f = S_2$. 如果 b 不是有理数, 那么易知 $x^2 + bx + b^2$ 在 $\mathbb{Q}(b)$ 上不可约 (因为虚数 $\omega \notin \mathbb{Q}(b)$). 故 $f(x)$ 在 $\mathbb{Q}$ 上的分裂域在 $\mathbb{Q}$ 上的次数是 6, 此时 $G_f = S_3$.

特别地, $x^3 - 2$ 的分裂域是 $\mathbb{Q}(\sqrt[3]{2}, \sqrt[3]{2}\omega, \sqrt[3]{2}\omega^2) = \mathbb{Q}(\sqrt[3]{2}, \omega)$, 它的 Galois 群是 S_3, 即对应着 $x^3 - 2$ 的根的集合 $\{\sqrt[3]{2}, \sqrt[3]{2}\omega, \sqrt[3]{2}\omega^2\}$ 的所有置换. 注意, 对另一个多项式 $g(x) = (x^2 + x + 1)(x^3 - 2)$, 易知它的分裂域也是 $\mathbb{Q}(\sqrt[3]{2}, \omega)$. 故 $g(x)$ 的 Galois 群也是 S_3, 这是 $g(x)$ 的根的集合 $\{\sqrt[3]{2}, \sqrt[3]{2}\omega, \sqrt[3]{2}\omega^2, \omega, \omega^2\}$ 的对称群 S_5 的子群, 由前 3 个根的置换完全导出.   □

我们再考察两个高次多项式的 Galois 群的情形.

第一个看分圆域 (定义见下面的命题 4.4.12) 和它的一个推广形式. 先证一个引理.

引理 4.4.11   设 $G = \langle \eta \rangle$ 是 $n\,(< \infty)$ 阶循环群. 则它的自同构群 $\operatorname{Aut} G$ 同构于剩余类环 $\mathbb{Z}_n$ 的一个乘法子群, 从而是交换群. 并且, 当 n 是素数时, $\operatorname{Aut} G$ 还进

一步是循环群.

证明 记 $\mathbb{Z}_n = \{\overline{0}, \overline{1}, \cdots, \overline{n-1}\}$ 是整数环模去 n 的剩余类环. 对任意 $\sigma \in \text{Aut}\, G$, 有 $\sigma(\eta) = \eta^{m_\sigma}$, 其中整数 m_σ 是在模 n 之下由 σ 唯一确定的. 由此给出了一个映射 $\text{Aut}\, G \to \mathbb{Z}_n,\ \sigma \mapsto \overline{m_\sigma}$. 对任意 $\sigma, \gamma \in \text{Aut}\, G$, 由 $\sigma\gamma(\eta) = \sigma(\eta^{m_\gamma}) = \sigma(\eta)^{m_\gamma} = \eta^{m_\sigma m_\gamma}$ 知上述映射保持乘法. 另外易证这是一个单射. 故 $\text{Aut}\, G$ 同构于环 $\mathbb{Z}_n$ 的乘法半群的一个子群, 从而 $\text{Aut}\, G$ 是交换群. 当 n 是素数时, $\mathbb{Z}_n$ 是一个域, 并且它的非零元全体 $\mathbb{Z}_n \setminus \{\overline{0}\}$ 是一个循环群. 注意 m_σ 不被 n 整除 (因为 $\sigma(\eta)$ 还是一个阶为 n 的元素). 所以上述映射此时是 $\text{Aut}\, G$ 到循环群 $\mathbb{Z}_n \setminus \{\overline{0}\}$ 的一个单态. 注意循环群的子群也是循环群. 从而此时 $\text{Aut}\, G$ 为循环群. $\qquad\square$

命题 4.4.12 (1) 设 F 是域, K 是 $f(x) = x^n - 1$ 在 F 上的分裂域 (此时 K 称为 F 的一个分圆扩张). 则 Galois 群 $\text{Gal}(K/F)$ 是交换群. 特别地, 当 F 的特征是 0 或者 F 的特征是素数 p 且 n 是与 p 不同的素数时, 有 $\text{Gal}(K/F)$ 是循环群.

(2) 设 F 是域并且包含所有的 n 次单位根 (即 $f(x) = x^n - 1$ 在 F 上可完全分解), K 是 $g(x) = x^n - a \in F[x]$ 在 F 上的分裂域. 则 Galois 群 $\text{Gal}(K/F)$ 是循环群.

证明 (1) 显然 $f(x) = x^n - 1$ 在 K 中所有根的集合 G 构成 K 的关于乘法的一个有限子群. 由引理 4.3.6 知 G 是循环群. 显然 $\text{Gal}(K/F)$ 中的每个 F-自同构导出循环群 G 的一个自同构. 从而易知 $\text{Gal}(K/F)$ 到 $\text{Aut}\, G$ 有一个群的单态. 由引理 4.4.11 知 $\text{Aut}\, G$ 是一个交换群. 故 $\text{Gal}(K/F)$ 是一个交换群. 特别地, 当 F 的特征是 0 或者 F 的特征是素数 p 且 n 是与 p 不同的素数时, $f(x)$ 没有重根. 故 G 是 n 阶循环群. 由 n 是素数和引理 4.4.11 知 $\text{Aut}\, G$ 是一个循环群. 注意循环群的子群仍然是循环群, 故此时 $\text{Gal}(K/F)$ 是循环群.

(2) 由引理 4.3.6 知 F 中所有 n 次单位根构成 F 的关于乘法的一个循环子群, 记为 $\langle \eta \rangle$, 并设它的阶为 m. 设 $\alpha \in K$ 是 $g(x)$ 的一个根. 那么易知 $\alpha, \eta\alpha, \eta^2\alpha, \cdots, \eta^{m-1}\alpha$ 是 $g(x)$ 的所有不同的根, 可见 $K = F(\alpha)$. 故对任意 $\phi \in \text{Gal}(K/F)$, 它由 $\phi(\alpha)$ 唯一确定. 显然 $\phi(\alpha)$ 也是 $g(x)$ 的一个根. 从而 $\phi(\alpha) = \eta^i\alpha$ 对某个整数 i 成立, 并且 i 在模 m 之下是唯一的. 故记 $\phi = \phi_{\overline{i}}$, 其中 $\overline{i}$ 是 i 的模 m 的剩余类, 即 $\phi_{\overline{i}}(\alpha) = \eta^i\alpha$. 故有映射

$$\text{Gal}(K/F) \to \mathbb{Z}_m, \quad \phi_{\overline{i}} \mapsto \overline{i}.$$

由

$$\phi_{\overline{j}}\phi_{\overline{i}}(\alpha) = \phi_{\overline{j}}(\eta^i\alpha) = \eta^i\phi_{\overline{j}}(\alpha) = \eta^i\eta^j\alpha = \eta^{i+j}\alpha = \phi_{\overline{i+j}}(\alpha)$$

知上述映射是 $\text{Gal}(K/F)$ 到加群 $\mathbb{Z}_m$ 的同态, 并且易知是单态. 注意加群 $\mathbb{Z}_m$ 是循

环群 (由 $\bar{1}$ 生成), 所以由 $\mathrm{Gal}(K/F)$ 同构于 $\mathbb{Z}_m$ 的一个子加群知 $\mathrm{Gal}(K/F)$ 也是循环群. □

一个域扩张 K/F 称为 Abel 扩张或循环扩张, 如果它的 Galois 群 $\mathrm{Gal}(K/F)$ 是 Abel 群 (即交换群) 或循环群. 上面的命题说明分圆扩张总是 Abel 扩张或循环扩张.

第二个看一般的一元多项式. 对任意域 F, 称

$$f(x) = x^n + t_1 x^{n-1} + \cdots + t_{n-1} x + t_n \tag{4.5}$$

是域 F 上一般的一元 n 次多项式, 其中 $t_1, t_2, \cdots, t_n$ 是 F 上的 n 个无关的不定元. 实际上, 该多项式是域 $F(t_1, t_2, \cdots, t_n)$ (F 上 n 元多项式 $F[t_1, t_2, \cdots, t_n]$ 的分式域) 上的一元多项式. 求它的 Galois 群就是指求它在域 $F(t_1, t_2, \cdots, t_n)$ 上 (而不是在 F 上) 的分裂域的 Galois 群. 我们还是先证明一个引理.

引理 4.4.13　设 $F(x_1, x_2, \cdots, x_n)$ 是域 F 上的一个 n 元域扩张, 并且设

$$\begin{cases} -t_1 = x_1 + x_2 + \cdots + x_n, \\ t_2 = \displaystyle\sum_{i<j} x_i x_j, \\ \cdots\cdots\cdots\cdots \\ (-1)^n t_n = x_1 x_2 \cdots x_n. \end{cases}$$

如果 $t_1, t_2, \cdots, t_n$ 在 F 上是代数无关的 (即对 n 个无关不定元 $y_1, y_2, \cdots, y_n$ 的任意一个 F 上的非零多项式 $f(y_1, y_2, \cdots, y_n)$, 代入 $t_1, t_2, \cdots, t_n$ 后也有 $f(t_1, t_2, \cdots, t_n) \neq 0$), 那么 $x_1, x_2, \cdots, x_n$ 也在 F 上是代数无关的.

证明　设 $y_1, y_2, \cdots, y_n$ 是 n 个无关的不定元. 假如存在非零多项式 $f(y_1, y_2, \cdots, y_n)$ 使得 $f(x_1, x_2, \cdots, x_n) = 0$, 设

$$g(y_1, y_2, \cdots, y_n) = \prod_{\sigma \in S_n} f(y_{\sigma(1)}, y_{\sigma(2)}, \cdots, y_{\sigma(n)}),$$

其中 S_n 是 n 元对称群. 那么由 $g(y_1, y_2, \cdots, y_n)$ 有因式 $f(y_1, y_2, \cdots, y_n)$ 知 $g(x_1, x_2, \cdots, x_n) = 0$. 但 $g(y_1, y_2, \cdots, y_n)$ 是关于 $y_1, y_2, \cdots, y_n$ 的对称多项式, 由对称多项式基本定理知它是 F 上 $y_1, y_2, \cdots, y_n$ 的初等对称多项式的一个非零多项式 h. 从而用 x_i 代入 y_i 后到 $0 = g(x_1, x_2, \cdots, x_n) = h(-t_1, t_2, \cdots, (-1)^n t_n)$, 这与 $t_1, t_2, \cdots, t_n$ 在 F 上是代数无关的题设矛盾. 故 $x_1, x_2, \cdots, x_n$ 也在 F 上是代数无关的. □

命题 4.4.14　任意域 F 上一般的一元 n 次多项式 (4.5) 的 Galois 群是 n 元对称群 S_n.

证明　设 K 是 $f(x) \in F(t_1, t_2, \cdots, t_n)[x]$ 的分裂域, 并且设 $x_1, x_2, \cdots, x_n$ 是 $f(x)$ 在 K 中的 n 个根. 由根与系数的 Viète (韦达) 定理知

$$
\begin{cases}
-t_1 = x_1 + x_2 + \cdots + x_n, \\
t_2 = \displaystyle\sum_{i<j} x_i x_j, \\
\cdots\cdots\cdots\cdots \\
(-1)^n t_n = x_1 x_2 \cdots x_n.
\end{cases}
$$

故 $K = F(t_1, t_2, \cdots, t_n)(x_1, x_2, \cdots, x_n) = F(x_1, x_2, \cdots, x_n)$. 但 $t_1, t_2, \cdots, t_n$ 在 F 上是代数无关的, 所以由上面引理知 $x_1, x_2, \cdots, x_n$ 在 F 上也是代数无关的. 特别地, 根 $x_1, x_2, \cdots, x_n$ 两两不同. 记 S_n 是这 n 个不同根的对称群. 那么我们知道有 Galois 群 $G_f \subseteq S_n$. 另一方面, 由 $x_1, x_2, \cdots, x_n$ 在 F 上是代数无关的知 $F[x_1, x_2, \cdots, x_n]$ 是关于 $x_1, x_2, \cdots, x_n$ 的 n 元多项式环, 并且 S_n 可以自然地作用在 $F[x_1, x_2, \cdots, x_n]$ 上: 对 $\{x_1, x_2, \cdots, x_n\}$ 的任意置换 σ 和 $g(x_1, x_2, \cdots, x_n) \in F[x_1, x_2, \cdots, x_n]$, 定义 $\sigma g(x_1, x_2, \cdots, x_n) = g(\sigma(x_1), \sigma(x_2), \cdots, \sigma(x_n))$. 易知任意一个置换 σ 给出的这种作用实际上导出了域 $F(x_1, x_2, \cdots, x_n) = K$ 的一个 $(F\text{-})$ 自同构, 也记为 σ. 注意, 这种作用使得任意一个关于 $x_1, x_2, \cdots, x_n$ 的对称多项式不变. 特别地, 对任意置换 σ 和 $(-1)^i t_i$ (是 $x_1, x_2, \cdots, x_n$ 的初等对称多项式), 可知有 $\sigma(t_i) = t_i, 1 \leqslant i \leqslant n$. 故 σ 保持 $F(t_1, t_2, \cdots, t_n)$ 中元素不变. 但 σ 是 K 的自同构, 从而是 K 的 $F(t_1, t_2, \cdots, t_n)$-自同构, 即 $\sigma \in G_f$. 所以 $G_f = S_n$.　□

练习

1. 设 K/F 是正规扩域, E 是中间域. 证明 K/E 也是正规扩域.

2. 设 K/F 是代数扩域, $\{N_i \mid i \in I\}$ 是 K/F 的一簇中间域且每个都是 F 的正规扩域. 证明 $\bigcap_{i \in I} N_i$ 是 F 上正规扩域.

3. K/F 是正规扩域, L/K 是正规扩域, 问 L/F 是不是正规扩域?

4. 证明二次扩域都是正规扩域.

5. 对任意正整数 n, 证明:

(1) 在有理数域 $\mathbb{Q}$ 的任意一个代数闭包中存在 n 次本原单位根 η, 并且 $\mathbb{Q}(\eta)$ 是分裂域;

(2) 当 n 是素数时, Galois 群 $\mathrm{Gal}(\mathbb{Q}(\eta)/\mathbb{Q}) \cong \mathbb{Z}_n^{\times}$.

§4.5　尺规作图不能问题

　　我们都熟悉初等几何的尺规作图, 即用无刻度直尺和圆规作出平面几何图形. 如果一个作图问题, 如平分已知角, 可以用尺规作出, 当然它就是一个尺规作图可能问题. 如果一个作图问题, 如三等分一个已知角, 你长久作不出来, 或者 2000 年来没有人能作出, 它是一个难题, 但远不能说是一个尺规作图不能问题. 要在数学上肯定一个作图问题是尺规作图不能问题, 就必须否定一切可能性. 一个好的方式是应用反证法而去证明: 若该问题能用尺规作出, 则必导出矛盾. 数学中的矛盾当然是指在某一公理体系下的矛盾. 因而若想谈论尺规作图不能问题, 必须把含直观因素的尺规作图概念进行数学刻画, 即公理化. 下面就来作这件事.

　　尺规作图就是从平面上的一些已知的点出发, 要求用尺规作出另一些点. 具体操作是首先在该平面上作如下图形的交点: 过任意两个不同的已知点的直线, 以任意已知点为圆心和任意两个不同已知点的距离为半径的圆. 这些图形的交点 (即两条直线的交点、直线与圆的交点、两个圆的交点) 可视为由已知点作出的新的已知点. 再从这些新的已知点出发, 不断地重复上述过程, 得到的点就都是可从最初的已知点作出的点. 并且, 这些作出的点也应该是我们用尺规从最初的已知点所能作出所有的点, 这与人们的直观是一致的 (不然还能怎么作呢?).

　　当然已知点至少是两个, 否则作不出新的点! 任取两个已知点, 可作直角坐标系使得其中一个点为原点, 而另一个点的坐标为 $(1,0)$. 于是所有的已知点就可用坐标来表出, 其中的横、纵坐标都是实数. 我们称一个实数 x 可由已知的实数用尺规作出, 如果将其横、纵坐标都是 0 或 1 以及所有的已知实数的所有的点视为最初的已知点, 那么存在实数 y 使得坐标为 (x,y) 的点可由这些最初的已知点用尺规作出, 这显然也等价于坐标为 $(x,0)$ 的点可由这些最初的已知点用尺规作出. 可见, 问题就转化为从一些已知的实数出发, 能用尺规作出哪些新的实数.

　　我们知道用尺规可以作出 (下面把线段和它的长度等同):

(1) 两个线段之和 (即两个非负实数的和);

(2) 两线段之差 (即两个非负实数之差);

(3) 已知三线段 a,b,c 可作出线段 x 使 $a:b=c:x$(即 $x=bc/a$);

(4) 已知两线段 a,b 可作出线段 x 使 $a:x=x:b$(即 $x=\sqrt{ab}$).

　　也就是说, 如果已知正实数 $1,|a_1|,|a_2|,\cdots,|a_n|$, 我们可以用尺规作出它们的和、差、积, 商和开平方. 在此基础上, 再赋予它们以适当的 $\pm$ 符号, 便知: 已知

一些实数 $1, a_1, a_2, \cdots, a_n$, 可用尺规作出域 $\mathbb{Q}(a_1, a_2, \cdots, a_n)$ 中的实数以及对任意 $b \in \mathbb{Q}(a_1, a_2, \cdots, a_n), b > 0$, 可作出 $\mathbb{Q}(a_1, a_2, \cdots, a_n)(\sqrt{b})$ 中的实数. 更一般地, 若能从 $1, a_1, a_2, \cdots, a_n$ 出发用尺规作出实数组成的域 F 中的数, 则对任意 $b \in F, b > 0$, 可用尺规作出 $F(\sqrt{b})$ 中的实数.

定义 4.5.1 设 $F \subseteq K$, 且 F, K 是实数域 $\mathbb{R}$ 的子域 (简称为实域). 如果 $K = F(\sqrt{b_1})(\sqrt{b_2}) \cdots (\sqrt{b_m})$, 其中所有 $b_i > 0$, $b_1 \in F$, $b_i \in F(\sqrt{b_1})(\sqrt{b_2}) \cdots (\sqrt{b_{i-1}})$, $i \geqslant 2$, 那么称 K 为 F 的 Pythagoras (毕达哥拉斯) 扩域, 简称为毕氏扩域.

定理 4.5.2 已知实数 $a_1, a_2, \cdots, a_n$. 则一个实数 x 可由这些已知实数用尺规作出当且仅当 x 在 $\mathbb{Q}(a_1, a_2, \cdots, a_n)$ 的某个毕氏扩域中.

证明 如果 x 在 $\mathbb{Q}(a_1, a_2, \cdots, a_n)$ 的某个毕氏扩域中, 那么上面的分析说明 x 可由实数 $a_1, a_2, \cdots, a_n$ 用尺规作出.

下面考察反过来的情形. 利用已知实数可在直角坐标平面上用尺规作出以实数 $0, 1, a_1, a_2, \cdots, a_n$ 为横、纵坐标的所有的点, 作为最初的已知点. 过已知点的任意两点的直线的一次方程形如 $ax + by + c = 0$, 其中的 a, b, c 易知仍在 $\mathbb{Q}(a_1, a_2, \cdots, a_n)$ 中; 以任意已知点为圆心和任意两个不同已知点的距离为半径的圆的二次方程形如 $x^2 + y^2 + ax + by + c = 0$, 其中的 a, b, c 易知在 $\mathbb{Q}(a_1, a_2, \cdots, a_n)$ 的某个毕氏扩域中. 这样的两条直线之交、这样的直线与这样的圆之交以及这样的两个圆之交, 它们的交点的横、纵坐标易知都在 $\mathbb{Q}(a_1, a_2, \cdots, a_n)$ 的某个毕氏扩域中. 不断重复该过程, 由毕氏扩域的毕氏扩域仍然是毕氏扩域知, 能由最初的已知点用尺规作出的点的横、纵坐标都在 $\mathbb{Q}(a_1, a_2, \cdots, a_n)$ 的某个毕氏扩域中. 可见, 如果 x 可由实数 $0, 1, a_1, a_2, \cdots, a_n$ 用尺规作出, 即 $(x, 0)$ 可由最初的已知点用尺规作出, 那么 x 在 $\mathbb{Q}(a_1, a_2, \cdots, a_n)$ 的某个毕氏扩域中. 这就完成了定理的证明. □

实域的毕氏扩域是严格的数学概念, 而尺规作图则是在实践中有共识的直观概念, 在数学概念与非数学的直观概念之间无法运用数学推理去证明它们的等价, 我们只能把这种刻画看成是尺规作图的一种数学模型或尺规作图的一种公理化. 所以上述定理是尺规作图的一种数学模型, 就是说它也许还有另外的更令人满意的数学模型, 尽管目前尚没有被提出来.

应强调一下的是, 当讨论尺规作图 "能问题" 时, 我们不需要这个尺规作图的公理化, 因为 F 的毕氏扩域中的数, 我们会用尺规作出, 能作出来它当然是个 "能问题". 但是当谈论尺规作图 "不能问题" 时, 就需要这个尺规作图的公理化作为我们的共同出发点, 是须臾不能离开的.

命题 4.5.3 若 K 是域 F 的扩域且 $[K:F]=$ 奇数, 则 K 必不含在 F 的毕氏扩域中.

证明 假如 $F \subseteq K \subseteq E$, 而 E 是 F 的毕氏扩域. 依定义知 $[E:F]=2^n$. 再由 $[E:F]=[E:K][K:F]$, 而 $[K:F]$ 是奇数, 便得矛盾. □

下面看一下古希腊时代就开始讨论的三大几何作图问题.

例 4.5.1 三等分角问题: 设 α 是已知角, 试三等分之, 即求角 θ 使 $3\theta = \alpha$. 由三角公式, 有

$$\cos\alpha = \cos 3\theta = 4\cos^3\theta - 3\cos\theta.$$

这样所求的实数 $\cos\theta$ 是三次多项式 $4x^3 - 3x - \cos\alpha$ 的根. 如果这个三次多项式 $\left(例如当 \alpha = 60° 而 \cos\alpha = \dfrac{1}{2} 时\right)$ 是域 $F = \mathbb{Q}(\cos\alpha)$ 上的不可约多项式, 则 $F(\cos\theta)$ 是 F 上三次扩域. 因而依命题 4.5.3, $F(\cos\theta)$ 不可能含在 F 的毕氏扩域中, 随之 $\cos\theta$ 不能用尺规作出, 即三等分角是尺规作图不能问题.

例 4.5.2 立方倍积问题: 已知一边长为 a 的立方体, 求作一立方体使其体积是它的 2 倍. 设所求立方体的边长为 b, 则易见 b 是多项式 $x^3 - 2a^3$ 的根. 如果这个三次多项式 (例如当 $a = 1$ 时) 是域 $F = \mathbb{Q}(a)$ 上的不可约多项式, 则 $F(b)$ 是 F 上三次扩域, 随之 $F(b)$ 不可能含在 F 的毕氏扩域中, 即所求 b 不能用尺规作出, 即立方倍积问题是尺规作图不能问题.

例 4.5.3 化圆为方问题: 将已知半径为 a 的圆化成一个等积的正方形. 设所求正方形的边长为 b, 则 b 满足多项式 $x^2 - \pi a^2$, 即 $b = a\sqrt{\pi}$. 这样求 b 就等于求 π. 这时已知域是 $F = \mathbb{Q}(a)$, 注意 π 是超越数, 所以当 $F(\pi)$ (例如当 $a = 1$ 时) 是 F 上 ∞ 次扩域时, 显然它不能含于 F 的毕氏扩域中, 因而化圆为方问题也是尺规作图不能问题.

值得回顾一下的是, 我们完整而顺利地解决了尺规作图不能问题, 用到的只是域论中一个最基本而简单的事实, 即有限次扩域的次数公式: 若 $F \subseteq K \subseteq E$, 并且 F, K, E 都是域, 则有 $[E:F]=[E:K][K:F]$. 另一方面, 再一次看到, 把几何问题化归为代数问题不但是有效的, 而且是漂亮的.

本 章 习 题

1. 设 $[F(\alpha):F]$ 为奇数. 证明: $F(\alpha) = F(\alpha^2)$.

2. 设 $\mu = i, \nu = \dfrac{2i+1}{i-1}$. 求 μ, ν 在 $\mathbb{Q}$ 上的极小多项式. 问 $\mathbb{Q}(\mu)$ 与 $\mathbb{Q}(\nu)$ 同构否?

3. 设 K/F 是域扩张, L 是中间域, $\alpha \in K$ 是 F 上的代数元, 且 α 在 F 上的极小多项式为 $p(x)$. 若 $p(x)$ 是 L 上的不可约多项式, 证明 $F(\alpha) \cap L = F$.

4. 设 K/F 是域扩张. 证明下面条件是等价的:

(1) K/F 是代数扩域;

(2) 满足条件 $F \subseteq A \subseteq K$ 的 K 的任意子环 A 是域.

5. 域 F 的代数扩张 K 的单 F-自同态必是自同构.

6. 设域 F 的特征不是 2, E/F 是扩域, 并且 $[E : F] = 4$. 证明: 存在一个满足条件 $F \subseteq L \subseteq E$ 的 F 的二次扩域 L 的充要条件是 $E = F(\alpha)$, 而 α 在 F 上有极小多项式 $x^4 + ax^2 + b$.

7. 设 K/F 为有限次扩域, 且 L, H 为中间域, 使得 $L(H) = K$, 证明: $[K : L] \leqslant [H : F]$.

8. 设 $f(x) = x^4 + x^3 + x^2 + x + 1 \in \mathbb{Z}_2[x]$. 求证:

(1) $f(x)$ 在 $\mathbb{Z}_2[x]$ 内是不可约的;

(2) 设 α 是 $f(x)$ 在 $\mathbb{Z}_2$ 的某个扩域内的一个根, 则 $\mathbb{Z}_2(\alpha) = GF(2^4)$ 且 α 不是 15 阶乘法群 $(\mathbb{Z}_2(\alpha) \backslash \{0\}, \cdot)$ 的生成元.

9. 构造一个有 9 个元素的域, 并且给出它的加法及乘法.

10. 设 p 为素数, $n \geqslant 1$ 且 $n \nmid p^n$. 若 $a \in GF(p)$. 证明: $x^{p^n} - x - a$ 在 $GF(p)$ 上可约.

11. 设 F 是有限域. 证明: 任意一个不可约多项式 $q(x) \in F[x]$ 在 F 的任意一个扩域 E 中没有重根. (提示: 对某个正整数 n, $q(x)$ 是 $x^{p^n} - x$ 的因子, 其中 p 是 F 的特征.)

12. 令 $x^3 - a \in \mathbb{Q}[x]$ 是不可约多项式, 而 α 是 $x^3 - a$ 的一个根, 证明: $F(\alpha)$ 不是 $x^3 - a$ 在 $\mathbb{Q}$ 上的分裂域.

13. 证明: 有理数域上的两个 2 次扩张 $\mathbb{Q}(\sqrt{2})$ 和 $\mathbb{Q}(\sqrt{3})$ 之间没有域同构.

14. 设 $p_1, p_2, \cdots, p_r$ 是 r 个不同的素数, 且 $E = \mathbb{Q}(\sqrt{p_1}, \sqrt{p_2}, \cdots, \sqrt{p_r})$. 求 $\mathrm{Gal}(E/\mathbb{Q})$.

15. 设域 F 的特征不为 3, K 是域 F 上一个三次不可约多项式的一个分裂域. 证明: $\mathrm{Gal}(K/F)$ 同构于对称群 S_3 或交错群 A_3.

16. 证明: 代数闭域必是无限域.

17. 设 p 是素数, 记 $\mathbb{F}_p$ 为 p 元有限域, $GL_n(\mathbb{F}_p)$ 为 $\mathbb{F}_p$ 上所有 n 阶可逆方阵所形成的群. 求

(1) 群 $GL_n(\mathbb{F}_p)$ 的阶;

(2) 群 $GL_n(\mathbb{F}_p)$ 的一个 Sylow p-子群.

18. 设 $\alpha = \sqrt{3} + \sqrt{5}$. 求

(1) α 在有理数域 $\mathbb{Q}$ 上的极小多项式 $p(x)$;

(2) 多项式 $p(x)$ 的分裂域 F 以及 $[F:\mathbb{Q}]$;

(3) 域扩张 $F/\mathbb{Q}$ 的 Galois 群 $\mathrm{Gal}(F/\mathbb{Q})$;

(4) 域扩张 $F/\mathbb{Q}$ 的所有中间域.

19. 记 $\omega = -\dfrac{1}{2} + \dfrac{\sqrt{3}}{2}\mathrm{i}$. 令 $\mathbb{Q}(\omega) = \{a+b\omega \,|\, a,b \in \mathbb{Q}\}$. 证明 $\mathbb{Q}(\omega)$ 是数域, 并求其自同构群 $\mathrm{Aut}\,\mathbb{Q}(\omega)$.

第二部分

选学篇

第五章

群论(续)

§5.1 可 解 群

可解群在群论中占有非常重要的地位, 不仅在下一章将介绍的一元多项式方程是否有根式解中有本质性的作用, 而且在有限单群的分类工作中也发挥了重要作用.

定义 5.1.1 称一个群 G 的子群链

$$G_s \subseteq G_{s-1} \subseteq \cdots \subseteq G_{i+1} \subseteq G_i \subseteq \cdots \subseteq G_1 = G$$

为次正规子群链, 如果对任意 $1 \leqslant i < s$, 有 G_{i+1} 是 G_i 的正规子群. 此时记该次正规子群链为

$$G_s \lhd G_{s-1} \lhd \cdots \lhd G_{i+1} \lhd G_i \lhd \cdots \lhd G_1 = G.$$

其中每个商群 G_i/G_{i+1} $(1 \leqslant i < s)$ 都称为该次正规子群链的一个商因子.

注意, 在次正规子群链中, 不是所有的子群都是正规子群, 而只有相邻的两个有正规子群的关系. 稍后我们将给出这样的例子. 这也是我们称之为次正规子群链而不是正规子群链的原因.

定义 5.1.2 称一个有限群 G 为可解群, 如果存在一个次正规子群链

$$\{e\} = G_s \lhd G_{s-1} \lhd \cdots \lhd G_{i+1} \lhd G_i \lhd \cdots \lhd G_1 = G,$$

使得对任意 $1 \leqslant i < s$, 有商因子 G_i/G_{i+1} 是交换群.

先看一个次正规子群链及可解群的例子.

例 5.1.1   设 S_4 是 4 元对称群, A_4 是交错子群. 记 e 是恒等置换, 并且记 $H = \{e, (1\,2)(3\,4), (1\,3)(2\,4), (1\,4)(2\,3)\}$. 易知 H 是交换子群并且是 S_4 的 (从而是 A_4 的) 正规子群. 另外, 循环子群 $\langle (1\,2)(3\,4) \rangle$ 是交换群 H 的 2 阶子群, 从而是 H 的正规子群. 故有次正规子群链

$$\{e\} \lhd \langle (1\,2)(3\,4) \rangle \lhd H \lhd A_4 \lhd S_4.$$

易知每个商因子都是交换群. 故 S_4 是可解群. 另外易知 $\langle (1\,2)(3\,4) \rangle$ 不是 S_4 的正规子群.

注意由定义直接可知, 有限交换群是可解群. 另外易知, 任意一个非交换的有限单群不是可解群.

下面的讨论在可解群中很有用.

命题 5.1.3   可解群的子群和商群仍是可解群.

证明   设 G 是可解群. 那么存在一个次正规子群链

$$\{e\} = G_s \lhd G_{s-1} \lhd \cdots \lhd G_{i+1} \lhd G_i \lhd \cdots \lhd G_1 = G$$

使得对任意 $1 \leqslant i < s$, 有商因子 G_i/G_{i+1} 是交换群.

设 H 是 G 的子群, 易知有次正规子群链

$$\{e\} = G_s \cap H \lhd G_{s-1} \cap H \lhd \cdots \lhd G_{i+1} \cap H \lhd G_i \cap H \lhd \cdots \lhd G_1 \cap H = H.$$

对任意 $1 \leqslant i < s$, 易知商群 $(G_i \cap H)/(G_{i+1} \cap H)$ 到 G_i/G_{i+1} 有一个自然的单态, 即 $(G_i \cap H)/(G_{i+1} \cap H)$ 同构于 G_i/G_{i+1} 的一个子群. 所以 $(G_i \cap H)/(G_{i+1} \cap H)$ 也是交换群. 故 H 是可解群.

现考虑商群 G/L, 其中 L 是 G 的正规子群. 设 $\varphi: G \to G/L$ 是自然满态. 注意满态把正规子群映到正规子群, 故有次正规子群链

$$\{\varphi(e)\} = \varphi(G_s) \lhd \varphi(G_{s-1}) \lhd \cdots \lhd \varphi(G_{i+1}) \lhd \varphi(G_i) \lhd \cdots \lhd \varphi(G_1) = G/L.$$

对任意 $1 \leqslant i < s$, 易知 G_i/G_{i+1} 到商群 $\varphi(G_i)/\varphi(G_{i+1})$ 有一个自然的满态. 故 $\varphi(G_i)/\varphi(G_{i+1})$ 也是交换群. 从而 G/L 是可解群. □

由该命题知 n 元对称群 S_n $(n \geqslant 5)$ 不是可解群. 否则交错子群 A_n 是可解群. 但 A_n 是非交换的单群, 不可能是可解群.

我们称群 L 是群 G 的一个子商, 如果 G 有一个子群 G' 使得 G' 到 L 有一个满态. 可见, 群的任意子群和群的任意商群都是子商.

下面是命题 5.1.3 的直接推论.

推论 5.1.4　可解群的任意子商还是可解群.

下一个命题说明, 可解群的 "扩张" 还是可解群.

命题 5.1.5　设 G 是有限群, H 是正规子群. 如果 H 和商群 G/H 都是可解群, 那么 G 也是可解群.

证明　设 $\varphi: G \to G/H$ 是自然满态, 并且设有次正规子群链

$$\{\overline{e}\} \lhd \overline{G}_1 \lhd \cdots \lhd \overline{G}_s = G/H$$

使得每个商因子是交换群. 那么有次正规子群链

$$H = \varphi^{-1}(\{\overline{e}\}) \lhd \varphi^{-1}(\overline{G}_1) \lhd \cdots \lhd \varphi^{-1}(\overline{G}_s) = G.$$

注意每个 $\varphi^{-1}(\overline{G}_i)$ 是 $\overline{G}_i$ 在 φ 之下的完全原像. 所以易知有同构

$$\varphi^{-1}(\overline{G}_{i+1})/\varphi^{-1}(\overline{G}_i) \cong \overline{G}_{i+1}/\overline{G}_i,$$

从而 $\varphi^{-1}(\overline{G}_{i+1})/\varphi^{-1}(\overline{G}_i)$ 是交换群. 又设有次正规子群链

$$\{e\} \lhd H_1 \lhd \cdots \lhd H_t = H$$

使得每个商因子是交换群. 可见次正规子群链

$$\{e\} \lhd H_1 \lhd \cdots \lhd H_t = H = \varphi^{-1}(\{\overline{e}\}) \lhd \varphi^{-1}(\overline{G}_1) \lhd \cdots \lhd \varphi^{-1}(\overline{G}_s) = G$$

的每个商因子是交换群. 故 G 是可解群. □

可解群的次正规子群链可加细如下.

命题 5.1.6　有限群 G 是可解群当且仅当有次正规子群链

$$\{e\} = G_s \lhd G_{s-1} \lhd \cdots \lhd G_{i+1} \lhd G_i \lhd \cdots \lhd G_1 = G$$

使得所有的商因子都是素数阶循环群.

证明　设 G 是可解群. 那么存在次正规子群链

$$\{e\} = G_s \lhd G_{s-1} \lhd \cdots \lhd G_{i+1} \lhd G_i \lhd \cdots \lhd G_1 = G$$

使得对任意 $1 \leqslant i < s$, 有商因子 G_i/G_{i+1} 是交换群. 易知每个交换群 G_i/G_{i+1} 有 (次) 正规子群链使得所有商因子都是素数阶循环群. 该 (次) 正规子群链在自然满态 $\varphi_i: G_i \to G_i/G_{i+1}$ 之下的完全原像是 G_{i+1} 和 G_i 之间的一个次正规子群链, 并且它的所有商因子是相应的素数阶循环群. 对所有的 i $(1 \leqslant i < s)$, 把这些 G_{i+1}

和 G_i 之间的一个次正规子群链接起来就得到 $\{e\}$ 和 G 之间的一个 (加细了的) 次正规子群链, 并且此时的所有商因子都是素数阶循环群.

反之, 如果 $\{e\}$ 和 G 之间有一个次正规子群链使得所有商因子都是素数阶循环群, 那么由定义显然有 G 是可解群 (因为循环群总是交换群).   □

下面我们定义一个群的换位子群并考察它与可解群的关系.

定义 5.1.7   设 G 是一个群. 对 $a,b\in G$, 称 $aba^{-1}b^{-1}$ 是 G 中的一个换位子. 群 G 中所有的换位子生成的子群记为 $[G,G]$, 称为群 G 的换位子群.

注意, 两个换位子的乘积一般不再是一个换位子. 所以, 所有的换位子全体不是 G 的子群而只是子群 $[G,G]$ 的生成元集. 另外, 如果 $a,b\in G$ 交换, 那么显然换位子 $aba^{-1}b^{-1}=e$. 由此易知, 一个群是交换群当且仅当它的换位子群是单位元子群.

命题 5.1.8   群 G 的换位子群 $[G,G]$ 总是正规子群, 并且商群 $G/[G,G]$ 是交换群. 另外, 如果 H 是 G 的正规子群, 那么商群 G/H 交换当且仅当 $[G,G]\subseteq H$.

证明   对任意的 $a,b,x\in G$, 有

$$x(aba^{-1}b^{-1})x^{-1}=(xax^{-1})(xbx^{-1})(xax^{-1})^{-1}(xbx^{-1})^{-1},$$

即任意换位子在共轭作用之下还是一个换位子. 由此易知 $[G,G]$ 是正规子群. 又易知商群 $G/[G,G]$ 的换位子群是单位元子群, 从而是交换群. 另外, 如果 H 是 G 的正规子群, 那么易证商群 G/H 交换当且仅当 $[G,G]\subseteq H$.   □

可见, 如果 G 是非交换单群, 那么 $[G,G]=G$.

下面利用 "高阶" 换位子群给出可解群的一个等价刻画.

命题 5.1.9   设 G 是一个群. 对任意正整数 m, 归纳定义 "高阶" 换位子群: $G^{(1)}=[G,G]$, $G^{(m+1)}=[G^{(m)},G^{(m)}]$. 如果 G 是有限群, 那么 G 是可解群当且仅当存在正整数 s 使得 $G^{(s)}=\{e\}$.

证明   设 G 是可解群. 那么存在次正规子群链

$$\{e\}=G_s\lhd G_{s-1}\lhd\cdots\lhd G_{i+1}\lhd G_i\lhd\cdots\lhd G_1=G$$

使得所有商因子是交换群. 对每个商因子 G_i/G_{i+1}, 由它交换知 $[G_i,G_i]\subseteq G_{i+1}$. 由此对 $m(1\leqslant m\leqslant s)$ 归纳可证 $G^{(m+1)}\subseteq G_m$. 故 $G^{(s+1)}=[G^{(s)},G^{(s)}]\subseteq [G_{s-1},G_{s-1}]\subseteq G_s=\{e\}$, 即 $G^{(s)}=\{e\}$.

反之, 如果 $G^{(s)}=\{e\}$, 那么有次正规子群链

$$\{e\}=G^{(s)}\lhd G^{(s-1)}\lhd\cdots\lhd G^{(i+1)}\lhd G^{(i)}\lhd\cdots\lhd G^{(1)}\lhd G$$

使得所有商因子是交换群. 故 G 是可解群. $\qquad\qquad\square$

§5.2 射影特殊线性群的单性

之前我们已证明了交错群 A_n $(n \geqslant 5)$ 是单群. 这节我们介绍另一种来源于矩阵的群——射影特殊线性群, 并考察它的单性.

设 F 是一个域 (可以有限或无限), $n \geqslant 2$ 是整数. 记 $GL_n(F)$ 是 F 上所有 n 阶可逆方阵全体, 它在通常的矩阵乘法之下构成一个群, 称为一般线性群. 记 $SL_n(F)$ 是 F 上所有行列式为 1 的 n 阶方阵的全体, 它在通常的矩阵乘法之下构成 $GL_n(F)$ 的一个子群, 称为特殊线性群. 注意任意一个群的中心 (即与所有的元素可交换的元素的全体) 是该群的一个正规子群. 我们称 $SL_n(F)$ 模去它的中心得到的商群为射影特殊线性群, 记为 $PSL_n(F)$. 下面我们就是要考察这种射影特殊线性群的单性.

我们先给出 $SL_n(F)$ 的一个生成元集. 对任意整数 $1 \leqslant i, j \leqslant n$, $i \neq j$ 和 $0 \neq a \in F$, 记 $T_{ij}(a)$ 是将单位矩阵作第 j 行乘 a 加到第 i 行的初等变换所得到的初等矩阵. 易知初等矩阵 $T_{ij}(a)$ 的逆矩阵是 $T_{ij}(-a)$ 也是一个初等矩阵. 另外, 这些初等矩阵的行列式显然为 1, 即这些初等矩阵都属于 $SL_n(F)$ 中.

命题 5.2.1 所有的初等矩阵 $T_{ij}(a)$ ($1 \leqslant i, j \leqslant n$, $i \neq j$ 和 $0 \neq a \in F$) 是 $SL_n(F)$ 的一个生成元集.

证明 由线性代数基本知识知, 任意一个行列式为 1 的方阵总可经过一系列上述初等 (行) 变换变为单位矩阵. 由此易知任意一个行列式为 1 的方阵总可写成一系列形如上述初等矩阵的乘积. 故上述初等矩阵全体是 $SL_n(F)$ 的一个生成元集. $\qquad\qquad\square$

下面刻画 $GL_n(F)$ 和 $SL_n(F)$ 的中心.

命题 5.2.2 记 E 是 n 阶单位矩阵. 则 $GL_n(F)$ 的中心是 $\{aE \mid 0 \neq a \in F\}$ 以及 $SL_n(F)$ 的中心是 $\{aE \mid a \in F, a^n = 1\}$.

证明 对任意 n 阶可逆方阵 A, 如果 A 在中心中, 那么 A 特别地与所有形如 $T_{ij}(1)$ 的初等矩阵可交换. 从而 A 与所有形如 $E_{ij} = T_{ij}(1) - E$ 的矩阵可交换, 即 $AE_{ij} = E_{ij}A$. 由此直接计算 A 的元可知 A 是对角线上元都相等的对角矩阵. 由此易知命题成立. $\qquad\qquad\square$

命题 5.2.3 (1) 当 $n \geqslant 3$ 时, 有换位子群 $[SL_n(F), SL_n(F)] = SL_n(F)$;

(2) 当 $n = 2$ 且域 F 至少有 4 个元素时, 有 $[SL_2(F), SL_2(F)] = SL_2(F)$.

证明　(1) 只需证任意一个初等矩阵 $T_{ij}(a)$ 是 $SL_n(F)$ 中的一个换位子即可. 由 $n \geqslant 3$ 知存在整数 $1 \leqslant k \leqslant n$ 使得 $k \neq i, j$. 直接对初等矩阵计算可知

$$T_{ij}(a) = T_{ik}(a)T_{kj}(1)T_{ik}(-a)T_{kj}(-1).$$

这个等式的右边是 $SL_n(F)$ 中的一个换位子. 故 (1) 成立.

(2) 注意 $SL_2(F)$ 的所有初等矩阵形如 $\begin{pmatrix} 1 & a \\ 0 & 1 \end{pmatrix}, \begin{pmatrix} 1 & 0 \\ a & 1 \end{pmatrix}$, 其中 $0 \neq a \in F$. 由域 F 至少有 4 个元素知, 存在元素 $0 \neq b \in F$ 使得 $b^2 \neq 1$. 取 $c = a(b^2 - 1)^{-1}$, 计算可得

$$\begin{pmatrix} 1 & a \\ 0 & 1 \end{pmatrix} = \begin{pmatrix} b & 0 \\ 0 & b^{-1} \end{pmatrix} \begin{pmatrix} 1 & c \\ 0 & 1 \end{pmatrix} \begin{pmatrix} b^{-1} & 0 \\ 0 & b \end{pmatrix} \begin{pmatrix} 1 & -c \\ 0 & 1 \end{pmatrix}$$

是 $SL_2(F)$ 中的一个换位子. 将这个等式两边都转置可知 $\begin{pmatrix} 1 & 0 \\ a & 1 \end{pmatrix}$ 也是 $SL_2(F)$ 中的一个换位子. 即换位子群包含所有的初等矩阵, 从而 (2) 成立. □

对 $i \neq j$, 记 W_{ij} 是将单位矩阵交换第 i 行和第 j 行后再在第 j 行上乘 -1 所得到的矩阵. 显然 $W_{ij} \in SL_n(F)$ 并且易知 $W_{ij}^{-1} = W_{ij}^{\mathrm{T}} = W_{ji}$. 又记 F^n 是 F 上所有 n 维列向量的集合. 以下设 $\mathbb{B}$ 是所有形如 $\begin{pmatrix} a & \alpha \\ 0 & B \end{pmatrix}$ 的矩阵的集合, 其中 $0 \neq a \in F, B \in GL_{n-1}(F), a|B| = 1, \alpha^{\mathrm{T}} \in F^{n-1}$. 设 $\mathbb{U}$ 是所有形如 $\begin{pmatrix} 1 & \alpha \\ 0 & E_{n-1} \end{pmatrix}$ 的矩阵的集合, 其中 E_{n-1} 是 $n-1$ 阶单位矩阵, $\alpha^{\mathrm{T}} \in F^{n-1}$. 易知 $\mathbb{B}$ 和 $\mathbb{U}$ 都是 $SL_n(F)$ 的子群并且 $\mathbb{U}$ 是 $\mathbb{B}$ 的正规子群. 另外易知 $\mathbb{U}$ 还是交换子群.

下面的命题是当 $n = 2$ 时 Bruhat 分解的推广.

命题 5.2.4　$SL_n(F) = \mathbb{B} \cup \mathbb{B}W_{12}\mathbb{B}$.

证明　记 e_1 是 F^n 中第一个分量为 1 而其余分量皆为 0 的单位向量. 考虑 $SL_n(F)$ 在 F^n 上自然的左作用. 那么易知 e_1 的稳定子群 Stab_{e_1} 是所有形如 $\begin{pmatrix} 1 & \alpha \\ 0 & B \end{pmatrix}$ 的矩阵的集合, 其中 $B \in SL_{n-1}(F), \alpha^{\mathrm{T}} \in F^{n-1}$. 可见 $\mathrm{Stab}_{e_1} \subseteq \mathbb{B}$.

对任意 $0 \neq \beta \in F^n$, 记 $\beta = \begin{pmatrix} a \\ \beta_1 \end{pmatrix}$, 其中 $a \in F, \beta_1 \in F^{n-1}$. 如果 $\beta_1 = 0$, 那么

$a \neq 0$ 并且易知存在 $B \in GL_{n-1}(F)$ 使得 $a|B| = 1$. 于是有 $\begin{pmatrix} a & 0 \\ 0 & B \end{pmatrix} e_1 = \beta$. 如果

$\beta_1 \neq 0$, 那么由 $W_{12}e_1 = \begin{pmatrix} 0 \\ \alpha' \end{pmatrix}$, 其中 α' 是 F^{n-1} 中第一个分量为 -1 而其余分量

皆为 0 的向量, 易知存在 $B \in GL_{n-1}(F)$ 使得 $B\alpha' = \beta_1$. 此时记 $\gamma = \begin{pmatrix} -a \\ 0 \end{pmatrix} \in F^n$

和 $b = |B|^{-1}$, 则有 $\begin{pmatrix} b & \gamma^{\mathrm{T}} \\ 0 & B \end{pmatrix} W_{12}e_1 = \beta$. 可见, 总有 $\beta \in \mathbb{B}e_1 \cup \mathbb{B}W_{12}e_1$, 即有

$F^n = \mathbb{B}e_1 \cup \mathbb{B}W_{12}e_1$. 故对任意 $A \in SL_n(F)$, 有 $Ae_1 \in \mathbb{B}e_1$ 或 $Ae_1 \in \mathbb{B}W_{12}e_1$, 即

存在 $C \in \mathbb{B}$ 使得 $Ae_1 = Ce_1$ 或 $Ae_1 = CW_{12}e_1$. 从而 $C^{-1}A \in \mathrm{Stab}_{e_1} \subseteq \mathbb{B}$ 或

$W_{12}^{-1}C^{-1}A \in \mathrm{Stab}_{e_1} \subseteq \mathbb{B}$. 可见 $A \in C\mathbb{B} = \mathbb{B}$ 或 $A \in CW_{12}\mathbb{B} \subseteq \mathbb{B}W_{12}\mathbb{B}$. 故有

$SL_n(F) = \mathbb{B} \cup \mathbb{B}W_{12}\mathbb{B}$. $\hfill\square$

推论 5.2.5 $\mathbb{B}$ 是 $SL_n(F)$ 的极大子群.

证明 设 $\mathbb{K}$ 是 $SL_n(F)$ 的真包含 $\mathbb{B}$ 的子群. 那么存在 $K \in \mathbb{K}$ 使得 $K \in \mathbb{B}W_{12}\mathbb{B}$,
即存在 $B_1, B_2 \in \mathbb{B}$ 使得 $K = B_1 W_{12} B_2$, 从而 $W_{12} = B_1^{-1}KB_2^{-1} \in \mathbb{K}$. 故有

$$SL_n(F) = \mathbb{B} \cup \mathbb{B}W_{12}\mathbb{B} \subseteq \mathbb{K} \cup \mathbb{K}W_{12}\mathbb{K} \subseteq \mathbb{K},$$

即有 $\mathbb{K} = SL_n(F)$. 这就证明了 $\mathbb{B}$ 是 $SL_n(F)$ 的极大子群. $\hfill\square$

下面是主要结果.

定理 5.2.6 (1) 当 $n \geqslant 3$ 时, $PSL_n(F)$ 是单群;
(2) 当 $n = 2$ 且域 F 至少有 4 个元素时, $PSL_2(F)$ 是单群.

证明 只需证明, 如果 $\mathbb{H}$ 是 $SL_n(F)$ 的真包含 $SL_n(F)$ 的中心的正规子群, 那
么在定理的条件之下有 $\mathbb{H} = SL_n(F)$ 即可.

注意 $\mathbb{B}$ 是 $SL_n(F)$ 的极大子群并且 $\mathbb{H}\mathbb{B}$ 是 $SL_n(F)$ 的包含 $\mathbb{H}$ 的子群. 故
有 $\mathbb{H}\mathbb{B} = \mathbb{B}$ 或 $\mathbb{H}\mathbb{B} = SL_n(F)$. 假如 $\mathbb{H}\mathbb{B} = \mathbb{B}$. 那么有 $\mathbb{H} \subseteq \mathbb{B}$, 即 $\mathbb{H}$ 中有形

如 $\begin{pmatrix} a & \alpha \\ 0 & B \end{pmatrix} \in \mathbb{B}$ 的非中心元. 若 $\alpha \neq 0$, 如设它的第 j 个分量不为 0, 则易知

$W_{1,j+1} \begin{pmatrix} a & \alpha \\ 0 & B \end{pmatrix} W_{1,j+1}^{-1} \in \mathbb{H} \subseteq \mathbb{B}$ 的第一列的第 $j+1$ 个元不为 0, 与 $\mathbb{B}$ 中包含的

矩阵形式矛盾. 若 $\alpha = 0$, 则由 $\begin{pmatrix} a & 0 \\ 0 & B \end{pmatrix}$ 不是中心元知 $B \neq aE_{n-1}$. 故存在 F 上

的 $n-1$ 维行向量 β 使得 $\beta(a^{-1}B)^{-1} - \beta \neq 0$. 记 $\gamma = \beta(a^{-1}B)^{-1} - \beta$. 于是由 $\mathbb{H}$ 是正规子群知 $\mathbb{H}$ 从而 $\mathbb{B}$ 包含下列矩阵:

$$\begin{pmatrix} 1 & \beta \\ 0 & E_{n-1} \end{pmatrix} \begin{pmatrix} a & 0 \\ 0 & B \end{pmatrix} \begin{pmatrix} 1 & -\beta \\ 0 & E_{n-1} \end{pmatrix} \begin{pmatrix} a^{-1} & 0 \\ 0 & B^{-1} \end{pmatrix} = \begin{pmatrix} 1 & -\gamma \\ 0 & E_{n-1} \end{pmatrix},$$

与上述 $\alpha \neq 0$ 的情形类似可知这也不可能. 故只能有 $\mathbb{H}\mathbb{B} = SL_n(F)$.

对任意 $A \in SL_n(F)$, 由 $SL_n(F) = \mathbb{H}\mathbb{B}$ 知存在 $H \in \mathbb{H}$ 和 $C \in \mathbb{B}$ 使得 $A = HC$. 故由 $\mathbb{U}$ 是 $\mathbb{B}$ 的正规子群以及 $\mathbb{H}$ 是正规子群知

$$A\mathbb{H}\mathbb{U}A^{-1} = A\mathbb{H}A^{-1}HC\mathbb{U}C^{-1}H^{-1} = \mathbb{H}\mathbb{H}\mathbb{U}H^{-1} \subseteq \mathbb{H}\mathbb{U}.$$

所以 $\mathbb{H}\mathbb{U}$ 是 $SL_n(F)$ 的正规子群.

下面我们证明 $\mathbb{H}\mathbb{U} = SL_n(F)$. 对任意 $1 < j \leqslant n$ 和 $0 \neq a \in F$, 由 $\mathbb{U}$ 的定义显然有初等矩阵 $T_{1j}(a) \in \mathbb{U} \subseteq \mathbb{H}\mathbb{U}$. 又由 $\mathbb{H}\mathbb{U}$ 是 $SL_n(F)$ 的正规子群知初等矩阵 $T_{j1}(a) = W_{1j}T_{1j}(-a)W_{1j}^{-1} \in \mathbb{H}\mathbb{U}$. 即 $\mathbb{H}\mathbb{U}$ 包含了所有形如 $T_{1j}(a), T_{j1}(a)$ 的初等矩阵. 故当 $n = 2$ 时, $\mathbb{H}\mathbb{U}$ 已包含了所有的初等矩阵 $T_{12}(a), T_{21}(a)$. 所以 $\mathbb{H}\mathbb{U} = SL_2(F)$. 当 $n \geqslant 3$ 时, 如果 $i, j \neq 1$, 那么有

$$T_{ij}(a) = T_{i1}(a)T_{1j}(1)T_{i1}(-a)T_{1j}(-1) \in \mathbb{H}\mathbb{U}.$$

可见 $\mathbb{H}\mathbb{U}$ 也包含所有的初等矩阵. 故也有 $\mathbb{H}\mathbb{U} = SL_n(F)$.

最后注意到 $\mathbb{H}\mathbb{U}/\mathbb{H} \cong \mathbb{U}/(\mathbb{H} \cap \mathbb{U})$ 是交换群. 所以换位子群 $[\mathbb{H}\mathbb{U}, \mathbb{H}\mathbb{U}] \subseteq \mathbb{H}$. 故由 $\mathbb{H}\mathbb{U} = SL_n(F)$ 和定理中的条件知

$$SL_n(F) = [SL_n(F), SL_n(F)] \subseteq \mathbb{H}.$$

定理得证. □

注 5.2.7 当域 F 是二元域 $\mathbb{F}_2$ 或三元域 $\mathbb{F}_3$ 时, 可以证明 (留给读者) $PSL_2(\mathbb{F}_2)$ 和 $PSL_2(\mathbb{F}_3)$ 都是不交换的可解群, 所以都不是单群.

§5.3　自由群与群表现

群论研究可以分成两个侧面, 一方面是对给定的有背景的重要群, 如各种对象的对称群、置换群、矩阵群 (与几何、物理的联系)、有限单群、可解群 (与解代数方程有联系) 等, 讨论群的结构, 以及它与其他群的关系. 另一方面是尽可能多地构造出一些新的群来, 或者是借助已知群去构造新群, 或者就是根据需要去

构造新群. 前者常称为群的结构理论, 而后者称为群的构造理论. 当然这两者是互相联系的.

著名的 Cayley 定理说: 一个 n 阶有限群可以看作 n 元对称群 S_n 的一个子群. 与此对偶地我们可以问: 是否可找到一个群 G, 使得某一类群中的所有群都是这个群 G 的同态像? 如果这样的群 G 存在, 那么研究这类群就归结为研究群 G 的商群, 这就和研究有限群就是研究群 S_n 的子群有异曲同工之妙.

5.3.1 自由群

在前面曾说过, 如果有满态 $G \to G'$, 那么群 G 中的一些关系式 (例如 $ab = ba$) 必传递给 G'. 这样上面我们想找的那个群 G, 必是相当 "自由" 的群, 即是关系很少的群.

先定义自由半群. 设 X 是一些符号 (可以无限多个) 组成的非空集合. 我们将 X 中的元素 (符号) 看成字母, 而将 X 中任意有限多个 (譬如 n 个) 字母 (可以重复) 的一个排列 (即一个符号串, 或者一个字母串) 称为 X 上的一个长度为 n 的字, 如对 $a, b, c \in X$, 有 $b, ab, aab, bccc, abbc$ 分别是长度为 $1, 2, 3, 4, 4$ 的字. 规定 X 上的两个字相同当且仅当它们的长度相同并且从左到右相应的字母完全相同, 即一个字按字母的表达是唯一的. 如若 $a, b \in X$ 不同, 那么字 ab, ba 以及 baa 是两两不同的字. 我们还特别地引入一个长度为零的空字, 记为 Λ. 记 $W(X)$ 是 X 上所有字的集合 (含空字). 定义两个非空的字的乘法是将第一字从左边接上第二个字得到的一个新的字, 如 $(ab)(dch) = abdch$, 而定义空字是单位元. 易知这种乘法满足结合律, 即 $W(X)$ 在这种乘法之下构成一个有单位元的半群, 称为 X 生成的有单位元的自由半群.

命题 5.3.1 设 S 是一个有单位元 e 的半群, A 是一个生成元集. 设 X 是一个非空的符号集. 如果存在满射 $\varphi: X \to A$, 那么该满射可导出自由半群 $W(X)$ 到 S 的一个满态, 仍记为 φ:

$$\varphi(x_1 x_2 \cdots x_s) = \varphi(x_1)\varphi(x_2)\cdots\varphi(x_s)$$

并且 $\varphi(\Lambda) = e$, 其中 s 是任意正整数, $x_1, x_2, \cdots, x_s \in X$, 并且 Λ 是空字.

证明 由字的表达的唯一性知导出的映射 $\varphi: W(X) \to S$ 是有意义的, 即是一个映射. 易知该映射保持乘法, 即是半群同态. 由 $\varphi: X \to A$ 是满射以及 A 是 S 的生成元集知这是一个满态. $\square$

现在我们定义自由群. 设 X 是一个非空的符号集. 记 $X' = \{x' \mid x \in X\}$ 是另一个符号集, 它以 X 为指标集. 将不交并 $X \dot\cup X'$ 作为字母集, 并记 $A = X \dot\cup X'$. 对任意 $x \in X$, 记 $x'' = x$. 由此知, 对任意 $a \in A$, 记号 $a' \in A$ 有意义. 考虑有单位元

的自由半群 $W(A)$. 在该自由半群中, 两个字称为相邻的, 如果其中的一个字中有相邻的两个字母形如 aa', 而另一个字是将这两个字母消去而保持其他字母顺序不变得到的字 (可以是空字), 如 baa' 与 b 相邻, 空字与 cc' 相邻, 等等. 称两个字 w 和 u 是等价的, 记为 $w \sim u$, 如果存在字 $v_1 = w, v_2, \cdots, v_m = u$ $(m > 1)$ 使得对任意 $1 \leqslant i < m$ 有 v_i 与 v_{i+1} 相邻, 如 $ab = v_1$ 与 $acc'b = v_2$ 相邻, $acc'b = v_2$ 与 $ab = v_3$ 相邻, 故 ab 与自己等价. 易知这是有单位元的自由半群 $W(A)$ 中的一个等价关系. 显然, 两个相邻的字被同一个字同时左乘或同时右乘得到的两个字也是相邻的. 由此不难证明 (留给读者): 对任意的字 w_1, w_2, u_1, u_2, 如果 $w_1 \sim w_2, u_1 \sim u_2$, 那么有 $w_1 u_1 \sim w_2 u_2$, 即等价关系保持字的乘法. 对任意一个字 w, 记它的等价类为 $[w]$, 并且记 $F(X) = \{[w] \,|\, w \in W(A)\}$ 是所有等价类的集合. 在 $F(X)$ 中定义乘法: $[w][u] = [wu]$. 由等价关系保持字的乘法可知, 该乘法有意义, 即该乘法与等价类中的代表元的选取无关. 显然该乘法满足结合律并且有单位元 $[\Lambda]$ (Λ 是空字), 即 $F(X)$ 是有单位元的半群. 另外, 对任意一个字 $w = a_1 a_2 \cdots a_m$, 其中所有的 a_i 是字母, 记 $w' = a_m' \cdots a_2' a_1'$, 那么有 $ww' \sim \Lambda$ 和 $w'w \sim \Lambda$, 可见 $[w]$ 有逆元 $[w']$. 故 $F(X)$ 是一个群, 称为由 X 生成的自由群, 而称相应的 X 为自由生成元集. 注意, 模去换位子群 $F(X)/[F(X), F(X)]$ 后得到的商群是交换群, 称该交换的商群是自由生成元集 X 生成的自由交换群.

对上述字母集 $A = X \dot{\cup} X'$, 如果 (A 上的) 一个字形如 $waa'u$, 其中 w, u 是字 (可以是空字) 而 a 是字母, 那么消去 aa' 所得到的字 wu 称为字 $waa'u$ 的一次约化. 一个字称为既约的, 如果该字中没有形如 aa' 的两个相邻的字母. 空字当然是既约的. 对字的长度归纳易知, 任意一个字总可 (通过有限次) 约化到一个既约的字, 称为该字的一个既约字. 如 $abb'a'$ 可两次约化为空字. 又如 $acbb'bb'c'd$ 先消去中间的 $b'b$ 约化为 $acbb'c'd$, 再两次约化为既约的字 ad; 它也可先消去左边 (或右边) 的 bb' 约化为 $acbb'c'd$, 再两次约化为既约的字 ad; 可见该例中的同一个字通过不同的约化路径得到的既约字是相同的.

命题 5.3.2   记号和约定如上. 那么任意一个字的既约字是唯一的, 即通过不同的约化路径所得到的既约字是相同的.

证明   先证明一个断言: 设 a 是一个字母, w_1 是一个字. 则 aw_1 有一个既约字是空字当且仅当 $w_1 a$ 有一个既约字是空字. 实际上, 先考虑 aw_1 有一个既约字是空字. 如果 aw_1 约化到空字的约化路径的第一次约化是由 w_1 的约化导出的, 即该一次约化使得 aw_1 到 au, 其中 u 是 w_1 的一次约化, 那么 au 可约化到空字. 对长度归纳可知 ua 可约化到空字. 从而 $w_1 a$ 可约化到空字. 如果 aw_1 约化到空字的约化路径的第一次约化不是由 w_1 的约化导出的, 那么必须有 $aw_1 = aa'w_2$, 并且该一次约化后得到 w_2. 可见 w_2 可约化为空字. 从而 $w_1a = a'w_2a$ 可约化到 $a'a$, 进一步可约化到空字. 综上我们就证明了, 若 aw_1 有一个既约字是空字, 则 w_1a 有一个既约字是空字. 反之可类似证明. 故得断言.

设 w 是一个字. 如果它是既约的, 譬如空字和长度为 1 的字 (即单个字母), 那么命题当然成立. 故设 w 的长度为 $n > 1$.

先设 w 有一个既约字是空字, 要证它的任意一个既约字都是空字. 注意 w 中必有两个相邻的字母形如 aa', 故由上面的断言可不妨设 $w = aa'w_3$. 如果 w 约化到空字的约化路径的第一次约化是由 w_3 的约化导出的, 即该一次约化使得 w 到 $aa'v$, 其中 v 是 w_3 的一次约化. 此时当然有 $aa'u$ 可约化到空字. 归纳可知, $aa'v$ (它的长度小于 n) 的任意一个既约字都是空字. 从而 $aa'v$ 的约化 v 可再约化到空字. 故 w_3 有一个既约字是空字. 从而又归纳可知, w_3 任意一个既约字都是空字. 可见, 如果 w 第一次约化是由 w_3 的约化导出的, 那么可进一步约化到 aa', 进而再约化到空字. 如果 w 的第一次约化不是由 w_3 的约化导出的, 那么可能的情况只有两种: 一种是直接消去 aa' 而得到 w_3, 故再任意约化到的既约字都是空字; 另一种是 $w_3 = aw_4$, 即 $w = aa'aw_4$ 并且消去 $a'a$ 而得到的字仍然是 w_3, 故再任意约化到的既约字都是空字. 可见, 无论 w 约化到既约字的路径如何 (即该路径的第一次约化是否是由 w_3 的一次约化导出), 都有该既约字为空字.

现在设 w 有两个约化路径分别到既约字 w_0 和 $\overline{w}_0$. 显然 ww_0' 可约化到 w_0w_0', 从而可约化到空字. 另外, 显然 ww_0' 也可约化到 $\overline{w}_0w_0'$, 从而它也可以约化到空字. 由 w_0 和 $\overline{w}_0$ 都是既约字易证 $\overline{w}_0 = w_0$. 所以我们就证明了, 字 w 的通过不同的路径所得到的既约字是相同的. 这就完成了命题的证明. □

注意两个字的等价关系是由有限多 (如 m 个) 相邻的两个字传递的. 而由相邻的两个字的定义知, 相邻的两个字之间是一次约化关系, 由上面命题和对 m 归纳易知两个字的等价当且仅当它们的既约字相同. 可见, 两个既约字相等当且仅当它们等价. 由此可知, 字母集 X 到自由群 $F(X)$ 有一个单射使得 $x \mapsto [x]$. 所以我们以后总是辨认 X 是 $F(X)$ 的子集, 即辨认 $x = [x]$, 并且易知它还是一个生成元集.

定理 5.3.3 设 G 是一个群, A 是一个生成元集. 设 $F(X)$ 是由自由生成元集 X 生成的自由群. 如果存在满射 $\phi: X \to A$, 那么存在一个群的满态 $\varphi: F(X) \to G$ 使得 φ 在 X 上的限制为 ϕ. 作为一个推论, 我们有任意一个群是某个自由群的商群 (即某个自由群的同态像). 另外, 任意一个交换群是某个自由交换群的商群.

证明 记 $X' = \{x' | x \in X\}$ 和 $A^{-1} = \{a^{-1} | a \in A\}$. 那么显然有一个满射 $\phi': X' \to A^{-1}$, $x' \mapsto \phi(x)^{-1}$. 易知 $A \cup A^{-1}$ 是 G 作为半群的一个生成元集, 并

且上述的两个满射导出一个满射 $X \dot{\cup} X' \to A \cup A^{-1}$, 记为 φ. 故有 $\varphi(x) = \phi(x)$ 和 $\varphi(x') = \phi'(x') = \phi(x)^{-1}$. 由命题 5.3.2 知 φ 导出一个半群 $W(X \dot{\cup} X')$ 到 G 的一个满态. 注意到 $\varphi(xx') = \varphi(x)\varphi(x') = \phi(x)\phi(x)^{-1} = e$ 和类似地有 $\varphi(x'x) = \phi(x)^{-1}\phi(x) = e$. 由此易证: 如果字 w 与 u 相邻甚至等价, 那么 $\varphi(w) = \varphi(u)$. 从而又可导出一个映射 $F(X) \to G$, $[w] \mapsto \varphi(w)$, 仍记为 φ. 易证这是一个半群的满态, 这当然是群的满态, 即 G 是自由群 $F(X)$ 的同态像. 注意有对 $x \in X$, 有 $x = [x]$, 所以 φ 限制在 X 上为 ϕ.

另外, 如果 G 还是交换群, 那么显然 $\varphi([F(X), F(X)]) = e$. 故易知 φ 导出从 $F(X)/[F(X), F(X)]$ 到 G 的一个满态.

注意, 任意一个群 G 总有生成元集, 记一个生成元集为 A. 记 $X_A = \{x_a \mid a \in A\}$ 是一个符号集, 以 A 为指标集. 那么有自然的双射 $X_A \to A$, $x_a \mapsto a$. 由上面已经证明的结果知, 存在自由群 $F(X_A)$ 到 G 的一个满态. 另外, 如果 G 还交换, 那么易知 G 是自由交换群 $F(X_A)/[F(X_A), F(X_A)]$ 的商群. 这就完成了定理的证明. $\square$

5.3.2 群表现

对于一个群, 它中的等式都称为关系. 有当然的关系, 这些是由群的几条定义公理所确定的等式, 如结合律、两个互逆元的乘积等于单位元等; 如果是交换群, 那么还有当然的关系是换位子等于单位元. 除了这些, 可能还有别的关系. 自由群则可以是说, 其他的所有的关系都可由群的当然关系通过群的运算得到, 或换言之, 自由群没有别的关系 (除了当然关系). 对一般的群而言, 它可能有些别的关系, 我们的问题是是否存在一些基本的关系, 使得其他的关系可由这些基本关系和当然关系通过群的运算得到? 如果存在这些基本关系, 那么称这些基本关系为群的定义关系. 任意一个群总有生成元集 (不唯一), 如果取定一组生成元集, 那么我们自然关心这些生成元集之间的关系 (即这些生成元以及它们的逆元可能的有限乘积的等式); 若这些生成元集之间的一些关系是定义关系, 则我们说该群是由这组生成元和这些定义关系给出的一个群表现. 说法 "其他关系由定义关系和当然关系通过运算得到" 不是精确的数学语言, 稍后我们将把它精确化.

注意如果 A 是群 G 的生成元集, 那么每个生成元之间的关系是形如 $a_1 a_2 \cdots a_s = b_1 b_2 \cdots b_t$ 的等式, 其中

$$a_1, \cdots, a_s, b_1, \cdots, b_t \in A \cup A^{-1},$$

由群中的元素都有逆元知上面的关系等价于关系 $a_1 a_2 \cdots a_s b_t^{-1} \cdots b_2^{-1} b_1^{-1} = e$, 即群中每个生成元之间的关系都可写成形如 $\prod_{i=1}^{m} c_i = e$ 的等式, 其中所有的 $c_i \in A \cup A^{-1}$. 下面我们给出群表现的数学定义.

定义 5.3.4 设 G 是一个群, A 是一个生成元集, $\prod\limits_{i=1}^{m_j} a_{ij} = e(j \in I)$ 是一组关系, 其中 I 是指标集, 并且所有的 $a_{ij} \in A \cup A^{-1}$. 设 $F(X)$ 是由自由生成元集 X 生成的自由群, 并且存在群的满态 $\varphi : F(X) \to G$ 使得限制 $\varphi|_X : X \to A$ 是满射. 对每个 $a_{ij} \in A \cup A^{-1}$, 记 x_{ij} 是 a_{ij} 的一个原像. 如果 $F(X)$ 的包含所有的 $\prod\limits_{i=1}^{m_j} x_{ij}$ 的最小的正规子群 $\left(\text{也称是由所有的} \prod\limits_{i=1}^{m_j} x_{ij} \text{生成的} F(X) \text{的正规子群}\right)$ 为 $\mathrm{Ker}\,\varphi$, 那么称群 G 是由生成元集 A 和定义关系 $\prod\limits_{i=1}^{m_j} a_{ij} = e(j \in I)$ 给出的一个群表现. 此时, 也称 G 是由生成元集 A 和定义关系 $\prod\limits_{i=1}^{m_j} a_{ij} = e(j \in I)$ 生成的群.

如果群 G 有一个群表现使得生成元集 A 是有限集, 并且定义关系也是有限多个 (即上述指标集 I 是有限集), 那么称群 G 是有限表现的群.

注 5.3.5 在上面的定义中, 自由群 $F(X)$ 和满态 φ 由定理 5.3.3 知总是存在的. 并且易证, 如果 y_{ij} 是 a_{ij} 的另一个原像, 那么所有的 $\prod\limits_{i=1}^{m_j} x_{ij}$ 生成的 $F(X)$ 的正规子群等于 $\mathrm{Ker}\,\varphi$ 当且仅当 $\prod\limits_{i=1}^{m_j} y_{ij}$ 生成的 $F(X)$ 的正规子群也等于 $\mathrm{Ker}\,\varphi$, 即与原像 x_{ij} 的取法是无关.

下面是一个常用的结论.

命题 5.3.6 设群 G 具有群表现: A 是生成元集, 并且有定义关系 $\prod\limits_{i=1}^{m_j} a_{ij} = e$, $j \in I$, 其中 I 是指标集, 并且所有的 $a_{ij} \in A \cup A^{-1}$. 设 G' 是另外的一个群, 有生成元集 B. 如果有一个满射 $\phi : A \to B$ 使得在 G' 中有关系 $\prod\limits_{i=1}^{m_j} \phi(a_{ij}) = e$, $j \in I$, 那么存在群的满态 $\varphi : G \to G'$ 使得在 A 上的限制为 ϕ.

证明 设 $F(X)$ 是由自由生成元集 X 生成的自由群, 并且存在群的满态 $\varphi : F(X) \to G$ 使得限制 $\varphi|_X : X \to A$ 是满射. 注意合成 $\phi\varphi|_X : X \to B$ 是满射. 所以存在群的满态 $\gamma : F(X) \to G'$ 使得它限制在 X 上等于 $\phi\varphi|_X$. 对每个 $a_{ij} \in A \cup A^{-1}$, 记 x_{ij} 是 $F(X)$ 中 a_{ij} 在 φ 之下的一个原像. 那么所有的 $\prod\limits_{i=1}^{m_j} x_{ij}$ 生成的 $F(X)$ 的正规子群等于 $\mathrm{Ker}\,\varphi$. 注意 x_{ij} 也是 $F(X)$ 中 $\phi(a_{ij})$ 在 γ 之下的一个原像. 由 $\prod\limits_{i=1}^{m_j} \phi(a_{ij}) = e$ $(j \in I)$ 在 G' 中成立知 $\prod\limits_{i=1}^{m_j} x_{ij} \in \mathrm{Ker}\,\gamma$, $j \in I$. 可见 $\mathrm{Ker}\,\varphi \subseteq \mathrm{Ker}\,\gamma$. 故由群同态的基本定理知, 有自然的群满态: $G = F(X)/\mathrm{Ker}\,\varphi \to F(X)/\mathrm{Ker}\,\gamma \cong G'$. 由该满态的自然性易知它在 A 上的限制等于 ϕ. 这就完成了命题的证明. $\square$

在基础篇第二章讨论一个群的生成元集, 以及关于此生成元之间的一些关系时, 曾留有一个问题: 怎样知道这些关系是完全的, 即这组生成元之间的其他关系都可由它们推出来. 利用自由群的概念, 可在原则上回答这一问题.

设群 G 有生成元集 $A = \{g_i \,|\, i \in I\}$, 以及关于这个生成元集 A 的一些关系, 这就是由一些 A-字 $\overline{w}, \overline{u}, \overline{v}, \cdots$ 组成的集 $\overline{S} = \{\overline{w}, \overline{u}, \overline{v}, \cdots\}$. 相应于集 A 我们取自由生成元集 $X = \{x_i \,|\, i \in I\}$, 相应于 A-字 $\overline{w}, \overline{u}, \overline{v}, \cdots$ 我们得 X-字 $w, u, v, \cdots$ 组成的集 $S = \{w, u, v, \cdots\}$. 令 F 是以 X 为自由生成元集的自由群, 而 $H = (S)$. 依定理 5.3.3, 我们有满态 $\phi : F \to G$. 令 $\operatorname{Ker} \phi = K$. 由于 $\phi(w) = \overline{w} = e, \phi(u) = \overline{u} = e, \cdots$, 知 w, u, v 等属于 K, 即 $S \subseteq K$, 随之 $H = (S) \subseteq K$. 一般言, 集合 H 较集合 K 小, 若是 $H = K = \operatorname{Ker} \phi$, 即有 $F/H \cong G$, 亦即 G 同构于一个以 X (它相应于 A) 为生成元集和以 S (它相应于 $\overline{S}$) 为定义关系集的群. 这当然就说明了关系集 $\overline{S}$ 是完全的. 这也就是群表现要说明的意思.

例 5.3.1   二面体群 D_4 以 $a = \rho_\theta, \theta = 2\pi/4$, 及 $b = r$ 为生成元. 我们已知 a, b 满足关系式 $a^4 = 1, b^2 = 1, abab = 1$. 为了看一下这组关系式是否完全, 取自由生成元 x, y, 而作自由群 F. 令 $H = (x^4, y^2, xyxy)$, 由定理 5.3.3 有满态 $\phi : F/H \to D_4$. 现在考察是否有 $F/H \cong D_4$. 在前面我们已经知道 D_4 的阶是 8, 今计算 $\overline{F} = F/H$ 共有多少元素.

在群 $\overline{F}$ 中, 显然有关系式 $\overline{x}^4 = e, \overline{y}^2 = e, \overline{xyxy} = e$, 利用这些关系易知每一 $\{\overline{x}, \overline{y}\}$-字都可化归为 $\overline{x}^i, \overline{x}^i \overline{y}(0 \leqslant i \leqslant 3)$ 的形状, 即 $\overline{F}$ 最多有 8 个元素. $\overline{F}$ 的元素当然不会少于 8, 故得 $\overline{F}$ 恰有 8 个元素, ϕ 是一一对应, 因而 $F/H \cong D_4$. 这就说明了我们找到的 D_4 的生成元 a, b 的关系式是完全的.

5.3.3 S_n 的表现

我们在基础篇讨论对称群 S_n 时已知, 它的所有相邻对换 $(i\ i+1)$, $i = 1, 2, \cdots, n-1$, 是一个生成元集, 并且有下列关系 $(i, j = 1, 2, \cdots, n-1)$:

$(i\ i+1)^2 = e$,

$((i\ i+1)(j\ j+1))^2 = e, \quad |i-j| > 1$,

$((i\ i+1)(j\ j+1))^3 = e, \quad |i-j| = 1$.

下面的定理说明, 上述的生成元和关系给出了 S_n 的一个表现.

定理 5.3.7   设群 G 有一个表现: 生成元为 T_i, $i = 1, 2, \cdots, n-1$, 定义关系为 $(i, j = 1, 2, \cdots, n-1)$

$T_i^2 = e$,

$(T_i T_j)^2 = e, \quad |i-j| > 1$,

$(T_i T_j)^3 = e, \quad |i-j| = 1$.

那么有一个自然的群同构 $G \cong S_n$ 使得 T_i 对应着 $(i\ i+1)$, $i = 1, 2, \cdots, n-1$.

注意, 定理中的定义关系又等价于下列关系:

$T_i^2 = e,$

$T_i T_j = T_j T_i, \quad |i - j| > 1,$

$T_i T_{i+1} T_i = T_{i+1} T_i T_{i+1}, \quad i = 1, 2, \cdots, n-2.$

我们以下的证明中将不断用到这些关系.

在证明定理之前, 我们先证明一个引理和命题.

引理 5.3.8 记号和题设如上. 对 $i < j$, 记

$$T_{i\ j} = T_i T_{i+1} \cdots T_{j-2} T_{j-1} T_{j-2} \cdots T_{i+1} T_i,$$

称为 G 中的一个对换元 (注意 $T_i = T_{i\ i+1}$ 也都是对换元并且 $T_{i\ j}^2 = e$). 那么对任意 k, i, j (其中 $i < j$) 有 $T_k T_{i\ j} T_k$ 也是一个对换元.

证明 为了书写简短一些, 对 $i < j$, 我们记 $S_{i\ j} = T_i T_{i+1} \cdots T_j$ 和 $S_{j\ i} = e$. 也记 $S_{i\ i} = T_i$. 那么对 $i < j$, 有 $T_{i\ j} = S_{i\ j-2} T_{j-1} S_{i\ j-2}^{-1}$. 另外, 对任意 $i \leqslant l < j$, 易知有 $T_{i\ j} = S_{i\ l-1} T_l S_{i\ l-1}^{-1}$.

如果 $j = i + 1$, 那么 $T_i = T_{i\ j}$. 当 $k < i - 1$ 或 $k > i + 1$ 时易知 $T_k T_{i\ j} T_k = T_k T_i T_k = T_i$ 是一个对换元. 另外, $T_{i-1} T_{i\ j} T_{i-1} = T_{i-1\ j}$ 和 $T_i T_{i\ j} T_i = T_i T_i T_i = T_i$ 以及 $T_{i+1} T_{i\ j} T_{i+1} = T_{i+1} T_i T_{i+1} = T_i T_{i+1} T_i = T_{i\ i+2}$ 都是对换元. 可见当 $j = i + 1$ 时结论成立.

故以下设 $i + 1 < j$, 分情形讨论.

情形 1 设 $k < i - 1$. 那么对所有的 $l \geqslant i$ 有 $|l - k| > 1$. 由此易知 T_k 与 $S_{i\ j-2}$ 和 T_{j-1} 都可交换, 故由定义 $T_{i\ j} = S_{i\ j-2} T_{j-1} S_{i\ j-2}^{-1}$ 知 $T_k T_{i\ j} T_k = T_{i\ j}$.

情形 2 设 $k > j$. 那么对所有的 $l < j$ 有 $|k - l| > 1$. 由此易知 T_k 与 $S_{i\ j-2}$ 和 T_{j-1} 都可交换, 故由定义 $T_{i\ j} = S_{i\ j-2} T_{j-1} S_{i\ j-2}^{-1}$ 知 $T_k T_{i\ j} T_k = T_{i\ j}$.

情形 3 设 $k = i - 1$. 那么有 $T_{i-1} T_{i\ j} T_{i-1} = T_{i-1\ j}$.

情形 4 设 $k = i$. 那么有 $T_i T_{i\ j} T_i = T_i T_i T_{i+1\ j} T_i T_i = T_{i+1\ j}$.

情形 5 设 $k = i + 1$. 当 $j = i + 2$ 时有

$$T_{i+1} T_{i\ i+2} T_{i+1} = T_{i+1} T_i T_{i+1} T_i T_{i+1} = T_{i+1} T_{i+1} T_i T_{i+1} T_{i+1} = T_i.$$

当 $j > i + 2$ 时有

$$T_{i+1} T_{i\ j} T_{i+1} = T_{i+1} T_i T_{i+1} T_{i+2\ j} T_{i+1} T_i T_{i+1} = T_i T_{i+1} T_i T_{i+2\ j} T_i T_{i+1} T_i.$$

此时, 由情形 1 知 $T_i T_{i+2\ j} T_i = T_{i+2\ j}$; 而用两次情形 3 知 $T_i T_{i+1} T_{i+2\ j} T_{i+1} T_i = T_{i\ j}$. 可见, 当 $j > i + 2$ 时有 $T_{i+1} T_{i\ j} T_{i+1} = T_{i\ j}$.

情形 6　设 $i+1 < k \leqslant j$. 那么 $T_k T_{i\ j} T_k = S_{i\ k-2} T_k T_{k-1\ j} T_k S_{i\ k-2}^{-1}$. 由情形 5 知, 当 $j = k+1$ 时有 $T_k T_{i\ j} T_k = S_{i\ k-2} T_{k-1} S_{i\ k-2}^{-1} = T_{i\ k-1}$; 当 $j > k+1$ 时有 $T_k T_{i\ j} T_k = S_{i\ k-2} T_{k-1\ j} S_{i\ k-2}^{-1} = T_{i\ j}$.

可见, 无论哪种情形, 总有 $T_k T_{i\ j} T_k$ 是一个对换元. 引理得证.　□

命题 5.3.9　记号和题设如上. 对 G 中任意元素 g 与对换元 d, 有拟交换性: 存在对换元 d', d'' 使得 $gd = d'g$ 和 $dg = gd''$.

证明　如果 $g = T_k$, 那么有 $g^2 = e$, 即 $g^{-1} = g$. 由引理 5.3.8 知结论成立. 对一般的 g, 由所有的 T_k 是 G 的生成元知结论也成立.　□

现在我们给出定理 5.3.7 的证明. 以下对 $i > j$, 记 $T_{i\ j} = T_{j\ i}$.

定理 5.3.7 的证明　定义 G 的生成元集 $\{T_i \,|\, i = 1, 2, \cdots, n-1\}$ 到 S_n 的生成元集 $\{(i\ i+1) \,|\, i = 1, 2, \cdots, n-1\}$ 的一个满射 φ 使得 $\varphi(T_i) = (i\ i+1)$. 注意 S_n 的这组对换生成元满足与 G 的生成元 T_i 一样的关系. 故由命题 5.3.6 知, 存在群的满态 $G \to S_n$ 使得在上面的生成元集上的限制是 φ. 我们仍记这个群的满态为 φ. 下面证明这是一个同构即可, 故只需证明 φ 是单态.

由 φ 是满态知, S_n 在集合 $\{1, 2, \cdots, n\}$ (记为 $[1, n]$) 上的自然作用可导出 G 在 $[1, n]$ 上的作用: 对任意 $g \in G$ 和 $i \in [1, n]$, 有 $g(i) = \varphi(g)(i)$. 由 $\varphi(T_i) = (i\ i+1)$ 和 $T_{i\ j}$ 的定义易知 $\varphi(T_{i\ j}) = (i\ j)$. 所以, 特别地有

$$
T_{i\ j}(k) = \begin{cases} j, & k = i, \\ i, & k = j, \\ k, & k \neq i, j. \end{cases}
$$

设 $g \in \operatorname{Ker}\varphi$. 那么对任意 $i \in [1, n]$, 有 $g(i) = i$. 由所有的 T_i 是生成元知, 所有的对换元 $T_{i\ j}$ 更是生成元. 所以 $g = d_1 d_2 \cdots d_m$ 是有限多个 (譬如 m 个) 对换元的乘积. 下面对 m 归纳来证明必须有 $g = e$. 设 $d_1 = T_{i\ j_1}$. 由拟交换性不妨设存在 $1 \leqslant r \leqslant m$, 使得 $d_1 = T_{i\ j_1}, d_2 = T_{i\ j_2}, \cdots, d_r = T_{i\ j_r}$, 但其他所有的对换元 $d_{r+1}, \cdots, d_m$ 都使得 i 不动. 由 $g(i) = i$ 知

$$
i = T_{i\ j_1} T_{i\ j_2} \cdots T_{i\ j_r}(i) = T_{i\ j_1} T_{i\ j_2} \cdots T_{i\ j_{r-1}}(j_r).
$$

可见, 至少存在一个 $1 \leqslant s \leqslant r-1$ 使得 $j_s = j_r$. 又由拟交换性知 $T_{i\ j_s} T_{i\ j_{s+1}} \cdots T_{i\ j_r} = T_{i\ j_s} T_{i\ j_r} d'_{s+1} \cdots d'_{r-1}$, 其中 $d'_{s+1}, \cdots, d'_{r-1}$ 都是对换元. 但 $T_{i\ j_s} T_{i\ j_r} = e$ (因为 $j_s = j_r$), 从而

$$
g = d_1 \cdots d_{s-1} d'_{s+1} \cdots d'_{r-1} d_{r+1} \cdots d_m
$$

是 $m-2$ 个对换元的乘积. 所以可归纳到 $m=1$ 或 $m=2$ 的情形. 当 $m=1$ 时, 即 $g=T_{i\,j}$, 显然不可能有 $g(i)=i$, 即 $m=1$ 的情形是不存在的; 当 $m=2$ 时 $g=T_{i_1\,j_1}T_{i_2\,j_2}$. 由 $g(k)=k$ (对任意 $k\in[1,n]$) 易证, 只能有 $T_{i_1\,j_1}=T_{i_2\,j_2}$, 可见也有 $g=e$. 这就证明了, 如果 $g\in\mathrm{Ker}\,\varphi$, 那么 $g=e$. 从而 φ 是单态. 定理得证. $\quad\square$

练 习

1. 设 G 是由元素 a,b 生成的群, 其中 a,b 的定义关系为 $a^2=b^3=e$ 和 $(ab)^3=e$. 写出 G 中元素并证明: G 与交错群 A_4 同构.

2. 设 G 是由元素 a,b 生成的群, 其定义关系为 $a^2=b^3=e$ 和 $ab=b^2a$. 又设 $\overline{G}$ 是由元素 x,y 生成的群, 其定义关系为 $x^2=y^2=(xy)^3=e$. 证明: G 与 $\overline{G}$ 是群同构.

第 六 章

Galois 理论

Galois 理论主要是建立了扩域与群的联系.

§6.1 Galois 基本定理

本节中我们介绍著名的 Galois 理论的基本定理. 这是对整个数学发展起重要推动作用的理论之一.

设 K/F 是 F 上分裂域. 这里把下面将用到的域论中或群论中的一些结果重温一下:

(1) F 上分裂域和 F 上有限次正规扩域是一回事.

(2) F 上可分的分裂域 K 是单扩域 $K = F(\theta) = F(\theta_i) = F(\theta_1, \theta_2, \cdots, \theta_n)$, 其中 $\{\theta = \theta_1, \theta_2, \cdots, \theta_n\}$ 是 θ 在 F 上的极小多项式 $p(x)$ 的全部根.

(3) 设 F 上可分的分裂域 $K = F(\theta)$, 而 θ 在 F 上的极小多项式 $p(x)$ 的次数为 n. 则有

$$n = [K : F] = |\mathrm{Gal}(K/F)|.$$

(4) 设 $F \subseteq L \subseteq K, F, L, K$ 是域. 则有 $[K : F] = [K : L][L : F]$.

(5) 设 $\{e\} \subseteq H \subseteq G, \{e\}$(单位元组成的群), H, G 是有限群. 则有

$$|G| = [G : \{e\}] = [G : H][H : \{e\}] = [G : H] \cdot |H|.$$

(6) 若 G 是群, 则对任意 $g \in G$ 有 $gG = Gg = G$.

取定 F 上可分的分裂域 $K = F(\theta)$, 设 θ 的一个在 F 上的极小多项式为 $p(x), G = \mathrm{Gal}(K/F)$. 令

$$\mathbb{K} = \{\text{域 } K/F \text{ 的一切中间域 } L \mid F \subseteq L \subseteq K\},$$

$$\mathbb{G} = \{G = \mathrm{Gal}(K/F) \text{ 的一切子群 } H \mid G \supseteq H \supseteq \{e\}\}.$$

以上所用符号在本节中固定下来.

先定义集合 $\mathbb{K}$ 到集合 $\mathbb{G}$ 的一个对应.

任取 $L \in \mathbb{K}$. 由 $K = F(\theta) \subseteq L(\theta) \subseteq L(\theta_1, \theta_2, \cdots, \theta_n) \subseteq K$ 得 $K = L(\theta) = L(\theta_1, \theta_2, \cdots, \theta_n)$, 因而 K 是多项式 $p(x) \in F[x] \subseteq L[x]$ 在域 L 上的分裂域, 并且易知 K 在 L 上也是可分的扩张. 今考虑扩域 L 上分裂域 K 的 Galois 群 $\mathrm{Gal}(K/L)$. 若 $\phi \in \mathrm{Gal}(K/L)$, 即 ϕ 是域 K 的 L-自同构. ϕ 保持 L 中元素不动, 当然更保持 F 中元素不动, 因而 ϕ 也是 K 的 F-自同构, 即 $\phi \in \mathrm{Gal}(K/F)$. 随之有 $\mathrm{Gal}(K/L) \subseteq \mathrm{Gal}(K/F) = G$. 这样就得对应

$$\mathrm{Gal}: \mathbb{K} \to \mathbb{G}$$

$$L \mapsto \mathrm{Gal}(K/L).$$

显然 $F \mapsto \mathrm{Gal}(K/F) = G, K \mapsto \mathrm{Gal}(K/K) = \{e\}$.

其次定义集合 $\mathbb{G}$ 到集合 $\mathbb{K}$ 的一个对应.

任取 $H \in \mathbb{G}$, 即 H 是 $\mathrm{Gal}(K/F)$ 的子群. 规定

$$\mathrm{Inv}\,H = \{\alpha \in K \mid \phi(\alpha) = \alpha, \forall \phi \in H\}.$$

直接验证可知 $\mathrm{Inv}\,H$ 是 K 的子域且 $F \subseteq \mathrm{Inv}\,H$, 即 $\mathrm{Inv}\,H$ 是中间域, 因而 $\mathrm{Inv}\,H \in \mathbb{K}$. 称 $\mathrm{Inv}\,H$ 为 H 的不变子域. 这样就得对应

$$\mathrm{Inv}: \mathbb{G} \to \mathbb{K}$$

$$H \mapsto \mathrm{Inv}\,H.$$

显然 $\{e\} \mapsto \mathrm{Inv}\{e\} = K$. 我们还将看到 $G \mapsto \mathrm{Inv}\,G = F$.

读者也许已预感到, 下一步想证的是: 对应 Gal 和对应 Inv 是互逆的, 即想证: 对任意 $L \in \mathbb{K}, H \in \mathbb{G}$, 有

$$\mathrm{Inv}(\mathrm{Gal}(K/L)) = L, \tag{6.1}$$

$$\mathrm{Gal}(K/\mathrm{Inv}\,H) = H. \tag{6.2}$$

这就是著名的 Galois 对应, 是由天才的法国青年 Galois 得到的. 在数学的其他分支中也出现类似的 Galois 对应, 通过这种对应把不同类型的研究对象 (在我们这里是域和群) 紧密地联系起来.

证明的关键是下面这个命题.

命题 6.1.1 设 K 是域 F 上可分的分裂域, $G = \mathrm{Gal}(K/F)$, H 是 G 的一个子群. 则有 $[K : \mathrm{Inv}\,H] = |H|$.

证明   定义群 H 在 $K[x]$ 上的一个左作用: 对任意 $\phi \in H$ 和 $f(x) = \sum\limits_{i=0}^{n} a_i x^i \in K[x]$, 规定 $\phi f(x) = \sum\limits_{i=0}^{n} \phi(a_i) x^i$. 注意到 ϕ 是域 K 的自同构. 直接验证可知这是一个群作用, 并且, 对任意 $\phi \in H$ 和 $f(x), g(x) \in K[x]$ 有 $\phi(f(x)g(x)) = (\phi f(x))(\phi g(x))$, 即 ϕ 实际上给出了 $K[x]$ 的一个自同构.

令 $H = \{\phi_1, \phi_2, \cdots, \phi_m\}$. 由于可分的分裂域是单扩域, 可设 $K = F(\theta)$. 令

$$h(x) = \prod_{i=1}^{m} (x - \phi_i(\theta)).$$

对任意 $\phi \in H$, 由 $\phi H = H$ 知 $\{\phi\phi_i(\theta) \mid 1 \leqslant i \leqslant m\} = \{\phi_i(\theta) \mid 1 \leqslant i \leqslant m\}$. 所以有

$$\phi h(x) = \prod_{i=1}^{m} \phi(x - \phi_i(\theta)) = \prod_{i=1}^{m} (x - \phi\phi_i(\theta))$$
$$= \prod_{i=1}^{m} (x - \phi_i(\theta)) = h(x).$$

这说明 $h(x)$ 的系数在 $\phi \in H$ 作用下不变, 即得 $h(x) \in \operatorname{Inv} H[x]$. 由 $\operatorname{Inv} H \supseteq F$ 知 $K \supseteq \operatorname{Inv} H(\theta) \supseteq F(\theta) = K$, 即得 $K = \operatorname{Inv} H(\theta)$. 但 θ 是 $\operatorname{Inv} H$ 上 m 次多项式 $h(x)$ 的根, 故得

$$[K = \operatorname{Inv} H(\theta) : \operatorname{Inv} H] \leqslant m.$$

另一方面 $\operatorname{Gal}(K/\operatorname{Inv} H) \supseteq H$ (因为 H 中 ϕ 是 K 的 $\operatorname{Inv} H$-自同构). 由 K 也是 $\operatorname{Inv} H$ 上的可分的分裂域和定理 4.4.10 得

$$[K : \operatorname{Inv} H] = |\operatorname{Gal}(K/\operatorname{Inv} H)| \geqslant |H| = m.$$

合在一起便得 $[K : \operatorname{Inv} H] = m = |H|$.   □

推论 6.1.2   符号和题设如上. 则 $\operatorname{Inv} G = F$.

证明   由定理 4.4.10 知 $[K : F] = |\operatorname{Gal}(K/F)| = |G|$. 由命题 6.1.1 得 $[K : \operatorname{Inv} G] = |G|$. 故

$$|G| = [K : F] = [K : \operatorname{Inv} G][\operatorname{Inv} G : F] = |G| \cdot [\operatorname{Inv} G : F].$$

因而 $[\operatorname{Inv} G : F] = 1$, 即 $\operatorname{Inv} G = F$.   □

这就是说, 对任意可分的分裂域 K/F 都有 $\operatorname{Inv}(\operatorname{Gal}(K/F)) = F$. 特别地, 此时对任意中间域 $F \subseteq L \subseteq K$, 由 K/L 也是可分的分裂域知, 有 $\operatorname{Inv}(\operatorname{Gal}(K/L)) = L$. 这就是 (6.1) 式.

今证 (6.2) 式. 我们已经知道 $\mathrm{Gal}(K/\mathrm{Inv}\,H) \supseteq H$. 命题 6.1.1 是说

$$[K : \mathrm{Inv}\,H] = |H|,$$

而另一方面, 依定理 4.4.10, 分裂域 $K/\mathrm{Inv}\,H$ 在域 $\mathrm{Inv}\,H$ 上的次数等于其 Galois 群 $\mathrm{Gal}(K/\mathrm{Inv}\,H)$ 的阶, 即有

$$[K : \mathrm{Inv}\,H] = |\mathrm{Gal}(K/\mathrm{Inv}\,H)|.$$

合在一起便有

$$|H| = |\mathrm{Gal}(K/\mathrm{Inv}\,H)|,$$

因而有 $\mathrm{Gal}(K/\mathrm{Inv}\,H) = H$, 这就是 (6.2) 式.

我们再证明一个命题.

命题 6.1.3　设 K/F 是分裂域扩张, L 是中间域. 那么 Galois 群 $\mathrm{Gal}(L/F)$ 是 $\mathrm{Gal}(K/F)$ 的一个子商. 进一步, 如果 L 还是 F 的正规扩域, 那么 $\mathrm{Gal}(K/L)$ 是 $\mathrm{Gal}(K/F)$ 的正规子群, 并且有群同构

$$\mathrm{Gal}(L/F) \cong \mathrm{Gal}(K/F)/\mathrm{Gal}(K/L),$$

即 $\mathrm{Gal}(L/F)$ 是 $\mathrm{Gal}(K/F)$ 本身的一个商.

证明　记 $G = \mathrm{Gal}(K/F)$ 和 $G' = \{\phi \in G \,|\, \phi(L) = L\}$. 易知 G' 是 G 的一个子群. 又对任意 $\phi \in G'$, 由 G' 的定义知 ϕ 限制在 L 上 $\phi|_L$ 是 L 的一个 F-自同构, 即 $\phi|_L \in \mathrm{Gal}(L/F)$. 这导出了一个映射

$$\Sigma : G' \to \mathrm{Gal}(L/F)$$

$$\phi \mapsto \phi|_L.$$

并且易知 Σ 是一个群同态.

下面我们证明 Σ 是一个满射. 注意到 K 也是 L 的分裂域. 故 L 的任意一个 (F-) 自同构 φ 可延拓为域 K 的一个 (F-) 自同构 ϕ, 即 $\phi|_L = \varphi$. 显然有 $\phi(L) = \varphi(L) = L$. 故 $\phi \in G'$. 从而 Σ 是满射.

所以 $\mathrm{Gal}(L/F)$ 是 $\mathrm{Gal}(K/F)$ 的一个子商.

进一步, 设 L 还是 F 的正规扩域. 对任意 $\phi \in G = \mathrm{Gal}(K/F)$ 和 $\alpha \in L$, 显然 α 与 $\phi(\alpha)$ 是 F-共轭的 (即它们是同一个 F 上的极小多项式的根). 由 L 是 F 上正规扩域知 $\phi(\alpha) \in L$. 可见 $G' = G = \mathrm{Gal}(K/F)$, 即 $\mathrm{Gal}(L/F)$ 是 $\mathrm{Gal}(K/F)$ 本身的一个商. 注意 $\mathrm{Gal}(L/F)$ 的单位元是域 L 的单位自同构, 记为 id. 故得

$$\mathrm{Ker}\,\Sigma = \{\phi \in \mathrm{Gal}(K/F) \,|\, \phi|_L = \mathrm{id}\} = \mathrm{Gal}(K/L).$$

这样 $\mathrm{Gal}(K/L)$ 是 G 的正规子群. 由群的同态基本定理知

$$\mathrm{Gal}(L/F) \cong \mathrm{Gal}(K/F)/\mathrm{Gal}(K/L). \qquad \Box$$

下面是本章的主要定理.

定理 6.1.4 (Galois 基本定理)   设 K 是域 F 上可分的分裂域. 规定

$$\mathbb{K} = \{\text{域 } K/F \text{ 的一切中间域 } L | F \subseteq L \subseteq K\},$$

$$\mathbb{G} = \{G = \mathrm{Gal}(K/F) \text{ 的一切子群 } H | G \supseteq H \supseteq \{e\}\},$$

$$\mathrm{Gal} : \mathbb{K} \to \mathbb{G}$$
$$L \mapsto \mathrm{Gal}(K/L);$$
$$\mathrm{Inv} : \mathbb{G} \to \mathbb{K}$$
$$H \mapsto \mathrm{Inv}\, H.$$

则

(1) $\mathrm{Gal}, \mathrm{Inv}$ 给出集合 $\mathbb{K}$ 和集合 $\mathbb{G}$ 间的一一对应且 Gal 和 Inv 互为逆.

(2) 对任意 $L_1, L_2 \in \mathbb{K}$, 若 $L_1 \subseteq L_2$, 则 $\mathrm{Gal}(K/L_1) \supseteq \mathrm{Gal}(K/L_2)$; 对任意 $H_1, H_2 \in \mathbb{G}$, 若 $H_1 \subseteq H_2$, 则 $\mathrm{Inv}\, H_1 \supseteq \mathrm{Inv}\, H_2$.

(3) 若 L 是 F 上正规扩域, 则 $\mathrm{Gal}(K/L)$ 是 G 的正规子群, 并且有 $\mathrm{Gal}(L/F) \cong \mathrm{Gal}(K/F)/\mathrm{Gal}(K/L)$.

(4) 若 H 是 G 的正规子群, 则 $\mathrm{Inv}\, H$ 是 F 上正规扩域.

证明   结论 (1) 前面已证, 结论 (2) 的证明比较容易, 留给读者. 结论 (3) 由命题 6.1.3 可得. 下面证明结论 (4).

对任意 $\phi \in G$, 易证 $\mathrm{Inv}(\phi H \phi^{-1}) = \phi(\mathrm{Inv}\, H)$. 由 H 是 G 的正规子群知 $\phi H \phi^{-1} = H$. 故 $\phi(\mathrm{Inv}\, H) = \mathrm{Inv}\, H$.

注意 K 是 F 的正规扩域. 所以, 欲证 $\mathrm{Inv}\, H$ 是 F 的正规扩域, 只需证对任意 $\alpha \in \mathrm{Inv}\, H$, 它在 K 中的每一个 F-共轭元 β 都在 $\mathrm{Inv}\, H$ 中即可. 实际上, 由 F-共轭元的定义, α, β 有相同的 F 上的极小多项式. 故存在域的 F-同构 $\psi : F(\alpha) \to F(\beta)$ 使得 $\psi(\alpha) = \beta$. 设 K 是 F 上多项式 $f(x)$ 的分裂域. 那么 K 也分别是 $F(\alpha)$ 上 $f(x)$ 的分裂域和 $F(\beta)$ 上 $f(x)$ 的分裂域. 由 $\psi f(x) = f(x)$ 和命题 4.2.11 知, ψ 可延拓为 K 到 K 的一个 (自) 同构 ϕ 且 $\phi|_{F(\alpha)} = \psi$, 随之 $\phi|_F = \psi|_F = $ 域 F 的恒等自同构. 这样便得 ϕ 是 K 的 F-自同构, 并且 $\phi(\alpha) = \psi(\alpha) = \beta$. 故 $\beta = \phi(\alpha) \in \phi(\mathrm{Inv}\, H) = \mathrm{Inv}\, H$. $\qquad \Box$

也许值得再回顾一下这个重要定理的证明. 不难得包含关系

$$\operatorname{Inv}(\operatorname{Gal}(K/L)) \supseteq L, \qquad \operatorname{Gal}(K/\operatorname{Inv} H) \supseteq H.$$

而能证明这两个包含关系是相等关系全靠两个扩域次数的等式:

$$[K:L] = |\operatorname{Gal}(K/L)|, \qquad [K:\operatorname{Inv} H] = |H|.$$

从 Galois 基本定理, 可以立刻得到一个有趣的观察: 分裂域 K/F (因而任意有限次扩域 E/F, 因为 E/F 总可以再扩张成为一个分裂域 K/F) 的中间域 L 只有有限多个, 这是因为有限群的子群只有有限多个. 当 F 是无限域时, 一个 $n\,(\geqslant 2)$ 维 F-线性空间 K 是有穷多个 F-子空间的. 上面结果说明, 若 F 是无限域, 则在 K 的无穷多个 F-子空间中, 能作成子域的却只有有限多个! 可以说, 在代数系统中域是结构最紧致, "要求最高" 的一个.

找出一个有限群的所有子群, 较之找出扩域的所有中间域要容易得多. 我们可以先找出 Galois 群以及它的所有子群, 再求出每个子群的不变域, 这样就得到了所有的中间域. 我们看下面的一个例子, 这是在有理数域这个特征为 0 的域上考虑的. 注意特征为 0 的域都是可分的, 所以只需考虑分裂域.

例 6.1.1 设 K 是多项式 $f(x) = x^3 - 2$ 在有理数域 $\mathbb{Q}$ 上的分裂域. $f(x)$ 的三个根为 $\sqrt[3]{2}, \sqrt[3]{2}\omega, \sqrt[3]{2}\omega^2$, 其中 $\omega = \dfrac{1}{2}(-1 + \sqrt{-3})$ 是 3 次本原单位根. 这样依分裂域的定义,

$$K = \mathbb{Q}(\sqrt[3]{2}, \sqrt[3]{2}\omega, \sqrt[3]{2}\omega^2) = \mathbb{Q}(\omega, \sqrt[3]{2}).$$

分别记 $\sqrt[3]{2}, \sqrt[3]{2}\omega, \sqrt[3]{2}\omega^2$ 为 $\alpha_1, \alpha_2, \alpha_3$. 在例 4.4.2 中我们已证明, $\operatorname{Gal}(K/\mathbb{Q}) = S_3$, 即是 $\{\alpha_1, \alpha_2, \alpha_3\}$ 的所有置换构成的群. 易知 S_3 的非平凡子群都是循环群, 有 4 个: $\langle (1\,2) \rangle, \langle (1\,3) \rangle, \langle (2\,3) \rangle, \langle (1\,2\,3) \rangle$. 前 3 个子群分别使得 $\alpha_3, \alpha_2, \alpha_1$ 不变, 易知其不变子域分别为 $\mathbb{Q}(\sqrt[3]{2}\omega^2), \mathbb{Q}(\sqrt[3]{2}\omega), \mathbb{Q}(\sqrt[3]{2})$. 最后计算 $\langle (1\,2\,3) \rangle$ 的不变子域. 记根 $\alpha_1, \alpha_2, \alpha_3$ 的置换 $(1\,2\,3)$ 相应的 F-自同构为 ϕ. 那么 $\sqrt[3]{2}\omega^2 = \phi(\sqrt[3]{2}\omega) = \phi(\sqrt[3]{2})\phi(\omega) = \sqrt[3]{2}\omega\phi(\omega)$. 故 $\phi(\omega) = \omega$. 可见 $\omega \in K$ 是 $\langle (1\,2\,3) \rangle$ 的不变元. 注意 ω 的 F 上的极小多项式是 $x^2 + x + 1$. 由此可知 $\langle (1\,2\,3) \rangle$ 的不变子域为 $\mathbb{Q}(\omega)$.

练习

---

1. 设 F 是一个特征为 0 的域, $K = F(\alpha), \alpha^n = 1$. 其中 n 是使等式 $\alpha^n = 1$ 成立的最小正整数.

(1) 证明: $K = F(\alpha)$ 是分裂域;

(2) 求 K/F 的 Galois 群和所有的中间域.

2. 设域 K 为域 F 的可分的分裂域, M, L 为中间域. 证明:

$$\mathrm{Gal}(K/LM) = \mathrm{Gal}(K/L) \cap \mathrm{Gal}(K/M).$$

3. 设 $K = \mathbb{Q}(\sqrt{-3}, \sqrt[3]{2})$ 是 $\mathbb{Q}$ 的分裂域.

(1) 写出 $\mathrm{Gal}(K/\mathbb{Q})$;

(2) 找出 $\mathrm{Gal}(K/\mathbb{Q})$ 的所有子群以及它们对应的中间域.

4. 设 $K = \mathbb{Q}(\sqrt[4]{3}, \mathrm{i})$ 是 $\mathbb{Q}$ 的分裂域.

(1) 写出 $\mathrm{Gal}(K/\mathbb{Q})$;

(2) 找出 $\mathrm{Gal}(K/\mathbb{Q})$ 的所有子群以及它们对应的中间域, 并指出哪些是正规子群以及对应的正规扩域.

§6.2   一个应用——复数域是代数闭域的一种证明

代数基本定理说, 复数域是代数闭域. 这个结果的一种常见证明是利用复分析中的全纯函数性质. 这里我们利用 Galois 基本定理给出它的另一个简单的证明, 这是纯代数的证明.

由实数域 $\mathbb{R}$ 的构造可知下面两个结论成立:

(1) 任意一个正实数在 $\mathbb{R}$ 中有一个平方根;

(2) $\mathbb{R}$ 上任意一个奇数次一元多项式在 $\mathbb{R}$ 中有一个根.

定理 6.2.1 (代数基本定理)   复数域 $\mathbb{C}$ 是代数闭域.

证明   我们断言: $\mathbb{R}$ 上的奇数次扩域只有 $\mathbb{R}$ 本身. 实际上, 假如 L 是 $\mathbb{R}$ 的奇数次扩域且 $L \neq \mathbb{R}$. 注意 L 的特征为 0, 所以可分, 故 $L = \mathbb{R}(\alpha)$ 是单扩张. 可见 α 的 $\mathbb{R}$ 上的极小多项式的次数为奇数且次数大于 1. 由结论 (2) 知该奇数次多项式在 $\mathbb{R}$ 上可分解, 这与 $\mathbb{R}$ 上的极小多项式是 $\mathbb{R}$ 上不可约多项式矛盾. 这就证明了断言.

现在证明定理. 对 $\mathbb{C}$ 上的任意一个代数元 β, 即要证 $\beta \in \mathbb{C}$. 注意 $\mathbb{C} = \mathbb{R}(\mathrm{i})$, 其中 $\mathrm{i} = \sqrt{-1}$ 是虚数单位, 可见 $\mathbb{C}$ 是 $\mathbb{R}$ 上的 (2 次) 代数扩张. 故 β 也是 $\mathbb{R}$ 上的代数元. 设 K 是 $\mathbb{R}$ 上的分裂域, 并且包含 β 和 $\mathbb{C}$ (易知这样的分裂域一定存在). 假如 $\beta \notin \mathbb{C}$, 那么由上面的断言知 $[K : \mathbb{R}]$ 为偶数. 记 $G = \mathrm{Gal}(K/\mathbb{R})$ 是 Galois 群. 那么由 K 是 $\mathbb{R}$ 上的可分的 (因为特征为 0) 分裂域知 $|G| = [K : \mathbb{R}]$ 为偶数, 于是存在 G 的 Sylow 2-子群 H. 由命题 6.1.1 知 $[K : \mathrm{Inv}\, H] = |H|$, 故由 $[K : \mathrm{Inv}\, H][\mathrm{Inv}\, H : \mathbb{R}] = [K : \mathbb{R}] = |G| = |H| \cdot [G : H]$ 知 $[\mathrm{Inv}\, H : \mathbb{R}] = [G : H]$ 为奇数. 又由上面的断言知 $\mathrm{Inv}\, H = \mathbb{R}$, 故 $G = H$. 所以 G 的阶为 2 的某个幂次. 显

然 K 是 $\mathbb{C}$ 上的分裂域. 从而可知 Galois 群 $\mathrm{Gal}(K/\mathbb{C})$ 的阶也是 2 的某个幂次, 记为 2^n. 由 $K \neq \mathbb{C}$ 知 $n > 0$, 又由推论 2.9.2 知 $\mathrm{Gal}(K/\mathbb{C})$ 有子群 H' 使得它的阶为 2^{n-1}, 从而易知 $[\mathrm{Inv}\,H' : \mathbb{C}] = 2$. 以下我们说这导出矛盾, 从而假设 $\beta \notin \mathbb{C}$ 不对, 即只能有 $\beta \in \mathbb{C}$. 故 $\mathbb{C}$ 是代数闭域.

现在我们只需证明 $[\mathrm{Inv}\,H' : \mathbb{C}] = 2$ 不可能. 由 $[\mathrm{Inv}\,H' : \mathbb{C}] = 2$ 知 $\mathrm{Inv}\,H' = \mathbb{C}(\theta)$, 其中 θ 是 $\mathbb{C}$ 上 2 次不可约多项式 $x^2 + bx + c$ 的一个根. 记 $b^2 - 4c = s + t\mathrm{i}$ 是复数, 其中 $s, t \in \mathbb{R}$. 由结论 (1) 可取实数 s_1, t_1 使得 $s_1^2 = \frac{1}{2}(\sqrt{s^2 + t^2} + s)$ 和 $t_1^2 = \frac{1}{2}(\sqrt{s^2 + t^2} - s)$, 直接计算可得 $(s_1 + t_1\mathrm{i})^2 = s + t\mathrm{i}$, 即存在复数 d 使得 $d^2 = b^2 - 4c$. 由 2 次多项式的求根公式知 $\theta = \frac{1}{2}(-b \pm d) \in \mathbb{C}$. 可见 $x^2 + bx + c$ 在 $\mathbb{C}$ 可分解, 与它是 $\mathbb{C}$ 上不可约多项式矛盾. 这就完成了定理的证明. $\qquad\square$

§6.3 用根式解代数方程问题

用根式解代数方程问题是一个把经典代数引到近世代数 (即抽象代数) 的有划时代意义的问题. 在这里回顾一下历史是有益的.

经典代数是以解代数方程问题为中心展开的. 大约公元前 2000 年, 古巴比伦人就已经知道类似于我们大家熟悉的配方法解一元二次方程. 在中学我们就学过

$$x^2 + bx + c = 0$$

的解是 $x = \dfrac{-b \pm \sqrt{b^2 - 4c}}{2}$.

关于一元三次方程, S. delFerro (1465—1526) 和 N. Fontana (即 Tartaglia) (1499—1557) 给出了解法, 而对于一元四次方程, L. Ferrari (1522—1565) 给出了一个解法, 都收入在 1545 年出版的 G. Cardano (1501—1576) 的代数巨著 *Ars Magna* (《大术》) 中. 他们的解法、也就是最古老的解法, 用我们现在习惯的方式可表达如下:

一般一元三次方程

$$x^3 + ax^2 + bx + c = 0 \tag{6.3}$$

在用 $x - \dfrac{a}{3}$ 代替 x 后可化成形如

$$x^3 + mx = n \tag{6.4}$$

的方程, 因而只需求方程 (6.4) 的解. 利用恒等式

$$(u - v)^3 + 3uv(u - v) = u^3 - v^3,$$

把它与方程 (6.4) 比较而得 $x = u - v, 3uv = m, u^3 - v^3 = n$.

由后面的两个关于 u, v 的方程, 可解得一组解

$$u = \sqrt[3]{(n/2) + \sqrt{(n/2)^2 + (m/3)^3}},$$

$$v = \sqrt[3]{-(n/2) + \sqrt{(n/2)^2 + (m/3)^3}}.$$

从而得方程 (6.4) 的一个解的公式

$$x = \sqrt[3]{(n/2) + \sqrt{(n/2)^2 + (m/3)^3}} - \sqrt[3]{-(n/2) + \sqrt{(n/2)^2 + (m/3)^3}},$$

称为 Cardano-Tartaglia 公式.

一般一元四次方程在作一个适当的变量替换后可化成

$$x^4 + px^2 + qx + r = 0 \tag{6.5}$$

的形式, 利用配方法, 可把方程 (6.5) 写成

$$(x^2 + p)^2 = px^2 - qx + p^2 - r,$$

因而引入参数 y 后有

$$(x^2 + p + y)^2 = (p + 2y)x^2 - qx + (p^2 - r + 2py + y^2). \tag{6.6}$$

下一步是选择 y 使得方程 (6.6) 的右侧是一个完全平方. 为此只需选 y 适合方程

$$4(p + 2y)(p^2 - r + 2py + y^2) - q^2 = 0,$$

这是一个关于 y 的三次方程, 从而用前面方法可解得 y. 利用这个 y 值, 求方程 (6.6) 的解 x 也就是求方程 (6.5) 解 x, 就变成开平方和再解一个一元二次方程的问题了.

由此可见在 16 世纪中叶已有了二、三、四次方程的公式解. 虽然我们没有直接写出四次方程解的公式, 但不难看出, 所有这些方程的解都可以通过原方程的系数经过四则运算和开方运算表示出, 即二、三、四次方程有根式解.

面对这样重要、漂亮的结果, 数学界自然要迎接下一个挑战: 找出五次方程的根式解. 1545 年以来近三百年的努力, 这中间特别应提到 Lagrange, Gauss, P. Ruffini (1765—1822), N.H. Abel (1802—1829) 等人的名字, 直到 1830 年才由天才的法国数学家 Galois 完全解决了: 存在五次方程它不能用根式解. 对 Galois 以前的工作我们只想提到下面的几个.

Lagrange 分析了当时所有已知的解方程的方法, 并指出可用一个统一的方法去代替这些不同的解法. 他的想法是: 设 n 次方程 $x^n + a_1 x^{n-1} + \cdots + a_{n-1} x + a_n = 0$ 的 n 个根为 $\alpha_1, \alpha_2, \cdots, \alpha_n$, 任取这些根 α_i 的一个有理函数

$$r(\alpha_1, \alpha_2, \cdots, \alpha_n) = \frac{f(\alpha_1, \alpha_2, \cdots, \alpha_n)}{g(\alpha_1, \alpha_2, \cdots, \alpha_n)},$$

其中 $f(\alpha_1, \alpha_2, \cdots, \alpha_n), g(\alpha_1, \alpha_2, \cdots, \alpha_n)$ 是 $\alpha_1, \alpha_2, \cdots, \alpha_n$ 的有理系数多项式.

考虑根的置换 $\pi = \begin{pmatrix} \alpha_1 & \alpha_2 & \cdots & \alpha_n \\ \alpha_{\pi(1)} & \alpha_{\pi(2)} & \cdots & \alpha_{\pi(n)} \end{pmatrix}$ 或 $\pi = \begin{pmatrix} 1 & 2 & \cdots & n \\ \pi(1) & \pi(2) & \cdots & \pi(n) \end{pmatrix}$,

其中 $\pi(1), \pi(2), \cdots, \pi(n)$ 是 $1, 2, \cdots, n$ 的一个排列, 并规定 π 对有理式 r 的作用如下:

$$\pi r = \frac{f(\alpha_{\pi(1)}, \alpha_{\pi(2)}, \cdots, \alpha_{\pi(n)})}{g(\alpha_{\pi(1)}, \alpha_{\pi(2)}, \cdots, \alpha_{\pi(n)})}.$$

根据对称多项式的基本定理以及根与系数的关系, Lagrange 证明一个命题: 如果诸根 α_i 的某一有理函数 r 在所有 n 元置换 π 作用下只取 m 个不同的值, 那么 r 必适合一个 m 次多项式 $P(x)$, 其系数是原方程的系数 (即 $a_1, a_2, \cdots, a_n$) 的有理函数. 根据这个命题, 如果能找到合适的有理函数 r 使得 $m < n$, 就可将要解的方程的次数降低. 在讨论过程中 Lagrange 引入置换、置换的乘法、置换群的概念, 所有这些, 我们今日都可以在 Galois 理论中看到它们的影子.

Lagrange 的学生意大利人 P.Ruffini 证明了一般 n 次方程当 $n \geqslant 5$ 时不能用根式解. 然而他是在 "方程的解的根式表达式中, 每一根号下的式子都是方程的诸根以及单位根的有理函数" 这一假设下证明的. 后来 Abel 证明了上面这一假设是成立的, 并再一次独立地得到了 Ruffini 的证明, 至此就完整地证明一般 n 次方程当 $n \geqslant 5$ 时不能用根式解.

另一方面, 一些具体的 n (可以大于或等于 5) 次方程可以有根式解. 如 Gauss 证明了分圆方程 $x^m - 1 = 0$ 有根式解. 这里用 "根式解" 的意义是: 设 ξ_m 是 m 次本原单位根, 则由 de Moivre 公式有

$$\xi_m = \cos\frac{2\pi}{m} + \mathrm{i}\sin\frac{2\pi}{m} = a_m + b_m\mathrm{i}.$$

Gauss 证明了, 必有扩域链

$$\mathbb{Q} = F_1 \subseteq F_1(\sqrt[n_1]{d_1}) = F_2 \subseteq F_2(\sqrt[n_2]{d_2}) = F_3 \subseteq \cdots$$

$$\subseteq F_s(\sqrt[n_s]{d_s}) = F_{s+1} \subseteq \mathbb{R},$$

其中 $d_i \in F_i, F_i$ 是实数域 $\mathbb{R}$ 的子域, 而 $a_m, b_m \in F_{s+1}$. 特别应提一下的是, 当 $n = 17$ 时这些正整数 n_i 都等于 2, 因而实数 a_{17}, b_{17} 可用圆规直尺作出, 也就是说, 正十七边形是可以用圆规直尺作出的.

以上简单回顾了 Galois 以前的工作.

下面我们利用 Galois 基本定理来介绍一元 n 次方程能否用根式解的问题.

先给出一个概念.

定义 6.3.1　域扩张 L/F 称为根式扩域, 如果 $L = F(\theta)$ 并且存在非负整数 n 使得 $\theta^n \in F$.

现在我们给出根式解的定义, 它是我们心目中根式解的数学模型. 以下为了方便, 我们只考虑特征为 0 的域.

定义 6.3.2　设 F 是特征为 0 的域, $f(x) \in F[x]$. 称 $f(x)$ 可根式解, 如果存在 F 上的扩域链

$$F = F_1 \subseteq F_2 \subseteq F_3 \subseteq \cdots \subseteq F_s = K, \tag{6.7}$$

使得对每个 $1 \leqslant i < s$, F_{i+1} 是 F_i 的根式扩域, 并且 K 包含 $f(x)$ 的分裂域. 我们将上述扩域链称为 $f(x)$ 的一个根式扩域链. 如果上述链中对每个 $1 \leqslant i < s$, F_{i+1} 是 F_i 的正规扩域, 那么称该链是次正规扩域链; 如果此时还是根式扩域链, 那么称该链是次正规的根式扩域链.

譬如, 对复数系数多项式 $f(x) = x^2 + bx + c$, 记 $F = \mathbb{Q}(b, c)$. 那么 $f(x) \in F[x]$. 设 $\Delta = b^2 - 4c$. 可见 $K = F(\sqrt{\Delta})$ 是 F 的根式扩域, 并且 $F \subseteq K$ 就是 $f(x)$ 的一个根式扩域链. 又如, 对 $g(x) = x^3 - 2 \in \mathbb{Q}[x]$, 有根式扩域链 $\mathbb{Q} \subseteq \mathbb{Q}(\omega) \subseteq \mathbb{Q}(\omega)(\sqrt[3]{2})$, 其中 $\omega = \dfrac{1}{2}(-1 + \sqrt{-3})$ 是 3 次本原单位根; $g(x)$ 也有根式扩域链 $\mathbb{Q} \subseteq \mathbb{Q}(i) \subseteq \mathbb{Q}(i)(\sqrt[3]{2}) \subseteq \mathbb{Q}(i)(\sqrt[3]{2})(\sqrt{3})$. 可见同一个多项式的根式扩域链可以不唯一.

该说一下的是, 按定义直接可得分圆多项式 $x^m - 1$ 是可根式解的, 这是和 Gauss 证明的定理: $x^m - 1$ 可用根式解中所用 "根式解" 的意义是相近的.

在给出一元多项式是否可用根式解之前, 我们先证明一个命题.

命题 6.3.3　设 L/F 是有限次域扩张且域的特征为 0.

(1) 如果 L/F 是根式扩域, 那么 Galois 群 $\mathrm{Gal}(L/F)$ 是可解群.

(2) 设 q 是一个素数并且 Galois 群 $\mathrm{Gal}(L/F)$ 是 q 阶的循环群. 如果 F 包含 q 次本原单位根并且 L/F 是正规扩张, 那么 L/F 是根式扩域.

证明　(1) 由 L/F 是根式扩域知 $L = F(\theta)$, 并且 $\theta^n \in F$. 设 $x^n - 1$ 在 F 上的分裂域为 F_1. 由命题 4.4.12 的 (1) 知 Galois 群 $\mathrm{Gal}(F_1/F)$ 是交换群, 从而是可解群. 注意, 实际上我们还有 $F_1 = F(\eta)$, 其中 η 是 n 次本原单位根. 设 $a = \theta^n \in F$, 并且设 K 是 $x^n - a$ 在 F 上的分裂域. 那么 $K(\eta)$ 是 $(x^n - 1)(x^n - a)$ 在 F 上的分裂域并且包含 F_1. 所以, 由 F_1/F 是正规扩域 (因为是分裂域) 知 Galois 群

$\mathrm{Gal}(K(\eta)/F_1)$ 还是 Galois 群 $\mathrm{Gal}(K(\eta)/F)$ 的正规子群并且

$$\mathrm{Gal}(F_1/F) \cong \mathrm{Gal}(K(\eta)/F)/\mathrm{Gal}(K(\eta)/F_1).$$

易知 $K(\eta)$ 是 $x^n - a$ 在 F_1 上的分裂域, 故由命题 4.4.12 的 (2) 知 Galois 群 $\mathrm{Gal}(K(\eta)/\ F_1)$ 是循环群, 从而也是可解群. 故 $\mathrm{Gal}(K(\eta)/F)$ 是可解群. 注意到 $L = F(\theta)$ 和 θ 是 $x^n - a$ 的一个根知 L 是 $K(\eta)/F$ 的中间域. 故由命题 6.1.3 知 $\mathrm{Gal}(L/F)$ 是 $\mathrm{Gal}(K(\eta)/F)$ 的子商, 从而也是可解群.

(2) 由 L/F 是有限次正规扩张知 $[L:F] = |\mathrm{Gal}(L/F)| = q$ 是素数. 从而对任意 $\alpha \in L \setminus F$ 有 $L = F(\alpha)$. 故只需证明, 存在 $\beta \in L \setminus F$ 使得 $\beta^q \in F$ 即可.

设 $\mathrm{Gal}(L/F) = \langle \phi \rangle$ 是 q 阶的循环群. 注意, 对 $\alpha \in L$, 有 $\phi\left(\sum_{i=0}^{q-1} \phi^i(\alpha)\right) = \sum_{i=0}^{q-1} \phi^i(\alpha)$, 即可知 $\sum_{i=0}^{q-1} \phi^i(\alpha)$ 属于整个 Galois 群 $\mathrm{Gal}(L/F)$ 的不变域 F 中.

现取定一个 $\theta \in L \setminus F$. 我们先找一个元素 $0 \neq \theta_1 \in L$ 使得 $\sum_{i=0}^{q-1} \phi^i(\theta_1) = 0$. 可设 θ, θ^2 都不是这样的元素 (否则已找到了这样的 θ_1). 记 $a_1 = \left(\sum_{i=0}^{q-1} \phi^i(\theta)\right)^{-1}$ 和 $a_2 = \left(\sum_{i=0}^{q-1} \phi^i(\theta^2)\right)^{-1}$. 那么 $a_1, a_2 \in F$. 取 $\theta_1 = a_1\theta - a_2\theta^2$. 由 $\theta \notin F$ 知 $\theta_1 \neq 0$, 并且

$$\sum_{i=0}^{q-1} \phi^i(\theta_1) = \sum_{i=0}^{q-1} \phi^i(a_1\theta) - \sum_{i=0}^{q-1} \phi^i(a_2\theta^2) = \sum_{i=0}^{q-1} a_1\phi^i(\theta) - \sum_{i=0}^{q-1} a_2\phi^i(\theta^2)$$
$$= a_1 \sum_{i=0}^{q-1} \phi^i(\theta) - a_2 \sum_{i=0}^{q-1} \phi^i(\theta^2) = 1 - 1 = 0.$$

这样, 我们就找到了所希望的 θ_1.

记 $\eta_1, \eta_2, \cdots, \eta_q$ 是 F 中所有不同的 q 次单位根, 使得 $\eta_1 = 1$, 那么它们的 Vandermonde 行列式不为零. 所以由 $\theta_1 \neq 0$ 知 L 中的 q 个元素

$$\sum_{i=0}^{q-1} \eta_1^i \phi^i(\theta_1), \ \sum_{i=0}^{q-1} \eta_2^i \phi^i(\theta_1), \ \cdots, \ \sum_{i=0}^{q-1} \eta_q^i \phi^i(\theta_1)$$

不全为零. 但第一个是零 (这由 $\eta_1 = 1$ 和 θ_1 的取法可得), 所以后面的 $q - 1$ 个不全为零. 不妨设 $\sum_{i=0}^{q-1} \eta_q^i \phi^i(\theta_1) \neq 0$ 并记它为 β. 易得 $\phi(\beta) = \eta_q^{-1}\beta$. 由 $\eta_q \neq 1$ 知 $\phi(\beta) \neq \beta$, 所以 $\beta \notin F$. 并且 $\phi(\beta^q) = (\phi(\beta))^q = \eta_q^{-q}\beta^q = \beta^q$, 可见 β^q 是 ϕ 的不动点, 即得 $\beta^q \in F$. 所以我们就证明了, 存在 $\beta \in L \setminus F$ 使得 $\beta^q \in F$. 这就证明了 (2). $\quad\square$

我们再证明一个引理.

引理 6.3.4   如果域 F 上有根式扩域链

$$F = F_1 \subseteq F_2 \subseteq F_3 \subseteq \cdots \subseteq F_s = K,$$

那么存在 F 上的根式扩域链

$$F = F_1' \subseteq F_2' \subseteq F_3' \subseteq \cdots \subseteq F_t' = K',$$

使得 K' 是 F 的正规扩张, 并且 $K \subseteq K'$.

证明   由题设条件知, 对任意 $1 \leqslant i < s$ 有 $F_{i+1} = F_i(\theta_i)$, 并且存在正整数 n_i 使得 $\theta_i^{n_i} \in F_i$. 显然 K 是 F 的有限次域扩张. 易知 (请读者证明) 存在 F 的有限次正规域扩张 K' 使得 $K \subseteq K'$, 并且 K' 是 F 的包含 K 的最小的正规域扩张 (此时称 K'/F 为 K/F 的正规闭包). 设 $\mathrm{Gal}(K'/F) = \{\varphi_1, \varphi_2, \cdots, \varphi_m\}$. 注意 $K = F(\theta_1, \theta_2, \cdots, \theta_{s-1})$, 所以易知 $F(\varphi_1(\theta_1), \varphi_1(\theta_2), \cdots, \varphi_1(\theta_{s-1}), \cdots, \varphi_m(\theta_1), \varphi_m(\theta_2), \cdots, \varphi_m(\theta_{s-1}))$ 是 F 的包含 K 的最小的正规域扩张, 即它等于 K'. 对每个 φ_j, 显然有

$$F = \varphi_j(F_1) \subseteq \varphi_j(F_2) \subseteq \varphi_j(F_3) \subseteq \cdots \subseteq \varphi_j(F_s) = \varphi_j(K),$$

并且 $\varphi_j(\theta_i)^{n_i} = \varphi_j(\theta_i^{n_i}) \in \varphi_j(F_i)$ 和 $\varphi_j(F_{i+1}) = \varphi_j(F_i(\theta_i)) = \varphi_j(F_i)(\varphi_j(\theta_i))$. 故易知下列是一个根式扩域链:

$$F \subseteq F(\varphi_1(\theta_1)) \subseteq F(\varphi_1(\theta_1), \varphi_1(\theta_2)) \subseteq \cdots$$

$$\subseteq F(\varphi_1(\theta_1), \varphi_1(\theta_2), \cdots, \varphi_1(\theta_{s-1}))$$

$$\subseteq F(\varphi_1(\theta_1), \varphi_1(\theta_2), \cdots, \varphi_1(\theta_{s-1}), \varphi_2(\theta_1)) \subseteq \cdots \subseteq \cdots$$

$$\subseteq F(\varphi_1(\theta_1), \varphi_1(\theta_2), \cdots, \varphi_1(\theta_{s-1}), \cdots, \varphi_m(\theta_1), \varphi_m(\theta_2), \cdots, \varphi_m(\theta_{s-1}))$$

$$= K'.$$

这就是我们所希望得到的根式扩域链.   □

现在给出一元多项式是否可用根式解的判断定理.

定理 6.3.5 (Galois) F 是特征 0 的域. 那么 $f(x) \in F[x]$ 可用根式解当且仅当 $f(x)$ 的 (分裂域 H 的) Galois 群 $\mathrm{Gal}(H/F)$ 是可解群.

证明   设 $f(x) \in F[x]$ 可用根式解. 那么存在根式扩域链

$$F = F_1 \subseteq F_2 \subseteq F_3 \subseteq \cdots \subseteq F_s = K$$

使得 $f(x)$ 的分裂域 H 含于 K 中. 由引理 6.3.4, 我们可不妨设 K 是 F 的 (有限次) 正规扩域. 注意 $F_{i+1} = F_i(\theta_i)$ 并且 $\theta_i^{n_i} \in F_i$. 设 η 是 $n = n_1 n_2 \cdots n_{s-1}$

次本原单位根. 设 K 是 F 上多项式 $g(x)$ 的分裂域, 那么 $K(\eta)$ 是 F 上多项式 $g(x)(x^n - 1)$ 的分裂域, 从而也是 F 的正规扩域. 显然 $F_i(\eta)$ 包含 n_i 次本原单位根, 所以 $F_{i+1}(\eta) = F_i(\eta)(\theta_i)$ 是 $F_i(\eta)$ 的正规扩域并且是根式扩张. 由命题 6.3.3 的 (1) 知 $\mathrm{Gal}(F_{i+1}(\eta)/F_i(\eta))$ 是可解群, 并且由次正规的扩域链

$$F(\eta) = F_1(\eta) \subseteq F_2(\eta) \subseteq \cdots \subseteq F_s(\eta) = K(\eta)$$

和 Galois 基本定理知, 有次正规的子群链

$$\mathrm{Gal}(K(\eta)/F(\eta)) = \mathrm{Gal}(F_s(\eta)/F_1(\eta)) \rhd \mathrm{Gal}(F_s(\eta)/F_2(\eta)) \rhd \cdots$$

$$\rhd \mathrm{Gal}(F_s(\eta)/F_i(\eta)) \rhd \mathrm{Gal}(F_s(\eta)/F_{i+1}(\eta)) \rhd \cdots$$

$$\rhd \mathrm{Gal}(F_s(\eta)/F_s(\eta)) = \{e\}.$$

但对任意 $1 \leqslant i < s$, 有

$$\mathrm{Gal}(F_s(\eta)/F_i(\eta))/\mathrm{Gal}(F_s(\eta)/F_{i+1}(\eta)) \cong \mathrm{Gal}(F_{i+1}(\eta)/F_i(\eta))$$

是可解群, 从而上述次正规的子群链是可解的次正规子群链. 所以

$$\mathrm{Gal}(K(\eta)/F(\eta))$$

是可解群. 又显然 $F(\eta)$ 是 F 的正规扩张并且是根式扩张, 从而 $\mathrm{Gal}(F(\eta)/F)$ 是可解群. 由

$$\mathrm{Gal}(K(\eta)/F)/\mathrm{Gal}(K(\eta)/F(\eta)) \cong \mathrm{Gal}(F(\eta)/F)$$

知 $\mathrm{Gal}(K(\eta)/F)$ 也是可解群. 最后注意到 $f(x)$ 在 F 上的分裂域 H 正规并且含于 K 从而含于 $K(\eta)$ 知,

$$\mathrm{Gal}(H/F) \cong \mathrm{Gal}(K(\eta)/F)/\mathrm{Gal}(K(\eta)/H)$$

是可解群.

反之, 设 $\mathrm{Gal}(H/F)$ 是可解群. 设 $|\mathrm{Gal}(H/F)| = n$, 并且设 η 是一个 n 次本原单位根. 显然 $F(\eta)$ 是 F 的根式扩张.

也显然有 $H(\eta)$ 是 H 上的分裂域, 并且由命题 4.4.12 的 (1) 知 $\mathrm{Gal}(H(\eta)/H)$ 是交换群, 从而是可解群. 又易知 $H(\eta)$ 是 F 上的分裂域, 并且由

$$\mathrm{Gal}(H/F) \cong \mathrm{Gal}(H(\eta)/F)/\mathrm{Gal}(H(\eta)/H)$$

以及 $\mathrm{Gal}(H/F)$ 和 $\mathrm{Gal}(H(\eta)/H)$ 是可解群知, $\mathrm{Gal}(H(\eta)/F)$ 也是可解群. 故它的子群 $\mathrm{Gal}(H(\eta)/F(\eta))$ 也是可解群. 易知

$$|\mathrm{Gal}(H(\eta)/F(\eta))| = |\mathrm{Gal}(H/F)| = n.$$

由 $\mathrm{Gal}(H(\eta)/F(\eta))$ 是可解群知, 存在一个次正规子群链

$$\mathrm{Gal}(H(\eta)/F(\eta)) = G_1 \rhd G_2 \rhd \cdots \rhd G_{i+1} \rhd \cdots \rhd G_t = \{e\},$$

使得对任意 $1 \leqslant j < t$ 有 G_j/G_{j+1} 是素数阶循环群. 由 Galois 基本定理可得扩域链

$$F(\eta) = L_1 \subseteq L_2 \subseteq L_3 \subseteq \cdots \subseteq L_t = H(\eta)$$

使得对任意的 $1 \leqslant j < t$, 有 $L_j = \mathrm{Inv}\, G_j$, 并且 L_{j+1} 是 L_j 的正规扩张. 但

$$\mathrm{Gal}(L_{j+1}/L_j) \cong \mathrm{Gal}(L_t/L_j)/\mathrm{Gal}(L_t/L_{j+1}) = G_j/G_{j+1}$$

是素数阶循环群, 其阶记为 q_j. 注意这样的每个素数

$$q_j = |\mathrm{Gal}(L_{j+1}/L_j)| = [L_{j+1} : L_j],$$

易知其是 $[H(\eta):F(\eta)] = n$ 的因子. 所以 q_j 次的一个本原单位根可取为 η 的某次幂, 从而在 $F(\eta)$ 中, 进而在 L_i 中. 由命题 6.3.3 的 (2) 知 L_{j+1} 是 L_j 的根式扩张. 同样结合到 $F(\eta)$ 是 F 的根式扩张和 $H \subseteq H(\eta)$ 知 $f(x)$ 可用根式解. 这就完成了定理的证明. $\qquad\square$

下面来看一元 n $(n \geqslant 5)$ 次多项式一般来说不能用根式解的问题.

对任意域 F, 设

$$f(x) = x^n + t_1 x^{n-1} + \cdots + t_{n-1} x + t_n$$

是域 F 上一般的一元 n 次多项式, 即其中 $t_1, t_2, \cdots, t_n$ 是 F 上的 n 个无关的不定元. 由命题 4.4.14 知 $f(x)$ 的 Galois 群 (在 $F(t_1, t_2, \cdots, t_n)$ 上) 是 n 元对称群 S_n. 但当 $n \geqslant 5$ 时 S_n 不是可解群, 从而此时 $f(x)$ 不能用根式解.

尽管一般的一元高次方程没有根式解, 但 Galois 的定理告诉我们仍可以有具体 (譬如系数在有理数域上) 的高次方程能有根式解, 如果该具体方程的 Galois 群是可解群. 当然, 是否有根式解的判断通常很难, 这是因为计算 Galois 群不容易. 另外, 即使有根式解, 如何具体写出一个根式解也很难, 没有较统一的方法.

第七章

模

与群环域等类似, 模也是代数学中最基本的重要概念.

§7.1 模、子模与商模及其同态

定义 7.1.1 设 R 是有单位元 1 的环, M 是加群. 又设有一个 $R \times M$ 到 M 的运算: $rm \in M$, 对任意 $r \in R, m \in M$. 如果该运算满足条件: $\forall m, m_1, m_2 \in M, r, r_1, r_2 \in R$,

(M1) $r(m_1 + m_2) = rm_1 + rm_2$;

(M2) $(r_1 + r_2)m = r_1 m + r_2 m$;

(M3) $(r_1 r_2)m = r_1(r_2 m)$;

(M4) $1m = m$,

那么称 M 为环 R 上的左模, 简记为左 R-模 M. 也简记为 $_R M$.

我们把上述运算也称为环 R 在模 M 上的左作用.

读者可把左 R-模和群 G 左作用于集 M 上的左 G-集作一对比. 粗略地说, R-模和 G-集是类似的, 只是前者比后者多了一个加法.

类似地, 可定义右 R-模.

以下若非特别说明, 我们总考虑左 R-模, 并且简称为 R-模. 提到的环也总是有单位元 1 的环.

域上的线性空间是该域上的模, 所以 R-模可以看成是域上线性空间的一个推广.

任意的加群可自然成为整数环 $\mathbb{Z}$ 上的模.

对环 R, 它中的乘法自然使得 R 成为一个 R-模 $_R R$, 称为正则模.

下面考虑子模与商模.

模 $_RM$ 的一个子加群 N 称为子模, 如果 $rn \in N$ (对任意 $r \in R, n \in N$). 此时易知 N 本身也自然成为一个 R-模.

设 $N_i(i \in I, I$ 是指标集) 是模 $_RM$ 的一簇子模, 记它们的和为

$$\sum_{i \in I} N_i = \left\{ \sum n_i \, (\text{有限和}) \, \middle| \, n_i \in N_i, i \in I \right\}.$$

易证任意多个子模的和仍然是子模. 又对 $m \in M$, 记

$$Rm = \{rm \mid r \in R\}.$$

易知 Rm 是 $_RM$ 的子模, 称为循环子模. 设 $m_i(i \in I, I$ 是指标集) 是模 $_RM$ 的一组元素. 那么易知 $_RM$ 中包含这组元素的最小子模为 $\sum_{i \in I} Rm_i$, 称为由这组元素生成的子模. 若该子模是 $_RM$ 本身, 则称这组元素为模 $_RM$ 的一组生成元集. 如果一个模有一组生成元集是有限集, 那么称该模是有限生成的. 譬如循环模是有限生成的, 它由一个元素生成. 另外, 正则模 $_RR$ 是循环模, 它由单位元 1 生成.

设 $_RN$ 是模 $_RM$ 的子模, 记 $\overline{M} = M/N$ 是作为加群的商加群, 其中的元素记为 $\overline{m} = m + N$. 定义作用: $r\overline{m} = \overline{rm}$, 对任意 $r \in R, m \in M$. 易证该定义有意义, 即与 $\overline{m}$ 中的代表元 m 的选取无关. 易知在该作用之下, 商加群 M/N 成为一个 R-模, 称为 $_RM$ (模去子模 N) 的商模, 记为 $_RM/_RN$. 注意, 一个模它模去任意一个子模都可以得到商模, 这点与群或环有所不同: 一个群必须模去正规子群 (而不是任意一个子群) 才能得到商群; 一个环必须模去理想才能得到商环. 另外, 正则模 $_RR$ 模去左理想 (即是正则模 $_RR$ 的子模) 可以得到一个商模; 但左理想通常不是理想 (除非环是交换环), 所以正则模的商模通常不再是商环了.

设 $_RM$ 和 $_RM'$ 是两个 R-模, $\phi: M \to M'$ 是一个映射. 称它是模同态, 如果它是加群同态, 并且 $\phi(rm) = r\phi(m)$, 对任意 $r \in R, m \in M$. 此时记 $\operatorname{Im}\phi = \phi(M)$ 是映射的像, $\operatorname{Ker}\phi = \{m \in M \mid \phi(m) = 0\}$ 是加群同态的核, 那么易知它们分别是 $_RM'$ 和 $_RM$ 的子模; 也分别称它们为模同态 ϕ 的像与核. 另外, 对 $_RM'$ 的子模 $_RN'$, 定义它在模同态 ϕ 之下的完全原像为映射的完全原像 $\phi^{-1}(N') = \{m \in M \mid \phi(m) \in N'\}$, 易知这是 $_RM$ 的子模.

分别称模同态是单态、满态和同构, 如果该模同态分别是单射、满射和双射.

定理 7.1.2 (模同态的基本定理)   (1) 设 $_RM$ 是模且 $_RN$ 是子模. 那么有自然的模的满态: $_RM \to {_RM}/{_RN}, \; m \mapsto m + N$.

(2) 设 $\phi: {_RM} \to {_RM'}$ 是模的满态. 那么有自然的模同构

$$_RM/\operatorname{Ker}\phi \cong {_RM'}, \quad m + N \mapsto \phi(m).$$

(3) 设 $\phi: {}_RM \to {}_RM'$ 是模的满态, ${}_RN'$ 是 ${}_RM'$ 的子模. 那么有自然的模同构

$$_RM/\phi^{-1}(_RN') \cong {}_RM'/_RN', \quad m + \phi^{-1}(_RN') \mapsto \phi(m) + N'.$$

证明　证明与群或环的同态基本定理的证明完全类似, 留给读者. □

本节最后, 我们证明一个常用的模律.

命题 7.1.3(模律)　设 M_1, M_2, N 是模 ${}_RM$ 的三个子模. 如果 $M_1 \subseteq M_2$, 那么有 $(M_1 + N) \cap M_2 = M_1 + N \cap M_2$.

证明　右边显然含于左边. 设 $m_1 + n = m_2$ 是左边的任意元素, 其中 $m_1 \in M_1 \subseteq M_2, m_2 \in M_2$ 并且 $n \in N$. 那么 $n = m_2 - m_1 \in M_2$; 可见 $m_1 + n \in M_1 + N \cap M_2$. 这就证明了左边含于右边. 故左、右相等, 即命题成立. □

§7.2　Nöther 模与 Nöther 环

称模 ${}_RM$ 的一个子模链

$$M_1 \subseteq M_2 \subseteq \cdots \subseteq M_i \subseteq \cdots$$

是模 ${}_RM$ 的一个子模升链. 称该子模升链满足升链条件 (或称该子模升链是稳定的), 如果存在正整数 s 使得 $M_i = M_s$ 对任意 $i \geqslant s$ 成立. 称模 ${}_RM$ 是 Nöther 模, 如果 ${}_RM$ 的任意的子模升链都满足升链条件. 称环 R 是左 Nöther 环, 如果正则模 ${}_RR$ 是 Nöther 模.

命题 7.2.1　(1) 一个 Nöther 模的任意子模和商模都还是 Nöther 模.

(2) 设 ${}_RM$ 是模, ${}_RN$ 是子模. 如果子模 ${}_RN$ 和商模 ${}_RM/{}_RN$ 都是 Nöther 模, 那么 ${}_RM$ 也是 Nöther 模.

证明　其证明与可解群中相应结论的证明类似. 结论 (1) 容易证明, 留给读者. 现证 (2). 设

$$M_1 \subseteq M_2 \subseteq \cdots \subseteq M_i \subseteq \cdots$$

是模 ${}_RM$ 的任意一个子模升链. 用 ${}_RN$ 交该子模链可得 ${}_RN$ 的一个子模升链, 从而存在正整数 s_1 使得 ${}_RN \cap M_i = {}_RN \cap M_{s_1}$, 对所有的 $i \geqslant s_1$ 成立. 又设 $\varphi: {}_RM \to {}_RM/{}_RN$ 是自然满态. 那么它作用上述链可得商模中的一个子模升链, 从而又存在正整数 s_2 使得 $\varphi(M_i) = \varphi(M_{s_2})$, 对所有的 $i \geqslant s_2$ 成立. 取 s 为 s_1 和 s_2 中极大者. 那么当 $i \geqslant s$ 时有 ${}_RN \cap M_i = {}_RN \cap M_s$ 和 $\varphi(M_i) = \varphi(M_s)$. 此时, 有 $M_i + N = \varphi^{-1}(\varphi(M_i)) = \varphi^{-1}(\varphi(M_s)) = M_s + N$; 从而由 $M_s \subseteq M_i$ 和模律知

$$M_i + N \cap M_i = (M_i + N) \cap M_i = (M_s + N) \cap M_i = M_s + N \cap M_i = M_s + N \cap M_s \subseteq M_s;$$

可见 $M_i \subseteq M_s \subseteq M_i$. 即当 $i \geqslant s$ 时有 $M_i = M_s$, 也即原子模升链满足升链条件, 从而 $_R M$ 是 Nöther 模. □

定理 7.2.2 (Nöther 模的判定定理)　模 $_R M$ 是 Nöther 的当且仅当 $_R M$ 的任意一个子模是有限生成的.

证明　设 $_R M$ 是 Nöther 模. 假如存在子模 $_R N$ 不是有限生成的, 那么对任意 $n_1 \in N$, 有 $R n_1 \neq N$. 所以存在 $n_2 \in N \setminus R n_1$. 归纳可知, 存在可数多个 $n_i \in N, i = 1, 2, \cdots$, 使得对任意 s 有 $n_{s+1} \notin \sum_{i=1}^{s} R n_i$. 故子模升链 $\sum_{i=1}^{s} R n_i \subseteq \sum_{i=1}^{s+1} R n_i$ ($1 \leqslant s < \infty$) 不满足升链条件, 与 $_R M$ 是 Nöther 模矛盾. 即 $_R M$ 的任意一个子模是有限生成的.

反之, 设 $_R M$ 的任意一个子模是有限生成的. 任取它的一个子模升链

$$M_1 \subseteq M_2 \subseteq \cdots \subseteq M_i \subseteq \cdots.$$

那么易知该升链的并 $\bigcup_{i=1}^{\infty} M_i$ 也是 $_R M$ 的子模, 从而有限生成. 这有限多个生成元显然属于有限多个子模 M_i, 因而存在 s 使得这有限多个生成元属于 M_s. 可见 $M_s = \bigcup_{i=1}^{\infty} M_i$. 故对任意 $j \geqslant s$, 有 $M_s \subseteq M_j \subseteq \bigcup_{i=1}^{\infty} M_i = M_s$, 即 $M_j = M_s$. 从而上述子模升链满足升链条件, 即得 $_R M$ 是 Nöther 模. □

推论 7.2.3　主理想整环是 Nöther 环.

证明　设 R 是主理想整环. 由 R 交换知, 正则模 $_R R$ 的任意一个子模是环 R 的理想. 但 R 的任意一个理想是主理想, 即形如 Ra $(a \in R)$, 它是一个元素生成的. 可见正则模 $_R R$ 是 Nöther 模, 即环 R 是 Nöther 环. □

以后我们在讨论域上多元多项式环时, 将证明这个多项式环也是 Nöther 环, 即它的理想都是有限生成的, 这就是著名的 Hilbert 基定理.

命题 7.2.4　设 R 是 (左)Nöther 环. 那么 R 上任意有限生成模都是 Nöther 模.

证明　对生成元个数归纳. 一个生成元生成的模是形如 Rm 的循环模. 显然正则模 $_R R$ 到 Rm 有一个满态使得 $r \mapsto rm$, 即 Rm 是正则模 $_R R$ (Nöther 模) 的商模, 从而也是 Nöther 模. 现设模 $_R M = \sum_{i=1}^{s} R m_i$, 其中 $s > 1$, 那么归纳可知子模 $\sum_{i=1}^{s-1} R m_i$ 是 Nöther 模, 记为 $_R N$. 显然商模 $_R M / _R N$ 是由 m_s 的像生成的循环模, 从而也是 Nöther 模. 故 $_R M$ 也是 Nöther 模. □

§7.3 模的直和与自由模

设 $_RM_i(i \in I, I$ 是指标集) 是一簇 R-模. 定义它的直积是 Descartes 积 $\prod\limits_{i \in I} M_i$ 使得它中元素的加法是分量相加, R 在它上的作用是 R 中的元素作用在 $\prod\limits_{i \in I} M_i$ 中元素的每个分量上, 即定义: 对任意 $(m_i)_{i \in I}$ 和 $(m'_i)_{i \in I}$ 以及 $r \in R$, 有 $(m_i)_{i \in I} + (m'_i)_{i \in I} = (m_i + m'_i)_{i \in I}$ 和 $r(m_i)_{i \in I} = (rm_i)_{i \in I}$. 易知在上述的加法和环作用之下其 Descartes 积也成为一个 R-模, 称为这簇模的直积, 记为 $\prod\limits_{i \in I} {}_R M_i$. 在模的直积 $\prod\limits_{i \in I} {}_R M_i$ 中分量几乎为零的元素 $(m_i)_{i \in I}$ (即至多有有限个分量 m_i 不为零) 的所有元素的全体构成一个子模, 称为模 $_RM_i(i \in I)$ 的直和, 记为 $\bigoplus\limits_{i \in I} {}_R M_i$. 注意, 如果上述模的个数有限, 即指标集 I 有限, 如 $I = \{1, 2, \cdots, s\}$, 那么直积与直和是一致的, 此时记为 $\bigoplus\limits_{i=1}^{s} {}_R M_i = \{(m_1, m_2, \cdots, m_s) \mid m_i \in M_i, i = 1, 2, \cdots, s\}$, 并且加法和环的作用为

$$(m_1, m_2, \cdots, m_s) + (m'_1, m'_2, \cdots, m'_s) = (m_1 + m'_1, m_2 + m'_2, \cdots, m_s + m'_s)$$

和

$$r(m_1, m_2, \cdots, m_s) = (rm_1, rm_2, \cdots, rm_s).$$

对于模 $_RM$ 和它中一组元素 $m_i(i \in I, I$ 是指标集), 称有限和 $\sum\limits_{i \in I} r_i m_i$ (其中 $r_i m_i \in M$ 几乎为零) 是 m_i 的一个 R-线性组合, 并称 r_i 是该线性组合的系数. 称 m_i 是 R-线性无关的, 如果它们的任意一个 $(R\text{-})$ 线性组合若为零, 则该线性组合中的所有系数必须为零. 这和通常域上线性空间中相应的定义是类似的.

定义 7.3.1 称模 $_RM$ 是自由模, 如果存在一组 R-线性无关的生成元集 (也称为自由生成元集). 此时, 这组自由生成元集也称为自由模 $_RM$ 的一组 R-基.

譬如, 正则模 $_RR$ 是自由模, 它的单位元 1 是一组 R-基. 易知有限多个 (如 s 个) 正则模 $_RR$ 的直和也是自由模, 注意与域上的 s 维向量空间类似, 该直和可记为 $_RR^{(s)}$, 它中的元素可写成以 R 中元素为分量的 s 维行向量, 而 s 个单位向量易知是一组 R-基. 更进一步, 任意多个 (如指标集 I (可以无限) 个) 正则模 $_RR$ 的直和也是自由模, 该直和可记为 $_RR^{(I)}$, 它中的元素可写成以 R 中元素为分量的 I 维向量, 而 I 个单位向量易知是一组 R-基. 实际上, 任意一个自由模都同构于这类由正则模确定的自由模. 这是因为, 如果 $_RM$ 是一个自由模, 它的一组 R-基

为 $m_i(i \in I, I$ 是指标集), 那么易知有 R-模同构 $_RR^{(I)} \cong\ _RM$, 其中同构对应为 $(r_i)_{i \in I} \mapsto \sum\limits_{i \in I} r_i m_i$, 这里所有的 $r_i \in R$ 几乎为 0.

定理 7.3.2 任意一个 R-模是一个自由 R-模的同态像.

证明 设 $_RM$ 是一个模. 它总有一个生成元集 (如它所有的元素是一个生成元集), 记 $m_i(i \in I, I$ 是指标集) 是 $_RM$ 的一个生成元集. 那么易知对应 $(r_i)_{i \in I} \mapsto \sum\limits_{i \in I} r_i m_i$ (这里所有的 $r_i \in R$ 几乎为 0) 给出了自由模 $_RR^{(I)}$ 到模 $_RM$ 的一个满态. 这就完成了定理的证明. □

与域上线性空间不同的是, 并非所有的模都是自由模. 如整数环 $\mathbb{Z}$, 对任意正整数 n, 有 $\mathbb{Z}n$ 是正则模 $_\mathbb{Z}\mathbb{Z}$ 的子模 (也即环 $\mathbb{Z}$ 的左理想); 那么易知 n 乘商模 $\mathbb{Z}/\mathbb{Z}n$ 中的元素都是零, 即该商模中没有 $\mathbb{Z}$-线性无关的元素. 所以商模 $\mathbb{Z}/\mathbb{Z}n$ 不是自由模. 这也注定了模论比域上线性空间理论要复杂得多.

命题 7.3.3 设 $_RF$ 是环 R 上有限生成的自由模.

(1) 我们有 $_RF$ 的任一组 R-基中的基元个数有限.

(2) 如果环 R 是交换环, 那么 $_RF$ 的任一组 R-基中的基元个数都相等, 譬如为 n. 此时称 n 是该自由模的秩. 进一步, 交换环上两个有限生成的自由模同构当且仅当它们的秩相等.

证明 (1) 设 $m_1, m_2, \cdots, m_s$ 是 $_RF$ 的一个有限生成元集. 假如 $_RF$ 有一组 R-基, 其元素个数无限, 记这组基为 $x_i, i \in I$ 且 I 是一个无限的指标集. 因为每个 m_i 是有限多个 x_j 的 R-线性组合, 故存在有限多个 x_j, 譬如 $x_{j_1}, x_{j_2}, \cdots, x_{j_t}$, 使得所有的生成元 m_i 都由它们 R-线性表出, 即可知 $_RF = \sum\limits_{k=1}^{t} Rx_{j_k}$. 从而对 I 中任意与 $x_{j_1}, x_{j_2}, \cdots, x_{j_t}$ 都相异的元素 x_l, 都有 x_l 是 $x_{j_1}, x_{j_2}, \cdots, x_{j_t}$ 的一个 R-线性组合, 这与所有这些元素是 R-线性无关的矛盾. 即 $_RF$ 的任一组 R-基中的基元个数都有限.

(2) 由 R 有单位元 1 和 Zorn 引理易知 R 有极大理想, 记为 J. 那么 JF 是 $_RF$ 的子模, 并且易知商模 F/JF 在如下的自然定义之下也是商环 R/J 上的模: $\overline{r} \cdot \overline{x} = \overline{rx}$, 其中 $r \in R$, $x \in F$. 如果 $x_1, x_2, \cdots, x_n$ 是 $_RF$ 的一组 R-基, 那么 $JF = \sum\limits_{i=1}^{n} Jx_i$ 是子模 Jx_i 的和. 我们断言: $\overline{x}_1, \overline{x}_2, \cdots, \overline{x}_n$ 也是模 F/JF 的一组 R/J-基. 实际上, 显然它们是该 R/J-模的一组生成元. 又如果 $\sum\limits_{i=1}^{n} \overline{r}_i \overline{x}_i = 0$, 其中所有的 $r_i \in R$. 故 $\sum\limits_{i=1}^{n} r_i x_i \in JF = \sum\limits_{i=1}^{n} Jx_i$. 由此易知所有的 $r_i \in J$, 即所有的 $\overline{r}_i = 0$. 可见 $\overline{x}_1, \overline{x}_2, \cdots, \overline{x}_n$ 也是 F/JF-线性无关的. 从而 $\overline{x}_1, \overline{x}_2, \cdots, \overline{x}_n$ 也是模 F/JF 的一组 R/J-基. 现在注意到 R 是交换环. 所以 R/J 是域. 从而 F/JF 是域 R/J 上

的线性空间. 上面的断言说明, $_RF$ 的任一组 R-基的元素个数都是域 R/J 上的线性空间 F/JF 的维数. 所以 $_RF$ 的任一组 R-基的元素个数都相等.

最后, 注意到两个自由模如果同构, 那么其中一个模的 R-基在该同构映射之下的像也是另一个模的 R-基. 由此易知, 交换环上两个有限生成的自由模同构当且仅当它们的秩相等. □

上面讨论的模的直积和直和是模的一种简单的构造. 下面我们看子模的直和, 这是模的一种结构.

设 $_RM_i(i \in I, I$ 是指标集) 是模 $_RM$ 的一簇子模. 如果在子模的和 $\sum\limits_{i \in I} M_i$ 中零元的表示法唯一, 即若有限和 $\sum\limits_{i \in I} m_i = 0$ (其中 $m_i \in M_i$), 则所有的 $m_i = 0$, 那么称子模的和 $\sum\limits_{i \in I} M_i$ 是直和, 记为 $\bigoplus\limits_{i \in I} {}_RM_i$. 此时, 如果 $_RM = \bigoplus\limits_{i \in I} {}_RM_i$, 那么称模 $_RM$ 是子模 $_RM_i$ $(i \in I)$ 的直和. 我们称 $_RM$ 的子模 $_RN$ 是 $_RM$ 的一个直和项, 如果存在 $_RM$ 的子模 $_RN'$ 使得 $_RM = {}_RN \bigoplus {}_RN'$. 可见, 当 $_RM = \bigoplus\limits_{i \in I} {}_RM_i$ 是子模直和时, 每个 $_RM_i$ 都模 $_RM$ 的一个直和项.

注意, 更早定义的模的直和 $\bigoplus\limits_{i \in I} {}_RM_i$ 到子模的和 $\sum\limits_{i \in I} M_i$ 有自然的映射, 它在元素上的对应为 $(m_i)_{i \in I} \mapsto \sum\limits_{i \in I} m_i$. 这有意义是因为 m_i 几乎为零, 所以 $\sum\limits_{i \in I} m_i$ 是有限和, 并且易证是模的满态. 如果子模的和 $\sum\limits_{i \in I} M_i$ 还是直和, 那么由零元表示法唯一知上述满态还是单态, 从而是同构. 这也是我们用同一记号 $\bigoplus$ 来标记模的直和与子模的直和的理由.

一个域的环论性质非常好, 它是单环 (即没有非平凡的理想). 因而它的模论性质也非常好, 它上任意一个模 (即线性空间) 都可分解为一维子空间的直和. 对一般的环, 它上的模是否可以分解为一些简单的子模的直和通常是个很困难的问题. 下一节我们将看到, 主理想整环上的有限生成模有很好的直和分解结构.

下面我们再给出两个有用的命题.

命题 7.3.4 模 $_RM$ 的两个子模的和 $M_1 + M_2$ 是直和当且仅当 $M_1 \cap M_2 = 0$.

证明 设 $M_1 + M_2 = M_1 \bigoplus M_2$ 是直和. 对任意 $m \in M_1 \cap M_2$ 有 $m - m = 0$. 但 $m \in M_1$ 和 $-m \in M_2$. 故由表示法唯一知 $m = 0$, 即 $M_1 \cap M_2 = 0$. 反之, 设 $M_1 \cap M_2 = 0$. 如果 $m_1 + m_2 = 0$, 其中 $m_1 \in M_1$ 和 $m_2 \in M_2$, 那么 $m_1 = -m_2 \in M_1 \cap M_2$. 可见 $m_1 = 0$ 和 $m_2 = 0$, 即 0 的表示法唯一, 也即 $M_1 + M_2$ 是直和 $M_1 \bigoplus M_2$. □

命题 7.3.5 如果模 $_RM$ 到某个自由模 $_RF$ 有一个满态 φ, 那么 $\operatorname{Ker} \varphi$ 是 $_RM$ 的一个直和项, 即存在 $_RM$ 的一个子模 $_RN$ 使得 $_RM = \operatorname{Ker} \varphi \bigoplus {}_RN$.

证明　设 $x_i(i \in I)$ 是自由模 ${}_RF$ 的一组 R-基. 对任意 $i \in I$, 取 $m_i \in M$ 是 x_i 在 φ 之下的一个原像. 记 $N = \sum\limits_{i \in I} Rm_i$. 易知 $N \cap \operatorname{Ker}\varphi = 0$. 又 M 和 $\operatorname{Ker}\varphi + N$ 都是 F 的完全原像, 所以 ${}_RM = \operatorname{Ker}\varphi \oplus {}_RN$. □

§7.4　主理想整环上的有限生成模的结构

本节总设 R 是主理想整环.

对模 ${}_RM$, 称它中的元素 m 是挠元, 如果存在环 R 中的非零元 r 使得 $rm = 0$. 显然 M 中的零元是挠元. 如果 ${}_RM$ 中没有非零的挠元, 那么称 ${}_RM$ 是无挠模. 由环 R 交换且没有非零的零因子易知, M 中所有挠元的集合是 ${}_RM$ 的一个子模, 记为 $\operatorname{tor}({}_RM)$, 并且商模 ${}_RM/\operatorname{tor}({}_RM)$ 是无挠模.

下面考察 R 上有限生成模的直和分解结构.

引理 7.4.1　设 R 是一个主理想整环, F 是 R 上无挠模. 如果 Rx 是 F 的极大循环子模 (即若有 F 的循环子模 $Ry \supseteq Rx$, 则 $Ry = Rx$), 那么商模 F/Rx 也是无挠模.

证明　即需证, 对任意 $y \in F \setminus Rx$, 如果存在 $a \in R$ 使得 $ay \in Rx$, 那么 $a = 0$. 假如 $a \neq 0$. 由 $ay \in Rx$ 知 $ay = bx$ 对某个 $b \in R$ 成立. 因为 R 是主理想整环和 F 是 R 上无挠模, 所以可不妨设 a, b 在 R 中互素. 故存在 $s, t \in R$ 使得 $sa + tb = 1$, 从而 $x = sax + tbx = a(sx + ty) \in R(sx + ty)$. 故由 Rx 是 F 的极大循环子模易知 a 是 R 中可逆元. 于是 $y = a^{-1}bx \in Rx$, 与 $y \in F \setminus Rx$ 矛盾. 所以 $a = 0$. □

命题 7.4.2　主理想整环 R 上有限生成的无挠模 F 是自由模.

证明　对 ${}_RF$ 的生成元的个数 n 归纳. 当 $n = 1$ 时 F 是循环模, 注意 F 是无挠模, 从而一定是与正则模 ${}_RR$ 同构的自由模. 设 $n > 1$, 并且设 $x_1, x_2, \cdots, x_n$ 是 F 在 R 上的一组生成元. 由 R 是主理想整环和 F 是 R 上有限生成模知, F 是 R 上的 Nöther 模. 故 F 中一定存在包含 Rx_1 的极大循环子模 Rx (否则将存在一个循环子模的升链不满足升链条件). 易知 $x, x_2, \cdots, x_n$ 也是 F 在 R 上的一组生成元. 由引理 7.4.1 知商模 F/Rx 也是无挠模. 显然 $n - 1$ 个元素 $x_2, x_3, \cdots, x_n$ 在商模 F/Rx 中的像是该商模的一组生成元. 故归纳可知 F/Rx 是 R 上有限生成自由模. 从而由命题 7.3.5 知 $F = Rx \oplus F'$, 其中 F' 是 F 的子模, 与自由模 F/Rx 同构. 由 Rx 也是自由模 ($n = 1$ 的情形) 知, F 是 R 上的自由模. □

定理 7.4.3　设 ${}_RM$ 是主理想整环 R 上的有限生成模. 那么有直和分解 ${}_RM = \operatorname{tor}({}_RM) \oplus F$, 其中 F 是 ${}_RM$ 的自由子模.

证明 注意商模 $_RM/\text{tor}(_RM)$ 是无挠模并且也是有限生成的, 从而是自由模. 所以由命题 7.3.5 知 $_RM = \text{tor}(_RM) \bigoplus F$, 其中 F 是 $_RM$ 的子模, 与自由模 $_RM/\text{tor}(_RM)$ 同构. □

因为交换环上有限生成自由模是清楚的, 它在同构意义下由秩唯一确定. 所以 R 上有限生成模的直和分解结构归结为有限生成的挠模 (即每个元素都是挠元) 的直和分解结构.

现在设 $_RM$ 是有限生成挠模. 注意这有限多个生成元都是挠元, 故易知存在 $0 \neq r \in R$ 使得 $rM = 0$, 即对任意 $m \in M$ 有 $rm = 0$. 由 R 是唯一因子分解整环知 $r = p_1^{s_1} p_2^{s_2} \cdots p_n^{s_n}$, 其中所有的 p_i 是素元并且两两互素. 记 $a_i = r/p_i^{s_i} \in R$, $i = 1, 2, \cdots, n$. 易知 $a_1, a_2, \cdots, a_n$ 的极大公因子是 1. 所以 $Ra_1 + Ra_2 + \cdots + Ra_n = R$, 即有 $1 = r_1 a_1 + r_2 a_2 + \cdots + r_n a_n$, 其中所有的 $r_i \in R$. 记 $M_i = a_i M$ 是 $_RM$ 的子模 (因为 R 交换). 注意对任意 $m \in M$ 有

$$m = r_1 a_1 m + r_2 a_2 m + \cdots + r_n a_n m \in M_1 + M_2 + \cdots + M_n,$$

所以 $_RM = M_1 + M_2 + \cdots + M_n$. 下面证明这是直和. 如果 $m_1 + m_2 + \cdots + m_n = 0$, 其中 $m_i \in M_i$, $i = 1, 2, \cdots, n$, 那么我们对 n 归纳来证明所有的 $m_i = 0$. 由 $p_i^{s_i} M_i = rM = 0$ 知 $p_n^{s_n} m_1 + p_n^{s_n} m_2 + \cdots + p_n^{s_n} m_{n-1} = 0$. 归纳可得对任意 $1 \leqslant i < n$ 有 $p_n^{s_n} m_i = 0$; 但 $p_i^{s_i} m_i = 0$, 并且 $p_n^{s_n}$ 与 $p_i^{s_i}$ 互素, 由此易知 $m_i = 0$ 对 $1 \leqslant i < n$ 成立. 从而也有 $m_n = 0$. 所以我们证明了所希望的直和, 即 $_RM = M_1 \bigoplus M_2 \bigoplus \cdots \bigoplus M_n$. 注意, 对每个直和项 M_i, 还有 $p_i^{s_i} M_i = 0$.

所以上述直和分解问题归结为了如下情形: 设 $_RM$ 是有限生成的非零模, 并且存在 R 中素元 p 和正整数 s 使得 $p^s M = 0$, 此时称 $_RM$ 是 p-挠模. 不妨设 s 是使得 $p^s M = 0$ 最小的正整数, 此时称 s 为 p-挠模 $_RM$ 的零化指数. 注意对任意 $x \in M$, 有 $p^s x = 0$, 此时称 x 为 p-挠元, 并且也称使得 $p^t x = 0$ 的最小非负整数 t 为 p-挠元 x 的零化指数. 可见 M 中任意一个非零元的零化指数为正整数. 由 M 有限生成易知 M 中存在元素 m 使得它的零化指数是 s. 在下面的讨论中, 我们将多次用到 $_RM$ 是有限生成的 Nöther 模 (因为 $_RM$ 是 Nöther 环 R 上的有限生成模, 从而也 Nöther 模), 进而它的任意子模和商模都是有限生成的 Nöther 模. 下面我们证明: $_RM$ 可分解为循环模的直和.

首先, 我们断言: 对 p-挠模 $_RM$ 以及它中零化指数为 s 的元素 m, 有 Rm 是模 $_RM$ 的直和项. 我们对上述 s 归纳来证明断言. 当 $s = 1$ 时, 即 $pM = 0$, 可自然将 M 定义为商环 R/Rp 上的模: $\bar{r}x = rx$, 其中 $x \in M$, $r \in R$, 并且 $\bar{r} \in R/Rp$ 是 r 所在的陪集. 易知该定义有意义. 注意 p 是主理想整环的素元, 从而商环 R/Rp 是域. 而域上的模 (线性空间) 的任意子模 (子空间) 都是直和项. 所以 Rm 是 M

作为 R/Rp-模的直和项, 从而是 R-模的直和项 (因为 R/Rp-模自然也是 R-模). 即当 $s = 1$ 时断言成立. 现设 $s > 1$. 易知 pM 是 ${}_R M$ 的子模从而也是有限生成的, 并且 $p^{s-1}pM = 0$. 显然 pm 是 pM 中零化指数为 $s - 1$ 的元素. 归纳可知存在 pM 的子模 N 使得 $pM = Rpm \bigoplus N$. 由 $N \subseteq pM$ 可设 $pm_1, pm_2, \cdots, pm_t$ 是 N 的一组个数极小的生成元集, 并且记 $M_1 = \sum\limits_{i=1}^{t} Rm_i$. 显然 $pM_1 = N$. 现考察子模的和 $Rm + M_1$: 对 $x \in Rm \cap M_1$, 有 $px \in Rpm \cap N = 0$, 即 $px = 0$. 但 $x = \sum\limits_{i=1}^{t} a_i m_i$, 其中所有的 $a_i \in R$. 故 $\sum\limits_{i=1}^{t} a_i pm_i = px = 0$. 假如某个 a_i 与 p 互素, 那么存在 $b, c \in R$ 使得 $ba_i + cp^{s-1} = 1$. 由 $p^s m_i = 0$ 知 $pm_i = ba_i pm_i = -\sum\limits_{j \neq i} ba_j pm_j$, 从而 $bm_1, bm_2, \cdots, bm_t$ 去掉 bm_i 还是 N 的一组生成元集, 与个数极小的生成元集的取法矛盾. 所以每个 a_i 都被 p 整除. 故 $x \in pM = N$. 又 $x \in Rm$, 同样由 $px = 0$ 易知 $x \in Rpm$. 故 $x \in Rpm \cap N = 0$, 即 $x = 0$. 所以 $Rm \cap M_1 = 0$. 故由 ${}_R M$ 是 Nöther 模 (或者由 Zorn 引理) 知, 存在 ${}_R M$ 的包含 M_1 的子模 M_2 使得 $Rm \cap M_2 = 0$ 并且是满足这种交为零的极大者. 所以有子模直和 $Rm \bigoplus M_2$, 从而也有子模直和 $Rpm \bigoplus pM_2$. 由 $N = pM_1 \subseteq pM_2$ 知 $pM = Rpm \bigoplus pM_2$. 我们说, 有 ${}_R M = Rm \bigoplus M_2$. 只需证, 对任意 $0 \neq y \in M$, 有 $y \in Rm + M_2$ 即可. 首先 $Rm + M_2 + Ry$ 不能是直和, 否则 $Rm \cap (M_2 \bigoplus Ry) = 0$ 与 M_2 的极大性取法矛盾. 所以存在 $0 \neq dy \in Rm + M_2$, 其中 $d \in R$. 如果 $py = 0$, 那么 p 与 d 互素, 由此易知 $y \in Rm + M_2$. 一般地, 注意 $py \in pM = Rpm + pM_2$, 即 $py = pb_1 m + pb_2 m'$, 其中 $b_1, b_2 \in R, m' \in M_2$, 所以 $p(y - b_1 m - b_2 m') = 0$. 故 $y - b_1 m - b_2 m' \in Rm + M_2$, 从而 $y \in Rm + M_2$. 所以我们证明了 ${}_R M = Rm \bigoplus M_2$, 即断言成立.

　　设 p-挠模 ${}_R M$ 有一组生成元的个数为 l. 现对 l 归纳来证明 ${}_R M$ 是循环模的直和. 当 $l = 1$ 时显然. 故设 $l > 1$. 注意这组生成元中一定包含一个零化指数为 s 的元素, 记为 m. 由上述断言知 Rm 是 ${}_R M$ 的直和项, 即 ${}_R M = Rm \bigoplus M'$ 对 ${}_R M$ 的某个子模 M' 成立. 注意有 R-模同构 $M' \cong {}_R M/Rm$, 所以 M' 有一组个数为 $l - 1$ 的生成元集. 故归纳可知 M' 是循环模的直和, 从而 ${}_R M$ 是循环模的直和.

　　对于 p-挠模 ${}_R M$, 我们最后看它的任意一个循环子模 Rz. 设 $z \in M$ 的零化指数为 k. 那么易知有自然的 R-模同构 $R/Rp^k \cong Rz$ 使得 $\bar{r} \mapsto rz$. 另外, Rz 不能再有直和分解. 这是因为, 对 Rz 的任意一个循环真子模 Rz', 易知有 $z' = c_1 p^{k'} z$, 其中 $c_1 \in R$ 与 p 互素且 $0 < k' \leqslant k$. 那么 z' 的零化指数为 $k - k' < k$. 特别地, $p^{k-1}z' = 0$. 由此易证, 对 Rz 的任意一个真子模 N', 有 $p^{k-1}N' = 0$. 由 $p^{k-1}Rz \neq 0$ 知 Rz 不能再分解为真子模的直和.

　　注意到主理想整环 R 的正则模 ${}_R R$ 不能再有直和分解 (请读者证明), 所以, 以上我们就证明了主理想整环上有限生成模有完全的直和分解, 即它可以分解为 (不可分解的) 循环子模的直和, 其中的每个循环子模直和项或者同构于正则模 $_RR$, 或者同构于 R/Rp^k, 其中 p 是某个素元, k 是某个正整数.

我们再进一步考察主理想整环 R 上有限生成模 $_RM$ 的完全的直和分解的唯一性.

首先 $_RM$ 的挠子模 $\mathrm{tor}(_RM)$ 显然是唯一的. 注意它可分解为它的挠子模与某个自由子模的直和. 如果

$$_RM = {_RF} \bigoplus \mathrm{tor}(_RM) = {_RF'} \bigoplus \mathrm{tor}(_RM)$$ 是两个直和分解, 其中 $_RF$ 和 $_RF'$ 是自由子模, 那么有

$$_RF \cong {_RM}/\mathrm{tor}(_RM) \cong {_RF'}.$$

故 $_RF$ 和 $_RF'$ 是两个具有相同秩的有限生成自由模.

其次设 $_RM$ 本身是一个有限生成挠模. 那么它可分解为一些关于 R 中某些不同的素元的挠子模的有限直和. 设

$$_RM = \bigoplus_{i=1}^{n} M_i = \bigoplus_{i=1}^{n} M_i'$$

是两个直和分解, 其中对任意的足标 i 有 M_i, M_i' 是 R 中某个素元 p_i 的 p_i-挠子模, 并且素元 $p_1, p_2, \cdots, p_n$ 两两互素. 对任意的足标 i, 记 $s_i = p_1 p_2 \cdots p_n / p_i$. 那么 s_i 与 p_i 互素, 并且对充分大的正整数 t 有 $s_i^t M_j = 0$ 和 $s_i^t M_j' = 0$ 对任意 $j \neq i$ 成立. 可见 $s_i^t M_i = s_i^t M_i'$. 由 s_i 与 p_i 互素和 M_i, M_i' 是 p_i-挠子模易知 $M_i = M_i'$.

最后设 $_RM$ 是一个有限生成 p-挠模, 其中 p 是 R 中素元. 那么它是循环 p-挠子模的有限直和. 设

$$_RM = \bigoplus_{i=1}^{t} Rm_i = \bigoplus_{j=1}^{t'} Rm_j'$$

是两个直和分解. 我们断言: $t = t'$, 并且适当调整足标后有 $Rm_i \cong Rm_i'$, $i = 1, 2, \cdots, t$. 实际上, 不妨设在所有的 m_i 中 m_t 的零化指数最大, 记为 s. 那么所有的 m_j' 中也至少有一个元素的零化指数最大并且该零化指数也为 s. 注意有 $m_t = \sum_{j=1}^{t'} r_j m_j'$, 其中所有的 $r_j \in R$, 可见在右边至少含有一个非零项 $r_l m_l'$ 使得 m_l' 的零化指数为 s 并且 r_l 与 p 互素. 不妨设 $l = t'$. 那么易知 $m_{t'}'$ 也是 $m_t, m_1', \cdots, m_{t'-1}'$ 的 R-线性组合, 并且 $Rm_t \cap \bigoplus_{j=1}^{t'-1} Rm_j' = 0$. 从而

$$\bigoplus_{i=1}^{t} Rm_i = \bigoplus_{j=1}^{t'-1} Rm_j' \bigoplus Rm_t,$$

故

$$\bigoplus_{i=1}^{t-1} Rm_i \cong {}_R M/Rm_t \cong \bigoplus_{j=1}^{t'-1} Rm_j'.$$

对直和项个数 t 归纳可知 $t-1 = t'-1$, 并且适当调整足标后有 $Rm_i \cong Rm_i'$, $i = 1, 2, \cdots, t-1$. 又由 m_t 和 m_t' (注意 $t = t'$) 的零化指数都是 s 易知 $Rm_t \cong Rm_t'$. 这就证明了断言.

总结以上我们有下面的结果.

定理 7.4.4 (主理想整环上有限生成模的唯一直和分解定理) 设 ${}_R M$ 是主理想整环上的有限生成模. 那么 ${}_R M$ 同构于直和分解

$$_R R^{(s)} \bigoplus R/Rp_1^{a_{11}} \bigoplus \cdots \bigoplus R/Rp_1^{a_{1s_1}} \bigoplus \cdots \bigoplus R/Rp_t^{a_{t1}} \bigoplus \cdots \bigoplus R/Rp_t^{a_{ts_t}},$$

其中 s 是非负整数, 所有的 p_i 是 R 中的素元, 所有的 a_{ij} 是正整数, 并且这种分解是由非负整数 s, R 中素元 $p_1, p_2, \cdots, p_t$ (在相伴意义下) 以及正整数 a_{ij} ($i = 1, 2, \cdots, t; j = 1, 2, \cdots, s_i$) 唯一确定的.

注意到一个交换群总可以看作加群, 而加群是整数环 $\mathbb{Z}$ (主理想整环) 上的模. 所以, 上面的唯一直和分解定理也适合于有限生成的交换群. 特别地, 有限交换群是 $\mathbb{Z}$ 上有限生成的挠模. 故我们有下列定理.

定理 7.4.5 (有限交换群结构定理) 设有限加群 G 的阶有准素分解 $|G| = p_1^{a_1} p_2^{a_2} \cdots p_t^{a_t}$. 那么 G 同构于

$$\mathbb{Z}/\mathbb{Z}p_1^{a_{11}} \bigoplus \cdots \bigoplus \mathbb{Z}/\mathbb{Z}p_1^{a_{1s_1}} \bigoplus \cdots \bigoplus \mathbb{Z}/\mathbb{Z}p_t^{a_{t1}} \bigoplus \cdots \bigoplus \mathbb{Z}/\mathbb{Z}p_t^{a_{ts_t}},$$

其中所有的 p_i 是素数, 所有的 a_{ij} 是正整数, 且使得对任意 i 有 $a_i = \sum_{j=1}^{s_i} a_{ij}$, 并且这种分解由数组 $(p_1^{a_{11}}, \cdots, p_1^{a_{1s_1}}, \cdots, p_t^{a_{t1}}, \cdots, p_t^{a_{ts_t}})$ 唯一确定.

这是一个很值得玩味的结构定理. 你可以把它和算术基本定理相比. 那里表示任意整数的基本构件是 "素数", 构造方法是 "乘积", 而这里则是: 表示任意有限加群的基本构件是 "素数幂阶的循环群", 构造方法是 "直和". 在整数论中, 正整数 n 的分解是 $n = p_1^{a_1} p_2^{a_2} \cdots p_t^{a_t}$; 而在交换群论中, 有限加群 G 的阶 $|G| = n$ 的分解将是

$$|G| = n = p_1^{a_{11}} \cdots p_1^{a_{1s_1}} \cdots p_t^{a_{t1}} \cdots p_t^{a_{ts_t}}.$$

在这里回忆一下 (例如复数域上) 矩阵的特征多项式 $f(x)$ 的分解是有趣的. 我们知道复数域上一个首 1 的一元多项式 $f(x)$ 可分解成一次多项式的乘积:

$$f(x) = (x - \alpha_1)^{a_1} (x - \alpha_2)^{a_2} \cdots (x - \alpha_t)^{a_t},$$

而复数域上矩阵 A 的特征多项式 $f(x)$ 可分解成其初等因子的乘积:

$$f(x) = (x - \alpha_1)^{a_{11}} \cdots (x - \alpha_1)^{a_{1s_1}} \cdots (x - \alpha_t)^{a_{t1}} \cdots (x - \alpha_t)^{a_{ts_t}}.$$

这里我们看到, 正整数和一元多项式、有限交换群的阶和矩阵的特征多项式, 它们之间竟有如此精巧的相似. 注意域上的一元多项式环是主理想整环, 所以它上的有限生成模的结构定理也可类似写出来, 我们就不再具体写出了.

下面给出两个有限交换群的例子.

例 7.4.1 给出阶为 $n = p^t$ 的所有不同构的交换群, 这里 p 为素数.

首先引入正整数 t 的划分概念: 把 t 表成一些正整数 $t_1 \leqslant t_2 \leqslant \cdots \leqslant t_s$ 的和 $t = t_1 + t_2 + \cdots + t_s$, 则称 $(t_1, t_2, \cdots, t_s)$ 为 t 的一个划分. 规定两个划分相等当且仅当它们完全一样. t 的划分个数记作 $P(t)$.

今考察阶为 p^t 的交换群. 任给以 p 为底的指数 t 的一个划分 $(t_1, t_2, \cdots, t_s)$, 那么直和 $\mathbb{Z}/\mathbb{Z}p^{t_1} \bigoplus \mathbb{Z}/\mathbb{Z}p^{t_s}$ 是阶为 p^t 的一个交换群, 称该直和分解是以 p 为底的指数型 $(t_1, t_2, \cdots, t_s)$. 反之, 由结构定理知, 任意一个阶为 p^t 的交换群同构于某个上述的直和分解形式, 从而 (注意直和项可以交换顺序) 对应于 t 的一个划分. 由分解的唯一性知, 两个以 p 为底的不同的指数型给出的两个 p^t 阶交换群是不同构的. 所以在同构意义下有 $P(t)$ 个不同的 p^t 阶交换群, 它们按 t 的划分作为以 p 为底的指数型由上述的直和分解形式给出.

例如, 阶为 5^3 的交换群的个数为 $P(3) = 3$, 而对应关系如下:

$$\mathbb{Z}_5 \bigoplus \mathbb{Z}_5 \bigoplus \mathbb{Z}_5 \iff (1, 1, 1)$$

$$\mathbb{Z}_5 \bigoplus \mathbb{Z}_{5^2} \iff (1, 2)$$

$$\mathbb{Z}_{5^3} \iff (3)$$

例 7.4.2 给出阶为 $n = p_1^{a_1} p_2^{a_2} p_3^{a_3}$ 的所有互不同构的交换群, 其中 p_1, p_2, p_3 是不同的素数, a_1, a_2, a_3 是正整数.

设 G 为一个阶为 n 的交换群. 那么有

$$G = G_1 \bigoplus G_2 \bigoplus G_3, \quad |G_i| = p_i^{a_i}, \quad i = 1, 2, 3.$$

用 $(\cdots)_a$ 表示正整数 a 的一个划分, 而将 $(\cdots)_{a_i} (i = 1, 2, 3)$ 组成的多重划分简记作

$$(\cdots)_{a_1} (\cdots)_{a_2} (\cdots)_{a_3}.$$

由例 7.4.1 知 G_i 和 $(\cdots)_{a_i}$ 之间有一一对应关系, 由定理 7.4.5 知 G 和以素数组

(p_1, p_2, p_3) 为底的指数型 (即多重划分)

$$(\cdots)_{a_1}(\cdots)_{a_2}(\cdots)_{a_3}$$

之间有一一对应关系. 随之, 阶为 n 的互不同构交换群的个数是 $P(a_1) \cdot P(a_2) \cdot P(a_3)$.

例如, 当 $n = 3^2 \cdot 5^3 \cdot 7^2$ 时, 以下是以素数组 $(3, 5, 7)$ 为底的一个指数型对应的 n 阶交换群:

$$(1,1)_2(1,2)_3(2)_2 \quad \Longleftrightarrow \quad \mathbb{Z}_3 \bigoplus \mathbb{Z}_3 \bigoplus \mathbb{Z}_5 \bigoplus \mathbb{Z}_{5^2} \bigoplus \mathbb{Z}_{7^2},$$

而阶为 $3^2 \cdot 5^3 \cdot 7^2$ 的交换群恰有 $P(2) \cdot P(3) \cdot P(2) = 2 \cdot 3 \cdot 2 = 12$ 个互不同构者, 它们对应于以素数组 $(3, 5, 7)$ 为底的指数型为

$(2)_2(3)_3(2)_2$	$(2)_2(3)_3(1,1)_2$	$(2)_2(1,2)_3(2)_2$
$(2)_2(1,2)_3(1,1)_2$	$(2)_2(1,1,1)_3(2)_2$	$(2)_2(1,1,1)_3(1,1)_2$
$(1,1)_2(3)_3(2)_2$	$(1,1)_2(3)_3(1,1)_2$	$(1,1)_2(1,2)_3(2)_2$
$(1,1)_2(1,2)_3(1,1)_2$	$(1,1)_2(1,1,1)_3(2)_2$	$(1,1)_2(1,1,1)_3(1,1)_2$

练习

1. 设 R 是主理想整环, $_R M$ 是模. 如果 $_R M = \bigoplus\limits_{i=1}^{s} R m_i$ 是循环子模的直和, 并且每个 m_i 是 p_i-挠元, 其中 $p_1, p_2, \cdots, p_s \in R$ 是两两互素的素元, 证明: $_R M$ 是循环模.

2. 给出所有 (彼此互不同构的) 1 500 阶交换群.

§7.5   有限维单代数的结构

群论中的单群在环论中的对应就是单环或单代数, 即

定义 7.5.1   一个环 R 称作单环, 如果 R 有单位元 1 并且它只有两个理想: R 和零理想. 一个代数称为单代数, 如果它作为环是单环.

对一个环 R, 记 $M_n(R)$ 是环 R 上所有 n 阶方阵构成的环, 称为环 R 上的 n 阶全矩阵环. 如果 R 还是代数, 那么 $M_n(R)$ 也是代数, 称为代数 R 上的 n 阶全矩阵代数.

命题 7.5.2　　设 R 是一个有单位元的环 (代数). 那么 R 是单环 (单代数) 当且仅当全矩阵环 (代数) $M_n(R)$ 也是单环 (单代数).

证明　　记 E_{ij} 是 i 行 j 列相交处为 1 其余位置都为 0 的 n 阶矩阵, 称为矩阵单位. 那么 $M_n(R)$ 中任一矩阵都可表成系数在 R 中的这些矩阵单位的线性组合.

设 R 是单环 (单代数). 令 I 是 $M_n(R)$ 的非零理想. 任取 $0 \neq B \in I$, 则 $B = \sum\limits_{i,j} r_{ij} E_{ij}$, 其中所有的系数 $r_{ij} \in R$, 并且至少有一个系数不为零, 譬如 $r_{kl} \neq 0$. 利用 E_{ij} 之间的乘法表

$$E_{ij} E_{st} = \begin{cases} E_{it}, & j = s, \\ 0, & j \neq s, \end{cases}$$

很容易得到, 对任意 $1 \leqslant s, t \leqslant n$, 有 $a E_{sk} B b E_{lt} = (a r_{kl} b) E_{st} \in I$. 由 R 是单环 (代数) 知非零理想 $R r_{kl} R = R$. 可见, 对任意 s, t 有 $R E_{st} \subseteq I$, 从而 $E_{st} \in I$. 故 n 阶单位矩阵 $E = E_{11} + E_{22} + \cdots + E_{nn} \in I$. 所以 $I = M_n(R)$. 即 $M_n(R)$ 是单环 (单代数).

反之, 设 $M_n(R)$ 是单环 (单代数). 对 R 的任意一个非零理想 I, 显然 $M_n(I)$ 是 $M_n(R)$ 的非零理想. 故 $M_n(I) = M_n(R)$. 由此易知 $1 \in I$. 所以 $I = R$, 即 R 是单环 (单代数). $\qquad\square$

一个代数如果作为环是除环, 那么称该代数是可除代数. 显然除环或可除代数都是单的, 它们上的任意阶的全矩阵环或代数也是单的.

下面我们将证明, 任意一个有限维单代数总是某个可除代数上的全矩阵代数.

设 R 是一个有单位元 1 的环或代数. 它上的模称为单模, 如果它非零并且没有非平凡的子模.

设 R 是一个有单位元 1 的环或代数. R 中的一组幂等元 $e_1, e_2, \cdots, e_n$ (即 $e_i^2 = e_i$) 称为正交的, 如果对任意的 $i \neq j$ 有 $e_i e_j = 0$.

引理 7.5.3　　设 R 是一个有单位元 1 的环或代数.

(1) 如果 $e_1, e_2, \cdots, e_n$ 是 R 的一组正交幂等元, 那么正则模 ${}_R R$ 的子模 (即 R 的左理想) 的和 $R e_1 + R e_2 + \cdots + R e_n$ 是直和;

(2) 如果 ${}_R R = R_1 \oplus R_2 \oplus \cdots \oplus R_n$ 是非零子模的直和, 那么单位元 1 可分解为一组非零的正交幂等元 $e_1, e_2, \cdots, e_n$ 的和 $1 = e_1 + e_2 + \cdots + e_n$, 使得对所有的 i 有 $e_i \in R_i$, 并且 $R_i = R e_i$.

证明　　(1) 设 $r_1 e_1 + r_2 e_2 + \cdots + r_n e_n = 0$, 其中所有的 $r_i \in R$. 那么对任意的 i, 用 e_i 右乘该等式得到 $r_i e_i = 0$, 即 0 的表示法唯一. 所以子模的和 $R e_1 + R e_2 + \cdots + R e_n$ 是直和.

(2) 由 $_RR = R_1 \oplus R_2 \oplus \cdots \oplus R_n$ 知 $1 = e_1 + e_2 + \cdots + e_n$, 其中对所有的 i 有 $e_i \in R_i$. 下面证明这些 e_i 是幂等元并且是正交的. 用 e_i 左乘该等式得到

$$e_i = e_i e_1 + \cdots + e_i e_i + \cdots + e_i e_n.$$

但 $e_i e_j \in R_j$. 由表示法唯一知当 $j \neq i$ 时有 $e_i e_j = 0$, 并且 $e_i = e_i e_i$. 所以 e_1, $e_2, \cdots, e_n$ 是一组正交幂等元. 又对每个 i 和任意 $r_i \in R_i$, 有

$$r_i = r_i e_1 + \cdots + r_i e_i + \cdots + r_i e_n.$$

同样由表示法唯一知 $r_i = r_i e_i \in Re_i$, 即 $R_i = Re_i$. 这也说明了所有的 $e_i \neq 0$. 这就证明了 (2). □

我们再证明一个引理.

引理 7.5.4   设 R 是单环. 那么对 R 中任意两个非零元 a, b, 有 $aRb \neq 0$.

证明   由 RaR 是 R 中的非零理想和 R 是单环知 $RaR = R$. 所以 $RaRb = Rb \neq 0$. 可见 $aRb \neq 0$. □

现在设 A 是域 F 上的有限维单代数. 下面我们逐步讨论它的结构.

第一步: 注意正则模 $_AA$ 的子模 (即 A 的左理想) 也是线性空间 $_FA$ 的子空间, 所以 A 有一个域 F 上的维数最小的非零左理想 S. 易知这是 $_AA$ 的单子模. 所以, 由 $_FA$ 是有限维的知正则模 $_AA$ 中存在有限多个单子模 $S_1, S_2, \cdots, S_n(n > 1)$, 使得它们的和是直和, 并且在所有单子模直和中是域 F 上的维数极大的. 那么对任意一个 $_AA$ 的单子模 S', 有 $S' \cap \bigoplus\limits_{i=1}^{n} S_i \neq 0$ $\left(\text{否则有子模直和 } S' \oplus \left(\bigoplus\limits_{i=1}^{n} S_i \right) \text{ 而} \right.$ $\left. \text{与 } S_i \text{ 的选取矛盾} \right)$, 从而 $S' \subseteq \bigoplus\limits_{i=1}^{n} S_i$. 我们说, $\bigoplus\limits_{i=1}^{n} S_i$ 是 A 的理想. 实际上, 对任意 $a \in A$ 和 S_i, 显然 $S_i a$ 也是 A 的左理想, 并且 $s_i \mapsto s_i a$ $(s_i \in S_i)$ 给出了 S_i 到 $S_i a$ 的一个左 A-模的满态. 由 S_i 是单子模知, 若 $S_i a \neq 0$, 则上述满态为同构, 即 $S_i a$ 也是 $_AA$ 的单子模, 从而 $S_i a \subseteq \bigoplus\limits_{j=1}^{n} S_j$. 可见 $\left(\bigoplus\limits_{i=1}^{n} S_i \right) a \subseteq \bigoplus\limits_{i=1}^{n} S_i$, 即 $\bigoplus\limits_{i=1}^{n} S_i$ 是 A 的理想. 这是一个非零理想. 由 A 是单代数知 $A = \bigoplus\limits_{i=1}^{n} S_i$. 所以, 由引理 7.5.3 知, 单位元有非零正交幂等元的分解 $1 = e_1 + e_2 + \cdots + e_n$, 并且对所有的 i 有 $Ae_i = S_i$. 可见 $_AA = Ae_1 \oplus Ae_2 \oplus \cdots \oplus Ae_n$, 并且由引理 7.5.4 知, 对任意 $1 \leqslant i, j \leqslant n$, 有 $e_i A e_j \neq 0$.

第二步: 对任意的 e_i, 显然 $e_i A e_i$ 作为 A 的子集在 A 的加法和乘法之下也自然成为域 F 上的一个代数, 并且 e_i 是该代数的单位元. 对任意 $0 \neq e_i a e_i \in e_i A e_i$, 由 $A e_i a e_i \subseteq A e_i$ 非零和 $A e_i$ 是单子模知 $A e_i a e_i = A e_i$. 故存在 $b \in A$ 使得 $b e_i a e_i = e_i$. 可见 $e_i a e_i$ 在 $e_i A e_i$ 中有左逆元 $e_i b e_i$, 或等价地 $e_i b e_i$ 在 $e_i A e_i$ 中有右逆元 $e_i a e_i$. 类

似地可知 $e_i b e_i$ 在 $e_i A e_i$ 中有左逆元. 所以 $e_i b e_i$ 在 $e_i A e_i$ 中有逆元, 只能是 $e_i a e_i$. 这也等价于说, $e_i A e_i$ 中任意的非零元 $e_i a e_i$ 在 $e_i A e_i$ 中有逆元. 故 $e_i A e_i$ 是域 F 上的一个可除代数.

第三步: 现在记 $K = e_1 A e_1$ 是域 F 上的一个可除代数. 那么 $e_1 A$ 是 K 上的左模, 从而是可除代数 K 上的 (左) 线性空间. 显然有直和分解 $e_1 A = e_1 A e_1 \oplus e_1 A e_2 \oplus \cdots \oplus e_1 A e_n$, 并且易知这是可除代数 K 上线性子空间的直和分解, 即每个直和项 $e_1 A e_i$ 是 $e_1 A$ 的 K-子空间. 对任意 $0 \neq e_1 a e_i \in e_1 A e_i$, 类似于第二步中的讨论知 $A e_1 a e_i = A e_i$, 从而 $K e_1 a e_i = e_1 A e_1 a e_i = e_1 A e_i$. 可见 $e_1 A e_i$ 是 $e_1 A$ 的 1 维的 K-子空间. 所以, 每个直和项 $e_1 A e_i$ 中任选一个非零元即可构成 K-线性空间 $e_1 A$ 的一组基.

第四步: 任取 $0 \neq x_i \in e_1 A e_i$, $i = 1, 2, \cdots, n$, 它们构成 K-线性空间 $e_1 A$ 一组基. 对任意 $a \in A$, 存在唯一的一个 K 上的矩阵 $T_a = (a_{ij})_{n \times n}$ 使得对任意的 i 有 $x_i a = \sum\limits_{j=1}^{n} a_{ij} x_j$. 所以有一个映射 $\varphi: A \to M_n(K)$ 使得 $\varphi(a) = T_a$. 易知这是一个加群同态. 对任意 $a, b \in A$, 记相应的矩阵 $T_a = (a_{ij})_{n \times n}, T_b = (b_{ij})_{n \times n} \in M_n(K)$, 那么对任意 i 有

$$x_i ab = \left(\sum_{j=1}^{n} a_{ij} x_j \right) b = \sum_{j=1}^{n} a_{ij} \sum_{h=1}^{n} b_{jh} x_h = \sum_{h=1}^{n} \left(\sum_{j=1}^{n} a_{ij} b_{jh} \right) x_h.$$

可见 ab 对应的矩阵为 $T_a T_b$, 即 φ 是环同态. 由 A 是单环知环同态 φ 的核必须是 0, 从而是单态. 下面我们证明 φ 还是满态. 首先, 由引理 7.5.4 知 $x_i A e_1 \neq 0$, 并且显然它还是 $e_1 A e_1 = K$ 的右理想. 由 K 是除环知 $x_i A e_1 = K$, 从而存在 $a_i \in A e_1 \subseteq A$ 使得 $x_i a_i = e_1$. 注意到 $x_i e_i = x_i$, 所以 $x_i e_i a_i = e_1$. 其次, 对任意 $T \in M_n(K)$, 记 $T = (c_{ij})_{n \times n}$, 取 $c = \sum\limits_{j=1}^{n} \left(\sum\limits_{l=1}^{n} e_l a_l c_{lj} \right) x_j$, 那么对任意 i, 有

$x_i c = x_i e_i c = \sum\limits_{j=1}^{n} x_i e_i a_i c_{ij} x_j = \sum\limits_{j=1}^{n} e_1 c_{ij} x_j = \sum\limits_{j=1}^{n} c_{ij} x_j$. 可见 $T_c = T$, 即 φ 是满态. 所以 $\varphi: A \to M_n(K)$ 是环同构.

我们总结上面有限维单代数的结构如下, 这是 Wedderburn 在 1908 年证明的.

定理 7.5.5 (有限维单代数的结构定理, Wedderburn)   设 A 是域 F 上的有限维单代数. 那么存在域 F 上的有限维可除代数 K, 使得 $A \cong M_n(K)$.

下面考虑这种结构的唯一性问题.

对任意的有单位元的环 R 和模 $_R M$, 它的自同态全体的集合 (记作 $\text{End}_R M$) 在映射的加法和合成作为乘法之下是一个环, 称为模 $_R M$ 的自同态环. 易知两个单模之间的非零同态必须是同构. 特别地, 一个单模的自同态环是除环 (这个简单

的事实通常被称为 Schur 引理). 另外, 如果有两个模之间的同构 $\phi: {}_RM \to {}_RM'$, 那么对任意 $f \in \text{End}\,{}_RM$, 显然合成 $\phi f \phi^{-1}$ 是 ${}_RM'$ 到 ${}_RM'$ 的 R-模同态, 即有自同态环之间的映射: $\text{End}\,{}_RM \to \text{End}\,{}_RM', f \mapsto \phi f \phi^{-1}$. 直接验证可得这个映射是环同构, 即两个模之间的同构导出了它们自同态环的一个同构. 又如果 $e \in R$ 是幂等元, 对任意 $eae \in eRe$, 定义 $f_{eae}: Re \to Re, re \mapsto reae$, 那么有 $f_{eae} \in \text{End}\,{}_RRe$. 对任意的环同构 $f \in \text{End}\,{}_RRe$, 有 $f(e) = be$ (对某个 $b \in R$), 并且易知 $f = f_{ebe}$. 可见 eRe 到 $\text{End}\,{}_RRe$ 有一个映射使得它把 eae 映到 f_{eae}, 并且是满射. 易知这也是环同态并且是单射, 即有环同构 $eRe \cong \text{End}\,{}_RRe$.

设 A 是单环, 并且设 Aa 和 Ab 是正则模 ${}_AA$ 的两个单子模. 那么 $aAb \neq 0$. 所以存在 $c \in A$ 使得 $acb \neq 0$. 定义 $\varphi: Aa \to Ab, rb \mapsto racb$. 易知这是一个 A-模同态并且非零. 由 Aa 和 Ab 是两个单模知 φ 是同构, 所以 φ 导出了它们的自同态环 (都是除环) 的一个同构 $\text{End}\,{}_AAa \cong \text{End}\,{}_AAb$. 即正则模 ${}_AA$ 的任意两个单子模的自同态环作为除环是同构的.

定理 7.5.6 (有限维单代数的结构唯一性定理)　设 A 是域 F 上的有限维单代数. 如果 A 同构于 $M_n(K)$ 和 $M_m(K')$, 其中 K 和 K' 都是 F 上的有限维可除代数, 那么有 $K \cong K'$, 并且 $n = m$.

证明　考虑 $M_n(K)$, 这是域 F 上的有限维单代数. 对矩阵单位 E_{11}, 显然它是非零幂等元. 任取 $0 \neq TE_{11} \in M_n(K)E_{11}$, 其中 $T \in M_n(K)$. 可见 T 的第一列中的元不全为 0. 注意 K 是除环, 与域上的矩阵类似, 存在 (可逆) 矩阵 $S \in M_n(K)$, 使得 ST 的第一列 ε_1 的第一个元为 1, 而 ε_1 的其余元都是 0 (即 ε_1 是 K 上的第一个单位列向量), 可见 $STE_{11} = E_{11}$. 所以 $M_n(K)TE_{11} = M_n(K)E_{11}$, 即 $M_n(K)E_{11}$ 是 $M_n(K)$-单模. 定义映射 $\theta: K \to E_{11}M_n(K)E_{11}, k \mapsto E_{11}(kE)E_{11}$, 其中 E 是单位矩阵. 注意 $kE_{11} = E_{11}k$, 易知 θ 是一个环同态, 并且是单态. 任取 $L \in M_n(K)$ 并记该矩阵的第一行第一列的元为 k_{11}, 那么显然 $E_{11}LE_{11} = E_{11}(k_{11}E)E_{11}$. 可见 θ 是满态, 从而是一个同构. 即有自然的环同构 $K \cong E_{11}M_n(K)E_{11}$.

把 $M_n(K)$ 到 A 的环同构限制在 $E_{11}M_n(K)E_{11}$ 上导出一个环同构 $E_{11}M_n(K)E_{11} \cong eAe$, 使得 $e \in A$ 是 E_{11} (幂等矩阵) 对应的幂等元. 从而 $M_n(K)$ 到 A 的环同构导出自然的环同构 $K \cong eAe$. 由此也易证 Ae 是正则模 ${}_AA$ 的单子模. 类似地, $M_n(K')$ 到 A 的环同构导出自然的环同构 $K' \cong e'Ae'$, 其中 $e' \in A$ 是幂等元, 并且 Ae' 是正则模 ${}_AA$ 的单子模. 所以由 $eAe \cong \text{End}\,{}_AAe \cong \text{End}\,{}_AAe' \cong e'Ae'$ 知 $K \cong K'$.

注意 K 在左 K-线性空间 $M_n(K)$ 上的左作用 (即左标量乘法) 是将 K 中的元素左乘在矩阵的每个元上, 可见 $E_{11}M_n(K)$ 是 K 上 n 维子空间. 显然 K 在 $E_{11}M_n(K)$ 上的左作用与 $E_{11}M_n(K)E_{11}$ 左乘在 $E_{11}M_n(K)$ 上是一致的. 所以

$E_{11}M_n(K)$ 自然作为除环 $E_{11}M_n(K)E_{11}$ 上的左线性空间的维数也是 n. 于是在环同构 $M_n(K) \cong A$ 和导出的自然的环同构 $E_{11}M_n(K)E_{11} \cong eAe$ 之下, 有 eA 作为除环 eAe 的左线性空间的维数也是 n. 现在设 $A = Ae_1 \oplus Ae_2 \oplus \cdots \oplus Ae_s$ 是一个左理想的直和分解, 其中 $e_1, e_2, \cdots, e_s$ 是正交幂等元, 并且每个 Ae_i 是正则模 $_AA$ 的单子模. 那么 $eA = eAe_1 \oplus eAe_2 \oplus \cdots \oplus eAe_s$ 是 eA 作为除环 eAe 上左线性空间的一个子空间的直和分解. 对任意的 $1 \leqslant i \leqslant s$ 和任意的 $0 \neq eae_i \in eAe_i$, 有 $Aeae_i$ 是 A-单模 Ae_i 的非零子模, 从而 $Aeae_i = Ae_i$, 进而有 $eAeae_i = eAe_i$. 由此即知每个 eAe_i 都是除环 eAe 上的一维线性空间. 故 eA 是除环 eAe 上的 s 维线性空间. 所以 $n = s$. 类似地可证 $m = s$. 所以 $m = n$. 这就完成了定理的证明. $\square$

将上述结果应用于有限单环 (元素个数有限的环), 可给出有限单环非常整齐的完全分类.

设 A 是有限单环. 对它中任意非零的中心元 a, 有 a 不是零因子, 这是因为 $\{r \in A \mid ra = 0\}$ 是 A 的理想从而必须是零理想. 所以存在素数 p 使得 $p1 = 0$ (1 是 R 的单位元). 可见 A 是 p 元域 $\mathbb{F}_p$ 的一个单代数. 另外, Wedderburn 还有一个定理 (也称为 Wedderburn 小定理) 说, 有限域上的有限除环是域 (即交换). 而每个元素个数为 $q = p^s$ 的有限域在同构的意义下是唯一的 (都是某个特征为素数 p 的素域 $\mathbb{F}_p$ 上多项式 $x^q - 1$ 的分裂域), 记为 $\mathbb{F}_q$. 所以我们有下面的推论.

推论 7.5.7　在同构意义下有限单环都形如全矩阵环 $M_n(\mathbb{F}_q)$, 其中 n 是正整数, $\mathbb{F}_q$ 是元素个数为某个素数幂的有限域, 并且 n 和 $\mathbb{F}_q$ 是由该有限单环唯一确定的.

另外, 对任意一个定义闭域 F (譬如复数域 $\mathbb{C}$), 易知 F 上的任意一个有限维可除代数只有 F 本身. 所以也有下面的推论.

推论 7.5.8　在同构意义下代数闭域 F 上的有限维单代数都形如全矩阵环 $M_n(F)$, 其中 n 是正整数, 并且 n 是由该有限维单代数唯一确定的.

练习

1. 证明: 有限维单代数上任意两个单模同构.

2. 设 A 是一个有限维单代数. 证明:

(1) 正则模 $_AA$ 的任意一个子模是 $_AA$ 的直和项;

(2) A 上任意一个循环模可分解为单子模的直和;

(3) A 上任意一个模可分解为单子模的直和.

第八章

环与代数的表示

在基础篇中介绍过群上模与表示, 我们再简单地回忆一下.

设 G 是一个群, $_FM$ 是一个域 F 上的线性空间. 注意之前讨论的是数域上的线性空间, 而换成一般的域上的线性空间是完全类似的.

称 $_FM$ 是一个左 G-模, 如果群 G 在 M 上有一个左作用 $gx \in M$ ($g \in G, x \in M$), 并且该作用是 F-线性的: $g(ax) = a(gx)$, $g(x + y) = gx + gy$, 对任意 $a \in F$ 和 $x, y \in M$. 这等价于

$$g\left(\sum_{i=1}^n a_i x_i\right) = \sum_{i=1}^n a_i(gx_i),$$

对任意 $n \in \mathbb{Z}^+$, $a_i \in F$ 和 $x_i \in M$, $i = 1, 2, \cdots, n$.

我们记 $\operatorname{Aut}_F M$ 是线性空间 $_FM$ 到自身的可逆线性变换全体, 这自然是一个群, 其乘法为变换的合成. 我们称线性空间 $_FM$ 是群 G 的一个表示, 如果存在一个群同态 $\theta: G \to \operatorname{Aut}_F M$.

上述模与表示实际上是本质相同的两个概念. 这是因为, 如果线性空间 $_FM$ 是群 G 的一个表示, 即存在一个群同态 $\theta: G \to \operatorname{Aut}_F M$, 那么可以定义 $gx = \theta(g)(x) \in M$. 这是一个群的左作用并且是 F-线性的, 即 $_FM$ 是一个左 G-模. 反之, 如果 $_FM$ 是一个左 G-模, 那么定义 $\theta: G \to \operatorname{Aut}_F M$, 使得对任意一个 $g \in G$ 有 $\theta(g): M \to M$, $x \mapsto gx$. 可以证明 θ 是一个映射并且是一个群同态.

当 $_FM$ 是有限维 (譬如 n 维) 线性空间时, 在任意的一组基之下 F-线性变换全体与 F 上的 n 阶方阵全体一一对应并且保持乘法. 这也给出了可逆线性变换全体与 F 上的 n 阶可逆方阵全体是群同构的, 所以此时, $_FM$ 是群 G 的一个表示当且仅当存在一个群同态 $\theta: G \to GL_n(F)$ (一般线性群). 这是一个有趣的现象: 尽管群很抽象, 但域上的 (可逆) 矩阵无论是加法和乘法都很具体. 群表示是说, G 中元素在上述同态之下的像是可逆矩阵. 如果上述同态还是单态 (此时的表示称

为忠实表示), 那么群 G 中的元素都可看成可逆矩阵. 这就把抽象的群 "表示" 成了由一些可逆矩阵构成的群, 这也是称之为 "表示" 的含义.

§8.1 表 示 与 模

与群表示类似地可以有环的表示.

任取加群 M. 令 $\operatorname{End} M$ 表示加群 M 的所有自同态的全体. 规定集合 $\operatorname{End} M$ 的加法如下: $(f + g)(m) = f(m) + g(m)$, 对任意 $f, g \in \operatorname{End} M$ 和 $m \in M$. 规定两个自同态的乘法是合成运算. 直接验证可知在上述加法和乘法之下 $\operatorname{End} M$ 成为一个环, 其单位元是加群 M 的恒等自同构, 零元是零同态. 称该环是加群 M 的自同态环.

注意, 对域 F 上的 n 维线性空间, 它的自同态环 (即到自身的线性映射全体构成的环) 在任一组基之下与该域上的 n 阶方阵全体构成的环 (通常记为 $M_n(F)$) 同构. 类似地可以证明 (留给读者): 如果 M 是 $\mathbb{Z}$ 上秩为 n 的自由模, 那么自同态环 $\operatorname{End} M$ 与 $\mathbb{Z}$ 上的 n 阶方阵全体构成的环 $M_n(\mathbb{Z})$ 同构.

定义 8.1.1 设 R 是有单位元 1 的环, $\operatorname{End} M$ 是加群 M 的自同态环. 称 R 到 $\operatorname{End} M$ 的满足条件 $\phi(1) = 1$ 的一个环同态 ϕ 为环 R 在加群 M 上的一个表示.

类似于群上的模与群表示, 环上的模与环上的表示也是同一回事: 设 R 在加群 M 上有个表示, 即存在一个环同态 $\phi : R \to \operatorname{End} M$ 使得 $\phi(1) = 1$. 定义环 R 到加群 M 上的一个左作用如下: 对任意 $r \in R, x \in M$, 有

$$rx = (\phi(r))(x).$$

直接验证可知, 该左作用使得 M 成为一个左 R-模. 反之, 设 M 是一个左 R-模. 定义映射 $\phi : R \to \operatorname{End} M$ 使得对任意 $r \in R, x \in M$, 有

$$(\phi(r))(x) = rx.$$

易知 ϕ 有意义并且是环同态. 这就得到环 R 在加群 M 上的一个表示.

§8.2 代数的模与表示

我们在基础篇中介绍了域上的代数以及群代数等. 简短回忆一下代数的概念: 一个代数是一个域上的线性空间, 它本身也是一个环, 并且域中元素对环中元素的标量乘法与环中元素的乘法是可交换的.

下面定义代数上的模与表示.

定义 8.2.1　设 A 是域 F 上的一个有单位元 1 的代数, M 是环 A 上的一个模. 如果 M 也是域 F 上的线性空间, 并且满足 $s(am) = a(sm)$ 对任意 $s \in F$, $a \in A$ 和 $m \in M$ 成立, 那么称 M 是代数 A 上的一个模, 简记为 $_A M$.

注 8.2.2　如果 A 是域 F 上的一个有单位元 1 的代数, M 是环 A 上的一个模, 那么域 F 可视为环 A 的子环, 并且 M 可视为 F 上的线性空间: 在环的单态 $F \to A, s \mapsto s1$ 之下辨认 F 为 A 的子环, 并且定义 $sm = (s1)m$ (对任意 $s \in F$) 可知 M 是 F 上的线性空间. 此时显然满足 $s(am) = a(sm)$ 对任意 $s \in F, a \in A$ 和 $m \in M$ 成立, 即考虑代数上的模只需考虑代数作为环上的模即可.

域 F 上代数 A 的两个模 $_A M$ 和 $_A N$ 之间的同态 $f : {_A M} \mapsto {_A N}$ 就定义为环 A 上这两个模的一个同态. 注意 f 也是这两个模作为域 F 上线性空间的线性映射. 这是因为, 对任意 $s \in F$ 和 $m \in M$, 有 $s1 \in A$ 和 $1m = m$, 从而有 $f(sm) = f((s1)m) = (s1)f(m) = sf(m)$. 类似地, 同一个域上的两个代数的环同态也是这两个代数作为线性空间的线性映射.

设 A 是域 F 上一个代数, $_F M$ 是一个模. 记 $\operatorname{End}_F M$ 是线性空间 $_F M$ 到自身的所有线性变换全体的集合. 那么易知 $\operatorname{End}_F M$ 是环 $\operatorname{End} M$ (加群 M 的自同态环) 的一个子环. 所以, $\operatorname{End}_F M$ 也自然成为一个环. 并且对任意 $s \in F$ 和 $f \in \operatorname{End}_F M$, 还可定义 $sf \in \operatorname{End}_F M$ 使得 $(sf)(m) = f(sm) = sf(m)$ (对任意 $m \in M$). 易知 $\operatorname{End}_F M$ 以上述方式自然成为域 F 上的一个代数.

定义 8.2.3　设 A 是域 F 上的一个有单位元 1 的代数, $_F M$ 是域 F 上的一个线性空间. 称 A 到 $\operatorname{End}_F M$ 的满足条件 $\phi(1) = 1$ 的一个环同态 ϕ 为代数 A 在线性空间 $_F M$ 上的一个表示.

与环的模与表示一样, 类似地有代数的模与表示也是同一回事. 如果代数上的模 (或表示) 是域上的有限维线性空间, 那么称该模 (或表示) 是该代数上的有限维模 (或表示).

如果 G 是一个群, F 是域, 那么由定义直接可知, 线性空间 $_F M$ 是 G-模当且仅当 $_F M$ 是群代数 $F[G]$ 上的模. 所以, 研究群表示往往是去研究相应群代数的表示, 这使得我们可以利用许多研究一般的代数的表示的手段.

§8.3　线性变换与一元多项式代数上的模

设 $_F V$ 是域 F 上的一个线性空间, T 是 $_F V$ 上的一个线性变换 (即 $_F V$ 到自身的一个线性映射), $F[x]$ 是域 F 上的一元多项式环 (代数). 对任意的多项式 $f(x) =$

$a_n x^n + a_{n-1} x^{n-1} + \cdots + a_1 x + a_0 \in F[x]$, 有 $f(T) = a_n T^n + a_{n-1} T^{n-1} + \cdots + a_1 T + a_0 I$ 也是 $_F V$ 上的线性变换, 其中 I 是恒等变换. 那么线性空间 $_F V$ 可以被定义为代数 $F[x]$ 上的模 $_{F[x]} V$: $f(x)v = f(T)(v)$, 对任意 $f(x) \in F[x]$ 和 $v \in V$. 此时, 易知 $_F V$ 的一个子空间是子模当且仅当该子空间是 T-不变子空间, 并且模 $_F V$ 是一些子模的直和当且仅当线性空间 $_F V$ 是这些子模作为 T-不变子空间的直和.

现在设 $_F V$ 是域 F 上的一个有限维线性空间, T 是 $_F V$ 上的一个线性变换. 上述由 T 定义的模 $_{F[x]} V$ 当然是有限生成模. 另外, 记 $f_T(x)$ 是 T 的特征多项式, 那么 $f_T(T) = 0$. 故 $f_T(x)V = 0$, 即 V 是 $F[x]$ 上的挠模. 注意到 $F[x]$ 是主理想整环, 所以由主理想整环上有限生成模的直和分解定理知, 模 $_{F[x]} V$ 是一些循环子模的直和, 并且每个循环子模直和项是某个不可约多项式 $p(x)$ 的 $p(x)$-挠模. 也即线性空间 $_F V$ 是一些不变子空间的直和, 其中的每个不变子空间是循环 $F[x]$-模并且是某个不可约多项式 $p(x)$ 的 $p(x)$-挠模. 下面我们进一步考虑这种循环 $F[x]$-模. 设域 F 是代数闭域. 此时的不可约多项式都是一次多项式, 即形如 $x - s, s \in F$. 现在设 $F[x]v$ 是模 $_{F[x]} V$ 的循环子模并且是 $(x - s)$-挠模, 并且设 v 的零化指数为 m. 我们说, 该循环子模有一组 F-基 $v, (x - s)v, \cdots, (x - s)^{m-1} v$. 这一结论容易从下列事实得到: m 是使得 $(x - s)^m v = 0$ 的最小的正整数, 以及任意 $f(x) \in F[x]$ 乘 v 等于它被 $(x - s)^m$ 整除的余式乘 v. 直接计算线性变换 T 在这组基上的作用: $T(v) = xv = sv + (x - s)v, T((x - s)v) = x(x - s)v = s(x - s)v + (x - s)^2 v, \cdots, T((x - s)^{m-2} v) = x(x - s)^{m-2} v = s(x - s)^{m-2} v + (x - s)^{m-1} v, T((x - s)^{m-1} v) = x(x - s)^{m-1} v = s(x - s)^{m-1} v$. 可见, T 限制在这个不变子空间上在这组基之下的矩阵是一个 m 阶的对角线上的元为 s 的一个 Jordan 块. 所以, 存在 $_F V$ 的一组基使得 T 在这组基之下的矩阵是 Jordan 标准形.

§8.4 箭图的路代数及其表示

箭图的路代数及其表示是 20 世纪 70 年代兴起的一个较新的代数学研究方向, 与李代数和量子群以及代数几何等都有深刻的联系. 本节我们介绍箭图的路代数及其表示的一些基本概念.

8.4.1 箭图与路代数

一个图 (diagram) 是由一些顶点和顶点之间的边组成的一个集合. 两个顶点之间可以没有边, 也可以有多条边. 一个顶点自己和自己可以有边, 称这样的每条边 (如果存在) 为该顶点的一个圈 (loop). 我们通常考虑有限图, 即顶点的个数有限并且边的条数也有限.

一个箭图 (quiver) 是一个图使得它的每条边都赋予一个方向. 这样每条带方向的边就称为一个箭头. 当然, 每条不是圈的边都可赋予两个可能的方向. 可见, 同一个图可以通过对每条边赋予不同的方向而得到很多不同的箭图. 我们通常考虑有限箭图, 即相应的图是一个有限图.

我们通常用 Q 来记一个箭图, 它是由一个图 $\overline{Q}$ 对每条边都赋予一个方向而得到的箭图. 此时称 $\overline{Q}$ 是箭图 Q 的底图.

对一个箭图中的从顶点 i 到顶点 j 的箭头 α, 即 $\overset{i}{\circ} \overset{\alpha}{\longrightarrow} \overset{j}{\circ}$ (也可简记为 $i \overset{\alpha}{\longrightarrow} j$), 称 i 是箭头 α 的尾, j 是箭头 α 的头. 一条路是一些箭头的合成 $\alpha_m \cdots \alpha_2 \alpha_1$, 其中每个箭头 α_s 的头与箭头 α_{s+1} 的尾相同. 此时称这是一条长度为 m 的路, 并且称该路的尾是箭头 α_1 的尾, 该路的头是箭头 α_m 的头. 如果一条路的尾是顶点 i, 头是顶点 j, 也称这是从 i 到 j 的一条路. 譬如两个箭头 $\overset{1}{\circ} \overset{\alpha_1}{\longrightarrow} \overset{2}{\circ} \overset{\alpha_2}{\longrightarrow} \overset{3}{\circ}$ 的合成为 $\alpha_2 \alpha_1$, 它是从顶点 1 到顶点 3 的一条路.

对每个顶点 i, 我们规定 e_i 是长度为零的路并且它的头和尾都是顶点 i.

设 K 是一个域, Q 是一个箭图. 记 KQ 是以 Q 中所有的路 (包括长度为零的路) 为基的 K-线性空间. 定义这些基元之间 (即路之间) 的乘法: 对任意两条路 ρ_1, ρ_2, 如果 ρ_1 的头与 ρ_2 的尾相同, 那么定义乘法 $\rho_2 \rho_1$ 就是这两条路的合成, 也记为 $\rho_2 \rho_1$; 如果 ρ_1 的头与 ρ_2 的尾不相同, 那么定义乘法 $\rho_2 \rho_1 = 0$. 容易验证这种乘法满足结合律. 可将这种乘法线性扩展为 K-线性空间 KQ 的结合乘法. 以这种方式, KQ 成为一个域 K 上的 (结合) 代数, 称为域 K 上箭图 Q 的路代数.

注意, 由路代数的乘法知, 对长度为零的路 e_i 和任一条路 ρ, 如果 ρ 的尾是 i, 那么 $\rho e_i = \rho$; 如果 ρ 的尾不是 i, 那么 $\rho e_i = 0$. 同样地, 如果 ρ 的头是 i, 那么 $e_i \rho = \rho$; 如果 ρ 的头不是 i, 那么 $e_i \rho = 0$. 特别地, 对顶点 $j \neq i$, 有 $e_i e_j = 0$ 并且 $e_i^2 = e_i$, 即所有的 e_i 构成路代数 KQ 的一组正交幂等元. 进一步, 若顶点的个数有限 (如对有限箭图), 则易知这组正交幂等元加起来是该路代数的单位元, 可记为 1. 以下我们只考虑有限箭图, 即相应的图是一个有限图. 所以相应的路代数总有单位元 1.

另外, 对有限箭图, 如果它没有圈也没有有向循环的路 (即没有长度大于或等于 1 且头尾相同的路), 那么相应的路代数总是有限维的代数并且有单位元 1. 可见, 利用路代数我们可以得到许多有单位元 1 的有限维代数的具体例子.

8.4.2 箭图的表示

设 Q 是一个箭图, K 是一个域. 箭图 Q (在域 K 上) 的一个表示是在每个顶点 i 上安放一个 K-线性空间 M_i, 在每个箭头 $\overset{i}{\circ} \overset{\alpha}{\longrightarrow} \overset{j}{\circ}$ 上安放一个 K-线性映射

$$M_i \overset{M_\alpha}{\longrightarrow} M_j.$$

我们可记 $Q = (Q_0; Q_1)$, 其中 Q_0 是该箭图所有顶点的集合, Q_1 是所有箭头的集合. 那么上述表示可记为 $(M_i, i \in Q_0; M_\alpha, \alpha \in Q_1)$.

从上述箭图的表示可自然地得到一个相应路代数上的模: 记 $M = \bigoplus\limits_{i \in Q_0} M_i$ 是 K-线性空间直和. 路代数的基元 ρ (即路, 譬如是从顶点 i 到顶点 j 的路) 在 M 上的左作用定义为 $\rho m = M_\rho(m_i) \in M_j \subseteq M$, 其中 $m = \sum\limits_{i \in Q_0} m_i$ 使得 $m_i \in M_i$ (对每个 $i \in Q_0$), 并且

$$
M_\rho = \begin{cases} M_{\alpha_m} \cdots M_{\alpha_2} M_{\alpha_1}, & \rho = \alpha_m \cdots \alpha_2 \alpha_1 \text{ 是长度 } m > 0 \text{ 的路}, \\ M_i \text{ 到自身的恒等映射}, & \rho = e_i. \end{cases}
$$

将基元的左作用线性扩展为路代数 KQ 在 M 上的左作用, 易知 M 是一个左 KQ-模.

反之, 从一个左 KQ-模 M 也可自然地得到箭图 Q 的一个表示: 对任意 $i \in Q_0$, 记 $M_i = e_i M$, 这是一个 K-线性 (子) 空间. 对任意一个从顶点 i 到顶点 j 的箭头 α, 由 $e_j \alpha e_i = \alpha$ 知 $\alpha e_i M \subseteq e_j M$, 即 α 导出 M_i 到 M_j 的一个 K-线性映射, 记为 M_α. 这样我们就得到箭图 Q 的一个表示.

可见, 箭图的表示与相应路代数上的模是同一回事. 所以对箭图 $Q = (Q_0; Q_1)$, 我们也可将它的表示 $(M_i, i \in Q_0; M_\alpha, \alpha \in Q_1)$ 简记为 M, 即 $M = (M_i, i \in Q_0; M_\alpha, \alpha \in Q_1)$.

以下我们将看到箭图的表示要直观得多. 这也是我们考虑箭图表示的原因.

箭图 $Q = (Q_0; Q_1)$ 的两个表示 $M = (M_i, i \in Q_0; M_\alpha, \alpha \in Q_1)$ 和 $N = (N_i, i \in Q_0; N_\alpha, \alpha \in Q_1)$ 之间的同态 $f: M \to N$ 定义为 $f = (f_i)_{i \in Q_0}$, 其中每个 f_i 是 M_i 到 N_i 的线性映射, 并且对任意箭头 $i \xrightarrow{\alpha} j$, 有交换图

$$
\begin{array}{ccc}
M_i & \xrightarrow{M_\alpha} & M_j \\
{\scriptstyle f_i} \downarrow & & \downarrow {\scriptstyle f_j} \\
N_i & \xrightarrow{N_\alpha} & N_j
\end{array},
$$

即有 $f_j M_\alpha = N_\alpha f_i$.

对上述表示 M 和 N 之间的同态 $f = (f_i)_{i \in Q_0}$, 如果每个线性映射 f_i 都是单 (满) 射, 那么称 f 是一个单 (满) 态; 如果每个线性映射 f_i 都是同构, 那么称 f 是一个同构, 此时也称表示 M 和 N 是同构的, 并记为 $M \cong N$.

以下设箭图 $Q = (Q_0; Q_1)$ 是有限箭图. 它的一个表示 $M = (M_i, i \in Q_0; M_\alpha, \alpha \in Q_1)$ 称为有限维 $(K-)$ 表示, 如果所有的 $\dim_K M_i$ 都有限. 此时, 记 $\underline{\dim} M = (\dim_K M_i)_{i \in Q_0}$, 这是一个非负整数的向量, 称为表示 M 的维数向量.

如果有限维表示 M 的维数向量 $\underline{\dim}M = (m_i)_{i \in Q_0}$, 那么可将表示 M 中每个顶点 i 上安放的 K-线性空间 M_i 相应地换成向量空间 $K^{(m_i)}$, 而将每个箭头 α 上安放的 K-线性映射 M_α 相应地换成 K 上的矩阵, 也记为 M_α. 譬如, 如果箭图是

$$1 \to 2,$$

即两个顶点 (分别标记为 1 和 2) 和一个箭头的箭图, 那么它的维数向量为 $(2,3)$ 的表示为

$$K^{(2)} \xrightarrow{\begin{pmatrix} a_{11} & a_{12} \\ a_{21} & a_{22} \\ a_{31} & a_{32} \end{pmatrix}} K^{(3)}.$$

定义两个有限维表示 $M = (K^{(m_i)}, i \in Q_0; M_\alpha, \alpha \in Q_1)$ 和 $N = (K^{(n_i)}, i \in Q_0; N_\alpha, \alpha \in Q_1)$ 的直和为

$$M \bigoplus N = (K^{(m_i)} \bigoplus K^{(n_i)}, i \in Q_0; M_\alpha \bigoplus N_\alpha, \alpha \in Q_1),$$

其中矩阵的直和 $M_\alpha \bigoplus N_\alpha$ 定义为分块矩阵 $\begin{pmatrix} M_\alpha & 0 \\ 0 & N_\alpha \end{pmatrix}$.

一个有限维表示 M 称为是两个表示 N 和 H 的直和, 如果 $M \cong N \bigoplus H$. 此时也称表示 M 分解成了两个表示 N 和 H 的直和. 一个有限维表示称为不可分解表示, 如果它不能分解成两个非零表示的直和, 其中的零表示是指每个顶点上安放的都是零向量空间 (每个箭头上自然安放的是零线性映射). 譬如上述箭图 $1 \to 2$ 的表示 $K^{(2)} \xrightarrow{(1 \quad 0)} K$ 是两个表示 $K \xrightarrow{1} K$ 和 $K \xrightarrow{0} 0$ 的直和.

注意每个有限维表示总可分解成有限多个不可分解表示的直和, 所以, 在同构意义下找出所有的不可分解表示至关重要. 这是一个分类问题, 通常很难. 这在 20 世纪 70 年代引发了代数学的一个分支——代数表示论. 这方面的理论比较专门, 我们就不进一步介绍了. 以下只看一些例子.

例 8.4.1   仍以箭图 $1 \to 2$ 为例. 它的表示形如 $K^{(m)} \xrightarrow{A} K^{(n)}$, 其中 A 是 K 上的 $n \times m$ 矩阵. 由表示同构的定义, 该表示的同构类中的表示都形如 $K^{(m)} \xrightarrow{SAT} K^{(n)}$, 其中 S, T 分别是 K 上的 n 阶和 m 阶可逆矩阵. 注意对任意一个 $n \times m$ 矩阵 A, 总存在 n 阶和 m 阶可逆矩阵 S 和 T 使得 SAT 的任一行和任一列中的元要么都是 0, 要么至多有一个元为 1 而其余元都为 0. 由此可知, 该箭图的任意一个表示总可分解为形如 $K \xrightarrow{0} 0$, $K \xrightarrow{1} K$ 和 $0 \xrightarrow{0} K$ 的表示的直和, 而这三个表示在同构意义下是所有的不可分解表示, 它们的维数向量分别为 $(1,0), (1,1)$ 和 $(0,1)$.

例 8.4.2   考虑只有一个顶点且该顶点有且只有一个到自己的箭头的箭图, 称为圈箭图. 它的表示形如 $K^{(m)} \xrightarrow{A} K^{(m)}$, 其中 A 是 K 上的 m 阶方阵. 由表示同构的定义, 该表示的同构类中的表示都形如 $K^{(m)} \xrightarrow{TAT^{-1}} K^{(m)}$, 其中 T 是 K 上的 m 阶可逆矩阵. 现在设 K 是代数闭域. 此时, 对任意一个 m 阶方阵 A, 总存在 m 阶可逆矩阵 T 使得 TAT^{-1} 是 Jordan 标准形. 由此可知, 该箭图在代数闭域上的任意一个表示总可分解为由 Jordan 块确定的表示的直和, 而所有的 Jordan 块确定的表示在同构意义下就是所有的不可分解表示.

另外, 容易知道圈箭图在域 K 上的路代数同构于一元多项式代数 $K[x]$. 当 K 是代数闭域时, 请读者将上面表示的结果与 $K[x]$ 上的有限维模的结果作个比较 (参见 §7.4). 你会发现, 用箭图表示的语言似乎更方便.

第九章

多元多项式环(代数几何初步)

本章我们对域上的多元多项式环 (代数) 作些讨论. 并在域是代数闭域 (譬如复数域) 的情形下简短地介绍多项式的零点, 这是代数几何最基本的内容.

§9.1 Hilbert 基定理与 Hilbert 弱零点定理

定理 9.1.1 (Hilbert 基定理) 设 K 是域, $K[x_1, x_2, \cdots, x_n]$ 是 K 上 n 元多项式环. 那么 $K[x_1, x_2, \cdots, x_n]$ 是 Nöther 环.

证明 注意 $K[x_1, x_2, \cdots, x_n]$ 是交换环. 所以, 由 Nöther 环的判定知, 我们只需证明它的任意一个理想是有限生成理想.

我们对 n 归纳来证明该定理. $K[x_1]$ 是主理想整环从而是 Nöther 环. 记 $A = K[x_1, x_2, \cdots, x_{n-1}]$ 并且假定它是 Nöther 环. 下面证明 $K[x_1, x_2, \cdots, x_n] = A[x_n]$ 也是 Nöther 环, 即证 $A[x_n]$ 的任意一个非零理想 I 是有限生成理想.

注意 $A[x_n]$ 中非 0 元素可以写成如下形式:

$$f(x_n) = a_m x_n^m + a_{m-1} x_n^{m-1} + \cdots + a_0,$$

其中 $a_m, a_{m-1}, \cdots, a_0 \in A$ 并且 $a_m \neq 0$. 此时称 $f(x_n)$ 是 A 上关于 x_n 的 m 次多项式, 并称 a_m 为 $f(x_n)$ 的首项系数. 对任意整数 $j \geqslant 0$, 记

$$I_j = \{0 \neq a \in A \,|\, a \text{ 是某个 } j \text{ 次多项式} f(x_n) \in I \text{ 的首项系数}\} \cup \{0\}.$$

那么易知 I_j 是 A 的理想并且有

$$I_0 \subseteq I_1 \subseteq I_2 \subseteq \cdots.$$

由 A 是 Nöther 环知存在正整数 s 使得 $I_j = I_s$ 对任意 $j \geqslant s$ 成立. 也由 A 是 Nöther 环知, 对每个 $0 \leqslant t \leqslant s$, I_t 在 A 中是有限生成的, 并且记 $a_{t,1}, a_{t,2}, \cdots, a_{t,i_t}$ 是一组生成元. 此时, 由 I_t 的定义知, 存在 I 中的关于 x_n 的 t 次多项式 $f_{t,1}(x_n), f_{t,2}(x_n), \cdots,$ $f_{t,i_t}(x_n)$ 使得它们的首项系数分别为 $a_{t,1}, a_{t,2}, \cdots, a_{t,i_t}$. 记 $K[x_1, x_2, \cdots, x_n]$ 的有限生成理想

$$I' = (f_{t,1}(x_n), f_{t,2}(x_n), \cdots, f_{t,i_t}(x_n) \,|\, 0 \leqslant t \leqslant s).$$

显然 $I' \subseteq I$. 下面我们只需证明 $I \subseteq I'$.

对任意 $0 \neq f(x_n) \in I$, 我们对 $f(x_n)$ 关于 x_n 的次数 m 归纳来证明 $f(x_n) \in I'$ 即可. 如果 $m = 0$, 那么 $f(x_n) \in I_0$. 但由定义易知 $I_0 \subseteq I'$, 故 $f(x_n) \in I'$. 如果 $0 < m \leqslant s$, 那么 $f(x_n)$ 的关于 x_n 的首项系数属于 I_m, 从而 $f(x_n)$ 的关于 x_n 的首项系数可以写成 $b_{m,1}a_{m,1} + b_{m,2}a_{m,2} + \cdots + b_{m,i_m}a_{m,i_m}$, 其中 $b_{m,1}, b_{m,2}, \cdots, b_{m,i_m} \in A$. 记

$$g(x_n) = b_{m,1}f_{m,1}(x_n) + b_{m,2}f_{m,2}(x_n) + \cdots + b_{m,i_m}f_{m,i_m}(x_n).$$

那么 $g(x_n)$ 的首项与 $f(x_n)$ 的首项相等, 但 $g(x_n) \in I' \subseteq I$, 故 $f(x_n) - g(x_n) \in I$, 并且它的次数小于 m. 归纳可知 $f(x_n) - g(x_n) \in I'$, 从而 $f(x_n) \in I'$. 如果 $m > s$, 那么 $f(x_n)$ 的关于 x_n 的首项系数属于 $I_m = I_s$, 从而 $f(x_n)$ 的关于 x_n 的首项系数可以写成 $b_{s,1}a_{s,1} + b_{s,2}a_{s,2} + \cdots + b_{s,i_s}a_{s,i_s}$, 其中 $b_{s,1}, b_{s,2}, \cdots, b_{s,i_s} \in A$. 记

$$g(x_n) = b_{s,1}x_n^{m-s}f_{s,1}(x_n) + b_{s,2}x_n^{m-s}f_{s,2}(x_n) + \cdots + b_{s,i_s}x_n^{m-s}f_{s,i_s}(x_n).$$

那么 $g(x_n)$ 的首项与 $f(x_n)$ 的首项相等, 但 $g(x_n) \in I' \subseteq I$, 故 $f(x_n) - g(x_n) \in I$ 并且它的次数小于 m. 归纳可知 $f(x_n) - g(x_n) \in I'$, 从而 $f(x_n) \in I'$. □

如果比较一下我们过去对域 K 上的一元多项式 $K[x]$ 是主理想环的证明和上面命题的证明, 或可使我们对后者有 "似曾相识" 之感, 即 Hilbert 基定理的美妙证明思路 (用一些多项式的首项去消另一多项式的首项) 已在 $K[x]$ 是主理想环的证明中可以察觉到.

Hilbert 基定理是说, $K[x_1, x_2, \cdots, x_n]$ 的任一理想都有有限多个生成元 (也广义地称为一组 "基"), 但并没有把它们找出来, 它是一个 "理论上" 的存在定理. 关于它有一段史话. P.A.Gordan (1837—1912) 在研究不变量理论时需要对多元多项式环的理想证明它有有限基, 那时是要去找出它的一组有限基. 之后, 很多数学家按 Gordan 的计算路子去考察一般 n 元情况, 由于太复杂而未获成功. 忽然 Hilbert 在 1888 年发表的一短文, 证明任意 n 元多项式环的任意理想都有有限基. 这件事很难被接受, 特别地, 当时数学界对存在定理的理解只是: 只有当你找到它, 它才是存在的. 有人怀疑 Hilbert 基定理是否是数学. 反应最强烈的当然是 Gordan. 当然, 今天数学界对纯粹的存在定理早已接受并都已习惯了.

下面考虑多元多项式的零点问题.

设 K 是代数闭域, $K[x_1, x_2, \cdots, x_n]$ 是 K 上的 n 元多项式环 (代数). 记

$$K^n = \{(c_1, c_2, \cdots, c_n) \,|\, \forall c_i \in K\},$$

并称其中的元素 $(c_1, c_2, \cdots, c_n)$ 为一个点. 称点 $(c_1, c_2, \cdots, c_n)$ 是 $K[x_1, x_2, \cdots, x_n]$ 中多项式 $f(x_1, x_2, \cdots, x_n)$ 的一个零点, 如果 $f(c_1, c_2, \cdots, c_n) = 0$. 称点 $(c_1, c_2, \cdots, c_n)$ 是 $K[x_1, x_2, \cdots, x_n]$ 的理想 I 的一个零点, 如果 $f(c_1, c_2, \cdots, c_n) = 0$ 对所有的 $f(x_1, x_2, \cdots, x_n) \in I$ 成立.

定理 9.1.2(Hilbert 弱零点定理)   设 K 是代数闭域. 那么多元多项式环 $K[x_1, x_2, \cdots, x_n]$ 的任意一个真理想有零点.

在证明这个定理之前, 我们先做些准备.

设 R 是一个域 F 的子环 (有相同的单位元), $R[x]$ 是 R 上的一元多项式环, $R[x_1, x_2, \cdots, x_n]$ 是 R 上的 n 元多项式环. 称 $\alpha \in F$ 是 R 上的一个代数整元, 如果它是 $R[x]$ 中某个首项系数为 1 的多项式 (即首 1 多项式) 的一个根. 注意, 首 1 多项式一定是非零多项式. 另外注意, F 一定是 R-模.

引理 9.1.3   设 R 是一个域 F 的子环 (有相同的单位元). 那么 $\alpha \in F$ 是 R 上的一个代数整元当且仅当存在 ${}_RF$ 的有限生成 R-子模 M, 使得 $1 \in M$ 并且 $\alpha M \subseteq M$.

证明   设 $\alpha \in F$ 是 R 上的一个代数整元. 那么它是 $R[x]$ 中某个首 1 多项式 (譬如次数是 $n > 0$) 的一个根. 取 $M = \sum\limits_{i=0}^{n-1} R\alpha^i$, 易知 $1 \in M$ 并且 $\alpha M \subseteq M$. 反之, 如果存在 ${}_RF$ 的有限生成 R-子模 M 使得 $1 \in M$ 并且 $\alpha M \subseteq M$, 记 $m_1, m_2, \cdots, m_s$ 是 R-模 M 的一组生成元, 那么对任意的 i 有 $\alpha m_i = \sum\limits_{j=1}^{s} a_{ij} m_j$, 其中所有的 $a_{ij} \in R$, 即 $m_1, m_2, \cdots, m_s$ 是 F 上齐次线性方程组

$$\begin{cases} (a_{11} - \alpha)x_1 + a_{12}x_2 + \cdots + a_{1s}x_s = 0, \\ a_{21}x_1 + (a_{22} - \alpha)x_2 + \cdots + a_{2s}x_s = 0, \\ \quad\cdots\cdots\cdots\cdots \\ a_{s1}x_1 + a_{s2}x_2 + \cdots + (a_{ss} - \alpha)x_s = 0 \end{cases}$$

的一组解. 由 $1 \in M$ 知 $M \neq 0$, 从而 $m_1, m_2, \cdots, m_s$ 是上述齐次线性方程组的一组非零解. 可见 α 是 R 上矩阵 $(a_{ij})_{s \times s}$ 的特征多项式 ($R[x]$ 中的首 1 多项式) 的一个根. 故 α 是 R 上的代数整元. □

命题 9.1.4 设 R 是一个域 F 的子环 (有相同的单位元). 那么 R 在 F 中的任意有限多个代数整元的和、差与乘积都还是代数整元.

证明 显然只需证明两个代数整元的情形即可. 设 $\alpha, \beta \in F$ 是 R 上的两个代数整元. 那么存在 $_RF$ 的有限生成 R-子模 M 和 N 使得 $1 \in M$ 和 $1 \in N$, 并且 $\alpha M \subseteq M$ 和 $\beta N \subseteq N$. 记 MN 是 $_RF$ 的由所有的 mn 生成的 R-子模, 其中 $m \in M$ 和 $n \in N$. 易知 $1 \in MN$ 并且 MN 也是有限生成 R-模. 可见 $(\alpha \pm \beta)MN \subseteq MN + MN = MN$ 和 $(\alpha\beta)MN \subseteq MN$. 故 $\alpha \pm \beta$ 和 $\alpha\beta$ 都是 R 上的代数整元. 这就完成了命题的证明. $\square$

对上述的 R 和 F, 显然 R 中元素都是 R 上的代数整元. 称 R 在 F 中是整闭的, 如果 R 在 F 中的代数整元都在 R 本身当中. 注意 R 的分式域是 $D = \{a/b \,|\, a, b \in R, b \neq 0\}$. 如果 R 是唯一因式分解整环, 那么我们有 R 在分式域 D 中是整闭的. 这是因为, 对 $a/b \in D$, 其中 $a, b \in R, b \neq 0$ 并且 a, b 互素, 如果 a/b 是 $R[x]$ 中首 1 多项式 $f(x) = x^s + \sum_{i=0}^{s-1} a_i x^i$ 的根, 那么 $a^s/b \in R$. 由 a, b 互素知 b 必须是 R 中的单位. 故 $a/b \in R$, 也即 R 在分式域 D 中是整闭的.

以上关于域的子环上的代数整元的概念和结论在代数数论中是基本的. 一个复数在整数环 $\mathbb{Z}$ 上的代数整元特别地称为代数整数. 代数整数的和、差与乘积仍然是代数整数. 整数环 $\mathbb{Z}$ 在它的分式域 $\mathbb{Q}$ 中是整闭的. 另外域 F 上的多项式环 $F[x_1, x_2, \cdots, x_n]$ 在它的分式域 $F(x_1, x_2, \cdots, x_n)$ 中也是整闭的.

对 $\alpha \in F$, 记

$$R[\alpha] = \{f(\alpha) \,|\, f(x) \in R[x]\}.$$

这显然是域 F 的一个子环. 对 $\alpha_1, \alpha_2, \cdots, \alpha_n \in F$, 记

$$R[\alpha_1, \alpha_2, \cdots, \alpha_n] = \{f(\alpha_1, \alpha_2, \cdots, \alpha_n) \,|\, f(x_1, x_2, \cdots, x_n) \in R[x_1, x_2, \cdots, x_n]\}.$$

这显然也是域 F 的一个子环. 易知有

$$R[\alpha_1, \alpha_2, \cdots, \alpha_n] = R[\alpha_1][\alpha_2, \cdots, \alpha_n].$$

Hilbert 弱零点定理的证明 注意 $K[x_1, x_2, \cdots, x_n]$ 的任意一个真理想含于某个极大理想之中, 并且显然该极大理想的任意一个零点也是它包含的理想的零点. 故只需证明任意一个极大理想有零点.

设 I 是 $K[x_1, x_2, \cdots, x_n]$ 的一个极大理想. 那么商环 $K[\alpha_1, \alpha_2, \cdots, \alpha_n] = K[x_1, x_2, \cdots, x_n]/I$ 是一个域, 其中每个 α_i 是 x_i 在自然满同态 $K[x_1, x_2, \cdots, x_n] \to K[x_1, x_2, \cdots, x_n]/I$ 之下的像, 即商环

$$K[\alpha_1, \alpha_2, \cdots, \alpha_n] = \{f(\alpha_1, \alpha_2, \cdots, \alpha_n) \,|\, f(x_1, x_2, \cdots, x_n) \in K[x_1, x_2, \cdots, x_n]\}$$

是 K 的一个扩域.

我们断言: 对一般的域 K (即不要求是代数闭域), 如果 $K[\alpha_1, \alpha_2, \cdots, \alpha_n]$ 是 K 的一个扩域, 那么每个 α_i 都是域 K 上的代数元. 对 n 归纳来证明该断言. 当 $n = 1$ 时有 $K[\alpha_1]$ 是 K 的一个扩域. 故 α_1 有逆元 $g(\alpha_1) \in K[\alpha_1]$, 其中 $g(x_1) \in K[x_1]$. 可见, α_1 是 $K[x_1]$ 中非零多项式 $x_1 g(x_1) - 1$ 的一个根, 即 α_1 是 K 上的代数元. 现设 $n > 1$. 如果 α_1 是 K 上的代数元, 那么

$$K[\alpha_1] = \{f(\alpha_1) \mid f(x_1) \in K[x_1]\}$$

是 K 的一个扩域, 并且 $K[\alpha_1, \alpha_2, \cdots, \alpha_n] = K[\alpha_1][\alpha_2, \cdots, \alpha_n]$ 是域 $K[\alpha_1]$ 的一个扩域. 归纳可知每个 α_i ($2 \leqslant i \leqslant n$) 都是域 $K[\alpha_1]$ 上的代数元, 从而所有的 α_i ($1 \leqslant i \leqslant n$) 都是域 K 上的代数元. 即 α_1 是 K 上的代数元时断言成立. 下面我们说 α_1 不是 K 上的代数元时是不可能的. 假如 α_1 是 K 上的超越元, 那么可视 $K[\alpha_1]$ 为以 α_1 为不定元的 K 上的一元多项式环并且 $K[\alpha_1]$ 的分式域是

$$K(\alpha_1) = \{f(\alpha_1)/g(\alpha_1) \mid f(\alpha_1), g(\alpha_1) \in K[\alpha_1], g(\alpha_1) \neq 0\}.$$

由 $K[\alpha_1, \alpha_2, \cdots, \alpha_n]$ 是 K 的一个扩域知 $K[\alpha_1, \alpha_2, \cdots, \alpha_n] = K(\alpha_1)[\alpha_2, \cdots, \alpha_n]$. 归纳可知每个 α_i ($2 \leqslant i \leqslant n$) 都是域 $K(\alpha_1)$ 上的代数元. 由此易知存在 $0 \neq a(\alpha_1) \in K[\alpha_1]$ 使得每个 $a(\alpha_1)\alpha_i$ ($2 \leqslant i \leqslant n$) 都是 $K[\alpha_1]$ 上的代数整元. 可见, 对任意 $f(\alpha_1, \alpha_2, \cdots, \alpha_n) \in K[\alpha_1, \alpha_2, \cdots, \alpha_n]$, 存在正整数 s 使得 $a(\alpha_1)^s f(\alpha_1, \alpha_2, \cdots, \alpha_n)$ 是 $K[\alpha_1]$ 上的代数整元. 注意域上一元多项式环 $K[\alpha_1]$ 中互不相伴的不可约多项式一定有无限多个, 所以 $K[\alpha_1]$ 中存在与 $a(\alpha_1)$ 互素的非零多项式 $b(\alpha_1)$. 但 $1/b(\alpha_1) \in K(\alpha_1) \subseteq K[\alpha_1, \alpha_2, \cdots, \alpha_n]$, 故存在正整数 t 使得 $a(\alpha_1)^t(1/b(\alpha_1)) \in K(\alpha_1)$ 是 $K[\alpha_1]$ 上的代数整元. 由 $K[\alpha_1]$ 在 $K(\alpha_1)$ 是整闭的知 $a(\alpha_1)^t(1/b(\alpha_1)) \in K[\alpha_1]$, 即存在 $c(\alpha_1) \in K[\alpha_1]$, 使得 $a(\alpha_1)^t/b(\alpha_1) = c(\alpha_1)$, 与 $a(\alpha_1)$ 和 $b(\alpha_1)$ 在 $K[\alpha_1]$ 中互素矛盾. 所以我们就证明了断言.

由 K 是代数闭域且 $\alpha_1, \alpha_2, \cdots, \alpha_n$ 都是 K 上的代数元知 $\alpha_1, \alpha_2, \cdots, \alpha_n \in K$, 即 $(\alpha_1, \alpha_2, \cdots, \alpha_n)$ 是 K^n 中的一个点. 对任意 $f(x_1, x_2, \cdots, x_n) \in I$, 它在自然满态 $K[x_1, x_2, \cdots, x_n] \to K[x_1, x_2, \cdots, x_n]/I = K[\alpha_1, \alpha_2, \cdots, \alpha_n]$ 之下的像为零, 即 $f(\alpha_1, \alpha_2, \cdots, \alpha_n) = 0$. 可见, $(\alpha_1, \alpha_2, \cdots, \alpha_n) \in K^n$ 是极大理想 I 的一个零点. 这就完成了定理的证明. $\square$

由 Hilbert 弱零点定理可以得到一个更强的结果——Hilbert 零点定理, 这将在下一节中给出.

§9.2 代 数 簇

本节设 K 是代数闭域, $K[x_1, x_2, \cdots, x_n]$ 是 K 上的 n 元多项式环. 通常称 K^n 为 n 维仿射空间, 其中的点 $(c_1, c_2, \cdots, c_n) \in K^n$ 可简记为 c, 即 $c = (c_1, c_2, \cdots, c_n) \in K^n$. 也简记 $x = (x_1, x_2, \cdots, x_n)$, 而把 $K[x_1, x_2, \cdots, x_n]$ 中的多项式 $f(x_1, x_2, \cdots, x_n)$ 记作 $f(x)$. 对仿射空间 K^n 中的点 $c = (c_1, c_2, \cdots, c_n)$, 也把 $f(c_1, c_2, \cdots, c_n)$ 记作 $f(c)$. 此时, 如果 $f(c) = 0$, 那么 c 就是 n 元多项式 $f(x)$ 的一个零点.

本节我们讨论 n 元多项式环 $K[x_1, x_2, \cdots, x_n]$ 的理想与仿射空间 K^n 的子集的关系. 前者是一个代数对象, 后者可看作一个几何对象.

定义 9.2.1　设 J 是 $K[x_1, x_2, \cdots, x_n]$ 的一个非空子集. 称 J 的零点集 (即 J 中所以多项式的共同零点全体的集合)$\mathbb{V}(J)$, 亦即

$$\mathbb{V}(J) = \{c \in K^n \mid \forall f \in J, f(c) = 0\},$$

为一个代数簇 (或简称簇). 就是说若存在 $K[x_1, x_2, \cdots, x_n]$ 的一个非空子集 J 使得 $V = \mathbb{V}(J)$, 则 K^n 这样的一个子集 V 被称为 (代数) 簇.

譬如, 对有限个多项式 $f_i(x_1, x_2, \cdots, x_n) \in K[x_1, x_2, \cdots, x_n]$, $i = 1, 2, \cdots, m$, (代数) 簇 $\mathbb{V}(f_1, f_2, \cdots, f_m) \subseteq K^n$ 就是联立方程组

$$\begin{cases} f_1(x_1, x_2, \cdots, x_n) = 0, \\ f_2(x_1, x_2, \cdots, x_n) = 0, \\ \cdots\cdots\cdots\cdots \\ f_m(x_1, x_2, \cdots, x_n) = 0 \end{cases} \tag{9.1}$$

的解的全体. 解方程组当然是一个非常重要的问题. 如果所有 f_i 是 $x_1, x_2, \cdots, x_n$ 的一次多项式, 那么由线性方程组理论我们知道 $\mathbb{V}(f_1, f_2, \cdots, f_m)$ 是 K 上 n 维向量空间 K^n 的一个子空间 V 的陪集 $(a_1, a_2, \cdots, a_n) + V$. 另外, 当 $m = 1, n = 2$ 或 3 时, 即只讨论一个方程 $f(x_1, x_2) = 0$ 或 $f(x_1, x_2, x_3) = 0$, 且当多项式 f 的次数是 2 时, (代数) 簇 $\mathbb{V}(f)$ 就类似于我们在解析几何中研究的二次曲线和二次曲面.

(代数) 簇是代数几何中最基本的研究对象, 内容非常丰富. 我们下面只是作些初步的介绍.

命题 9.2.2　(1) 设 $J_1 \subseteq J_2 \subseteq K[x_1, x_2, \cdots, x_n]$. 那么 $\mathbb{V}(J_1) \supseteq \mathbb{V}(J_2)$.

(2) 设 J 是 $K[x_1, x_2, \cdots, x_n]$ 的子集, $I = (J)$ (J 生成的理想). 那么 $\mathbb{V}(J) = \mathbb{V}(I)$.

证明　(1) 是显然的. 今证 (2). 任取 $g \in I = (J)$, 则由理想 I 的定义, 有

$$g = g_1 f_1 + g_2 f_2 + \cdots + g_m f_m, \quad \text{其中 } f_i \in J, g_i \in K[x_1, x_2, \cdots, x_n].$$

因而 $\mathbb{V}(J)$ 中的点 (即 J 中多项式的共同零点) 也必是 g 的零点, 随之 $\mathbb{V}(J) \subseteq \mathbb{V}(I)$. 另一方面, $J \subseteq I$, 根据 (1) 有 $\mathbb{V}(J) \supseteq \mathbb{V}(I)$. 故得 $\mathbb{V}(J) = \mathbb{V}(I)$. 　□

注 9.2.3　命题 9.2.2 是说, 在讨论 (代数) 簇时, 用理想 I 去代替子集 J 我们没有任何损失. 所以任意一个簇总可写成 $\mathbb{V}(I)$, 其中 I 是一个理想.

另一方面, Hilbert 基定理告诉我们, $K[x_1, x_2, \cdots, x_n]$ 的任意一个理想 I 是有限生成的, 即 $I = (f_1, f_2, \cdots, f_s)$. 所以 $\mathbb{V}(I) = \mathbb{V}(f_1, f_2, \cdots, f_s)$.

下面将把 (代数) 簇这个几何对象与一个代数对象——理想对应起来, 可把它看作圆、椭圆、抛物线、双曲线与二元二次多项式间相互对应的深化, 也可看作另一类 Galois 对应: 在不同类型的对象之间建立漂亮的对应关系.

定义 9.2.4　设 U 是仿射空间 K^n 的一个子集, 规定

$$\mathbb{I}(U) = \{f \in K[x_1, x_2, \cdots, x_n] \mid \forall c \in U, f(c) = 0\},$$

即 $\mathbb{I}(U)$ 是以 U 中所有点为零点的一切多项式的集合.

容易证明: $\mathbb{I}(U)$ 是环 $K[x_1, x_2, \cdots, x_n]$ 的一个理想, 以及当 $U_1 \subseteq U_2$ 时, 有 $\mathbb{I}(U_1) \supseteq \mathbb{I}(U_2)$. 由上面这两个定义, 我们得到下面的两个对应:

$$\mathbb{I}: \{K^n \text{ 中的所有簇}\} \to \{K[x_1, x_2, \cdots, x_n] \text{ 的所有理想}\}$$

$$V \mapsto \mathbb{I}(V); \tag{9.2}$$

$$\mathbb{V}: \{K[x_1, x_2, \cdots, x_n] \text{ 的所有理想}\} \to \{K^n \text{ 中的所有簇}\}$$

$$I \mapsto \mathbb{V}(I). \tag{9.3}$$

$\mathbb{I}$ 和 $\mathbb{V}$ 是一一对应吗? $\mathbb{I}$ 和 $\mathbb{V}$ 是互逆对应吗? 为此先看

命题 9.2.5　(1) 对任意理想 I, 有 $\mathbb{I}(\mathbb{V}(I)) \supseteq I$;

(2) 对任意簇 $V = \mathbb{V}(I)$, 有 $\mathbb{V}(\mathbb{I}(V)) = V$;

(3) 对任意理想 $I = \mathbb{I}(V)$, 其中 V 是簇, 有 $\mathbb{I}(\mathbb{V}(I)) = I$.

证明　(1) 是显然的.

(2) 显然有 $\mathbb{V}(\mathbb{I}(V)) \supseteq V$. 另一方面, 设 $V = \mathbb{V}(I)$. 由 (1) 知 $\mathbb{I}(V) \supseteq I$. 于是 $\mathbb{V}(\mathbb{I}(V)) \subseteq \mathbb{V}(I) = V$. 故 $\mathbb{V}(\mathbb{I}(V)) = V$.

(3) 已知 $I = \mathbb{I}(V)$. 由 (2) 知 $\mathbb{V}(I) = \mathbb{V}(\mathbb{I}(V)) = V$. 随之 $\mathbb{I}(\mathbb{V}(I)) = \mathbb{I}(V) = I$. □

下面为引用方便, 我们引入

定义 9.2.6　称 $K[x_1, x_2, \cdots, x_n]$ 的理想 I 为 V-理想, 如果 $I = \mathbb{I}(V)$, 其中 V 是簇.

我们将看到, 并不是 $K[x_1, x_2, \cdots, x_n]$ 的所有理想都是 V-理想. 这样欲使 $\mathbb{I}, \mathbb{V}$ 是一一对应且是互逆对应, 需对其定义域或值域进行修正如下:

$$\mathbb{I} : \{V\} = \{K^n \text{ 中所有簇}\} \to \{K[x_1, x_2, \cdots, x_n] \text{ 的所有 } V\text{-理想}\}$$

$$V \mapsto \mathbb{I}(V); \tag{9.4}$$

$$\mathbb{V} : \{I\} = \{K[x_1, x_2, \cdots, x_n] \text{ 的所有 } V\text{-理想}\} \to \{K^n \text{ 中的所有簇}\}$$

$$I \mapsto \mathbb{V}(I). \tag{9.5}$$

综合上面的讨论便得

定理 9.2.7　令

$$\{K[x_1, x_2, \cdots, x_n] \text{的所有 } V\text{-理想}\} \underset{\mathbb{I}}{\overset{\mathbb{V}}{\rightleftharpoons}} \{K^n \text{ 中的所有簇}\}$$

如 (9.4), (9.5) 式. 则有

(1) $\mathbb{V}(\mathbb{I}(V)) = V$, 其中 V 是 K^n 中的簇;

(2) $\mathbb{I}(\mathbb{V}(I)) = I$, 其中 I 是 $K[x_1, x_2, \cdots, x_n]$ 的 V-理想;

(3) $\mathbb{V}, \mathbb{I}$ 是一一对应且是互逆对应;

(4) 若 V_1, V_2 是两个簇且 $V_1 \subseteq V_2$, 则 $\mathbb{I}(V_1) \supseteq \mathbb{I}(V_2)$;

(5) 若 I_1, I_2 是两个 V-理想且 $I_1 \subseteq I_2$, 则 $\mathbb{V}(I_1) \supseteq \mathbb{V}(I_2)$.

如果说利用 Galois 基本定理中的 Galois 对应 (扩域 K/F 的中间域集与其 Galois 群的子群集之间的一一对应), 帮助我们用较容易控制的有限群去研究扩域 K/F 的性质, 则现在上面定理中所提供的对应 $\mathbb{V}, \mathbb{I}$, 将帮助我们用较容易控制的理想论 (代数理论) 去研究簇 (几何对象) 的性质.

看一些简单的例子: 容易证明理想 (0), $K[x_1, x_2, \cdots, x_n]$ 和 $(x_1 - c_1, x_2 - c_2, \cdots, x_n - c_n)$ (是 $K[x_1, x_2, \cdots, x_n]$ 的极大理想) 都是 V-理想. 那么上述的一一对应给出的这些理想与它们对应的簇如下:

$$(0) \longleftrightarrow K^n,$$

$$K[x_1, x_2, \cdots, x_n] \longleftrightarrow \varnothing,$$

$$(x_1 - c_1, x_2 - c_2, \cdots, x_n - c_n) \longleftrightarrow \{(c_1, c_2, \cdots, c_n)\} \text{ (一个点的集合)}.$$

定义 9.2.8　设 I 是 $K[x_1, x_2, \cdots, x_n]$ 的理想. 规定

$$\sqrt{I} = \{f \in K[x_1, x_2, \cdots, x_n] \,|\, f \text{ 的某个幂 } f^m \in I\}.$$

易见 $I \subseteq \sqrt{I}$ 且 $\sqrt{I}$ 也是一个理想. 称 $\sqrt{I}$ 为理想 I 的根理想, 并称 $I = \sqrt{I}$ 的理想 I 为根闭理想.

注 9.2.9　对任意一个理想 I, 显然有 $\mathbb{V}(I) = \mathbb{V}(\sqrt{I})$. 所以, 任意一个簇又总可写成 $\mathbb{V}(I)$, 其中 I 是一个根闭理想.

命题 9.2.10　如果 $K[x_1, x_2, \cdots, x_n]$ 的理想 I 是 V-理想, 那么 I 是根闭理想.

证明　设 $I = \mathbb{I}(V)$, 其中 V 是簇. 对任意 $f \in K[x_1, x_2, \cdots, x_n]$, 若 $f \in \sqrt{I}$, 即 f 的某个幂 $f^m \in I$, 则对任意 $c \in V$ 有 $(f(c))^m = 0$, 从而 $f(c) = 0$. 依 $\mathbb{I}(V)$ 的定义知 $f \in \mathbb{I}(V) = I$. 由此即知 $\sqrt{I} = I$. □

这样 V-理想是根闭理想. 显然不是所有理想都是根闭理想, 例如 x_1^2 生成的理想 (x_1^2) 就不是根闭理想, 随之也不是 V-理想.

定理 9.2.11 (Hilbert 零点定理)　设 K 是代数闭域, I 是 $K[x_1, x_2, \cdots, x_n]$ 的一个理想. 那么 $\mathbb{I}(\mathbb{V}(I)) = \sqrt{I}$.

证明　由 $I \subseteq \mathbb{I}(\mathbb{V}(I))$ 和 $\mathbb{I}(\mathbb{V}(I))$ 是根闭理想易知 $\sqrt{I} \subseteq \mathbb{I}(\mathbb{V}(I))$.

另一方面, 任取 $0 \neq f \in \mathbb{I}(\mathbb{V}(I))$. 考虑 $n+1$ 元多项式环 $K[x_1, x_2, \cdots, x_n, y]$, 记为 R, 并且自然视 $K[x_1, x_2, \cdots, x_n]$ 为 R 的子环. 我们断言: I 和 $yf-1$ 在 R 中生成的理想 $RI + R(yf-1)$ 在 K^{n+1} 中没有零点. 实际上, 对 K^{n+1} 中任意一个点 $(c_1, c_2, \cdots, c_n, d)$, 如果 $(c_1, c_2, \cdots, c_n)$ 不是 I 的零点, 那么 $(c_1, c_2, \cdots, c_n, d)$ 显然不是 R 的子集 I 的零点, 从而 $(c_1, c_2, \cdots, c_n, d)$ 也不是包含 I 的理想 $RI+R(yf-1)$ 的零点; 如果 $(c_1, c_2, \cdots, c_n)$ 是 I 的零点, 即 $(c_1, c_2, \cdots, c_n) \in \mathbb{V}(I)$, 那么由 $f \in \mathbb{I}(\mathbb{V}(I))$ 知 $(c_1, c_2, \cdots, c_n, d)$ 是 $f \in R$ 的零点, 从而 $(c_1, c_2, \cdots, c_n, d)$ 不是 $yf-1$ 的零点, 进而也不是包含 $yf-1$ 的理想 $RI + R(yf-1)$ 的零点. 这就证明了断言. 由 Hilbert 弱零点定理知 $RI + R(yf-1) = R$, 从而 $1 = \sum_{i=1}^{s} g_i f_i + h(yf-1)$, 其中所有的 $f_i \in I, g_i \in R$ 并且 $h \in R$. 特别地, 取 $y = 1/f$ 得到

$$1 = \sum_{i=1}^{s} g_i(x_1, x_2, \cdots, x_n, 1/f) f_i.$$

可见存在正整数 m 使得 $f^m = \sum_{i=1}^{s} g_i' f_i$, 其中所有的 $g_i' \in K[x_1, x_2, \cdots, x_n]$, 即 $f^m \in I$. 所以 $f \in \sqrt{I}$. 这就证明了 $\mathbb{I}(\mathbb{V}(I)) \subseteq \sqrt{I}$. □

注 9.2.12 上面定理的证明用到了 Hilbert 弱零点定理. 反之, 由上面定理也可得到 Hilbert 弱零点定理. 实际上, 设 I 是 $K[x_1, x_2, \cdots, x_n]$ 的任意一个真理想. 易知 $\sqrt{I}$ 也是真理想. 由 $\mathbb{I}(\mathbb{V}(I)) = \sqrt{I}$ 是真理想知 $\mathbb{V}(I)$ 不是空集. 所以 I 有零点, 即 Hilbert 弱零点定理成立. 所以 Hilbert 零点定理和 Hilbert 弱零点定理是等价的.

作为 Hilbert 零点定理的一个直接推论, 我们还有: 根闭理想是 V-理想. 实际上, 若 I 是根闭理想, 那么 $I = \sqrt{I} = \mathbb{I}(\mathbb{V}(I))$, 即 I 是 V-理想. 这样, 有了 Hilbert 零点定理之后, 根闭理想和 V-理想就是相同的概念了.

§9.3 仿射空间的 Zariski 拓扑与代数簇的分解

与上节一样, 我们仍然设 K 是代数闭域, $K[x_1, x_2, \cdots, x_n]$ 是 n 元多项式环. 那么仿射空间 K^n 中的任意一个簇都形如 $\mathbb{V}(I)$, 其中 I 是 $K[x_1, x_2, \cdots, x_n]$ 的理想.

命题 9.3.1 (1) 设 $\{I_j\}_{j \in J}$ (J 是指标集) 是 $K[x_1, x_2, \cdots, x_n]$ 的一组理想的集合. 那么

$$\bigcap_{j \in J} \mathbb{V}(I_j) = \mathbb{V}\left(\sum_{j \in J} I_j\right),$$

即任意多个簇的交还是一个簇.

(2) 设 $I_1, I_2, \cdots, I_m$ 是 $K[x_1, x_2, \cdots, x_n]$ 的有限多个理想. 那么

$$\bigcup_{j=1}^{m} \mathbb{V}(I_j) = \mathbb{V}\left(\bigcap_{j=1}^{m} I_j\right) = \mathbb{V}(I_1 I_2 \cdots I_m),$$

即有限多个簇的并还是一个簇.

证明 (1) 任取 $c = (c_1, c_2, \cdots, c_n) \in \bigcap_{j \in J} \mathbb{V}(I_j)$. 那么对任意 $j \in J$ 有 c 是 I_j 的一个零点. 所以 c 是理想的和 $\sum_{j \in J} I_j$ 的一个零点. 故 $c \in \mathbb{V}\left(\sum_{j \in J} I_j\right)$, 即得 $\bigcap_{j \in J} \mathbb{V}(I_j) \subseteq \mathbb{V}\left(\sum_{j \in J} I_j\right)$. 反之, 任取 $c \in \mathbb{V}\left(\sum_{j \in J} I_j\right)$. 注意对任意 $l \in J$ 有 $\mathbb{V}\left(\sum_{j \in J} I_j\right) \subseteq \mathbb{V}(I_l)$. 故 $c \in \bigcap_{j \in J} \mathbb{V}(I_j)$, 即得 $\mathbb{V}\left(\sum_{j \in J} I_j\right) \subseteq \bigcap_{j \in J} \mathbb{V}(I_j)$. 所以 $\bigcap_{j \in J} \mathbb{V}(I_j) = \mathbb{V}\left(\sum_{j \in J} I_j\right)$.

(2) 对任意 $1 \leqslant l \leqslant m$, 有 $\mathbb{V}(I_l) \subseteq \mathbb{V}\left(\bigcap_{j=1}^{m} I_j\right) \subseteq \mathbb{V}(I_1 I_2 \cdots I_m)$. 所以 $\bigcup_{j=1}^{m} \mathbb{V}(I_j) \subseteq$ $\mathbb{V}\left(\bigcap_{j=1}^{m} I_j\right) \subseteq \mathbb{V}(I_1 I_2 \cdots I_m)$. 反之, 任取 $c \in \mathbb{V}(I_1 I_2 \cdots I_m)$. 假如 $c \notin \bigcup_{j=1}^{m} \mathbb{V}(I_j)$, 那么对任意的 $1 \leqslant j \leqslant m$, 存在 $f_j \in I_j$ 使得 $f_j(c) \neq 0$. 所以 $f_1(c) f_2(c) \cdots f_m(c) \neq 0$. 但 $f_1 f_2 \cdots f_m \in I_1 I_2 \cdots I_m$, 这与 $c \in \mathbb{V}(I_1 I_2 \cdots I_m)$ 矛盾. 故只能有 $c \in \bigcup_{j=1}^{m} \mathbb{V}(I_j)$, 所以 $\mathbb{V}(I_1 I_2 \cdots I_m) \subseteq \bigcup_{j=1}^{m} \mathbb{V}(I_j)$. 故 $\bigcup_{j=1}^{m} \mathbb{V}(I_j) = \mathbb{V}\left(\bigcap_{j=1}^{m} I_j\right) = \mathbb{V}(I_1 I_2 \cdots I_m)$. $\qquad\square$

可见, 仿射空间 K^n 以所有的簇为闭集成为一个拓扑空间, 称为 Zariski 拓扑空间, 并称该拓扑是 Zariski 拓扑. 所以 (代数) 簇也称为代数闭集.

现在来讨论簇的分解. 先引入

定义 9.3.2 (1) 称非空簇 V 为不可约的, 如果 V 不能表成两个簇 $V_1 \neq V, V_2 \neq V$ 之并, 即是说, 若 $V = V_1 \cup V_2$, 则 $V = V_1$ 或 $V = V_2$. 否则就称 V 是可约簇.

(2) 称真的 V-理想 I 为不可约的, 如果 I 不能表成两个 V-理想 $I_1 \neq I, I_2 \neq I$ 之交, 即是说, 若 $I = I_1 \cap I_2$, 则 $I = I_1$ 或 $I = I_2$. 否则就称 I 为可约理想.

在代数几何的书中, 有些仅把不可约的 (代数) 簇称为 (代数) 簇, 而把我们所讲的 (代数) 簇称为代数闭集.

下面我们用 Hilbert 基定理来证明簇分解的存在性.

Hilbert 基定理是说: 任意理想的升链都满足升链条件. 把它翻译到簇的情形就是下面的

命题 9.3.3 任意簇的降链

$$V_1 \supseteq V_2 \supseteq \cdots \supseteq V_i \supseteq \cdots \tag{9.6}$$

满足降链条件, 即存在 N, 使得

$$V_N = V_{N+1} = \cdots.$$

证明 由簇的降链 (9.6) 可得理想的升链

$$\mathbb{I}(V_1) \subseteq \mathbb{I}(V_2) \subseteq \cdots \subseteq \mathbb{I}(V_n) \subseteq \cdots,$$

依 Hilbert 基定理, 存在 N 使

$$\mathbb{I}(V_N) = \mathbb{I}(V_{N+1}) = \cdots.$$

再用 $\mathbb{V}$ 把它对应回去, 便是

$$V_N = V_{N+1} = \cdots.\qquad\square$$

假如有非空簇 V 不能表成有限个不可约簇的并, 我们希望由此得到矛盾. 显然 V 本身不是不可约的, 这样 $V = W_1 \cup W_2$, 其中 $W_i \subsetneq V (i = 1, 2)$ 都是非空簇. 可见 W_i 中必有一 (比如说是 W_1) 不能表成有限个不可约簇的并, 否则将与对 V 的假设矛盾. 设 $V_1 = W_1 \subsetneq V$, 而对 V_1 重复对 V 的讨论, 这样将得非空簇 $V_2 \subsetneq V_1$, 且 V_2 和 V_1 (以及 V) 有同样的性质. 这样继续讨论下去, 便得无限降链

$$V \supsetneq V_1 \supsetneq V_2 \supsetneq \cdots \supsetneq V_i \supsetneq \cdots.$$

这和刚证的命题是矛盾的. 这就证明了下面的定理.

定理 9.3.4 (簇分解的存在性定理)　任一非空簇 V 都可分解为有限个不可约簇的并:

$$V = V_1 \cup V_2 \cup \cdots \cup V_m. \tag{9.7}$$

V 的分解 (9.7) 当然不是唯一的, 例如可让 V_1 重复出现多次而得 V 的另外一些分解. 称 V 的分解 (9.7) 为最简分解, 如果 (9.7) 式中任意 V_i 都是不能去掉的.

定理 9.3.5 (簇分解的唯一性定理)　设非空簇 V 有两个最简分解

$$V = V_1 \cup V_2 \cup \cdots \cup V_s = W_1 \cup W_2 \cup \cdots \cup W_t,$$

其中 V_i, W_j 都是不可约簇. 则 $s = t$ 且对 W_i 适当重编号后有 $V_i = W_i, i = 1, 2, \cdots, s$.

证明　任取某一 W_i, 比如说是 W_1. 由 $W_1 \subseteq V$ 得

$$W_1 = W_1 \cap V = (W_1 \cap V_1) \cup (W_1 \cap V_2) \cup \cdots \cup (W_1 \cap V_n),$$

由于 W_1 是不可约的, 故必有 i. 使

$$W_1 = W_1 \cap V_i \subseteq V_i.$$

对 V_i 进行同样讨论, 则必有 j, 使

$$V_i = V_i \cap W_j \subseteq W_j.$$

这样 $W_1 \subseteq V_i \subseteq W_j$. 但 V 的两个分解都是最简分解, 不同的 W_i 是不能有包含关系的, 故 $j = 1$, 而 $W_1 = V_i$. 对 W_2 进行上述讨论, 便有 $W_2 = V_j$, 且易见 $i \neq j$. 如此继续下去便得定理的结论. $\qquad\square$

可以说, 有限交换群的唯一分解定理完全地刻画了有限交换群的结构, 因为那里的 "基本构件" 是 p^n 阶循环群, 而它的结构是清楚的. 但这里, 簇的唯一分解定理只是把对簇的研究归结为对不可约簇的研究, 虽然这是重大的步骤, 但对簇的研究却远没有完成. 因为不可约簇仍是一个很复杂的对象. 下面我们只限于看一下, 不可约簇 V 对应的理想 $\mathbb{I}(V)$ 是什么样子.

命题 9.3.6　设 V 是不可约簇. 则 $I = \mathbb{I}(V)$ 是素理想.

证明　对 $a, b \in K[x_1, x_2, \cdots, x_n]$ 使得 $ab \in I$, 要证 $a \in I$ 或 $b \in I$. 记 $I_1 = I + (a), I_2 = I + (b)$. 那么有 $\mathbb{V}(I_1 I_2) = \mathbb{V}(I_1) \cup \mathbb{V}(I_2) \subseteq \mathbb{V}(I) \cup \mathbb{V}(I) = \mathbb{V}(I)$. 由 $ab \in I$ 易知 $I_1 I_2 \subseteq I$. 故 $\mathbb{V}(I) \subseteq \mathbb{V}(I_1 I_2)$. 可见 $\mathbb{V}(I) = \mathbb{V}(I_1) \cup \mathbb{V}(I_2)$. 由 $\mathbb{V}(I)$ 是不可约的知 $\mathbb{V}(I) = \mathbb{V}(I_1)$ 或 $\mathbb{V}(I) = \mathbb{V}(I_2)$, 故 $I_1 \subseteq \mathbb{I}(\mathbb{V}(I_1)) = \mathbb{I}(\mathbb{V}(I))$ 或 $I_2 \subseteq \mathbb{I}(\mathbb{V}(I_2)) = \mathbb{I}(\mathbb{V}(I))$. 由 I 是 V-理想知 $\mathbb{I}(\mathbb{V}(I)) = I$. 所以 $a \in I$ 或 $b \in I$, 从而 I 是素理想.　　　□

一个自然的问题是, 命题 9.3.6 之逆是否成立, 即是否 $K[x_1, x_2, \cdots, x_n]$ 的任一素理想 I 都可表为 $I = \mathbb{I}(V)$, 其中 V 是不可约簇. 回答是肯定的, 其证明要用到在 $K[x_1, x_2, \cdots, x_n]$ 中 V-理想和根闭理想是等价的概念 (这一点前面我们已经提到过), 以及两个根闭理想的交也是根闭理想. V-理想是借助于簇而定义的概念, 不太好掌握, 而根闭理想则完全是一个纯代数 (即只用环的语言) 的概念, 是易验证的. 作为练习, 读者不难证明下面两个命题.

命题 9.3.7　$K[x_1, x_2, \cdots, x_n]$ 的任意一个素理想必是根闭理想, 进而也是 V-理想.

命题 9.3.8　$K[x_1, x_2, \cdots, x_n]$ 的素理想 P 必是不可约理想, 并且 $\mathbb{V}(P)$ 是不可约簇.

由上述命题便得命题 9.3.6 之逆是成立的.

这里顺便指出, 利用 Hilbert 零点定理不难证明: $K[x_1, x_2, \cdots, x_n]$ 中的极大理想是且仅是形如 $(x_1 - c_1, x_2 - c_2, \cdots, x_n - c_n)$ 的理想. 这种形式的理想一定为极大理想是很容易证明的, 然而另一方向的证明则需要 Hilbert 零点定理.

在基础篇环的章节中我们曾看到一些场合中素理想、极大理想的出现. 在这里, 在环 $K[x_1, x_2, \cdots, x_n]$ 中我们又在新的场合中看到它们. 这说明这些概念是重要的和有力的.

§9.4　Gröbner 基

本节介绍计算代数几何的一个基石: Gröbner 基理论.

在域 F 上一元多项式的理论中有重要的 Euclid 算法 (对给定一元多项式 $f(x)$ 和 $g(x)$ 可按一定步骤计算出商式 $q(x)$ 和余式 $r(x)$); 在域 F 上 n 元线性方程组的理论中有重要的 Gauss 算法 (对给定方程组可按一定步骤计算或算出其解或得知它无解). 无论在理论上还是计算上它们起着巨大的作用. Euclid 算法可以说是关于环 $F[x]$ 的, Gauss 算法可以说是关于 F 上 n 维向量空间 F^n 的. 那么它们在 n 元多项式环 $F[x_1, x_2, \cdots, x_n]$ 中的相应物该是什么呢?

下面这个简单而要害的问题引发出计算代数几何: 在域 F 上 n 元多项式环 $F[x_1, x_2, \cdots, x_n]$ 中给定 m 个多项式 $g_1, g_2, \cdots, g_m$, 以及 f, 求出一算法 (即按一定规则进行的有限次计算程序) 而能判断 f 是否属于理想 $(g_1, g_2, \cdots, g_m)$, 这就是说依据算法去计算, 或者得出 $F[x_1, x_2, \cdots, x_n]$ 中多项式 $q_1, q_2, \cdots, q_m$ 使 $f = q_1 g_1 + q_2 g_2 + \cdots + q_m g_m$, 或者得出结论: f 不可能表示成这种形式, 就像 Gauss 算法之对于线性方程组那样.

对比一元多项式的 Euclid 算法, 自然想到用 $g_1, g_2, \cdots, g_m$ 去除 f, 即对多元多项式情况讨论 "带余除法". 我们就从这里入手.

"带余除法" 的本质是用除式的首项去消被除式的首项, 因而要对单项式引入一个序.

先看偏序和全序的概念. 对于一个非空集合 S 和函数 $\varphi: S \times S \to \{0, 1\}$, 如果 $\varphi(s_1, s_2) = 1$, 那么记 $s_1 \leqslant s_2$. 此时称 $(S, \leqslant)$ 是一个偏序集, 并且称 $\leqslant$ 是 S 的一个偏序, 如果满足下列条件:

(1) 对任意 $s \in S$, 有 $s \leqslant s$;

(2) 如果 $s_1 \leqslant s_2 \leqslant s_3$, 那么 $s_1 \leqslant s_3$;

(3) 如果 $s_1 \leqslant s_2 \leqslant s_1$, 那么 $s_1 = s_2$.

在一个偏序集中, 若 $s_1 \leqslant s_2$ 但 $s_1 \neq s_2$ 则记 $s_1 < s_2$.

集合 S 的一个偏序 $\leqslant$ 称为全序, 如果对任意 $s_1, s_2 \in S$, 有 $s_1 \leqslant s_2$ 或者 $s_2 \leqslant s_1$. 此时称 $(S, \leqslant)$ 是一个全序集

一个全序集 $(S, \leqslant)$ 称为良序集, 如果它的任意一个非空集合有最小元. 即对 S 的任意非空子集 A, 总存在 $a \in A$ 使得对任意 $b \in A$ 有 $a \leqslant b$.

现在回到 n 元多项式环 $F[x_1, x_2, \cdots, x_n]$. 对 $\alpha = (i_1, i_2, \cdots, i_n) \in \mathbb{Z}_{\geqslant 0}^n$, 记 $x^\alpha = x_1^{i_1} x_2^{i_2} \cdots x_n^{i_n}$ 是相应的单项式 (注意 $1 = x_1^0 x_2^0 \cdots x_n^0$ 是一个单项式), 并且记

$$M = \{x^\alpha \mid \alpha \in \mathbb{Z}_{\geqslant 0}^n\}$$

是所有单项式的集合. $F[x_1, x_2, \cdots, x_n]$ 的一个单项式序是指 M 的一个全序 $\leqslant$, 使得它是良序集并且序保持乘法: 对任意 $\alpha_1, \alpha_2, \beta_1, \beta_2 \in \mathbb{Z}_{\geqslant 0}^n$, 如果 $x^{\alpha_1} \leqslant x^{\beta_1}$, $x^{\alpha_2} \leqslant x^{\beta_2}$, 那么 $x^{\alpha_1} x^{\alpha_2} \leqslant x^{\beta_1} x^{\beta_2}$.

我们现在说明单项式序总是存在的. 下面我们构造一类单项式序, 称为字典序: 任取不定元 $x_1, x_2, \cdots, x_n$ 的一个置换 $x_{t_1}, x_{t_2}, \cdots, x_{t_n}$, 先定义不定元的序 $x_{t_1} > x_{t_2} > \cdots > x_{t_n}$, 然后利用不定元作为字母按字典序定义所有单项式的序, 即 $x_{t_1}^{i_1} x_{t_2}^{i_2} \cdots x_{t_n}^{i_n} > x_{t_1}^{j_1} x_{t_2}^{j_2} \cdots x_{t_n}^{j_n}$ 当且仅当存在 $1 \leqslant m \leqslant n$ 使得 $i_1 = j_1, \cdots, i_{m-1} = j_{m-1}$ 但 $i_m > j_m$. 易知这是一个单项式序, 称为以不定元序 $x_{t_1} > x_{t_2} > \cdots > x_{t_n}$ 确定的字典序.

任意给定一个单项式序, 我们就可以对每个 n 元非零多项式 f 定义首项 (leading term) 并记为 $LT(f)$, 定义首项单项式 (leading monomial) 并记为 $LM(f)$, 以及定义首项系数 (leading coefficient) 并记为 $LC(f)$. 注意 $0 \neq LC(f) \in F$ 并且有 $LT(f) = LC(f)LM(f)$. 注意对两个非零多项式 f, g, 有 $LT(g)\,|\,LT(f)$ 当且仅当 $LM(g)\,|\,LM(f)$.

除算法　设 $F[x_1, x_2, \cdots, x_n]$ 有一个单项式序 $\leqslant$.

(1) 用一个除式 g 去除 f 的程序: 若 g 的首项 $LT(g)$ 不整除 f 的首项 $LT(f)$, 则计算终止; 若 $LT(f) = a_1 x^{\alpha_1} LT(g)$, $a_1 \in F$, 则令 $f_1 = f - q_1 g$, $q_1 = a_1 x^{\alpha_1}$; 再对除式 g 去除 f_1, 重复上面步骤, 直至

$$q_t = a_1 x^{\alpha_1} + a_2 x^{\alpha_2} + \cdots + a_t x^{\alpha_t}, \qquad f_t = f - q_t g,$$

或 $f_t = 0$ 或 $LT(g) \nmid LT(f_t)$, 则计算终止. 此时 $f = qg + r$, 其中 $r = 0$ 或者 $LT(g) \nmid LT(r)$. 称 r 为 g 除 f 的余式. 注意单项式序是良序的, 从而易知通过有限多步即可得到余式.

(2) 用 m 个除式 $\{g_i \,|\, 1 \leqslant i \leqslant m\}$ 去除 f 的程序: 先给定 m 个除式一个先后顺序, 例如排列为 $g_1, g_2, \cdots, g_m$ (当然也可把 g_3 排在第一位). 依程序 (1) 用 g_1 去除 f, 最终得到 $f = q_{11}g_1 + r_{11}$; 再用 g_2 去除 r_{11} 得 $r_{11} = q_{12}g_2 + r_{12}$ (随之, $f = q_{11}g_1 + q_{12}g_2 + r_{12}$); 这样继续下去, 直至用 g_m 去除 $r_{1,m-1}$ 得 $r_{1,m-1} = q_{1m}g_m + r_{1m}$ (随之, $f = q_{11}g_1 + q_{12}g_2 + \cdots + q_{1m}g_m + r_{1m}$). 然后翻转回去再从 g_1 开始, 用 g_1 去除 r_{1m}, 如此反复下去, 直至 $f = q_1g_1 + q_2g_2 + \cdots + q_mg_m + r$, 且 $r = 0$ 或者对任意 i 有 $LT(g_i) \nmid LT(r)$, 则计算终止. 而称 r 为在给定单项式序 $\leqslant$ 之下, 除式按 $g_1, g_2, \cdots, g_m$ 顺序排列去除 f 时得到的余式. 同样由单项式序是良序的知通过有限多步即可得到余式.

读者可将上面算法用计算机的程序语言表达出来.

如果按除算法得到的余式 r 是 "唯一" 的就好了. 可惜这是不成立的, 例子如下.

例 9.4.1　在 $\mathbb{Q}[x, y]$ 中, $x > y$, 取字典序. 用 $g_1 = xy + 1, g_2 = y^2 - 1$ 去除

$f = xy^2 - x$. 先按顺序 g_1, g_2 去除 f, 依除算法得

$$f = yg_1 + 0g_2 + (-x - y),$$

且 $LT(g_1) = xy \nmid (-x) = LT(-x - y), LT(g_2) = y^2 \nmid (-x) = LT(-x - y)$. 再按顺序 g_2, g_1 去除 f, 依除算法得

$$f = xg_2 + 0g_1 + 0, \qquad r = 0.$$

这说明除式的顺序在除算法中是影响最终结果的, 同时也说明用 g_1, g_2 去除 f 时是不唯一的, 因而我们无法依余式 $r \neq 0$ 去判断 f 不属于理想 (g_1, g_2).

为了判断是否 $f \in (g_1, g_2, \cdots, g_m)$ 而去用 $g_1, g_2, \cdots, g_m$ 去除 f, 这时我们还有一些有利条件可以利用: 可以扩大除式队伍, 在 $g_1, g_2, \cdots, g_m$ 上, 再添加有限多个形如

$$h_1 g_1 + h_2 g_2 + \cdots + h_m g_m \in (g_1, g_2, \cdots, g_m)$$

的除式, 然后去除 f. 一方面用此扩大的除式集去除 f, 若得 $r = 0$, 仍知 $f \in (g_1, g_2, \cdots, g_m)$; 另一方面, 除式多, 除式的首项也多, 能够整除的单项式也多, 能使除算法继续施行的机会也就多了, 而有可能避免上例中的尴尬局面.

最理想的境界是在理想 $I = (g_1, g_2, \cdots, g_m)$ 中找到一组生成元 $h_1, h_2, \cdots, h_t$, 即 $I = (h_1, h_2, \cdots, h_t)$, 且 I 中任一多项式的首项必被某一个 h_i 的首项整除. 若是, 当 $f \in I$ 时, 注意到依除算法用 $h_1, h_2, \cdots, h_t$ 去除 f 时在每一步骤中所得到的余式 r 也都属于 I, 因而除算法将永可执行直到最终 $r = 0$. 反之若 $f \notin I$, 则当然最终的余式 $r \neq 0$. 这样依除算法去计算, 根据余式 r 是否为 0, 就可判断是否 $f \in (h_1, h_2, \cdots, h_t)$.

定义 9.4.1   设 I 是域 F 上多项式环 $F[x_1, x_2, \cdots, x_n]$ 的非零理想, 并取定单项式序 $\leqslant$. 若 $I = (g_1, g_2, \cdots, g_t)$ 且对任意 $f \in I$, 必有 i 使 $LT(g_i) \mid LT(f)$, 则称 I 的生成元集 $\{g_1, g_2, \cdots, g_t\}$ 为 I 的一个 Gröbner 基.

W. Gröbner 是奥地利代数几何专家, 他对其学生 B. Buchberger 提出本节开始的那个简单而要害的问题, 后者在 1965 年完成的博士论文中肯定地解决了它, 而称之为 Gröbner 基以表对老师的尊敬. 而早在 1962 年, 日本代数几何专家 H. Hironaka 在发表的文章中就提出这一概念, 并称之为理想 I 的标准基. 但只是在 Gröbner 基在计算代数界中引起广泛注意后, 人们才发现 Hironaka 的工作.

命题 9.4.2   设 I 是域 F 上多项式环 $F[x_1, x_2, \cdots, x_n]$ 的非零理想, 并取定单项式序 $\leqslant$. 如果存在 $g_1, g_2, \cdots, g_t \in I$ 使得对任意 $f \in I$, 有 $LT(g_i) \mid LT(f)$ 对某个 g_i 成立, 那么 $\{g_1, g_2, \cdots, g_t\}$ 是 I 的一个 Gröbner 基.

证明　只需证明 $g_1, g_2, \cdots, g_t$ 是 I 的一个生成元集, 即只需证对任意 $f \in I$, 有 $f \in I'$, 其中 $I' = (g_1, g_2, \cdots, g_t) \subseteq I$.

假如存在 $f \in I$ 但 $f \notin I'$. 由单项式序是良序的知, 存在 I 中多项式不属于 I' 且它的首项单项式最小, 不妨设 f 就是这个多项式. 由 $LT(g_i) \mid LT(f)$ 对某个 g_i 成立知, 存在具有非零系数的单项式 h 使得 $LT(hg_i) = LT(f)$, 从而 $f - hg_i \in I$ 的首项单项式小于 f 的首项单项式. 由 $f \in I$ 的首项单项式最小性取法知 $f - hg_i \in I'$, 从而 $f \in I'$, 矛盾. 即我们证明了 $I \subseteq I'$, 从而它们相等, 故 $g_1, g_2, \cdots, g_t$ 是理想 I 的一组生成元. □

利用 Hilbert 基定理, 我们不难在理论上说明理想的 Gröbner 基是存在的.

定理 9.4.3 (Gröbner 基的存在性定理)　设 n 元多项式环 $F[x_1, x_2, \cdots, x_n]$ 有一个单项式序, 其中 F 是一个域. 那么 $F[x_1, x_2, \cdots, x_n]$ 的任意一个非零理想 I 有一组 Gröbner 基.

证明　我们首先证明断言: 如果一个理想 $J = (x^{\alpha_1}, x^{\alpha_2}, \cdots, x^{\alpha_s})$ 是由有限多个单项式生成的, 那么单项式 $x^\beta \in J$ 当且仅当 $x^{\alpha_i} \mid x^\beta$ 对某个 x^{α_i} 成立. 实际上, 如果 $x^\beta \in J$, 那么 $x^\beta = \sum_{i=1}^s h_i x^{\alpha_i}$. 但其中每个多项式 h_i 都是单项式的 F-线性组合, 故上式右边是形如 $x^\gamma x^\alpha$ (其中 α 是某个 α_i) 的 F-线性组合. 所以单项式 x^β 必须与上式右边的某个单项式 $x^\gamma x^{\alpha_i}$ 相等. 从而有 $x^{\alpha_i} \mid x^\beta$. 断言的另一边是显然的.

现在回到定理的证明. 记 $LM(I) = (LM(f) \mid f \in I)$, 即 I 中所有多项式的首项单项式生成的理想. 那么由 $F[x_1, x_2, \cdots, x_n]$ 是 Nöther 环易知存在有限多个 $g_1, g_2, \cdots, g_t \in I$ 使得 $LM(I) = (LM(g_1), LM(g_2), \cdots, LM(g_t))$. 对任意 $f \in I$, 由上述断言知 $LM(g_i) \mid LM(f)$ 对某个 g_i 成立. 故由命题 9.4.2 知 $g_1, g_2, \cdots, g_t$ 是 I 的一组 Gröbner 基. □

作为 Gröbner 基的一个应用, 我们下面给出 Hilbert 弱零点定理的另一个证明. 首先我们利用 Gröbner 基的存在性来证明下面的命题.

命题 9.4.4　设 F 是一个域, $F[x_1, x_2, \cdots, x_n]$ 是 F 上 n 元多项式环并且 I 是一个极大理想. 那么对任意 x_i, 有 $I \cap F[x_i] \neq 0$.

证明　为叙述方便, 我们记 $z, y_1, y_2, \cdots, y_{n-1}$ 是 $x_1, x_2, \cdots, x_n$ 的一个置换使得 $z = x_i$, 并且记 $R = F[z]$. 那么 $F[x_1, x_2, \cdots, x_n] = F[z, y_1, y_2, \cdots, y_{n-1}] = R[y_1, y_2, \cdots, y_{n-1}]$. 即我们要证明 $I \cap R \neq 0$.

下面我们用 $F[x_1, x_2, \cdots, x_n]$ 的不定元序 $y_1 > y_2 > \cdots > y_{n-1} > z$ 确定的字典序. 注意到对任意 $f \in R[y_1, y_2, \cdots, y_{n-1}]$, 有 $f = \sum_\beta s_\beta(z) y^\beta$ (有限和), 其中 $s_\beta(z) \in R$, $\beta = (j_1, j_2, \cdots, j_{n-1}) \in \mathbb{Z}_{\geq 0}^{n-1}$ 并且 $y^\beta = y_1^{j_1} y_2^{j_2} \cdots y_{n-1}^{j_{n-1}}$. 此时, 如果

$f \neq 0$, 那么利用不定元序 $y_1 > y_2 > \cdots > y_{n-1}$ 确定的字典序类似可定义 R 上关于 $y_1, y_2, \cdots, y_{n-1}$ 的多项式 f 的首项 $LT_R(f)$, 首项单项式 $LM_R(f)$ 以及首项系数 $LC_R(f) \in R$. 注意 $0 \neq LC_R(f) \in R$ 并且有 $LT_R(f) = LC_R(f)LM_R(f)$.

现在设 $g_1, g_2, \cdots, g_t$ 是 I 的一组 Gröbner 基. 取 $t(z)$ 是 $F[z]$ 中次数大于零且与所有的 $LC_R(g_j)$ 都互素的元素 $\left(\text{这样的元素一定存在, 如取 } z\prod\limits_{j=1}^{t} LC_R(g_j)+1 \in R = F[z] \text{ 即可}\right)$.

如果 $t(z) \in I$, 那么结论已经成立. 故设 $t(z) \notin I$. 由 I 的极大性知 $(I, t(z)) = F[z, y_1, y_2, \cdots, y_{n-1}]$. 故存在 $g \in I$ 和 $f \in F[z, y_1, y_2, \cdots, y_{n-1}]$ 使得

$$g + t(z)f = 1. \tag{9.8}$$

不妨设 $g \in I$ 是使得 g 满足形如等式 (9.8) 且 $LM_R(g)$ 极小的元素. 假如 $LM_R(g) > 1$. 那么易知有 $LC_R(g) = -t(z)LC_R(f)$. 设 g_i 是 I 的 Gröbner 基中的某个元素, 使得 $LM(g_i)|LM(g)$. 由 z 在不定元序中最小易知 $LM_R(g_i)|LM_R(g)$. 故存在 y^{β} 使得

$$LT_R(LC_R(g)y^{\beta}g_i) = LT_R(LC_R(g_i)g).$$

注意 $t(z)$ 与 $LC_R(g_i)$ 在 $F[z]$ 中是互素的. 所以存在 $u(z), v(z) \in F[z]$ 使得 $u(z)t(z) + v(z)LC_R(g_i) = 1$. 记 $h = v(z)(LC_R(g_i)g - LC_R(g)y^{\beta}g_i) \in I$. 那么有 $LM_R(h) < LM_R(v(z)LC_R(g_i)g) = LM_R(g)$. 但

$$h = (1 - u(z)t(z))g - v(z)LC_R(g)y^{\beta}g_i$$

$$= (1 - u(z)t(z))(1 - t(z)f) + v(z)t(z)LC_R(f)y^{\beta}g_i$$

$$= 1 + t(z)s,$$

其中 $s \in F[z, y_1, y_2, \cdots, y_{n-1}]$. 可见 $h \in I$ 也满足形如 (9.8) 的等式. 这与 g 的选取矛盾. 故 $LM_R(g) = 1$. 所以 $g = LC_R(g) \in R$. 由 $t(z)$ 的次数大于零和等式 (9.8) 知 $g \neq 0$, 从而 $I \cap R \neq 0$, 即结论也成立. 这就证明了命题. $\qquad \Box$

Hilbert 弱零点定理的另一个证明　即要证明, 如果 K 是代数闭域, 那么 K 上 n 元多项式环 $K[x_1, x_2, \cdots, x_n]$ 的任意一个真理想在 K^n 中有零点.

注意一个真理想总包含于某个极大理想之中, 而易知该极大理想的零点一定是该真理想的零点. 所以我们只需证明任意一个极大理想 I 有零点即可. 对任意 x_i, 有 $I \cap K[x_i] \neq 0$. 取 $0 \neq h(x_i) \in I \cap K[x_i]$, 这是 K 上关于 x_i 的一元多项式, 不妨设 $h(x_i)$ 的首项系数为 1. 由 K 是代数闭域知 $h(x_i)$ 可分解为关于 x_i 的一次因

子的乘积. 故由极大理想是素理想知, 存在 $a_i \in K$ 使得 $x_i - a_i \in I$. 从而理想

$$(x_1 - a_1, x_2 - a_2, \cdots, x_n - a_n) \subseteq I.$$

但 $(x_1 - a_1, x_2 - a_2, \cdots, x_n - a_n)$ 是极大理想. 所以 $(x_1 - a_1, x_2 - a_2, \cdots, x_n - a_n) = I$. 显然 $(a_1, a_2, \cdots, a_n) \in K^n$ 是 $x_1 - a_1, x_2 - a_2, \cdots, x_n - a_n$ 的一个公共零点, 从而是 I 的一个零点. □

理想 I 的 Gröbner 基不是唯一的, 因为在 I 的一个 Gröbner 基上再添加 I 中有限多个元素, 结果当然仍是 I 的一个 Gröbner 基. 为了节省计算时间, 也为了在 I 的所有 Gröbner 基中选择一个最好的, 我们引入下面的

定义 9.4.5   设 $\{g_1, g_2, \cdots, g_t\}$ 是 $F[x_1, x_2, \cdots, x_n]$ 的理想 I 的一个 Gröbner 基. 如果它满足下列条件:

(1) 所有 g_i 的首项系数都是 1;

(2) 对任意 i, $LT(g_i) \notin (LT(g_j) \mid j \neq i, 1 \leqslant j \leqslant t)$;

(3) 对任意 i, g_i 中的任一非零项不被 $LT(g_j)(1 \leqslant j \leqslant t)$ 整除.

那么就称 $\{g_1, g_2, \cdots, g_t\}$ 为 I 的一个简约 Gröbner 基.

从 I 的一个已知 Gröbner 基出发, 不难把它改造成一个简约的. (1) 是容易做到的. 关于 (2), 如果譬如说 $LT(g_1) \in (LT(g_2), \cdots, LT(g_t))$, 那么必有 $LT(g_i) \mid LT(g_1)$ 对某个 $i \neq 1$ 成立 (这个事实我们在前面已用过了), 这样, 把 g_1 拿掉, 仍有 $(LT(g_2), \cdots, LT(g_t)) = (LT(g_1), LT(g_2), \cdots, LT(g_t)) = (LT(I))$. 类似于 Gröbner 基存在性定理的证明知 $\{g_2, \cdots, g_t\}$ 是 I 的一组 Gröbner 基. 所以在给定的 Gröbner 基中依上面方式把可以拿掉的都拿掉, 就得到满足 (2) 的. 至于 (3), 如果譬如说 g_1 的某一项 (当然不是首项) 被 $LT(g_2)$ 整除, 那么可用 g_2 消去 g_1 的这一项而得 $g_1 - qg_2$, 不难看出 $\{g_1 - qg_2, g_2, \cdots, g_t\}$ 仍是 I 的 Gröbner 基. 根据上面的说明, 读者不难给出一个把已知的 Gröbner 基化成简约者的算法.

命题 9.4.6   理想 I 的简约 Gröbner 基是存在且唯一的.

证明   上面的讨论说明简约 Gröbner 基是存在的.

为了证明唯一性, 设 $\{g_1, g_2, \cdots, g_t\}$ 和 $\{h_1, h_2, \cdots, h_s\}$ 都是 I 的简约 Gröbner 基. 由于 $g_1 \in I$, 故必有 j, 使 $LT(h_j) \mid LT(g_1)$. 同样地, 必有 i, 使 $LT(g_i) \mid LT(h_j)$. 随之有 $LT(g_i) \mid LT(g_1)$. 据简约性 (1), (2), 由之便有 $g_1 = g_i$ 和 $LT(g_1) = LT(h_j)$. 这样继续作下去, 并对 h_j 重新编号, 可得 $t = s$ 且 $LT(g_i) = LT(h_i), 1 \leqslant i \leqslant t$. 今考察 $g_1 - h_1 \in I$, g_1, h_1 的首项相同而被消去. 而依简约性 (3), g_1, h_1 的其他非零项都不被 $LT(g_i) = LT(h_i)$ $(i = 1, 2, \cdots, t)$ 整除. 随之若 $g_1 - h_1 \neq 0$, 则 $g_1 - h_1$ 的

首项也必不被 $LT(g_i) = LT(h_i)$ $(i = 1, 2, \cdots, t)$ 整除. 这和 $\{g_i \,|\, 1 \leqslant i \leqslant t\}$, $\{h_j \,|\, 1 \leqslant j \leqslant s = t\}$ 是 Gröbner 基矛盾. 故必 $g_1 = h_1$. 同理对每个 i, 有 $g_i = h_i$. □

在用简约 Gröbner 基 $g_1, g_2, \cdots, g_t$ 去除 f 时, 我们也可对余式 r 提出类似上面简约性 (3) 的要求: 余式 r 中的每一非零项都不被 $LT(g_i)$ $(i = 1, 2, \cdots, t)$ 整除. 这时我们便有了余式的唯一性.

命题 9.4.7 设 $\{g_1, g_2, \cdots, g_t\}$ 是理想 I 的简约 Gröbner 基, $f \in F[x_1, x_2, \cdots, x_n]$. 若

$$f = q_1 g_1 + q_2 g_2 + \cdots + q_t g_t + r,$$

$$f = q_1' g_1 + q_2' g_2 + \cdots + q_t' g_t + r',$$

其中 r 和 r' 中的每一非零项都不被 $LT(g_i)$ $(i = 1, 2, \cdots, t)$ 整除, 则 $r = r'$.

需要提一下的是, 这里我们不能指望商式 $q_i (1 \leqslant i \leqslant t)$ 的唯一性.

再总结一下: 我们选定单项式序 $\leqslant$ 后, 如果能对给定的理想 I 具体找出它的简约 Gröbner 基, 则随意排定除式顺序后, 依除算法就能判断 f 是否在 I 中: 若余式 $r = 0$, 则 $f \in I$; 若余式 $r \neq 0$, 则 $f \notin I$.

应该说, 只是当除式集是一个 Gröbner 基, 除算法才是有力工具.

前面我们已经介绍了以不定元的序给出的字典序. 这里我们立刻指出, 和一元情况不同的是, 当 $x^\beta < x^\alpha$ 时, 并不一定总是 $x^\beta \,|\, x^\alpha$, 即 x^β 不一定能整除 x^α. 例如在以 $x_1 > x_2 > \cdots > x_5$ 给出的字典序之下, $x_1^2 x_2^3 x_3 x_4^5 < x_1^2 x_3^3 x_3^2 x_4$, 但 $x_1^2 x_2^3 x_3 x_4^5 \nmid x_1^2 x_2^3 x_3^2 x_4$; 另一方面, 当 $x^\beta < x^\alpha$ 时, 肯定 $x^\alpha \nmid x^\beta$, 这是和一元情况一样的.

这里的一切算法、概念都是在选定的单项式序 $\leqslant$ 下进行的. 不同的序对计算的快慢和计算的结果都有本质的影响. 对此本书中将不作进一步分析. 只是我们再介绍几种可用的单项式序. 对 $\alpha = (i_1, i_2, \cdots, i_n) \in \mathbb{Z}_{\geqslant 0}^n$, 记 $|\alpha| = \sum_{j=1}^n i_j$.

S 的分次字典序　　$x^\alpha > x^\beta$, 当 $|\alpha| > |\beta|$, 或 $|\alpha| = |\beta|$ 时依字典序 $\alpha > \beta$.

S 的分次反字典序　　$x^\alpha > x^\beta$, 当 $|\alpha| > |\beta|$ 或 $|\alpha| = |\beta|$ 时 $\alpha - \beta$ 的最右非零分量是负整数.

§9.5　Buchberger 算法

本节将给出由 $F[x_1, x_2, \cdots, x_n]$ 的理想 I 的一个给定生成元集 $\{g_1, g_2, \cdots, g_s\}$ 去计算 I 的一个 Gröbner 基的算法.

理想 I 的一个生成元集 $G = \{g_1, g_2, \cdots, g_s\}$ 和 I 的一个 Gröbner 基 $\{h_1, h_2, \cdots, h_t\}$ 的差距就在于后者提供 "完备" 的首项 $LT(h_i)$, $1 \leqslant i \leqslant t$, 亦即 $(LT(h_i) \mid 1 \leqslant i \leqslant t) = (LT(I))$. 因而把生成元集 $G = \{g_1, g_2, \cdots, g_s\}$ 扩大成为一个 Gröbner 基的一个自然想法, 就是对它添加能提供新首项的 I 中元素 (亦即形如 $q_1 g_1 + q_2 g_2 + \cdots + q_s g_s$ 的元素), 而从 G 中任意两元素 g_i, g_j 消去首项而得到的便是获得这样多项式的最简单的方法.

由于 F 是域, 不失一般性, 不妨设 g_i 的首项系数都是 1.

设 $LT(g_i) = x^\alpha$, $LT(g_j) = x^\beta$, 单项式 x^α, x^β 的最小公倍式为 $x^\gamma = x^\alpha x^{\alpha'} = x^\beta x^{\beta'}$. 为了消去 g_i, g_j 的首项, 最经济的方法就是考虑

$$S(g_i, g_j) = x^{\alpha'} g_i - x^{\beta'} g_j,$$

称为多项式 g_i, g_j 的 S-多项式. 这里顺便提一下, 如果不用最经济的方法, 即考虑 $m_i g_i - m_j g_j$, 其中 m_i, m_j 是单项式, 使得 $LT(m_i g_i) = LT(m_j g_j) \geqslant x^\gamma$, 那么仍能彼此消去首项, 此时当然 $m_i g_i - m_j g_j = m' S(g_i, g_j)$, 其中 m' 是单项式, 而 $LT(m' S(g_i, g_j)) < LT(m_i g_i) = LT(m_j g_j)$.

约定: 虽然单项式序 $\leqslant$ 只是定义在单项式集上, 为了方便, 也可扩大到具有非零系数 $c \in F$ 的单项式, 而规定, 若 $x^\alpha \leqslant x^\beta$, 我们也说 $cx^\alpha \leqslant dx^\beta, c, d$ 为 F 中非零元.

上面这个特殊的由 g_i, g_j 消去首项而得 S-多项式 $S(g_i, g_j)$ 的方法也蕴含了由 $g_1, g_2, \cdots, g_s$ 消去首项而获得新多项式的一般方法, 即有

命题 9.5.1   设 $g_i (1 \leqslant i \leqslant s)$ 的首项系数都是 1, m_i 是系数为 1 的单项式且对任意的 $1 \leqslant i, j \leqslant s$, 有 $LT(m_i g_i) = LT(m_j g_j)$, 记为 x^δ. 若 $f = \sum\limits_{i=1}^{s} c_i m_i g_i$ (所有的 $c_i \in F$) 并且 $LT(f) < x^\delta$, 则

$$f = \sum_{i=1}^{s-1} d_i m_i' S(g_i, g_{i+1}).$$

其中对每个 i, 有 $LT(d_i m_i' S(g_i, g_{i+1})) < x^\delta, d_i \in F$, 且 m_i' 是系数为 1 的单项式.

证明   由假设 $LT(m_i g_i) = x^\delta$ 而 $LT(f) < x^\delta$ 知, 在和 $\sum c_i m_i g_i$ 中所有 $c_i m_i g_i$ 的首项 $(= c_i x^\delta)$ 是彼此消去的, 故必 $c_1 + c_2 + \cdots + c_s = 0$. 再注意到命题前的说明, 我们有

$$f = \sum_{i=1}^{s-1} c_i m_i g_i$$

$$= c_1(m_1 g_1 - m_2 g_2) + (c_1 + c_2)(m_2 g_2 - m_3 g_3) + \cdots +$$

$$(c_1 + \cdots + c_{s-1})(m_{s-1}g_{s-1} - m_s g_s) + (c_1 + \cdots + c_s)m_s g_s$$

$$= d_1 m_1' S(g_1, g_2) + d_2 m_2' S(g_2, g_3) + \cdots + d_{s-1} m_{s-1}' S(g_{s-1}, g_s).$$

其中 $d_i = c_1 + c_2 + \cdots + c_i \in F, m_i'$ 是单项式, 且对每个 i, 有

$$LT(d_i m_i' S(g_i, g_{i+1})) < x^\delta. \qquad \Box$$

把依除算法用 $g_1, g_2, \cdots, g_t$ 去除 f 所得余式 r 记作 $r(f|g_1, g_2, \cdots, g_t)$. 下面定理给出理想 I 的一个生成元集是一个 Gröbner 基的判断准则.

定理 9.5.2 $G = \{g_1, g_2, \cdots, g_t\} \subseteq F[x_1, x_2, \cdots, x_n]$, 取定单项式序 $\leqslant$. 则 G 是 $I = (G)$ 的一个 Gröbner 基当且仅当对任意 i, j, 有

$$r(S(g_i, g_j)|g_1, g_2, \cdots, g_t) = 0. \tag{9.9}$$

证明   若 G 是 I 的 Gröbner 基, 由于 S-多项式 $S(g_i, g_j)$ 是 g_i, g_j 的线性和, 随之属于 I, 故由 Gröbner 基的性质及除算法, 即得 (9.9) 式成立.

今设 (9.9) 式成立, 往证 $\{g_1, g_2, \cdots, g_t\}$ 是 I 的 Gröbner 基.

(9.9) 式的意义是, 依除算法用 $g_1, g_2, \cdots, g_t$ 去除 $S(g_i, g_j)$ 时余式为零. 注意到在除算法的过程中, 商式和除式乘积的首项永远不会大于被除式的首项, 故 (9.9) 式成立意味着有

$$S(g_i, g_j) = \sum_{k=1}^{t} q_{ijk} g_k, \tag{9.10}$$

且满足性质 (P): 对任意 i, j, k, 有

$$LT(q_{ijk} g_k) \leqslant LT(S(g_i, g_j)).$$

值得强调一下的是, 既然 $S(g_i, g_j) \in I$, 永远有 (9.10) 式, 但能有性质 (P) 却是 (9.9) 式成立的结果.

下面用反证法来证. 假如存在 $f \in I$, 满足条件 (B): $LT(f) \notin (LT(g_i) \mid 1 \leqslant i \leqslant t)$.

由 $f \in I = (g_1, g_2, \cdots, g_t)$, 则 f 可表成 g_i 的线性和. 可以有许多不同表达式, 取其一, 设为 $f = \sum_i c_i h_i g_i, c_i \in F$, 而认定多项式 h_i, g_i 的首项系数都是 1. 设 $LT(h_i g_i)(1 \leqslant i \leqslant t)$ 中的最大者为 x^δ. 此时必有 $LT(f) < x^\delta$, 否则与 f 满足的条件 (B) 矛盾. 多项式 f 的每一表达式都如上对应一个单项式, 这些单项式必有最小者 (根据单项式偏序 $\leqslant$ 的良序性), 不妨就设为 x^δ. 下面将利用 (9.9) 式得 f 的另一表达式, 它对应的单项式 $x^\alpha < x^\delta$, 因而得出矛盾.

适当重新编号可认定 $LT(h_i g_i) = x^\delta, 1 \leqslant i \leqslant s, LT(h_j g_j) < x^\delta, s+1 \leqslant j \leqslant t.$
令 $LT(h_i) = m_i, 1 \leqslant i \leqslant s$, 今计算

$$f = \sum_{i=1}^{t} c_i h_i g_i = \sum_{i=1}^{s} c_i h_i g_i + \left[\sum_{j=s+1}^{t} c_j h_j g_j \right]_1$$

$$= \sum_{i=1}^{s} c_i m_i g_i + \left[\sum_{i=1}^{s} c_i (h_i - m_i) g_i + \sum_{j=s+1}^{t} c_j h_j g_j \right]_2 .$$

根据命题 9.5.1 以及 (9.10) 式, 我们有

$$\sum_{i=1}^{s} c_i m_i g_i = \sum_{i=1}^{s-1} d_i m_i' S(g_i, g_{i+1}) = \sum_{i=1}^{s-1} d_i m_i' \sum_{k=1}^{t} q_{i,i+1,k} g_k$$

$$= \left[\sum_{i=1}^{s-1} \sum_{k=1}^{t} d_i m_i' q_{i,i+1,k} g_k \right]_3 .$$

显然方括号 $[\ ]_1, [\ ]_2$ 中每一项都小于 x^δ, $[\ ]_3$ 中的每一项也都小于 x^δ, 这是因为, 利用性质 (P),

$$LT(m_i' q_{i,i+1,k} g_k) \leqslant LT(m_i' S(g_i, g_{i+1})) < LT(m_i g_i) = x^\delta.$$

再注意到 $f = [\ ]_3 + [\ ]_2$, 这样便得 f 的一个表成 $g_1, g_2, \cdots, g_t$ 线性和的表达式, 而此表达式中的每一项都小于 x^δ, 这和 x^δ 的选择是矛盾的. 因而对任意 $f \in I$, 都有 $LT(f) \in (LT(g_i) \,|\, 1 \leqslant i \leqslant t)$, 即 $\{g_1, g_2, \cdots, g_t\}$ 是 $I = (g_1, g_2, \cdots, g_t)$ 的 Gröbner 基.   □

    这个定理是说, 如果所有的 S-多项式 $S(g_i, g_j)$ 提供不出新的首项的话, 那么 $G = \{g_1, g_2, \cdots, g_t\}$ 就是 $I = (g_1, g_2, \cdots, g_t)$ 的 Gröbner 基. 这个结论是有力的, 它将给出一个计算 Gröbner 基的算法. 这个结论也是意料中的: 读者应会有同感的, 想从这些 g_i 得有新首项的多项式, 自然会想到 $S(g_i, g_j)$, 因而考虑说明 $S(g_i, g_j)$ 的一般地位的命题 9.5.1. 有了命题 9.5.1, 那么定理 9.5.2 就是一个可作为猜想的命题了. 定理 9.5.2 的证明是初等的、简单的, 也是很巧妙的.

    由给定的 $G = \{g_1, g_2, \cdots, g_s\} \subseteq F[x_1, x_2, \cdots, x_n]$, 取定的单项式序 $\leqslant$, 可如下去计算 $I = (g_1, g_2, \cdots, g_s)$ 的一个 Gröbner 基: 把不等于零的 $r(S(g, g')|G)(g, g' \in G)$ 都添加到集合 G 中, 得

$$G \cup \{r(S(g, g')|G) \neq 0 \,|\, g, g' \in G\}.$$

把此扩大了的集合, 仍记作 G 而重复上面步骤. 最后达到一个比最初的 $G = \{g_1, g_2, \cdots, g_s\}$ 扩大了的 $G_1 = \{g_1, \cdots, g_s, \cdots, g_t\}$, 而对这个 G_1 而言有 $r(S(g_i, g_j)|g_1,$

$g_2, \cdots, g_t) = 0$ 对任意 i, j 成立, 这时依定理 9.5.2, G_1 就是理想

$$I = (G_1) = (G) = (g_1, g_2, \cdots, g_s)$$

的一个 Gröbner 基.

这个算法也可用程序化语言来表达, 读者可在网上查到.

上述算法 (以及改进的算法, 以使计算更快更好) 在文献中称作 Buchberger 算法. 除算法, 以及 Buchberger 算法合在一起就完全解决了给定的多项式 f 是否属于给定理想 $I = (g_1, g_2, \cdots, g_s)$ 的问题. 它是计算代数几何的一个基石. 在一些软件如 Mathematica 等中都有专门设计好的程序实现这个算法, 因而计算 Gröbner 基是方便和容易的. 当然也有发生长时间计算而计算机给不出结果的情形. 虽然原则上应 "在有限步上停下来", 但时间过长, 计算机存储小, 在 "实际上" 也有时是不能实现的.

在有关代数几何的一些计算或理论问题上, Gröbner 基都显示它的力量. 在本节最后, 我们看解高次代数方程组的问题.

在 $\mathbb{C}[x_1, x_2, \cdots, x_n]$ 中考虑联立方程组

$$\begin{cases} f_1(x_1, x_2, \cdots, x_n) = 0, \\ f_2(x_1, x_2, \cdots, x_n) = 0, \\ \qquad \cdots\cdots\cdots \\ f_m(x_1, x_2, \cdots, x_n) = 0. \end{cases} \tag{9.11}$$

我们拟用消元法来求解, 即在 $g_1 f_1 + g_2 f_2 + \cdots + g_m f_m$ 中找出含未知量尽可能少的多项式来. 设理想 $I = (f_1, f_2, \cdots, f_m)$. 令 $I_k = I \cap \mathbb{C}[x_{k+1}, \cdots, x_n]$. 易知 I_k 是环 $\mathbb{C}[x_{k+1}, \cdots, x_n]$ 的理想, I_k 是由 I 中一切不含变元 $x_1, x_2, \cdots, x_k$ 的多项式组成的. 称 I_k 为 I 的 k 次消去理想. 例如, 如果我们找到 I_{n-1} 中的元素, 那就是说在形如 $g_1 f_1 + g_2 f_2 + \cdots + g_m f_m$ 中找到一个只含 x_n 的多项式.

定理 9.5.3 (消去定理)　设 I 是 $A = F[x_1, x_2, \cdots, x_m]$ 的理想, 把单项式序 $\leqslant$ 取作字典序而令 $x_1 > x_2 > \cdots > x_n$. 设 $G = \{g_1, g_2, \cdots, g_t\}$ 是 I 的一个 Gröbner 基. 令环 $A_k = F[x_{k+1}, \cdots, x_n], I_k = I \cap A_k, G_k = G \cap A_k, 1 \leqslant k \leqslant n-1$. 则 G_k 是环 A_k 中理想 I_k 的一个 Gröbner 基.

证明　由 $G_k \subseteq I_k$ 和命题 9.4.2, 我们只需证明对任意 $f \in I_k$, 有 $LT(g) \,|\, LT(f)$ 对某个 $g \in G_k$ 成立即可.

由于 G 是 I 的 Gröbner 基, 而 $f \in I_k \subseteq I$, 故有 $LT(g) \,|\, LT(f)$ 对某个 $g \in G$ 成立. 由 $f \in I_k$ 知 $LT(f) \in F[x_{k+1}, \cdots, x_n]$. 所以 $LT(g) \in F[x_{k+1}, \cdots, x_n]$. 由单

项式序是由 $x_1 > x_2 > \cdots > x_n$ 确定的字典序知 $g \in F[x_{k+1}, \cdots, x_n]$. 从而 $g \in G_k$. 这就完成了定理的证明. □

如果把这个定理应用到解方程组 (9.11), 那就是: 把多项式 $f_1, f_2, \cdots, f_m$ 输入计算机, 然后屏幕上显示理想 $(f_1, f_2, \cdots, f_m)$ 的一个简约 Gröbner 基. 如果用这些 f_i 真能消去变元 $x_1, x_2, \cdots, x_k$ 的话, 你就能从这个 Gröbner 基读到, 并且它们生成理想 $(f_1, f_2, \cdots, f_m)$ 中一切可能的不含 $x_1, x_2, \cdots, x_k$ 的多项式, 也就是说一个都不会漏掉. 用下面两个例子结束本节.

例 9.5.1　解高次代数方程组

$$\begin{cases} x^2 + y + z = 1, \\ x + y^2 + z = 1, \\ x + y + z^2 = 1. \end{cases}$$

在环 $\mathbb{C}[x, y, z]$ 中, 令 $x > y > z$ 而取字典序 $\leqslant$. 令

$$I = (x^2 + y + z - 1, x + y^2 + z - 1, x + y + z^2 - 1),$$

计算机给出 I 的简约 Gröbner 基:

$$g_1 = x + y + z^2 - 1,$$

$$g_2 = y^2 - y - z^2 + z,$$

$$g_3 = 2yz^2 + z^4 - z^2,$$

$$g_4 = z^6 - 4z^4 + 4z^3 - z^2.$$

由 $g_4 = z^2(z-1)^2(z^2 + 2z - 1)$ 得 g_4 的根为 $z = 0, 1, -1 \pm \sqrt{2}$.

将 z 值代入 g_2, g_3 而得相应的 y 值, 再把 z, y 值代入 g_1 可得相应的 x 值. 最后代入方程组检验后得到下面 5 个解:

$$(1, 0, 0), (0, 1, 0), (0, 0, 1), (-1 + \sqrt{2}, -1 + \sqrt{2}, -1 + \sqrt{2}),$$

$$(-1 - \sqrt{2}, -1 - \sqrt{2}, -1 - \sqrt{2}).$$

例 9.5.2　解线性方程组

$$\begin{cases} x - 2y - z - w = 0, \\ 3x - 6y - 2z = 0, \\ 2x - 4y + 4w = 0. \end{cases}$$

在环 $\mathbb{C}[x, y, z, w]$ 中, 令 $x > y > z > w$ 而取字典序 $\leqslant$. 令

$$I = (x - 2y - z - w, 3x - 6y - 2z, 2x - 4y + 4w),$$

得 I 的一个 Gröbner 基: $x - 2y - z - w, z + 3w$ 及 I 的一个简约 Gröbner 基: $x - 2y + 2w, z + 3w$.

利用线性方程组的 Gauss 消元法, 也可得到相同的结果. 从这里我们可以看到, Buchberger 算法是 Gauss 算法的一个推广.

§9.6　初等几何的机器证明

我们处在计算机时代. 在学习和研究数学时, 除了一支笔一张纸外, 如何使用计算机这个有力工具, 是自然要考虑的一个问题. 这一节中介绍的初等几何的机器证明是这一方面的重要成果. 这个问题由 Descartes 和 Hilbert 开始, 而由我国数学家吴文俊在 20 世纪 70 年代把它推向高峰的.

在这里坐标化再一次显示其威力. Descartes 引入坐标系把几何和代数密切的联系起来. 我们想再一次强调的是: 除了 Descartes 的坐标化, 在前面已多次运用 (广义) 坐标化思想去把不同性质的对象联系起来, 如对称与群、多项式与其分裂域、多项式的分裂域与其 Galois 群、代数簇与理想等, 并初步看到用群刻画对称、用分裂域刻画多项式的根、用 Galois 群研究分裂域、用理想研究代数族的力量.

下面就在我们熟悉的 (直观) 平面几何及其解析几何的基础上, 来讨论初等平面几何的机器证明, 基本思路是:

(1) 把平面几何问题 (定理) 的 "已知" 和 "求证" 在某一坐标系下都翻译成代数 (多项式) 关系式;

(2) 探讨这些 "已知" 中的代数关系式与 "求证" 中的代数关系式之间的因果联系而得出结论, 这一工作应能由计算机完成;

(3) 将此代数结论翻译成几何结论.

上面 (1), (2), (3) 的意义可通过下面两个例子看清楚.

例 9.6.1 (Desargues 定理)　如图 9.1. 已知: $A'B'//AB, A'C'//AC, B'C'//BC$, BB' 和 AA' 相交于 O; 求证: O 在 CC' 上.

引入 (仿射) 坐标系如图 9.1, 则可设各点的坐标如下:

$$A = (u_1, 0); \quad A' = (u_2, 0);$$

$$B = (0, u_3); \quad B' = (0, x_1);$$

$$C = (u_4, u_5); \quad C' = (x_2, x_3).$$

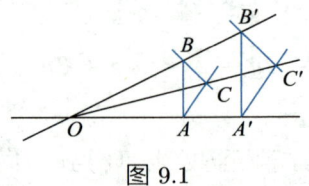

图 9.1

这里 $u_i(i = 1, 2, 3, 4, 5)$ 是独立参数, 而 $x_i(i = 1, 2, 3)$ 则可依已知条件而由诸 u_i 确定. 这也就是说 A, B, C, A' 诸点依题意是可以随意选定的, 而 B', C' 两点依题意是随 A, B, C, A' 诸点选定而确定的.

现在把几何条件翻译成代数关系式.

已知:

$$A'B'//AB \iff u_1 x_1 - u_2 u_3 = 0;$$

$$A'C'//AC \iff (u_4 - u_1)x_3 - u_5(x_2 - u_2) = 0;$$

$$B'C'//BC \iff u_4(x_3 - x_1) - (u_5 - u_3)x_2 = 0;$$

$$A, B, C \text{ 三点不共线 } \iff -u_1 u_5 + u_1 u_3 - u_4 u_3 + 1 = 0,$$

求证: O 在 CC' 上 $\iff u_4 x_3 - u_5 x_2 = 0$.

上面我们在已知条件中写进 "A, B, C 三点不共线", 这一点很重要, 因为在退化情形, 即 A, B, C 三点共线时, Desargues 定理是可以不成立的.

在多项式环 $\mathbb{R}[u_1, u_2, u_3, u_4, u_5, x_1, x_2, x_3]$ 中, 令

$$f_1 = u_1 x_1 - u_2 u_3, \quad f_2 = (u_4 - u_1)x_3 - u_5(x_2 - u_2),$$

$$f_3 = u_4(x_3 - x_1) - (u_5 - u_3)x_2, \quad f_4 = -u_1 u_5 + u_1 u_3 - u_4 u_3 + 1,$$

$$g = u_4 x_3 - u_5 x_2.$$

这样 Desargues 定理的代数形式就是: 若

$$(u_1, u_2, u_3, u_4, u_5, x_1, x_2, x_3) = (a_1, a_2, a_3, a_4, a_5, b_1, b_2, b_3)$$

是方程组

$$f_i = 0, \qquad i = 1, 2, 3, 4$$

的任意一个实数解时, 则此解也必使 $g = 0$. 这是因为, 利用这个实数解, 按照上面几何–代数的对应法则, 可得一如图 9.1 中的几何图形. 而此时 "此解也满足 $g = 0$" 的几何意义即是 O 在 CC' 上. 这就是说, 欲证几何中的 Desargues 定理, 只需证明

多项式 g 属于理想 (f_1, f_2, f_3, f_4), 而根据 Gröbner 基理论, 这一工作是完全可以由计算机完成的.

下面是用 Maple 软件计算时, 在荧屏上显示的内容:

```
>with(Groebner);
 [Basis, FGLM, HilbertDimension, HilbertPolynomial, HilbertSeries,
  Homogenize, InitialForm, InterReduce, IsBasis, IsProper,
     IsZeroDimensional, LeadingCoefficient, LeadingMonomial,
     LeadingTerm, MatrixOrder, MaximalIndependentSet,
     MonomialOrder, MultiplicationMatrix, MultivariateCyclicVector,
     NormalForm, NormalSet, RationalUnivariateRepresentation,
     Reduce, RememberBasis, SPolynomial, Solve,
     SuggestVariableOrder, Support, TestOrder, ToricIdealBasis,
     TrailingTerm, UnivariatePolynomial, Walk, WeightedDegree]
>F:=[u1*x1-u2*x3,(u4-u1)*x3-u5*(x2-u2),u4*(x3-x1)-(u5-u3)*x2,1-u1*
     u5+u1*u3-u4*u3];
  [u1 x1-u2 u3,(u4-u1)x3-u5(x2-u2),u4(x3-x1)-(u5-u3)x2,u1 u3-u1 u5-u3
     u4+1]
>G:=Basis(F,plex(x1,x2,x3,u1,u2,u3,u4,u5));
  [u1 u3-u1 u5-u3 u4+1,-u2 u3 u5+u2 u5²+u3 u4 x3-x3,u1 x3-u2 u5,
     -u4 x3+u5 x2,-u2 u3 u4+u2 u4 u5+u3 u4 x2-x2,u1 x2-u2 u4,u2 u3²-u2 u3
     u5-u3² x2+x1]
>NormalForm(u4*x3 -u5*x2, G, plex(x1, x2, x3, u1, u2, u3, u4, u5));
                           0
```

其中以 > 起的行是输入, 其他行是计算机的输出. Basis(F,plex(x1,x2,x3, u1,u2,u3,u4,u5)) 是求理想 $I = (f_1, f_2, f_3, f_4)$ 的 Gröbner 基, NormalForm 是用 I 的 Gröbner 基去除 g, 下面的 "0" 说明余式为 0, 即 $g \in I$, 因而定理得证.

这样, 对于几何中的所有 "等式" 命题, 即在已知和求证中不出现大于或小于关系时, 都可纳入下面一般解法中: 在引入坐标系后给定几何命题的已知相当于 $f_i = 0, f_i \in \mathbb{R}[u_1, u_2, \cdots, u_n], i = 1, 2, \cdots, m$; 给定几何命题的求证相当于 $g = 0$ (如果求证多个结论, 则可分解为若干单一结论的命题). 以上工作要我们来做. 然后交给计算机去验证 g 是否属于理想 $I = (f_i | i = 1, 2, \cdots m)$. 虽然, 当 g 不属于理想 I 时, 我们尚不好完全肯定该几何命题不成立 (这一方面我们不去进一步讨论). 但当 g 属于理想 I 时, 则肯定该几何命题是成立的. 在这里, 我们是采用 Gröbner 基理论中的 Buchberger 算法来解决 "方程组 $f_i = 0 \, (1 \leqslant i \leqslant m)$ 的实数解必是 $g = 0$ 的解" 这一代数问题. 吴文俊对这一代数问题给出吴方法 (也称 Ritt-Wu 方法), 它更适用于由几何问题引出的方程组 $f_i = 0, 1 \leqslant i \leqslant m$, 而常能更有效. 吴方法把一

度冷落的几何定理机器证明推向高峰. 我国在几何定理机器证明方面处于国际领先地位, 有兴趣的读者请参看相应的参考书.

我们用下面的例子结束本节.

垂心定理　任意三角形的三个垂线交于一点. 如图 9.2, 引入直角坐标系, 则已知:

$$AD \perp BC \iff f_1 = y_3 y_5 - y_2(y_4 - y_1) = 0;$$

$$BD \perp AC \iff f_2 = y_3 y_5 - y_1(y_4 - y_2) = 0;$$

$$A, B, C \text{ 三点不共线} \iff f_3 = (y_2 - y_1)y_3 - 1 = 0,$$

求证: CO 过 D 点 $\iff g = y_4 = 0.$

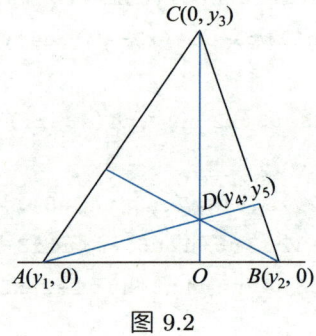

图 9.2

用 Maple 软件计算结果如下:

```
>K:=[y3*y5-y2*(y4-y1),y3*y5-y1*(y4-y2),(y2-y1)*y3-1];
   [y3 y5-y2(y4-y1),y3 y5-y1(y4-y2),(y2-y1)y3-1]
>H:=Basis(K,plex(y1,y2,y3,y4,y5));
   [y4,y2² y3+y3² y5-y2, y1 y3-y2 y3+1, y1 y2+y3 y5]
>NormalForm(y4,H,plex(y1,y2,y3,y4,y5));
                 0
```

定理证完.

第 十 章

有限域的一个应用——编码

现代通信技术以及电子计算机技术总是离不开编码理论的. 在数字通信中总是先把要传送的信息转换成数字信息, 工程上最易实现的是二元数字信息, 也就是由符号 0,1 组成的长为 n 的符号串. 用我们习惯的代数语言表述, 这就是有限域 $GF(2)$ 上的一个 n 维向量. 例如下列中

信息	二元数字信息
空格	00000
a	00001
b	00010
c	00011
⋮	⋮

把空格、英文字母等信息转换成长为 5 的二元数字信息. 在现代通信技术下, 很容易把二元数字信息从甲地经信道传到乙地. 这样只要把信息源 I 转换成二元数字信息集 $M(I)$ 就可以传送了. 但信道是常被干扰的, 也就是说, 乙地真正收到的并不一定是甲地发出的. 如何加工改造 $M(I)$, 使得乙地能根据已收到的、可能包含错误的符号串在一定意义下判断出甲地的真正意图, 这正是我们数学应该解决的问题.

撇开通信理论的细节而突出数学实质. 让我们在上述背景下讨论下面这个数学问题:

取定正整数 n. 设 $F = GF(2)$ 是二元域而用 F^n 表示由所有 n 维向量 $\boldsymbol{a} = (a_1, a_2, \cdots, a_n)(a_i \in F, i = 1, 2, \cdots, n)$ 组成的 F 上 n 维向量空间, 称 F^n 的一个非空子集 M 为一个码, 称 M 中的元素为码 M 的码字 (在没有混淆时, 常简称为码字), 称 F^n 中的元素为字. 我们的问题是:

(C1) 如何简单易行地构造一个码 M?

(C2) 如何简单造一个码 M, 使得我们能有效地判断, 任意字 x (设想为乙地收到者) 是否是 M 的码字, 即是否有 $x \in M$ (检错码)?

(C3) 如何构造一个码 M, 使得我们可以判断, 一个给定的字 a (乙地收到者) 是来源于 M 的哪个码字 a'? 或者说这个给定字 a "最接近" "最像" M 中的哪个码字 a', 而使我们可把 a 译为码字 a' (纠错码).

两个字的分量相同的愈多当然愈接近. 例如, 若

$$\boldsymbol{x} = (0,1,1,0,1,0), \quad \boldsymbol{y}_1 = (0,1,1,0,1,1), \quad \boldsymbol{y}_2 = (1,1,1,1,1,0),$$

字 $\boldsymbol{x}$ 和 $\boldsymbol{y}_1$ 只在第 6 分量上不一样, 而 $\boldsymbol{x}$ 和 $\boldsymbol{y}_2$ 在第 1 和第 4 两个分量上不一样, 自然地认定字 $\boldsymbol{x}$ 更接近字 $\boldsymbol{y}_1$. 如果码 M 就是由 $\boldsymbol{y}_1, \boldsymbol{y}_2$ 组成, 那么当乙地收到的是字 $\boldsymbol{x}$ 时, 乙地应该认为甲地发来的是码字是 $\boldsymbol{y}_1$ 而不是 $\boldsymbol{y}_2$. 而其依据则是: 数字正确地通过信道的概率比发生错误的概率要大一些. 在此背景下我们给出下面

定义 10.0.1   在 F^n 中任取两个字 $\boldsymbol{x}, \boldsymbol{y}$, 并设

$$\boldsymbol{x} = (x_1, x_2, \cdots, x_n),$$
$$\boldsymbol{y} = (y_1, y_2, \cdots, y_n).$$

规定 $\rho(\boldsymbol{x}, \boldsymbol{y})$ 为 $\boldsymbol{x}$ 和 $\boldsymbol{y}$ 中对应分量不相等的个数, 即满足 $x_i \neq y_i$ 的 i 的个数, 称之为 $\boldsymbol{x}$ 到 $\boldsymbol{y}$ 的 Hamming 距离, 常简称为距离.

这样 Hamming 距离是非负整数. 容易证明下面

定理 10.0.2 F^n 中的 Hamming 距离 $\rho(\boldsymbol{x}, \boldsymbol{y})$ 有下列性质:

(1) $\rho(\boldsymbol{x}, \boldsymbol{y}) = 0$ 当且仅当 $\boldsymbol{x} = \boldsymbol{y}$;

(2) $\rho(\boldsymbol{x}, \boldsymbol{y}) = \rho(\boldsymbol{y}, \boldsymbol{x})$;

(3) (三角形不等式) 对任意 $\boldsymbol{x}, \boldsymbol{y}, \boldsymbol{z} \in F^n$, 有

$$\rho(\boldsymbol{x}, \boldsymbol{y}) + \rho(\boldsymbol{y}, \boldsymbol{z}) \geqslant \rho(\boldsymbol{x}, \boldsymbol{z}).$$

定理 10.0.2 说明: Hamming 距离具有通常距离的所有性质.

设 M 是 F^n 的一个码, $\boldsymbol{a} \in F^n$, 规定

$$\rho(\boldsymbol{a}, M) = \min\{\rho(\boldsymbol{a}, \boldsymbol{x}) \,|\, \boldsymbol{x} \in M\},$$
$$\rho(M, M) = \min\{\rho(\boldsymbol{x}, \boldsymbol{y}) \,|\, \boldsymbol{x} \in M, \boldsymbol{y} \in M \text{ 且 } \boldsymbol{x} \neq \boldsymbol{y}\},$$

并称 $\rho(M, M)$ 为码 M 的最小距离, 而 $\rho(\boldsymbol{a}, M)$ 为字 $\boldsymbol{a}$ 到码 M 的距离.

问题 (C3) 中的 "最接近""最像" 的数学刻画就是下面的

最大似然译码原理　　设 $M \subseteq F^n$ 是一个码, 而 $a \in F^n$ (设想为乙地收到者). 若存在唯一的 $a' \in M$ 满足条件 $\rho(a, a') = \rho(a, M)$, 则我们将认定 a 就是码字 a' (即 a' 就是甲地发出者) 的误传, 并将字 a 译为码字 a'.

此原理是说, 应把 a 解释为与之距离最小的那个码字 a'. 原理中的唯一性是重要的: 如果有 $b, c \in M$, 并且

$$\rho(a, b) = \rho(a, M) = \rho(a, c),$$

这时我们就不知道该把 a 解释为码字 b 还是码字 c 了.

定义 10.0.3　　一个码 M 称作可纠正 t 个差错的纠错码, 如果对满足 $\rho(a, M) \leqslant t$ (其意义是假设一个码字通过信道后最多在 t 个分量位置上出错) 的字 a, 总有唯一的 $a' \in M$ 使 $\rho(a, a') = \rho(a, M)$. 这时就可依最大似然译码原理把 a 译为码字 a' 了.

容易证明 (利用 Hamming 距离的性质) 下面

定理 10.0.4　　若码 M 的最小距离 $\rho(M, M) = 2t + 1, t$ 是正整数, 则 M 是可纠正 t 个差错的纠错码.

这样, 解决问题 (C3) 的一个办法就是构造最小距离尽可能大的码.

下面我们依次来解决上述三个问题.

首先是问题 (C1). 把 F^n 的一个杂乱无章的子集 M 当作码是不足取的: 只能靠列举给出它且很难研究其性质. 选具有某种结构的子集 M 当作码显然是个好主意. 首先想到的是具有代数结构的码.

定义 10.0.5　　F^n 的一个 k 维子空间 L 称作二元线性码, 或更详细一些, 二元 (n, k) 线性码, 此时 L 中的任一码字都是 F^n 中 k 个线性无关向量的线性组合.

给定一个二元 (n, k) 线性码 L 是一件轻而易举的事: 只要在 F^n 中选出 k 个线性无关的向量 $g_1, g_2, \cdots, g_k$ 就行了. 设 $k \times n$ 矩阵

$$G = \begin{pmatrix} g_1 \\ g_2 \\ \vdots \\ g_k \end{pmatrix} = \begin{pmatrix} g_{11} & g_{12} & \cdots & g_{1n} \\ g_{21} & g_{22} & \cdots & g_{2n} \\ \vdots & \vdots & & \vdots \\ g_{k1} & g_{k2} & \cdots & g_{kn} \end{pmatrix}, \tag{10.1}$$

则 L 中任一码字可唯一地表成 $(\alpha_1, \alpha_2, \cdots, \alpha_k)G, \alpha_i \in F$, 且这种形式的向量都是 L 中的码字. 称矩阵 G 为码 L 的生成矩阵.

对这个二元 (n,k) 线性码 L 我们来讨论问题 (C2). 这也就是判断一个 n 维向量 $\boldsymbol{a}$ 是否属于子空间 L, 或是否能表成 $\boldsymbol{g}_1, \boldsymbol{g}_2, \cdots, \boldsymbol{g}_k$ 的线性组合. 由线性代数 (当然是指有限域上而不是数域上的线性代数) 知, 这是不难解决的. 下面也许是最方便的一种方法. 令齐次线性方程组

$$G\boldsymbol{x}^{\mathrm{T}} = \begin{pmatrix} g_{11} & g_{12} & \cdots & g_{1n} \\ g_{21} & g_{22} & \cdots & g_{2n} \\ \vdots & \vdots & & \vdots \\ g_{k1} & g_{k2} & \cdots & g_{kn} \end{pmatrix} \begin{pmatrix} x_1 \\ x_2 \\ \vdots \\ x_n \end{pmatrix} = \begin{pmatrix} 0 \\ 0 \\ \vdots \\ 0 \end{pmatrix}$$

(其中 $\boldsymbol{x} = (x_1, x_2, \cdots, x_n)$, $\boldsymbol{x}^{\mathrm{T}}$ 是 $\boldsymbol{x}$ 的转置向量) 的解空间为 L^*, 它是 F^n 的一个 $n-k$ 维子空间. 取 L^* 的一个基 $\boldsymbol{h}_i = (h_{i1}, h_{i2}, \cdots, h_{in})$, $i = 1, 2, \cdots, n-k$, 而设 $(n-k) \times n$ 矩阵

$$H = \begin{pmatrix} \boldsymbol{h}_1 \\ \boldsymbol{h}_2 \\ \vdots \\ \boldsymbol{h}_{n-k} \end{pmatrix} = \begin{pmatrix} h_{11} & h_{12} & \cdots & h_{1n} \\ h_{21} & h_{22} & \cdots & h_{2n} \\ \vdots & \vdots & & \vdots \\ h_{n-k,1} & h_{n-k,2} & \cdots & h_{n-k,n} \end{pmatrix}. \tag{10.2}$$

由线性代数知, F^n 的向量 $\boldsymbol{a} \in L$ 当且仅当 $H\boldsymbol{a}^{\mathrm{T}} = \boldsymbol{0}$, 这里 $\boldsymbol{0}$ 是零向量. 这样, 对任意字 $\boldsymbol{a} \in F^n$, 只要计算一下 $H\boldsymbol{a}^{\mathrm{T}}$, 根据它是不是零向量就可判断 $\boldsymbol{a}$ 是否是 L 中的码字, 对二元 (n,k) 线性码就顺利地解决了问题 (C2). 称矩阵 H 为码 L 的校验矩阵.

当然, 一个二元线性码 L 的生成矩阵 G 和校验矩阵 H 不是唯一的. 我们每次只是取定一个 G 和一个 H.

现在来讨论问题 (C3). 从上面的讨论知, 这里最重要的事是计算二元线性码 L 的最小距离 $\rho(L, L)$.

设 $\boldsymbol{a} \in F^n$, 规定 $\boldsymbol{a}$ 的权 $W(\boldsymbol{a})$ 为 $\boldsymbol{a}$ 中非 0 分量的个数. 这样, $W(\boldsymbol{a})$ 取值非负整数而零向量 $\boldsymbol{0}$ 的权 $W(\boldsymbol{0}) = 0$. 易知

$$\rho(\boldsymbol{x}, \boldsymbol{y}) = W(\boldsymbol{x} - \boldsymbol{y}).$$

这样, 注意到二元线性码 L 是子空间, 因而对减法是封闭的, 便有

$$\rho(L, L) = \min\{\rho(\boldsymbol{x}, \boldsymbol{y}) = W(\boldsymbol{x} - \boldsymbol{y}) \mid \boldsymbol{x} \in L, \boldsymbol{y} \in L \text{ 且 } \boldsymbol{x} \neq \boldsymbol{y}\}$$

$$= \min\{W(\boldsymbol{a}) \mid \boldsymbol{a} \in L \text{ 且 } \boldsymbol{a} \neq \boldsymbol{0}\},$$

也就是说计算二元线性码 L 的最小距离只需数一数 L 中非零向量的非零分量的个数就可以了.

设二元 (n,k) 线性码 L 的生成矩阵 G 如 (10.1) 式而校验矩阵 H 如 (10.2) 式. 我们已知 $\boldsymbol{a} \in L$ 当且仅当 $H\boldsymbol{a}^{\mathrm{T}} = \boldsymbol{0}$. 若用 $\boldsymbol{\alpha}_1, \boldsymbol{\alpha}_2, \cdots, \boldsymbol{\alpha}_n$ 表示矩阵 H 的 n 个列向量而 $\boldsymbol{a} = (a_1, a_2, \cdots, a_n)$, 则 $H\boldsymbol{a}^{\mathrm{T}} = \boldsymbol{0}$. 的意思就是

$$a_1\boldsymbol{\alpha}_1 + a_2\boldsymbol{\alpha}_2 + \cdots + a_n\boldsymbol{\alpha}_n = \boldsymbol{0}.$$

如果列向量 $\boldsymbol{\alpha}_1, \boldsymbol{\alpha}_2, \cdots, \boldsymbol{\alpha}_n$ 中任意 s 个都线性无关, 那么 a_i 中非零个数就不能小于或等于 s, 即 $W(\boldsymbol{a}) > s$. 此时, 若又知列向量 $\boldsymbol{\alpha}_1, \boldsymbol{\alpha}_2, \cdots, \boldsymbol{\alpha}_n$ 中确实存在 $s+1$ 个线性相关向量, 比如说是前 $s+1$ 个, 则有

$$1\boldsymbol{\alpha}_1 + 1\boldsymbol{\alpha}_2 + \cdots + 1\boldsymbol{\alpha}_{s+1} + 0\boldsymbol{\alpha}_{s+2} + \cdots + 0\boldsymbol{\alpha}_n = \boldsymbol{0},$$

而这说明

$$\boldsymbol{b} = (\underbrace{1, 1, \cdots, 1}_{s+1\text{个}}, 0, \cdots, 0) \in L,$$

即 L 中存在码字 $\boldsymbol{b}$ 有 $W(\boldsymbol{b}) = s+1$. 总起来, 在上面约定的条件下, 有 $\rho(L, L) = s+1$.

在上面我们是选定生成矩阵 G 以确定一个二元线性码 L. 其实我们也完全可以先选定校验矩阵 H, 而依 $\boldsymbol{a} \in L$ 当且仅当 $H\boldsymbol{a}^{\mathrm{T}} = \boldsymbol{0}$ 来确定一个二元线性码 L.

这样, 选定 (10.2) 式的矩阵 H, 满足条件: (1) H 的 $n-k$ 个行向量线性无关; (2) H 的 n 个列向量中任意 s 个都线性无关, 而有 $s+1$ 个列向量线性相关, 则以 H 为校验矩阵的二元 (n,k) 线性码 L 之最小距离为 $s+1$, 因而它是可纠 t (若 $s = 2t$) 个差错的纠错码.

关于编码问题的一般讨论就到此. 下面来看一个例子.

例　取 F^4 中所有 $2^4 - 1 = 15$ 个非零向量, 以它们为列向量按某个顺序排列起来便得一个 4×15 矩阵. 如果取自然顺序, 即是正整数 i 的二进制表示放在第 i 列处, 那么得

$$H_1 = \begin{pmatrix} 0 & 0 & 0 & 0 & 0 & 0 & 0 & 1 & 1 & 1 & 1 & 1 & 1 & 1 & 1 \\ 0 & 0 & 0 & 1 & 1 & 1 & 1 & 0 & 0 & 0 & 0 & 1 & 1 & 1 & 1 \\ 0 & 1 & 1 & 0 & 0 & 1 & 1 & 0 & 0 & 1 & 1 & 0 & 0 & 1 & 1 \\ 1 & 0 & 1 & 0 & 1 & 0 & 1 & 0 & 1 & 0 & 1 & 0 & 1 & 0 & 1 \end{pmatrix}.$$

显然 H_1 的秩为 4, 因而 H_1 的 4 个 15 维行向量是线性无关的, 即满足上面条件 (1). H_1 的 15 个列向量中任意两个都不相同, 注意到域 $F = GF(2)$, 便知它们是线

性无关的. 另一方面 H_1 的前三个列向量是线性相关的, 总起来便有 H_1 满足上面条件 (2), 且 $s = 2$, 随之得以 H_1 为校验矩阵的二元 (15,11) 线性码 L_1 的最小距离为 3, 由前面结果知, L_1 是一个能纠一个差错的纠错码.

L_1 中的码字 $\boldsymbol{a}$ 恰是满足 $H_1 \boldsymbol{a}^{\mathrm{T}} = \boldsymbol{0}$ 的. 由 H_1 的前三列线性相关知 $(1,1,1,0,\cdots,0) \in L_1$. 由 H_1 的第 2,3,4 列线性无关知

$$(0,1,1,1,0,\cdots,0) \notin L_1.$$

现在用另一顺序来排列 F^4 中这 15 个非零向量. 考察有限域 $GF(2^4)$. 依命题 4.3.5, 此域 15 个非零元组成一个乘法循环群. 今找出此循环群的一个生成元及其在 $F = GF(2)$ 上的最小多项式 $f(x)$, 由域论知, $f(x)$ 的次数是 4. F 上一次多项式只有 x 和 $x+1$, 而不难知道 F 上的二次不可约多项式只有一个, 就是 $x^2 + x + 1$. 只要一个 F 上 4 次多项式不被这三个多项式整除, 它就是 F 上不可约的. 经试算得 $x^4 + x + 1$ 是 F 上不可约多项式. 这样 $GF(2^4) = F(\alpha)$, α 是 $x^4 + x + 1$ 的一个根, 即

$$\alpha^4 + \alpha + 1 = 0, \qquad \text{亦即 } \alpha^4 = \alpha + 1.$$

这个元素 α 是 $(GF(2^4) \backslash \{0\}, \cdot)$ 这个循环群的一个生成元吗? 为此要看一下 α 的幂是否穷尽 $GF(2^4)$ 的所有非零元, 今计算如下 (把出现的 α^4 都换成 $\alpha + 1$):

$$\alpha^4 = 1 + \alpha,$$

$$\alpha^5 = (1 + \alpha)\alpha = \alpha + \alpha^2,$$

$$\alpha^6 = (\alpha + \alpha^2)\alpha = \alpha^2 + \alpha^3,$$

$$\alpha^7 = (\alpha^2 + \alpha^3)\alpha = \alpha^3 + \alpha^4 = 1 + \alpha + \alpha^3.$$

如此计算下去, 若令 $\boldsymbol{\alpha} = (1, \alpha, \alpha^2, \alpha^3)$, 则得

$$\alpha^{15} = \alpha^0 = \boldsymbol{\alpha}(1,0,0,0)^{\mathrm{T}}, \quad \alpha^1 = \boldsymbol{\alpha}(0,1,0,0)^{\mathrm{T}}, \quad \alpha^2 = \boldsymbol{\alpha}(0,0,1,0)^{\mathrm{T}},$$

$$\alpha^3 = \boldsymbol{\alpha}(0,0,0,1)^{\mathrm{T}}, \quad \alpha^4 = \boldsymbol{\alpha}(1,1,0,0)^{\mathrm{T}}, \quad \alpha^5 = \boldsymbol{\alpha}(0,1,1,0)^{\mathrm{T}},$$

$$\alpha^6 = \boldsymbol{\alpha}(0,0,1,1)^{\mathrm{T}}, \quad \alpha^7 = \boldsymbol{\alpha}(1,1,0,1)^{\mathrm{T}}, \quad \alpha^8 = \boldsymbol{\alpha}(1,0,1,0)^{\mathrm{T}},$$

$$\alpha^9 = \boldsymbol{\alpha}(0,1,0,1)^{\mathrm{T}}, \quad \alpha^{10} = \boldsymbol{\alpha}(1,1,1,0)^{\mathrm{T}}, \quad \alpha^{11} = \boldsymbol{\alpha}(0,1,1,1)^{\mathrm{T}},$$

$$\alpha^{12} = \boldsymbol{\alpha}(1,1,1,1)^{\mathrm{T}}, \quad \alpha^{13} = \boldsymbol{\alpha}(1,0,1,1)^{\mathrm{T}}, \quad \alpha^{14} = \boldsymbol{\alpha}(1,0,0,1)^{\mathrm{T}}.$$

注意到元素 $1, \alpha, \alpha^2, \alpha^3$ 在 F 上线性无关, 上表中, 除 $\alpha^{15} = \alpha^0 = 1$ 外, α 的不同幂彼此也不同, 这说明 α 是 15 阶循环群 $(GF(2^4) \backslash \{0\}, \cdot)$ 的一个生成元. 同时也看到 $\alpha^i (0 \leqslant i \leqslant 14)$ 的坐标向量穷尽了 F^4 中所有非零向量.

今把 F^4 的 15 个非零向量按照它所相应的 α 的幂的顺序排列之, 便得校验矩阵

$$
H_2 = \begin{pmatrix} 1 & 0 & 0 & 0 & 1 & 0 & 0 & 1 & 1 & 0 & 1 & 0 & 1 & 1 & 1 \\ 0 & 1 & 0 & 0 & 1 & 1 & 0 & 1 & 0 & 1 & 0 & 1 & 1 & 1 & 0 & 0 \\ 0 & 0 & 1 & 0 & 0 & 1 & 1 & 0 & 1 & 0 & 1 & 0 & 1 & 1 & 1 & 0 \\ 0 & 0 & 0 & 1 & 0 & 0 & 1 & 1 & 0 & 1 & 0 & 1 & 0 & 1 & 1 & 1 \end{pmatrix}.
$$

如果把 α^i 和它的坐标向量等同起来, 也可把 H_2 记作

$$
H_2 = (1, \alpha, \alpha^2, \alpha^3, \alpha^4, \alpha^5, \alpha^6, \alpha^7, \alpha^8, \alpha^9, \alpha^{10}, \alpha^{11}, \alpha^{12}, \alpha^{13}, \alpha^{14}).
$$

现在看一下以 H_2 为校验矩阵的二元 $(15, 11)$ 线性码 L_2 中的码字. 设

$$
\boldsymbol{a} = (a_1, a_2, \cdots, a_{14}, a_{15}) \in L_2,
$$

则 $H_2 \boldsymbol{a}^{\mathrm{T}} = \boldsymbol{0}$, 这也就是

$$
a_1 1 + a_2 \alpha + a_3 \alpha^2 + \cdots + a_{14} \alpha^{13} + a_{15} \alpha^{14} = 0.
$$

用 α 乘上式两侧, 并注意到 $\alpha^{15} = 1$, 便得

$$
a_{15} 1 + a_1 \alpha + a_2 \alpha^2 + a_3 \alpha^3 + \cdots + a_{13} \alpha^{13} + a_{14} \alpha^{14} = 0.
$$

而这个等式意味着

$$
H_2 (a_{15}, a_1, a_2, \cdots, a_{13}, a_{14})^{\mathrm{T}} = \boldsymbol{0}.
$$

此式说明

$$
(a_{15}, a_1, a_2, \cdots, a_{13}, a_{14}) \in L_2.
$$

一个二元线性码 L 中的每一码字, 经循环排列后 (也就是把每一分量向后错一位, 而把最末分量放在第一位置上) 得到的字仍是 L 的码字, 就称 L 为循环码. 这样, 我们知道 L_2 是循环码.

循环码是好码, 是技术上容易实现的码.

在上面我们已看到 $(1, 1, 1, 0, \cdots, 0) \in L_1$ 而 $(0, 1, 1, 1, 0, \cdots, 0) \notin L_1$, 故 L_1 不是循环码. 理论上 L_1 和 L_2 是 "同构" 的码, 实际上它们是一些不同的材料 (向量) 组成的, 实用中有的好用, 有的就差一点. 这里 L_2 比 L_1 好. 称码 L_2 为二元 $(15, 11)$ Hamming 码. 它是 R.W.Hamming 在 1950 年给出的第一类纠错码.

编码理论是现代通信理论与基础数学高度结合的一个领域, 是基础数学, 特别是抽象代数的最直接而又非常深刻的一个应用. 上面的简单介绍中, 已显示有限域, 以及其上的向量空间、矩阵、多项式理论是非常有力的理论和工具. 进一步

的讨论还将涉及有限域上的代数几何等. 应该说, 编码理论已成为人们常提到的 "数学技术" 的一个组成部分.

对编码理论感兴趣的读者可参看相应的参考书.

练 习

1. 给出二元 $(2^3 - 1, 2^3 - 1 - 3) = (7, 4)$ Hamming 码.

2. (1) 设二元 $(n, *)$ 线性码 L 是一个循环码. 令

$$I = \{a_0 + a_1 x + \cdots + a_{n-1} x^{n-1} \mid (a_0, a_1, \cdots, a_{n-1}) \in L\},$$

把 I 看作商环 $GF(2)[x]/(x^n - 1)$ 中的子集 (即把 $f(x) \in I$ 看作陪集 $f(x) + (x^n - 1)$). 证明 I 是此商环的一个理想.

(2) 设 I 是商环 $GF(2)[x]/(x^n - 1)$ 的一个理想. 令

$$L = \{(a_0, a_1, \cdots, a_{n-1}) \mid a_0 + a_1 x + \cdots + a_{n-1} x^{n-1} + (x^n - 1) \in I\}.$$

证明 L 是一个二元 $(n, *)$ 线性码且是一个循环码.

第十一章

一些补充

本章可以作为主要内容的某种补充或附录.

§11.1 Wedderburn 小定理——有限除环是域

在有限维单代数结构的那一节中, 我们曾提到 Wedderburn 小定理, 即有限除环是域. 下面利用分圆多项式和群的类方程给出一个简洁的证明.

设 n 是一个正整数并且设

$$\Phi_n(x) = \prod(x - \eta), \quad \text{乘积跑遍复数域中所有的 } n \text{ 次本原单位根 } \eta,$$

称为第 n 个分圆多项式. 显然

$$x^n - 1 = \prod_{d|n} \Phi_d(x).$$

由此对 n 归纳易证, $\Phi_n(x)$ 是首 1 的整数系数多项式, 并且在 $\mathbb{Z}[x]$ 中有 $\Phi_n(x) \mid (x^n - 1)$.

定理 11.1.1 (Wedderburn)　任意有限除环是域.

证明　设 K 是有限除环并且它的特征是 p (某个素数). 记 F 是它的中心. 那么 F 是一个域并且 $|F| = q$, 它是 p 的某个正整数幂. 注意 K 是 F 上有限维 (譬如 n 维) 的线性空间, 所以 $|K| = q^n$. 又注意到 $K^{\times} = K \setminus \{0\}$ 在 K 中乘法之下构成一个群, 并且它的中心是 $F^{\times} = F \setminus \{0\}$. 所以它的类方程为

$$q^n - 1 = q - 1 + \sum [K^{\times} : N(x)],$$

其中的和是对某些 $x \in K^{\times}$ 的求和, 使得它在 $K^{\times}$ 中的正规化子 $N(x) \neq K^{\times}$. 假如 $n \neq 1$, 那么上述和号一定非空. 但易知 $N(x) \cup \{0\}$ 是 K 的包含 F 的子除环. 故

$|N(x) \cup \{0\}| = q^r$，其中正整数 $r \mid n$. 故上述和号中的每一项形如 $(q^n-1)/(q^r-1)$，其中正整数 $r \mid n$ 并且 $r < n$. 但易知分圆多项式 $\Phi_n(x)$ 在 $\mathbb{Z}[x]$ 中整除 $(x^n-1)/(x^r-1)$，其中正整数 $r \mid n$ 并且 $r < n$. 所以整数 $\Phi_n(q)$ 整除整数 $(q^n-1)/(q^r-1)$，其中正整数 $r \mid n$ 并且 $r < n$. 由上述类方程知整数 $\Phi_n(q)$ 整除整数 $q-1$. 特别地，$\Phi_n(q) \leqslant q-1$. 但对复数域中任意一个 n 次本原单位根 $\eta = \cos(2k\pi/n) + \mathrm{i}\sin(2k\pi/n)$，其中整数 k 与 n 互素，有 $|q-\eta| > q-1 \, (\geqslant 1)$. 可见 $\Phi_n(q) > q-1$，矛盾. 故只能有 $n=1$，即 $K = F$ 是交换的，也即 K 是域. □

§11.2　平面上正多边形的尺规作图问题

在一个平面上，利用尺规人们很容易作出正三边形和正四边形. 本节解决哪些正多边形可由尺规作出的问题.

在基础篇的最后，我们建立了平面作图问题的一个数学模型. 在那里我们首先是利用了平面的直角坐标系. 实际上，有了平面直角坐标系就可将平面上的点与复数一一对应起来. 所以，平面作图问题也就转化为已知一些复数，如何利用尺规作出其他的复数的问题.

定义 11.2.1　设 $F \subseteq K$，并且 F, K 是复数域 $\mathbb{C}$ 的子域. 如果 $K = F(\sqrt{b_1})(\sqrt{b_2}) \cdots (\sqrt{b_m})$，其中对任意 $1 \leqslant i \leqslant m$ 有 $b_i \in F(\sqrt{b_1})(\sqrt{b_2}) \cdots (\sqrt{b_{i-1}})$，那么也称 K 为 F 的 Pythagoras 扩域，简称为毕氏扩域.

把在基础篇中尺规作图的数学模型转为复数的语言，完全类似地可知有下列数学模型. 这里只需注意，对已知的复数它的共轭复数总可尺规作出.

定理 11.2.2　已知复数 $z_1, z_2, \cdots, z_n$. 那么一个复数 z 可由这些已知复数用尺规作出当且仅当 z 在 $\mathbb{Q}(z_1, z_2, \cdots, z_n, \overline{z_1}, \overline{z_2}, \cdots, \overline{z_n})$ 的某个毕氏扩域中，其中 $\overline{z_i}$ 是 z_i 的共轭复数.

现在考虑正 n 边形的尺规作图问题. 实际上，这等价于把圆作 n 等分的问题，这又等价于利用尺规在 $\mathbb{Q}$ 上作出 n 次本原单位根 $\eta = \cos(2\pi/n) + \mathrm{i}\sin(2\pi/n)$ 的问题.

先看 $n = p$ 是奇素数的情形. 此时 η 是 $x^p - 1 = (x-1)(x^{p-1} + \cdots + x + 1)$ 的一个根，从而是 $x^{p-1} + \cdots + x + 1$ 的一个根. 由 Eisenstein 判别法易知 $x^{p-1} + \cdots + x + 1$ 是 $\mathbb{Q}$ 上的不可约多项式，从而 $\mathbb{Q}(\eta)$ 是 $\mathbb{Q}$ 上的 $p-1$ 次扩张. 可见如果 η 可由尺规作出，即它包含在 $\mathbb{Q}$ 的某个毕氏扩域中，那么必须有 $p-1 = 2^s$，即 $2^s + 1 = p$ 是素数. 这类型的素数称为 Fermat 素数 (此时易知 s 没有奇数因子，即 $s = 2^r$). 即是

说, 如果一个正 p (素数) 边形能够尺规作出, 那么素数 p 必须是 Fermat 素数. 由此立即可知, 正七边形、正十一边形都不能用尺规作出.

对一般的 n, 我们先证明分圆多项式 $\Phi_n(x)$ 是 $\mathbb{Q}$ 上的不可约多项式, 即有

命题 11.2.3 对任意正整数 n, 分圆多项式 $\Phi_n(x)$ 是 $\mathbb{Q}$ 上的不可约多项式并且次数为 $\varphi(n)$ (Euler 函数).

证明 上一节我们已经说明, 分圆多项式 $\Phi_n(x)$ 是首 1 的整数系数多项式. 设 $\Phi_n(x) = f(x)g(x)$, 其中 $f(x), g(x)$ 都是有理数系数多项式, 并且 $f(x) \in \mathbb{Q}[x]$ 不可约. 不妨设 $f(x), g(x)$ 都是首 1 的整数系数多项式. 设 n 次本原单位根 η 是 $f(x)$ 的一个根. 假如存在素数 p 使得 p 不整除 n, 并且 η^p 是 $g(x)$ 的根, 那么 $f(x)$ 整除 $g(x^p)$, 即 $g(x^p) = f(x)h(x)$, 其中 $h(x) \in \mathbb{Q}[x]$. 由 $g(x^p), f(x)$ 都是首 1 的整数系数多项式易知 $h(x)$ 也是首 1 的整数系数多项式. 现在考虑自然的环的满同态 $\mathbb{Z} \to \mathbb{Z}/\mathbb{Z}p$ 和它导出的多项式环的满同态 $\mathbb{Z}[x] \to (\mathbb{Z}/\mathbb{Z}p)[x]$, $s(x) \mapsto \bar{s}(x)$. 注意 $\bar{g}(x^p) = \bar{g}(x)^p$, 故由 $\bar{g}(x)^p = \bar{g}(x^p) = \bar{f}(x)\bar{h}(x)$ 知在 $(\mathbb{Z}/\mathbb{Z}p)[x]$ 中有 $(\bar{f}(x), \bar{g}(x)) \neq \bar{1}$. 又 $x^n - 1 = \Phi_n(x)m(x) = f(x)g(x)m(x)$, 其中 $m(x)$ 是首 1 的整数系数多项式, 所以 $x^n - \bar{1} = \bar{f}(x)\bar{g}(x)\bar{m}(x)$ 在域 $\mathbb{Z}/\mathbb{Z}p$ 的代数闭包中有重根, 这与 $p \nmid n$ 从而 $(x^n - \bar{1})' = nx^{n-1} \neq \bar{0}$ 矛盾. 所以对任意与 n 互素的素数 p 都有 η^p 是 $f(x)$ 的根. 由此易证对任意与 n 互素的正整数 k 都有 η^k 是 $f(x)$ 的根. 注意一个复数是 n 次本原单位根当且仅当它形如 η^k, 其中 k 是小于或等于 n 且与 n 互素的正整数, 故 $\Phi_n(x)|f(x)$, 从而 $\Phi_n(x) = f(x)$ 在 $\mathbb{Q}$ 上是不可约的.

注意形如 η^k 且使得 k 是小于或等于 n 且与 n 互素的正整数的个数为 $\varphi(n)$. 故由 $\Phi_n(x)$ 的定义知它的次数为 $\varphi(n)$. □

设 η 是一个 n 次本原单位根, 我们称 $\mathbb{Q}(\eta)$ 是一个 n 阶分圆域. 命题 11.2.3 说明, η 在 $\mathbb{Q}$ 上的极小多项式是分圆多项式 $\Phi_n(x)$. 所以, $[\mathbb{Q}(\eta) : \mathbb{Q}] = \varphi(n)$. 又 $\mathbb{Q}(\eta)$ 是 $\Phi_n(x)$ 在 $\mathbb{Q}$ 上的分裂域, 从而是正规扩域. 所以 $|\mathrm{Gal}(\mathbb{Q}(\eta)/\mathbb{Q})| = [\mathbb{Q}(\eta) : \mathbb{Q}] = \varphi(n)$.

定理 11.2.4 (Gauss) 正 n 边形可用尺规作出当且仅当 $n = 2^s p_1 p_2 \cdots p_t$, 其中 $p_1, p_2, \cdots, p_t$ 是互不相同的 Fermat 素数.

先证一个引理.

引理 11.2.5 设 m, k 是互素的正整数. 那么正 mk 边形可用尺规作出当且仅当正 m 边形和正 k 边形都可用尺规作出.

证明 如果正 mk 边形可用尺规作出, 那么显然正 m 边形和正 k 边形都可用尺规作出. 反之, 设正 m 边形和正 k 边形都可用尺规作出, 即角 $2\pi/m$ 和

$2\pi/k$ 都可用尺规作出. 由 m, k 互素知存在整数 a, b 使得 $am + bk = 1$. 可见 $2\pi/mk = (am + bk)(2\pi/mk) = a(2\pi/k) + b(2\pi/m)$ 也可用尺规作出.   □

定理的证明   注意平分角总是可以尺规作出, 所以正 2^s 边形总是可用尺规作出. 由引理 11.2.5, 只需考虑正 p^r 边形, 其中 p 是奇素数且 $r > 0$.

设正 p^r 边形可用尺规作出, 并且记 η_1 是一个 p^r 次本原单位根. 那么 η_1 含于 $\mathbb{Q}$ 的某个毕氏扩域中. 特别地, $[\mathbb{Q}(\eta_1) : \mathbb{Q}]$ 是 2 的某次幂. 由 Euler 函数的定义易知 $\varphi(p^r) = p^{r-1}(p-1)$. 故 $[\mathbb{Q}(\eta_1) : \mathbb{Q}] = p^{r-1}(p-1)$ 是 2 的某次幂. 由 p 是奇素数知 $r = 1$, 并且 p 是 Fermat 素数. 反之, 设 $p = 2^m + 1$ 是 Fermat 素数, 并且记 η_2 是一个 p 次本原单位根. 那么 $|\mathrm{Gal}(\mathbb{Q}(\eta_2)/\mathbb{Q})| = \varphi(p) = p - 1 = 2^m$. 可见 Galois 群 $\mathrm{Gal}(\mathbb{Q}(\eta_2)/\mathbb{Q})$ 是一个 2-群 (2 是素数), 并且存在一个次正规子群链

$$\mathrm{Gal}(\mathbb{Q}(\eta_2)/\mathbb{Q}) = G_1 \rhd G_2 \rhd \cdots \rhd G_{i+1} \rhd \cdots \rhd G_t = \{e\},$$

使得对任意 $1 \leqslant j < t$ 有 G_j/G_{j+1} 是 2 阶群. 由 Galois 基本定理可得扩域链

$$\mathbb{Q} = L_1 \subseteq L_2 \subseteq \cdots \subseteq L_t = \mathbb{Q}(\eta_2),$$

使得对任意的 $1 \leqslant j < t$, 有 $L_j = \mathrm{Inv}\, G_j$, 并且 L_{j+1} 是 L_j 的正规扩域. 故对任意的 $1 \leqslant j < t$ 有 $[L_{j+1} : L_j] = 2$, 从而易知存在复数 $b_j \in L_j$, 使得 $L_{j+1} = L_j(\sqrt{b_j})$. 故 η_2 在 $\mathbb{Q}$ 的某个毕氏扩域中, 即 η_2 可用尺规作出, 也即正 p (Fermat 素数) 边形可用尺规作出. 我们就证明了, 对奇素数 p, 正 p^r 边形可用尺规作出当且仅当 $r = 1$, 并且 p 是 Fermat 素数. 这就完成了定理的证明.   □

上面的定理在理论上说明了许多正多边形可以用尺规作出, 如正五边形、正十边形、正十七边形等, 其中的正十七边形是 Gauss 在 19 岁时作出的. 但要具体用尺规作出这些正多边形通常并不容易.

§11.3   实数域上的有限维可除代数

因为复数域是代数闭域, 所以很容易证明复数域上的有限维可除代数只有复数域本身. 实数域上的有限维可除代数已知有实数域本身、复数域以及四元数 (可除) 代数. 我们在基础篇讲四元数代数时曾提到, Frobenius 证明了实数域上的有限维可除代数只有上述三种情形. 这使得扩大 "好的" 数系的企图在此停了下来, 其中 "好的" 数是指可作除法.

定理 11.3.1 (Frobenius)   实数域 $\mathbb{R}$ 上的有限维可除代数在同构意义下只有 $\mathbb{R}$ 本身和 $\mathbb{C}$ (复数域) 以及 $\mathbb{H}$ (四元数代数).

证明 设 K 是 $\mathbb{R}$ 上的有限维可除代数. 如果 $K \neq \mathbb{R}$, 那么存在 $\alpha \in K \setminus \mathbb{R}$. 由 $\mathbb{R}(\alpha)$ 也是 $\mathbb{R}$ 上的有限次扩域知 α 是 $\mathbb{R}$ 上的代数元. 注意 $\mathbb{R}$ 上的不可约多项式至多是 2 次的, 故 $[\mathbb{R}(\alpha) : \mathbb{R}] = 2$, 从而易知 $\mathbb{R}(\alpha) \cong \mathbb{C}$. 不妨设 $\mathbb{R}(\alpha) = \mathbb{C}$. 那么 K 是 $\mathbb{C}$ 上的有限维线性空间. 记 $i = \sqrt{-1}$, 并且设 $K_1 = \{a \in K \,|\, ai = ia\}$ 和 $K_2 = \{b \in K \,|\, bi = -ib\}$. 易知 K_1 是 K 的包含 $\mathbb{C}$ 的子可除代数并且与 $\mathbb{C}$ 中元素都可交换. 同样由 $\mathbb{C}$ 是代数闭域知 $K_1 = \mathbb{C}$. 另外, 易知 K_2 是 K 的 $\mathbb{C}$-子空间. 显然 $K_1 \cap K_2 = 0$. 又对任意 $d \in K$, 易知 $id + di \in K_1$ 和 $id - di \in K_2$; 所以 $d = (2i)^{-1}(id + di + id - di) \in K_1 + K_2$. 可见 $K = K_1 \bigoplus K_2$. 如果 $K_2 = 0$, 那么 $K = K_1 = \mathbb{C}$. 故设 $K_2 \neq 0$ 并取 $0 \neq c \in K_2$. 那么有 $\mathbb{C}$-线性映射 $K_2 \to K_1$, $c' \mapsto c'c$ 并且显然是单射. 由 $K_1 = \mathbb{C}$ 知 K_2 也是 $\mathbb{C}$ 上的 1 维线性空间. 所以 K 是 $\mathbb{R}$ 上的 4 维线性空间. 另外, 对上述 $0 \neq c \in K_2$, 有 $c^2 \in K_1 = \mathbb{C}$; 并且 c 是 $\mathbb{R}$ 上的代数元且易知它在 $\mathbb{R}$ 上的极小多项式是 2 次的, 即 $c^2 \in \mathbb{R} + \mathbb{R}c$. 可见 $c^2 \in \mathbb{C} \cap (\mathbb{R} + \mathbb{R}c) = \mathbb{R}$. 由 $0 \neq c \in K_2$ 易知 c^2 在 $\mathbb{R}$ 中小于 0. 故存在 $0 \neq s \in \mathbb{R}$ 使得 $c^2 = -s^2$. 记 $j = c/s \in K_2$. 那么 $j^2 = -1$, 并且 $ji = -ij$. 记 $k = ij$. 那么易知 $K = \mathbb{R} \bigoplus \mathbb{R}i \bigoplus \mathbb{R}j \bigoplus \mathbb{R}k$ 是四元数代数. 这就完成了定理的证明. $\qquad\square$

[1] 张禾瑞. 近世代数基础. 修订本. 北京: 高等教育出版社, 1978.

[2] 吴文俊. 几何定理机器证明的基本原理 (初等几何部分). 北京: 科学出版社, 1984.

[3] 熊全淹. 近世代数. 武汉: 武汉大学出版社, 1984.

[4] 聂灵沼, 丁石孙. 代数学引论. 2 版. 北京: 高等教育出版社, 2000.

[5] 姚慕生. 抽象代数学. 上海: 复旦大学出版社, 1998.

[6] 潘承洞, 潘承彪. 初等代数数论. 山东: 山东大学出版社, 1991.

[7] 万哲先. 代数和编码. 3 版. 北京: 高等教育出版社, 2007.

[8] SHAFAREVICH I R. Basic Notions of Algebra. Encyclopaedia of Mathematical Sciences. Berlin: Springer-Verlag, 1997.

[9] Artin M. 代数. 郭晋云, 译, 北京: 机械工业出版社, 2009.

[10] NIKULIN V V, SHAFAREVICH I R. Geometries and Groups. Berlin: Springer-Verlag, 1987.

[11] COX D, LITTLE J, O'SHEA D. Ideals, Varieties and Algorithms: An Introduction to Computational Algebraic Geometry and Commutative Algebra. New York: Springer-Verlag, 1992.

[12] KENDIG K. Elementary Algebraic Geometry. New York: Springer-Verlag, 1977.

[13] RINGEL C. M. Tame Algebras and Integral Quadratic Forms. LNM (1099). Berlin: Springer-Verlag, 1984.

$\mathbb{Z}$　整数环

$\mathbb{Q}$　有理数域

$\mathbb{R}$　实数域

$\mathbb{C}$　复数域

$\mathbb{Z}_p$　p 元域

$\operatorname{Aut} G$　群 G 的自同构群

$\operatorname{End} M$　加群 M 的自同态环

$\operatorname{End}_R M$　左 R-模 M 的自同态环

$\operatorname{End} M_R$　右 R-模 M 的自同态环

$\operatorname{Im} \phi$　同态 ϕ 的像

$\operatorname{Ker} \phi$　同态 ϕ 的核

$[K:F]$　F-线性空间 K 的维数, 其中 $F \subseteq K, F, K$ 是域

$\operatorname{Gal}(K/F)$　扩域 K 在 F 上的 Galois 群

$\operatorname{Inv} H$　群 H 作用下的不变子域

郑重声明

高等教育出版社依法对本书享有专有出版权。任何未经许可的复制、销售行为均违反《中华人民共和国著作权法》，其行为人将承担相应的民事责任和行政责任；构成犯罪的，将被依法追究刑事责任。为了维护市场秩序，保护读者的合法权益，避免读者误用盗版书造成不良后果，我社将配合行政执法部门和司法机关对违法犯罪的单位和个人进行严厉打击。社会各界人士如发现上述侵权行为，希望及时举报，我社将奖励举报有功人员。

反盗版举报电话 (010)58581999　58582371

反盗版举报邮箱 dd@hep.com.cn

通信地址 北京市西城区德外大街 4 号　高等教育出版社知识产权与法律事务部

邮政编码 100120

读者意见反馈

为收集对教材的意见建议，进一步完善教材编写并做好服务工作，读者可将对本教材的意见建议通过如下渠道反馈至我社。

咨询电话 400-810-0598

反馈邮箱 hepsci@pub.hep.cn

通信地址 北京市朝阳区惠新东街 4 号富盛大厦 1 座　高等教育出版社理科事业部

邮政编码 100029